細谷建治児童文学論集　Ⅰ

児童文学批評というたおやかな流れの中で

目次

Ⅰ

児童文学批評というたおやかな流れの中で

日本児童文学批評史のためのスケッチ

II

Ⅲ

I

児童文学批評というたおやかな流れの中で

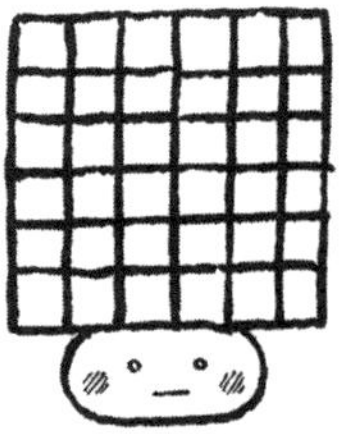

①八〇年代児童文学は一つの事柄を二つの作品で語ることから始まった。

＊『ぼくらは海へ』から『あやうしズッコケ探検隊』へ

八〇年代児童文学は一つの事柄を二つの作品で語ることから始まった。那須正幹『ぼくらは海へ』（偕成社　一九八〇年二月）の結末から『あやうしズッコケ探検隊』（ポプラ社　一九八〇年十二月）の冒頭への流れが、それだ。

『ぼくらは海へ』という作品へのコミットは、これが初めてではない。「ふたたび、ぼくらは、どこへ」（『季刊児童文学批評』第三号　一九八二年三月）、「海のイメージ」（『季刊児童文学批評』第六号　一九八三年八月）などで語ってきている。また、二つの作品の《結末から冒頭へ》の流れについては、「二つの風景・二つの家」(『日本児童文学』一九九五年十二月号)の最後の方で、かなりストレートに語っている。だから、重複する語り口になるかもしれない。が、ここが、ぼくにとっての八〇年代児童文学の出発点であり、この連載の出発点でもある。ということで、強引に語り始めたい。

『ぼくらは海へ』は、塾へ通うエリート少年たちが、その途中の埋め立て地で、シーホース号という船をつくる物語だ。

船ははじめは「細長いかんおけのような木の箱」だったが、新しい仲間も加わり、だんだんと大がかりになる。しかし、一人の少年の死によって、学校の知るところとなる。校長の長い説教のすえ、船つくりの〝遊び〟は終わりをむかえる。

しかし、二人の少年だけは船をつくりつづけ、海へ出る。ラストは、いっしょに行かなかった少年が、埋め立て地の手前で、二人の少年が帰ってくるのを待っている場面だ。

> でも、ちかごろ、雅彰は、もうふたりはうめ立て地にもどってこないかもしれないと思うようになっていた。どこか南の夢のような島に上陸して、ロビンソン＝クルーソーみたいに胸のわくわくするような冒険の日々を送っているのかもしれない。
>
> そして、もしかしたら、自分だって、彼らとともに冒険の旅に出発できたのに、という小さな胸のうずきとともに考えるのだった。

全体がマイナスイメージの形容詞句で飾られているこの物語は、校長の説教のあと、誠史と邦俊が二人だけで、船をつくりはじめるあたりから、妙に明るいタッチで描かれるようになる。このラストでも、

「夢のような」とか「胸のわくわくするような冒険」とか、プラスイメージの言葉がおかれている。

海へ出た二人は帰らない。しかし、那須正幹は、この二人の船つくりの作業を、「死」というイメージが浮かんでくるのを用心深く後ろに追いやり、逆に意識的に明るく描いている。

出航の準備に食料をそろえ、旗をつくる二人の姿は、作品冒頭の暗さとくらべたら、ヘンに思えるほどに明るさを誘う。例えば、〈キャビンは足のふみ場もないくらい〉の資材でいっぱいになる。整理してやっとキャビンで寝れるようになった二人は〈大わらい〉する。邦俊は〈散歩にでもさそうような調子〉で〈海にのりだすには、絶好の時間だ〉という。二人の船出は、那須のつくりだした明るいイメージの言葉に見事なまでに包まれている。そして、エピローグも同様な明るい言葉がおかれた中で、物語はとじられる。

どう考えても、死出の旅にちがいないラストシーンで、逆にプラスイメージの言葉を多用する。その作家の感性に、ぼくは読みながら、不思議な興奮をおぼえていた。なぜ、その不思議さを、何十年もたった現在まで、ぼくは覚えているのか。

それは、同じ年の十二月に出版された『あやうしズッコケ探検隊』を読んで、その興奮に追い討ちをかけられたからだ。ズッコケシリーズ第四作になるこの作品は、ハチベエ、ハカセ、モーちゃんの三人組が漂流している場面から始まる。


東の方向にかすかに見えていた陸地が水平線のもやの中にしずむと、見わたすかぎり空と海だけになった。船は大きなうねりにのって南西にむけて流れていく。

これはもう、『ぼくらは海へ』の続きの話という他はない。片方が船で海へ出たところで終わる。もう一方が、船で漂流しているところから始まる。二つの本を読んだ読者は、みな《一方の終わりからもう一方が始まっているという事実》に気づくはずだ。

『ぼくらは海へ』という作品は、今の子どもたちの暗い閉塞的な状況を描いたものだ。マイナスイメージの言葉が多く出てくるのも、そのためだ。登場人物それぞれが典型的な負の状況をかかえている。妹の喘息、度重なる転勤、父親の浮気などなど。彼らは、受験のために、埋め立て地を横切って、塾に通う。船つくりは、そんな彼らの、ちょっとした息抜きの〝遊び〟だった。言ってしまえば、この作品のベクトルには、少年たちによる明るい未来の獲得などという構図は微塵も存在しないのだ。

那須は、『ぼくらは海へ』という作品の中では、明るい未来の提示という方法を意識的に拒否している。しかし、拒否しながら、誠史と邦俊の二人で船つくりを始めてからの描写は、反対に奇妙に明るくなる。

この奇妙な明るさは、「この作品では出すことのできなかった冒険の夢を、ズッコケ三人組の方でやるから、まあ楽しむのはそっちの方を待っていてね」という作者の《遊び心》だったにちがいない。

八〇年代をふりかえって、今ぼくが思うことは、一つの言葉が一つの事柄＝真実をあらわすと信じられた時代が完全に終わったということだ。那須の『ぼくらは海へ』とそれに続く『あやうしズッコケ探検隊』の刊行は、ぼくにとって、その《出発点》になるものだった。那須は、ここで二つの作品でもって一つの事柄を語ろうとした。

『ぼくらは海へ』という作品を〝奇妙な明るさ〟の中で終わらせることによって、それに続く『あやうしズッコケ探検隊』の冒頭がシーホース三世号の《その後》を連想させることになる。それまでの児童文学が《一つの作品の中で語りきる完結性》をもとめていたとするならば、那須はあえて、一つの作品の中で《完結させない終わり方》を、選んだといっていい。ぼくらは「一つの言葉は一つの真実をあらわす」という言葉の呪縛から解放される。たおやかな流れの中で、読むという行為は、言葉のイメージを幾層もの重なりの中でとらえていくことに成功したのだ。八〇年代児童文学は、こうして始まった。

＊はれぶた

矢玉四郎『はれときどきぶた』（岩崎書店　一九八〇年九月）も八〇年代初頭を飾るにふさわしい作品だった。

本来「ひみつ」であるべき日記を、母さんに盗み見された「十円やす」こと畠山則安少年は、〃あしたの日記〃を書くことを思いつく。「これから先のことを書くのだから、なにを書いても、うそときまったわけじゃない」という理屈だ。

ところが、日記に書いたことが本当になる。母さんはえんぴつの天ぷらを揚げる。父さんがそれをのどにつまらせる。金魚が金魚鉢からとびだす。部屋の中をとびまわる。網をもって追いかけたら、金魚はアカンベーという。

「十円やす」少年は、家族のドタバタを〃おしばい〃だと考え、「父さんと母さんも、なかなかやるわい」と感心する。そして、〃おしばい〃では絶対にできない「はれときどきぶた」の登場になる。

6月7日　日曜日　はれときどきぶた
きょうの天気ははじめははれていましたが、ごごからぶたがふりました。

みんなでだんごを食べたときおかあさんののどにだんごがつまりました。くびをひっぱったら、
おかあさんのくびが長くのびてしまいました。

じっさいに母さんの首は、ろくろっくびのように長くのびてしまう。空には、何百何千頭というぶたが浮かぶ。こわくなって、消しゴムで消したら、真っ青な空に戻るという話になっている。日記ではないが、絵を描いたらそれが本物になるというモチーフ自体は、目新しいものではない。昔話にもいくつか見られるし、明治の児童文学者、巖谷小波も「不思議の絵筆」という小品を書いている。この作品の成功の第一は、やっぱり〝ぶた〟にあるのだろう。ヒョウでもライオンでもゾウでもイヌでもなく、やっぱり〝ぶた〟の功績なのだ。

もうずいぶんとむかしのはなしになるが、笑点のスペシャル番組で若手大喜利を見ていた。だれかが、答えに〝ぶた〟を出していたら、すぐにとなりの若手が「ぶたはズルいよ」とつっこんだ。ぶたを出しさえすれば、どんな答えもおもしろくなってしまうから、それは落語界では反則技に近いものなのかも知れない、とぼくは思いつつ、『はれときどきぶた』のことを考えていた。

「ほんとうのことを書く言葉」から「ありえないことを書く言葉」へと、はれぶたは、那須正幹とはまた違うかたちで、言葉が一つのことをあらわす時代から、揺れ動き自由に重層的な意味をもつ時代への変化をあらわしていたといっていいだろう。

＊ヨワトリ&ヨンゲン

スーパーエキセントリックシアターの『コリゴリ博士の華麗なる冒険』の初演は、一九八二年で、ぼ

くが見たのは、八八年十一月、池袋サンシャイン劇場の公演だった。

ヘンタッキーのフライドチキンが半値になった秘密をさぐるために、バクドナルドの産業スパイが忍び込むという設定のものだ。「一つの作品にギャグを一〇〇個以上入れる」というモットーのこの劇団らしく、半値になった理由は、遺伝子組み替えで、ニワトリをヨワトリに変えたからだった。足が四本になったから、値段も半分になったという計算だ。なるほどと感心していても、ここでは芝居は終わらない。コリゴリ博士は同じ遺伝子組み換えで、ニンゲンをヨンゲンにする実験をしている。武器を持つのに便利な四本手の人間＝ヨンゲンを作り出して、どこかの大国に売って、大もうけしようという算段なのだ。

コリゴリ博士のたくらみは失敗に終わるが、その途中で、小倉久寛ふんする産業スパイが実験装置にまきこまれてヨンゲンになってしまう。ラストで、ヨンゲンになった小倉久寛が、他の動物たちにまざって、ふわふわと登場するさまが、妙に笑えてさびしい終わりになっていた記憶がある。

初演時には、まだ、遺伝子組み換えは実験がはじまったばかりだったろうに、この劇団は一〇〇個以上のギャグをちりばめながら、すでに警鐘をならしていた。その慧眼に拍手を送りたい。

ニワトリからヨワトリ、ニンゲンからヨンゲンという言葉遊びを経由することで、初めて見えてくるもの、語ることができるものがある。この劇は、ぼくに「ギャグ抜きで語れる真実はない。」ということを示してくれた。一つの言葉で一つのことを語る時代は、確実に後退していたのだ。

＊橋のイメージ

日比茂樹『東京どまん中セピア色』（小学館　一九八一年九月）が好きだ。とくに、そこに描かれている橋のイメージが好きだ。

日比は「あとがき」の中で「この物語は、江戸橋や鎧橋がまだ橋であったころの――正確にいえば、橋が橋でなくなる寸前の物語です。」と語っている。

日比の橋を見る眼には、三つの視座がある。一つめは、「見おろせば川、見あげれば空」という橋からのながめで、これは、主人公の稔少年がふつうに見ていたものになる。二つめは、川に浮かぶ船からのながめで、見あげると橋があり、川の水はながめるものでなく、すぐそこにある。これは、転校してきた水上生活者の久保こずえとその兄弟たちの眼であり、彼らとほんのひととき同じトキをすごした稔の眼でもある。三つめの視座は、それらすべてを封じこめてしまった高速道路からのながめということになる。

「ぼく」という一人称で語られるこの物語は、小学六年の稔少年が、ひょんなことで転校生、久保こずえとなかよくなり、その家＝船でいくばくかの時間をともにする、いわばあわい初恋ストーリーのような形になっている。

物語のところどころに、工事中の首都高速道路の鉄骨が見える。水上での生活ももう終わりを余儀なくされていることがわかる。そんなぎりぎりの状況下での〝船でのくらし〟になる。

あるとき、稔は、こずえたち兄弟三人といっしょに、日本橋川をさかのぼる。こずえが「いま、私たちはベニスにいるのね」と、めずらしくはしゃぐ。ろをあやつりながら、兄の桂司も「じゃあ、この伝馬船は、ベニスのゴンドラってわけだな」と、たのしそうにいう。

ぼくたちのゴンドラは、江戸橋の手前でひき返した。このあいだ見た高速道路の鉄骨が、すぐ目の前まで迫り、たくさんの作業員が、黄色や赤のヘルメット姿で働いていた。酸素溶接の火花があちこちでとびかい、ダッダッダッダッ、とねじをとめる機械音がとどろき、巨大なクレーンが大きな鉄の板をつかんで空に舞っていた。

「ベニスもこれで終わりだな。」

「ベニスもこれで終わりだな。」とつぶやく桂司は、この高速道路の延長線上に、自分たちの宿船があることを知っている。そして、ある台風の日に、こずえたちは何の連絡もなく、学校を去って行く。

＊立ち退きとオリンピック

こずえたちが高速道路ができるために立ち退きを命じられ、去って行ったのと、ちょうど同じ時期に、立ち退き撤去をせまられたのが、おもに東京東部にあった河川敷のバラックで生活をしていた人たちだった。

一九五九年に設立した首都高速道路公団は、その五年後の六四年オリンピック開催までに、羽田と選手村、競技会場をむすぶ道路の建設にとりかかる。五年という異常な短さでの工事を可能にしたのは、用地買収などの手間もいらない、川の上への高速道路設置というものだった。水上生活の宿船と、河川敷バラックは、美観をそこねるという理由で、すべてが撤去されていった。

ぼくが八〇年代の十年間勤めていた小学校は、東京都の一番東のはずれにあった。「大東京で真っ先に朝日をむかえるこのあたり……」と、小林純一作詞の校歌を歌いだすこの学校は、そのとき強制撤去された江戸川河川敷のバラックに住んでいた人たちを収容した都営の団地が、学区の大部分を占めていた。そのせいか、入居以来一度も家賃を支払ったことがないというつわものも、それなりの数、まだ残っていた。

フィリップ・アリエス『〈子供〉の誕生』（みすず書房　一九八〇年十二月）が出たせいか、世の中では、《子ども》は「異文化としての子ども」とか「問題群としての〈子供〉」とか、あるいは〝豊かさの中の貧困〟なんて言い方で騒がれていた時代に、ここの子どもたちはしっかりと〝絶対的貧困〟のさらなるひろがりの中であえいでいた。

日比のこの作品を読むと、東京という都市が、いくつもの〝生〟をふうじこめて、その上に積み重ねるようにつくられてきていることが、よくわかる。ふりかえると、町は幾層にも重ねられた異質のイメージでもって構成されているのではないか。『東京どまん中セピア色』と言う作品のラストは、中学三年になった稔が、高速道路を走りながら（この下に、日本橋川があるんだ！）と思う場面だ。

どこが茅場橋で、どこが鎧橋なのか、車に乗っているとまるでわからない。気がつくと、ハイウェイのまわりに証券会社のビルがいくつもつき出していた。
ぼくは、自分がこずえの家をひきつぶしたような気持ちのわるさを覚えた。
車は、江戸橋のインターを左に折れ、高速環状線をなめらかに走っていく。

八〇年代という時代は、言葉もイメージも、単線から複線へ、正系から異質のイメージへと、重層的な広がりの方へと確実に歩み始めていたのだ。ひきつぶされ、ぬりこめられた幾層もの〝生〟の重なりの中で、ぼくらは、新しい言葉を模索し始めていたのだ。

＊しつこくオリンピック

ふと、ウチの女房に「オリンピック、どう思う？」ときいてみた。「ふん」と、気のない生返事がもどってきた。

自分の母が死んだ自然災害を「天罰だ」といった男を知事に選び、災害復興でなく、オリンピックというムダ金の方に票を投じた東京という町そのものに、女房はすでに興味をなくしているようだった。（あるいは、きいたのが夜おそくだったので、単にねむいだけだったかもしれない。）

いままた、新国立競技場建設のために、撤去立ち退きをせまられている人たちがいるらしい……。人は巨大な遺跡を残すために、造っては壊し、造っては壊しという営みをくりかえしているのかも知れない。

② 九〇年代児童文学は夏の庭で千人の小人たちと足ぶみをしていた。

＊『夏の庭』（あるいはスキル）

児童文学をこれから書きたいと思っている人は、入門書を読むよりも、湯本香樹実『夏の庭　The Friends』（福武書店　一九九二年五月）を読むといい。

例えば、出だしの『オバケ葉っぱ』だ。

ぼくがこいつをひそかに『オバケ葉っぱ』と名づけたのは、二年生の時だった。そのころ、ぼくの背はどちらかというと小さいほうで、今みたいに『きゅうり』とからかわれることもなかった

それから、『オバケ葉っぱ』に夢中な二年坊主のぼくが、六年生を「すばらしく強く、大きく、おそろしくさえ思えた」が「あのころ思っていたように、強くもおそろしくもないけれど、ぼくは六年になった」と対比的に語られる。

ちなみに、『オバケ葉っぱ』がこのあと、この作品に登場することはない。『きゅうり』というあだ名のひょろりとした六年生を紹介するために触媒として用いられたにすぎないスキルだからだ。『きゅうり』というあだ名自体、このあと出てくるデブの山下、メガネの河辺との対比のためのもので、このの ちとくに役立つこともない。

とっておきのスキルは、その次に出てくる。

「おい、木山」

ヤバイ、あてられた。ぼくはできるだけのろのろと立ち上がった。

一人称の物語の場合、他の登場人物に名前を呼ばせる。これが一番のスキルだ。《一人称主人公の名前を相手の会話体の中に入れるスキル》は、だれにでもできる簡単な技だ。冒頭でダラダラと自己紹介を続けるよりは、はるかに気がきいている。しかし、一人称の児童文学の出だしが、全部「おい、〇〇」になったら、それはそれで相当に気持ちの悪いものになるだろう。

もう一つ、とっておきのスキルがある。山下が葬式でお棺の中に花を入れたとき、花びらが散って、おばあさんの鼻の上にのる場面だ。

その花びらは黄色だったろうと、なぜだかぼくは思った。

散る菊をことさら「黄色」にする必要はない。しかし、そう描く。(おいおい、葬式なんだから、だいたいは白だろう) なんて、ツッコミを与えるヒマもない。読み手は、おばあさんの鼻の上に散ってのっている一片の黄菊の花びらをあざやかに思い浮かべる。一見ムダな言葉が必要以上にイメージをふくらませる好例だ。

誤解を避けるために言っておくが、ぼくはこうしたスキルをダメだと言っているわけではない。うまく使えば、この上なく上等な料理になる。

*『夏の庭』vs. 長崎源之助

この『夏の庭』に、長崎源之助がかみついた。

長崎は、『夏の庭』という作品の《戦争のあつかい方》に疑問をもち、異議をとなえ発言をした。残念だったのは、この作品に日本児童文学者協会新人賞をあたえた選考委員が、だれひとりとして、回答あるいは反論をしなかったことだ。論争は立ち上がることなく消えていった。

ぼくは、長崎はカレーショップ『夏の庭』に入って、とまどってしまったのだと思う。

九〇年代のわりとはやい時期に、ぼくは転勤した。勤め先の同僚に連れられて、駅近くのカレー専門店に行った。最初に辛さのランクを決めた。次に、店員が「トッピングは何にしますか」ときいてきた。ぼくは一瞬「え?」と問い返し、「いいです」と答えた。食べながら席に置いてあるメニューを見たら、トッピングがずらっとならんで書かれていた。「ベーコン、えび、アスパラガス……」

ぼくはだいたい自宅食事派で、昼も給食だったので、そもそも外食といったものがほとんどない。そのためか、トッピングのカレー屋に入ったときのカルチャーショックはけっこう大きくて、今でも覚えているくらいだ。

長崎は、そんなおしゃれなトッピングのカレーショップに入って、とまどってしまったにちがいないのだ。

カレーといえば、よく煮込んで、しかも一晩おいたものがおいしいと思っていた長崎は、次から次へとくりだされるトッピングにも、おどろいていったかも知れない。しかし、それだけではなく、自分がいつもじっくりと煮込み、一晩なべ止めしてから出していた戦争を、『夏の庭』カレーショップは、いとも簡単にトッピングの一つとして出してしまったのだ。

そのとき、長崎は「トッピング? ちがうだろう」と思い、異議を唱えた。長崎は、おじいさんが妊婦を殺した話をしたことに触れて、次のように書いている。

こんなショッキングな話を書いたからには、戦争がもたらす大きな問題を掘り下げていくのかと思ったら、おじいさんの奥さん探しゲームへと移行してしまって、もうおじいさんの殺人問題にはまったくふれてない。(「児童文学の姿勢を問う」、『日本児童文学』一九九三年八月号　文溪堂所収)

なぜ触れないのかと問われたら、ぼくは「それはトッピングだからです」と答えるしかない。ここからは、ぼくの考えになる。

例えば、逃げる女の描写をみてみよう。

まだ若い、鹿のようにすばしこい女でね。後ろにたばねた長い髪が背中でおどって、一足ごとにたくましく腰の筋肉が上下していた。

逃げる女を、このような眼で見ながら、追いかけるはずがない。しかし、「鹿のようにすばしこい」「後ろにたばねた長い髪が背中でおどって」「一足ごとにたくましい筋肉が上下して」という描写の巧みさに、読み手はまいってしまうのだ。しつこくいうと、「鹿のようにすばしこく」なんて直喩スキルを考えながら、追いかけないし、「長い髪がおどって」なんて擬人化スキルも思い浮かばなかっただろうし、だいたい「腰の筋肉の上下」なんて見えるのか、といったことになるのだが、この軽やかな描写に、読み手は目を奪われ、心も奪われてしまうのだ。

倒れる女の描写もそうだ。

女は大きな小麦袋かなんかみたいにたおれた。

「大きな小麦袋」をじっさいにみたことのある人は、いったいどのくらいいるのだろうか。それでも、読み手は、大きな小麦袋みたいにたおれる女の姿を思い浮かべることはできる。これは、実体のない重みだ。善し悪しではなく、湯本は、軽さで重さを表現しているのだ。
劇団たんぽぽの『夏の庭』上演にあたって、演出のふじたあさやが、重さと軽さについておもしろいことをいっていた。

重いテーマである。にもかかわらず、たとえば『夏の庭』の、この軽さはどうだろう。重いテーマだから軽やかに触れるのか、軽やかさを入り口にしないと重いテーマは語れないのか、どちらにしても読者は、軽やかな語り口にみちびかれ、人生の深淵を垣間見るのである。

ふじたは、演じる劇団たんぽぽの若手たちにもふれ「おそらく、軽さを通してしか重さに迫れない世代なのだろう。」と語っている。ふじたはこれを否定的にいうのでなく、そういう世代と共同作業をすることで、自分も軽やかな語り口を身につけたいとむすんでいる。

六〇年代、七〇年代と、児童文学は、一つの言葉で一つの意味を語っていた。その言葉の意味する一つのことをできるだけ正確に指し示すことが、共通の理念でもあった。

しかし、戦後理念は、現実との乖離の中で失われていく。描かれるべき何かはときに硬直化し、ときに迷路のような混迷の中に迷い込んでいく。八〇年代児童文学は、言葉をそんな硬直した「何か」から解放した時代だった。言葉は語るべき一つの意味から解き放たれ、自由にとびはじめた。

そして、九〇年代に入った。『夏の庭』は、まちがいなく九〇年代を代表する作品だ。言葉は、その巧みなスキルの中で、いくつもの「何か」をおしゃれにトッピングする。読み手は、心地よい軽さの中で、それを味わう。

＊戦争と想像力

ぼくは、実際に経験しなければ、本当のことはわからないという考え方が大嫌いだ。この考え方でいくと、戦争のこわさは、本当に戦争を経験したものにしかわからないということになる。戦争はやるまえに回避しなければならないもので、それは人間には、実際に経験しなくても、先を類推する力があるからで、その〝力〟については、ぼくはとりあえず信じることにしている。

そこで、実際には見たことがない「大きな小麦袋」の問題になる。実際に見たこともない小麦袋のようにたおれる女の姿を描いても、実際の戦争のこわさは伝わらないと言ってしまうと、ぼくの持論に反することになる。ぼくは、想像する力で、戦争を回避しようとしているのだから。

では、『夏の庭』を読んだ読者が、戦争を回避する想像力をもちうるのか。これに対するぼくの答えは、じつに端的であり、曖昧である。それは、持つ人もいれば、持たない人もいるということだ。そのトッピングに心を動かされ、反戦の行動をとるきっかけになる人もいれば、だからこそ、日本の国を守るために憲法九条を変えなくてはと思う人もいるかもしれない。それは、どちらも、ぼくらの日常の反映の一つのあり方であって、そういう意味では、ぼくらはいつも危ういつなわたりの中を歩んでいることになる。

戦争つながりで話を進めると、宮川健郎が『現代児童文学の語るもの』（日本放送出版協会　一九九六年九月）の中で、あかねるつの作品をひきあいに出しながら、「戦争児童文学」という枠組みはもういらないといった。

「戦争児童文学」は、かつての、児童文学の「理想主義」や「向日性」と同じように、現代児童文学に固有の考え方である。もう、「戦争児童文学」という枠組によって、日本の現代史と現在を考えることをやめてしまいたい。

ぼくは、これは一つの〝こけおどし〟だと思っている。「戦争児童文学」というものが形骸化し、ぼくらの思考が硬直化しているならば、そういえばいい。一つの枠組みを否定するのは、反戦児童文学という運動そのものへの否定につながりかねない。まあ、硬直化した運動ならば、それはそれでいたしかたないのだが。なぜ戦争児童文学の硬直化の中身、例えば、戦後的発想でもって語られる、こわい、かなしい、いたましい、感動の物語について触れることよりも、その枠組みを否定する方を選んだのか。妹尾河童『少年H』（講談社　一九九七年一月）は、そうした戦後的感覚でもって書かれたために、山中恒・山中典子『間違いだらけの少年H』（辺境社　一九九九年五月）という反論を呼んだ。そのとき、ぼくらは「少年H」という枠組みはもういらないというのではなく、「少年H」はなぜまちがえたのかをつきとめるべく考える。それが批評だと、ぼくは思っている。

＊癒しとしてのメタファー

森絵都『宇宙のみなしご』（講談社　一九九四年十一月）は「千人の小人たち」の足ぶみからはじまる。

ときどき、わたしのなかで千人の小人たちがいっせいに足ぶみをはじめる。その足音が心臓にひびくと、体じゅうの血がぶくぶく泡をはくみたいに、熱いものがこみあげてきて抑えきれなくて、わたしはいつもちょっとだけふるえる。

森絵都は、何かをしたくてたまらない衝動を、千人の小人たちの足ぶみという言葉であらわした。海があったら、泳ぐだろう。山があったら、登るだろう。まっすぐな道なら、走り出すだろう。そして、そこに屋根があったから、〝屋根のぼり〟という遊びを選んだにすぎないのだ。

それにしても、「わたし」＝陽子の頭の中には、いったいどのくらいの動物が住みついているのだろうか。

自分のシリメツレツさを〝七匹のカバのフラメンコ〟といい、七瀬さんが明日いきなり夕食を食べにくるとつげられると〝十一匹の白熊がエアロビクス〟をはじめ、人類滅亡の世紀末大戦に立ち上がる戦士の話を自信たっぷりに語るキオスクにお手上げになり、〝十八匹のマウンテンゴリラ〟が二組に分かれて綱引きをはじめそうになる。

まあ、どんなに出てきても、千人の小人たちがいっせいに足ぶみをできるぐらいの広さだから、そこに、七匹のカバや、十一匹の白熊や、九匹ずつに分かれて綱引きをするマウンテンゴリラが出てきたところで、どうということはあるまい。

必要なのは、現実のキキとは無関係の「何か」をそこに登場させること、それも楽しくておどりたくなるようなキャラを出すことになる。まちがっても、西郷さんの銅像のような説教好きの担任教師なんかを登場させてはいけない。それが一番のルールだ。

現実のキキを、とっぴなたとえで回避する、森絵都のこの方法を、ぼくは《癒しとしてのメタファー》と呼んでいる。八〇年代半ばに、中野富士見中葬式ごっこ事件があってからこのかた、子どもたちはすっぽりと「いじめ」の中で考えられるようになり、九〇年代に入って、世紀末という得体の知れない空気は、社会全体を病理という幕でおおうことに成功する。

じつをいうと、ぼくは〝癒し〟という言い方が大嫌いだ。癒しは、何かの病気を治すためにある。最初から、病気であると決めて、それを癒やすという考え方を嫌いなのだ。子どもたちはいま「いじめ」という言葉に代表される病気の中にいる。そこから〝癒し〟という発想が生まれる。

ぼくは、最初から子どもたちを病気であるとする見方が嫌いなのだ。無理に健康にする必要もないが、なぜ「ふつう」から出発できないのか。

教師になりたてのころ、ぼくは「子どもは無垢ではない。けっこう残酷なものだ」とかっこよく語っていたが、九〇年代のぼくは「心配ないですよ、みんなふつうですよ」と、「いじめ」の嵐の中で右往左往する親たちに、語っていた。ぼくの考え方が変わったというよりも、子どもをめぐる、おもにメディアを中心とした情報の変化に対応したものいいになっていたということなのだろう。

《癒しとしてのメタファー》は、そんな病んだ世の中への対処法としてあらわれる。キキに対する身のかわし方その一ということになる。大事なのは、そのメタファーを理解し、共有できるものだけが、そのキキをかわすことができるということだ。その意味で、《癒しとしてのメタファー》は、選ばれしものたちだけに通用する武器となる。心の中に、カバのフラメンコや白熊のエアロビクスを住まわすことのできるものたちは、それを盾に身をかわし、心地よい「屋根のぼり」の遊びを満喫できるのだ。

考えてみたら、「宇宙のみなしご」というタイトルがすでに一つのメタファーだ。屋根の上で、四人は、手をつなぐ。――「つなぎあわせたてのひらから、電流のように流れてくるみんなのぬくもり。」

選ばれし宇宙のみなしごたちは、これからもうまく身をかわし、生き残っていくにちがいない。物語は、心地よいラストをむかえる。と、ぼくはここで、(ぼくは選ばれない方に入るな)と感じてしまう自分がいることに気づく。ぼくは、身のかわし方その二を考えるしかないことになる。

＊ちいさいえりちゃん（ふつうの荒唐無稽さ）

村山早紀『ちいさいえりちゃん』（あかね書房　一九九三年三月）の森が、日常と地続きな感じで出てくるところが好きだ。

えりちゃんは、家族みんなに「ちいさいえりちゃん」と呼ばれる。それが不満だ。どうしたら自分のことを「おねえちゃん」と呼んでくれるのかを、ねこのルナにたずねる。すると、ルナは言う。「森へ行ってみたら」

幼年童話に、しゃべる動物が出てくるのは、よくあることだ。しかし、このねこは、まるで「ふつう」に「すると」という言葉をはさんで、森への誘いの言葉をいうのだ。

日常と地続きな感じで、ねことしゃべり、自然と森へ誘われてしまったえりちゃんには、現代児童文学の出発点でささやかれたようなファンタジーの法則性もいらない。どんな不思議が起きても動じないような《日常》を物語にあたえてしまう。この《ふつうの荒唐無稽さ》がいい。

もう、こわいものは何もない。森に行ったあとで、おおかみに会おうが、魔女に会おうが、子ウサギに会おうが、まりこねえちゃんを一口で食べようが、怪獣のように大きくなろうが、ニンジンを食べようが食べまいが、もう、「ふつう」に何でもありなのだ。

このあと、村山に描かれることになるシェーラ姫も、けっこうふつうの感覚で、荒唐無稽な空想物語の中を動き回っているように、ぼくには思える。読み手の方も、このふつう感覚でもって、物語を楽しむ。お茶の間でおせんべをばりばりと食べながら、テレビアニメの主人公たちがとんだりはねたりするのを喜んでいるみたいに。この《ふつうの荒唐無稽さ》が、ぼくは不思議に好きなのだ。

③ 〇年代児童文学は守り人と共に重層化した世界を歩み始め「かはたれ」と出会った。

*守り人（重なりあうことばたち）

上橋菜穂子「守り人シリーズ」（偕成社　一九九六年七月〜二〇〇七年三月）から、ヨゴ語、カンバル語、ロタ語、サンガル語、タルシュ語、海洋用語、ヤクーのことばなどを除いて書いたら、どのくらい短くなるだろうか、と考えたことがある。

例えば、「守り人シリーズ」の第一巻『精霊の守り人』（一九九六年七月）に次のような文章がある。

「ああ、ニュンガ・ロ・チャガ〈精霊の守り人〉よ、あとわずかだ。日がしずみ、日がのぼれば、うまれでるときがやってくる。」

ナユグのヨナ・ロ・ガイ〈水の民〉は、シュルシュルと、チャグムのまわりをうれしそうに泳ぎまわった。ふかい水底のあちらこちらから、たくさんのヨナ・ロ・ガイ〈水の民〉が集まってきた。彼らがたのしげに水かきのはえた手で水面をはたくと、サグの地面をすかして、しぶきがキラキラとちった。

「ぶじに、ニュンガ・ロ・イム〈水の守り手〉におなり、ニュンガ・ロ・チャガにだかれている卵よ。はやく雲をはき、あまい水を、この地と、かの地にふらせておくれ……。」

〈サグ〉というのは、ヤクーたちのことばで、目に見えるふつうの世のことで、〈ナユグ〉というのはふだんは目にはみえない、もうひとつの別の世界のことだ。天国と地獄ではなく、同時に同じところにあるから、ときに重なって見える。ナユグもサグも最初は説明されたが、『守り人』では基本的な世界の構図だから、その後は何の説明もなくふつうにしばしば出てくることばたちだ。

百年に一度、ナユグのニュンガ・ロ・イムが卵をうむ。それを好物とするラルンガがねらう。ナユグだけでなくサグにもうむ。うみつけられた人間＝ニュンガ・ロ・チャガ〈精霊の守り人〉の卵をやはりラルンガがねらう。

卵がうまれたつぎの年はなぜか大干ばつになり、卵が無事にかえらなかったら、さらにひどい大干ばつがずっと続いていくというから、はた迷惑どころか、サグの人たちにとっても日々の生活に関わることになる。

ナユグには五つの卵がうみつけられるが、それらは最初からラルンガのエサになる運命で、残るひとつ、ニュンガ・ロ・チャガ〈精霊の守り人〉の体にうみつけられた卵が問題になる。

さて、その卵が、新ヨゴ皇国の第二王子、チャグムの体にうみつけられる。新ヨゴ皇国では、皇族は〝神〟なので、得体の知れない妖怪にとりつかれたチャグムの存在は不都合になる。王の刺客である〈狩人〉と、卵食いのラルンガの両方から命をねらわれる。それを女用心棒バルサが守るというのが『精霊の守り人』の筋立てになる。

冒頭にあげた引用部分は、卵がもうすぐうまれるので、ナユグのヨナ・ロ・ガイ〈水の民〉がチャグムのまわりをうれしそうに泳ぎまわっているところで、サグからはふだんは目に見えないナユグの水のしぶきがキラキラとすかして見えるという幻想的な場面だ。

このあと、ラルンガ〈卵食い〉との最後の死闘をへて、チャグムは無事に卵をうむことに成功するのだが、「守り人」の物語は、ナユグとサグという二つの世界が二重写しになっているだけでなく、語られることば自体が幾重にも重なりあっている。

先住民ヤクーの言い伝えでは、豊穣をもたらすニュンガ・ロ・イムの卵をだいている少年を、その卵をねらうラルンガから必死で守りぬこうとするものとして語られる。しかし、新ヨゴ皇国の正史では、二百年前に建国の祖トルガイが水妖を退治して《帝》となり国をおこしたと、支配する者にとって都合がいいことだけが語られる。ナユグとサグのことも、ふたつの魔物の存在も語られることはない。

星読博士シュガが読み解いた、初代聖導師ナナイによって書かれた〈古代ヨゴ文字〉の石板には、臆病者のトルガイに対するナナイの愚痴と、ナナイがヤクーたちとともに卵を守るために卵食いとたたかったことが書かれている。が、これは、正史を〝光〟だとすれば、国家の〝闇〟にあたる。日の目を見ることは永久にないだろう。

物語は、それらいくつものことばを重ね合わせながら、進んでいく。

第五巻『神の守り人〈来訪編〉』（二〇〇三年二月）も、いくつもの物語とことばを重ねながら語られていく。舞台はロタ王国。『精霊の守り人』で、サグとナユグという形で出てきたこの世とあの世が、ロタでは〈ノユーク〉という名で語りつがれている。この呼び名は『闇の守り人』（一九九二年二月）に出てきた〈ノユーク〉と同じだ。『虚空の旅人』（二〇〇一年八月）のサンガル王国では〈ナユーグル〉という名で出てくる。

ほかにも、タル・クマーダ〈陰の司祭〉、ラマウ〈仕える者〉、カシャル〈猟犬〉、ピクヤ〈神の苔〉、タルハマヤ〈おそろしき神〉、ハサル・マ・タルハマヤ〈おそろしき神の流れくる川〉、チャマウ〈神を招く者〉、サーダ・タルハマヤ〈神とひとつになりし者〉と、物語は、ここでしか通用しないいくつものことばを〈〉付きで饒舌に語りながら、進んでいく。

虐げられた存在である〈タルの民〉の娘アスラに神＝〈タルハマヤ〉が宿る。その力をおそれロタ王のカシャル〈猟犬〉が命をねらう。用心棒バルサがアスラを守るというのが基本の構図なのだが、ぼくは、カシャル〈猟犬〉の頭スファルの語る〈記憶を風化させないため〉の話がおもしろい、と思った。

タルの民の聖伝によると、シウル族（タルの民の祖先）に、一人の娘が生まれる。娘はノユークという異界から流れる水に住むおそろしき神タルハマヤの力を得て、サーダ・タルハマヤ〈神とひとつになりし者〉となり、ロタルバル全土を征服する。カシャルは、そのサーダ・タルハマヤの奴隷として、反感をいだく者を狩りだすというおぞましい仕事をさせられていた。あるとき、カシャルの祖先は、ロタ人の中で最も人望のあったキーランと、はかって、サーダ・タルハマヤをたおす。

シウル族は二度とタルハマヤを招くようなことはしないと約束して、森の奥に消える。キーランはロタ王国を建国する。カシャルは、タルハマヤを招く者があらわれぬよう見張りつづけることを誓う。

スファルの祖先たちが、自らが手を下したおぞましい所業を、なぜわざわざ子孫に伝えたのかということについて、スファルは、次のように語っている。

「それはな、わすれさせないためだ。記憶を風化させないためだ。

いつか、はるかな時のはてに、ふたたび、あの川がこの世に流れてきたとき、おそろしき神が来臨するのを、子孫がみすごすことがないように——二度と、おなじ過ちをくりかえさぬように、心に深くきざむためだったのだ。」

スファルの《おぞましい所業の記憶を風化させない》ということばを聞いたとき、ぼくはちょっと不覚にも、一九三七年に日本軍がやった「南京大虐殺」事件のことを思い浮かべてしまった。虐殺した人数は定かではないが、あったことをまるでなかったかのように糊塗する日本の政治家は、きっと意識的に記憶を風化させようとしているにちがいない。スファルの語っていることも、ロタ王国の正史ではない。カシャル〈猟犬〉にだけ言い伝えられている秘密の使命ということになる。

このスファルのことばだけでも、けっこう感心してしまうぼくなのだが、上橋は、ここでは終わらせない。タンダはいう。

「これで、あんたの話はおわりか？　——これが、アスラを殺す理由か？」

スファルは、かすかに眉根をよせてタンダをみた。

「これ以上の理由が必要だというのか？」

タンダは、うなずいた。

「ああ。……あんたは、祖先から伝えられたことを、真実という。けど、過去になにがおきたか、だれにもわからない。ほんとうのところは、だれにもわからない。」

ほんとうのところはだれにもわからないといいながら、バルサもタンダも、アスラが〝神〟を召喚したときの殺戮のすさまじさは、すでに何度か目撃している。スファルのことばに一定の真実があることを知りながら、それでもなお、アスラという少女の命を守ろうとする。

ここに、スファルの娘シハナの考えもからんでくる。合理的な思考をする彼女は、父であるスファルをも裏切って、アスラの力を政治的に利用しようと画策する。物語は幾重もの言葉を呪文のように重ね合わせながら『神の守り人〈帰還編〉』(二〇〇三年二月)へと進んでいく。

物語の最後、アスラは、聖なる巨樹の高みに登る。タルハマヤと一体になろうとする。それを防ごうと木に登るアスラの兄チキサ、そしてタンダ。下ではシハナとたたかうバルサ。兄のことばに我にかえり殺戮への衝動をおさえたアスラは、わが身に食いこんだ〈宿り木の輪〉を引きちぎる。落下するアスラを支えようとして、チキサもタンダもともに落下する。それを助けようともがくバルサに、「バルサ! きこえるか! いまいくぞ。」というスファルの声が重なる。最初はアスラの命をねらっていたスファルもいっしょになって、血まみれになりながら三人の命を助けようとしている。言い伝えられ約束された物語ではなく、いま目のまえで危機に瀕している少女の命を助けようとする、このスファルが、ぼくはけっこう気に入っている。スファルは、おぞましい過去の記憶を封印したり風化させたわけではない。ちがうかたちで、大殺戮の再来を防ぐ道を選んだのだ。物語は一筋縄では進まない。だから、おもしろい。

「守り人」シリーズの最終巻『天と地の守り人〈第三部〉』(二〇〇七年三月)の最後の方で、攻めこんできたタルシュ軍を、チャグムが打ち破ったという話が語られる場面がある。新ヨゴ皇国の若者ラチャは、目をかがやかせて、それを語る。

「すげえ話だろ？　――都が水にのまれてよ、帝がおかくれになって……そんでもって、タルシュ軍の太鼓がドロドロ鳴ってよ、もうだめだって、みんなが天に祈ったときに、なんと、チャグム皇太子殿下が、白い光につつまれて雲間からおりてきたんだと！　あの亡くなったはずの、チャグム皇太子殿下がだぜ？

雲間からさしこんだ光の道を神馬にのってかけおりてきて、ロタやカンバルからの援軍をみちびいて、いっきにタルシュ軍をうちやぶったんだそうな！」

この話を聞きながら、バルサは、〈チャグムが、もがきながらかけぬけてきた道は、雲間からさしこむ光の道などではなかった。――きたない思惑と、罠と、血のにおいに満ちた、泥の道だった。〉と思う。

ぼくらの世界は、幾重にも重なりあったことばたちの、とりあえず目に見え、耳に聞こえた結果として、いまここにあるのかもしれない。上橋の描く守り人の世界で語られることばの多様さは、それが饒舌であればあるほどに、語られなかったことばたちの重みを感じずにはいられないのである。

＊あめ（雨と飴）

ウチの女房は富山で生まれ育ったので、東京での教員生活の一、二年目は、「雨がふってきた」というところを「あめ〈飴〉がふってきた」と言っていたらしい。

女房が「あめ〈飴〉がふってきた」と範読すると、すなおな子どもたちはつづいて「あめ〈飴〉がふってきた」と読む。一九七〇年ごろの話だ。矢玉四郎が晴れた空にぶたをふらせたのは一九八〇年だったから、それより十年もまえに、東京の片すみにある小学校では空からあめ〈飴〉がふってきたことになる。

日本は母語が日本語（標準語）ひとつだけといわれているが、沖縄の島々は、島の数だけのことばがありそうだし、いろいろな方言の数だけことばがあると考えれば、日本のことばもけっこう幾重にも重なりあっているように思えて楽しくなる。

＊『かはたれ』（重なりあう時間たち）

朽木祥『かはたれ――散在ガ池の河童猫』（福音館書店　二〇〇五年十月）も、また重層化した世界を生きる物語だ。

河童の長老の話では、河童と人、そして猫とでは、時の流れる速さにちがいがあるという。猫の寿命は人の八分の一、人の寿命は河童の十分の一、つまり、猫は河童の八十倍の速度で生き急いでいる。人間でいうとおよそ八歳の、八十一歳になったばかりの八寸は、長老に『河童猫の術』をかけてもらって、人間の世界に猫として〈修行〉にいくことになる。長老はいう

「だから、夏が終わったら、さっさと帰ってきて河童に戻らねばならぬ。さもなければ河童の自然を破って、どんどん老いてしまうからな」

タイムリミット付きの修行になる。長老のような長命の河童にはまだ多少霊力が残っているが、幼い八寸は何の霊力も持たない。無力なか弱い子河童にすぎない。

そんな八寸は、人間の世界で、麻という少女と出会う。麻は最愛の母親を亡くし、自分自身に自信をなくしていた。親兄弟が行方不明になり、ひとりぼっちだった八寸は、ドジをして麻に河童の姿をみせてしまい、不思議な交流がはじまる。

麻は、月明かりの中でまどろむ猫の姿と二重写しになって、小さな河童がのんびりすわっているのをみる。何が本物かに悩み自信をなくしていた麻は、最終的に、『八寸は八寸なのだ』と理解して、自信をとりもどす。

八寸が猫であろうが河童であろうが、八寸は八寸なのだ。そして、麻は麻なのだ。麻が感じることは、みんなほんものなのだ。麻にとって、たとえ目に見えなくても。耳に聞こえなくても。どんな名前で呼んだとしても。

ちがう時間を生きているということは、それぞれの異質の生が重なりあって存在していることになる。ここでは、人と河童と猫という三種の時の流れが語られているが、じつは人ひとりひとりが、それぞれちがう速度で流れる時間を生きているのではないかと思えるときがある。

朽木祥『あひるの手紙』（佼成出版社　二〇一四年三月）は、ある春の日、一年生のクラスに「あひる」と一言だけ書いた不思議な手紙が届くところからはじまる。手紙の主「たなかけんいち」さんについて、先生はいう。

「けんいちさんは二十四さいだけど、ゆっくり、ゆったり、大きくなって、ひらがなをぜんぶ書けるようになったところなんですって」

この物語は、河童と人間と猫だけでなく、人もそれぞれ、生きている時間の速さがちがうことを、語っている。文通をしたいというけんいちさんの願いをきいて、「るびー」というしりとりの手紙を返す子どもたちの様子は、明るく屈託がない。

おそらく、子どもたちひとりひとりの時間も、詮索すれば、子どもの数だけ多様な時間の流れを見つけることができるはずだ。その多様さに気づきつつ、しかし、そのズレを気にもしないで、けんいちさんの生きる時間の中に、「ふつう」に入り込んで、楽しんでいる。

重なりあう時間たちの中で、ぼくらはどれだけ「ふつう」でいられるのだろうか。『あひるの手紙』の子どもたちの屈託のなさは、「いじめ」ばかりが声高に叫ばれている学校という時間の流れの中で、ぼくの心を、ほんの少しだけど、やわらかくしてくれて、うれしくなる。

＊ぼく自身へ（記憶）

小学一年生のとき、国語の教科書の同じ箇所を何度も読みなおしさせられた。なぜ何度もくりかえし読まされるのか、わからぬまま、ぼくは読まされつづけた。業を煮やした先生が言った。「もういい。なんで、おかあちゃんて読むんだ。おかあさんって書いてあるのに」

ぼくは、そのとき初めて気づいた。「おかあさん」と読んでいるつもりだったが、口から出ていたことばは「おかあちゃん」だったことに。

二年生のとき放課後の教室に残されて、かけ算九九の暗唱をやった。やっと全部できたとき、ぼくのうしろに木下くんがいた。ぼくは「よかった。ビリじゃなかった」と思った。クラス替えのとき、木下くんは障害児学級にうつっていった。そのとき、ぼくは「ほんとうは、ぼくがビリだったのか」と思って、ちょっとさびしかった。

木下くんは、今どうしているのだろうか。今のぼくなら、かけ算九九の暗唱で、紙一枚分だけのズレがあった木下くんの時間を、みとめることができるだろうか。そう考えることがある。

ぼくらは、幾重にも重なりあったことばたちと時間たちの結果として、今ここにいる。ぼくらの記憶は、塗り込められたことばと時間の中で、これから先、どんな物語をどんな風に紡いでいくことができるのだろうか。

ことばがひとつだけの意味から解き放たれ、幾重にも重なりあいながら語られるようになった今という時代だからこそ、ぼくは、「いま」を語ることばを知りたくなる。

④ いま児童文学は「いじめ」「スクールカースト」の呪縛に頓着せずパジャマガールのようにハンザキした方がいい。

＊ハンザキ

きどのりこの短編集『パジャマガール』（くもん出版　二〇〇五年四月）の表題作「パジャマガール」に出てくるアッコがハンザキしたとき、やったぜ、とぼくは思った。

＊アッコ

アッコこと佐藤篤子はいつもパジャマ姿のへんな子だ。そのアッコと、主人公のミナは、あることをきっかけになかよくなる。

アッコがミナの飼い猫を袋につめ公園の砂場に埋めている。気づいたミナはかけつけて、アッコをつきとばす。つきとばしたミナは、アッコの顔のあざに気づく。アッコの方は、その猫を心臓の手術でもうすぐ入院するミナの弟がかわいがっていたことを知る。おたがいにちょっとした気まずさを共有し、なかよくなる。

ふたりは公園のブランコにすわっている。

アッコは、ブランコをぐるぐるよじっては、ほどきながらまわる動作をくり返している。

アッコは、ブランコをよじりながら、ナベセンが「もう学校にくるな。お前の顔なんか見たくない」といったから登校拒否していると話す。父親がなぐることを話す。ぶらんこをふつうにこぐのではなく、よじりながら話す。こんな他愛ない仕草も、ぼくはけっこう気に入っている。

そこに、同じクラスの悪ガキの岩本たちチャリンコ部隊がやってきて、はやしたてる。

パジャパジャパジャパジャパジャ　パジャママン
パジャマ怪人　パジャママン！
朝から晩まで　パジャパジャマ

おまえの母さん　おおでべそ！

最後の「おまえの母さん、おおでべそ」あたりは、はやし歌の定型「おまえの母さん、でべそ」と同じものだ。定型のはやし歌というのは不思議なものだ。はやしたてているわりに、悪意がストレートに相手の胸に突き刺さることはない。人それぞれだから、どの程度胸に突き刺さるかはわからない。が、相手が見たこともない、もしかしたら自分だって見たことのない「母さんのでべそ」のために、はやされて死を選ぶものはいないだろう。

そういえば、むかし、ぼくのむすめが姉妹で口げんかをしていたことがあった。下のむすめが「おまえの母さんでべそ」といい、姉も対抗して「おまえの母さんでべそ」といっていた。まだ、学校にあがるかあがらないかぐらいの姉妹の言い合いを、ぼくがあきれながら聞いていたら、とつぜん、ウチの女房が大きな声で「やめなさい。ふたりとも！」といった。二人は自分たちが言い合っていた中身の方に、一瞬で気づき沈黙し、口げんかはおわった。

定型の悪口というのは、そういうものだろう。アッコも、べつに怒りもせずに「ばっかみたい」と笑う。そのときの、ミナのとらえ方が、おもしろい。

ミナは今まで、こうして岩本たちがいじめるからアッコは学校へこなくなったのだ、と思っていた。でも、そうじゃない。みんなは乱暴なやり方で、アッコにもどってくるようによびかけている。アッコを拒否しているのはナベセンであり、学校そのものなのだ。

岩本たちのはやし歌を、いじめではなく、乱暴なやり方でよびかけているという。この語り方に、ぼくは、一瞬めまいのようなことばのゆらぎを感じる。岩本たちの行為は、どう見てもほめられたものではない。一見して悪ガキの悪ふざけだ。このマイナスイメージのことばを、きどは「いじめ」ではなく「よびかけ」というプラスイメージのことばにおきかえる。そこに、ゆらぎがうまれ、微妙なズレがうまれる。その感じが、ぼくは好きなのだ。

じつをいうと、ぼくは「いじめ」とか「スクールカースト」ということばが、大嫌いだ。八六年の中野富士見中葬式ごっこ以来、「いじめ」は子どもについて語るときの東の正横綱になり、二一世紀に入って「スクールカースト」という妖怪のようなことばまでつくりだした。

ぼくが「スクールカースト」ということばを嫌いなわけは、子どもの関係を「カースト」というスタティックなものに閉じ込めてしまうからだ。子どもに限らず人と人との関係は一筋縄ではいかない。悪ガキ岩本と登校拒否児アッコの関係がそうであったように、つねに揺れ動き、ときに微妙にズレているものだ。それを「スクールカーストの闇」とか「スクールカーストの正体」とかいかにもセンセーショナルなキャッチフレーズで危機感をつのる。このスタティックな思考が蔓延すれば、当然当事者としての子どもたちもこのスタティックな「いじめ」と「スクールカースト」の呪縛にとりこまれていくことになる。これでは人と人との間の機微もなくなる。だから、なおのこと、ぼくは、意識的にうす細かいことばのゆらぎやズレをみることにしている。そうした深読みが物語をおもしろくする。

＊キン1（パジャマキン）

「あのパジャマキンさあ、きのう、錦町のゲーセンにいたの見たよ」と、早苗がいっている。ミナは一瞬、頭にカッと血がのぼり、「人間をバイキンあつかいするな！」と叫んで、泣きながら早苗にむしゃぶりついていった。みんなは恐れをなしたらしい。祥子やテルミまで加わって、ミナはトイレに「監禁」された。

祥子やテルミは、ふだんミナとなかよくしている女の子だ。それらも加わって、「監禁」されたのだから、ミナの剣幕に、さぞみんなは驚き、恐れをなしたのだろう。しかし、それをきっかけに、ミナもパジャマ姿になる。退院してきた弟と学校を休んだミナのところに遊びに来たアッコは、「これじゃ、まるでパジャマクラブだね」と、笑う。

その次の日のアッコがおもしろい。あさ玄関先へやってきて「学校へいかなきゃだめっ」という。迫力におされ、ミナは学校へ行く。「なんで不登校人間が登校をすすめるのよ」「あんたはあんた、わたしはわたしでしょ」のやりとりがいい。ミナはアッコを、父親になぐられ、担任にひどいことをいわれた〝かわいそうな子〟だと思っていたが、つきあうなかで、その〝自由さ〟に共感し始める。

学校に行ったミナは、アッコのふてぶてしさと自由さが移ったように楽な気分ですごす。すると、早苗たちもトイレのことなどなかったように話しかけてくる。「監禁」をなかったことにしてもいいのかぁーというツッコミは、とりあえずやめておこう。ここでは、人と人との関係の微妙なゆらぎとズレを語っているのだから。

＊キン2（ホソヤキン）

キンといえば、ぼくはむかし教師をしていたころ、よく人からキンといわれ、自分でもキンといっていた。

季節は冬が多かった。インフルエンザが猛威をふるう。学級閉鎖がいくつも出る。そんなときに、保健の先生や同僚がいう。「あんたのクラスはホソヤキンがうじゃうじゃいるから、インフルエンザキンの方がやられて、大丈夫でしょ」ぼくは教室に行って気勢をあげる。「ウチの組はホソヤキンがいっぱいだから、インフルエンザキンなんかには負けないぞー」と。子どもたちもいっしょに「おーっ」と気勢をあげる。ちなみにインフルエンザはキンではなくウイルス感染だ。ホソヤキンが蔓延していても、かかるときはかかる。それでもみんなかからないような気分になっていたことだけは確かだった。

そういえば、そろそろ終活かと考え、むかし子どもたちが出していた「4年2組毎日しんぶん」を始末していたときに、ふと「へんたい」ということばが目についた。3年からのもちあがりで、号数も連続していたので527号にもなっていたその新聞のインタビュー欄に「へんたい」という文字があった。（号数が多すぎると疑問を持つ人のために余談に走る。学期始めに各班が一斉に出す。また100号ごとに記念で各班が一斉に出す。だから、授業時数よりは当然多くなる。教師はなまけて持続しないが、子どもはパターンさえ安定していれば、たとえ教師が休んでもふつうに出す。だから、ぼくの組は学級通信は全然出ないけれど、学級新聞はいつも出ているクラスだった。）

そんなクラスに「へんたい」と呼ばれている子がいた。みんなも呼び、自分でもそう呼んでいた。新聞当番のときには、自分の受け持ち場所に自分で「へんたい」と書き、人気があったのか、インタビュー欄にもよく登場し「へんたいくん」と書かれていた。

もうむかしのことで、記憶の方もさだかではなくなっているが、そのへんたいくんが、休み時間に「漢字を見つけた」といってうれしそうに話しに来たのはおぼえている。その日からへんたいくんは自署では「辺隊」になった。が、まわりの友だちはそんなむずかしい字は書けないので、インタビュー欄は相変わらず「へんたいくん」だった。

記憶をたどると、一度だけ、個人面談のときに、母親とそのことを話したような気がする。母親は「自分でヘンタイなんていっていて、いいのでしょうか……」みたいなことをぼやき、ぼくもいっしょに「そうですねぇ……」なんていっていたように思う。新聞の最終号に「へんたい」という名が載っているのだから、親もぼくもそれに対する禁止処置どころか、何もしていないことになる。

へんたいくんは、今どうしているのだろうか。どこかで編隊飛行でもしているのだろうか。それとも、キンもヘンタイもそれ自体が禁止用語ではない。流れの中で差別にもなれば、いじめにもなる。スタティックな「カースト」ということばにとらわれることなく、ぼくらは、たおやかなときの流れの中で、アゲハチョウのように見事な変態を見せているのだろうか。

人と人との関係のゆらぎとズレに眼を向けていく必要があるのだろう。

＊ハンザキ

六月の日曜日、ミナとアッコは、遊園地に行こうとコンビニで待ち合わせる。そこへマリエッタというフィリピン人の女性が助けを求めてくる。不法就労をさせられていたマリエッタさんは、勤め先のスナック・バーから逃れ、〈望みの門〉に行こうとしていた。ふたりは、お金を出し合い、マリエッタさんを最寄り駅から教会の中にある〈望みの門〉まで連れて行く。お礼をいうマリエッタさん。と、そのとき、アッコが真剣な顔で、教会の女の人にたずねる。

「ねえ、わたしも〈望みの門〉にきちゃだめ?」

女の人は、おどろいて、パジャマ姿のアッコを見た。

「いいのよ、でも、どうして?」

「親がなぐるから」

アッコは「親がなぐるから」という。この一言だけの端的さが、キッパリとしていて、むしろすがすがしい。

ふたりはマリエッタさんのためにお金を出し、遊園地の入場料をはらえなくなる。となりの動物園にはいる。そこで、オオサンショウウオの脱皮を見る。

胴が長くて、ちょこっと出ている四本の足は短い。ダックスフンドをひらたくして、頭を丸くしたみたいだ。目はどこにあるかわからない。

そのふしぎな動物が、いっしょうけんめいに体をよじっているようなのだ。

ザリ、ザリというような感じで、全身をくねらせている。

「体を脱いでいるんだよ。あいつ。体を脱ぐこと、なんていったっけ」

「脱皮……かな」

脱皮を「体を脱ぐ」というところがいい。檻のプレートには「ハンザキ」とある。「体を半分に裂かれても生きているといわれて、こんな名前がついた。」という説明を読んで、ふたりは「すげーえ!」「えらーい!」といいながら、いつまでもハンザキの脱皮を見つづける。

その後、ミナはアッコの姿を見ない日がつづく。心配して家に電話をしてもだれもでない。二週間たったとき、アッコからの葉書がとどく。アッコはいま、〈望みの門〉の人に教えてもらった施設にいて、そこから学校にもいけると書いてあった。葉書の最後には、次のような一文がある。

わたしさあ、ハンザキしちゃったんだ。わかるでしょ。じゃあバイバイ!

アッコより

ハンザキしちゃったんだと、頓着せずにいうアッコがいい。学校を休んだ日に、一日パジャマ姿でいる子のことなら、ぼくも何人か知っている。自由で気ままに生きているように見えるアッコにとっても、パジャマは学校へ行かないための武装であり、親の虐待に対する助けを求める装いだったのかもしれない。そんな衣装を、アッコはキッパリと脱ぎ捨てた。だから、ぼくは、アッコがハンザキしたとき、やったぜ! と思い、拍手喝采をしたのだ。

ちなみにオオサンショウウオがハンザキにされても生きていることはない。確実に死ぬ。それでもあのグロテスクな相貌と大きな口がハンザキにされても生き続けると思わせるところがいい。

＊箱男

魚住直子は「いじめ」を前提にした作家だ。

例えば、『非・バランス』（講談社　一九九六年六月）の「わたし」は中学に入る前に「クールに生きていく」「友だちは作らない」という二つのルールを決める。が、それは小学校で受けた「いじめ」がトラウマになっているからだ。だから、何でも願いをかなえてくれる〝ミドリノオバサン〟に出会ったとき、つい「タスケテ」ということばが口をついてしまう。『超・ハーモニー』（講談社　一九九七年七月）の田村響は、有名中学に合格して、人生上々のはずだったが、ついていけず鬱屈し、須賀川太という斜視でふとった少年からお金をだましとったりする。そこには、勝ち組・負け組といったスタティックな人生観が壁のようにある。

魚住作品の子どもたちは、いじめられる側に入らないように、ひりひりと生きる。その屈折した心理を描きつつ、最終的にはそれを越えた明るさを見せて終わるのが常なのだが、ぼくは、なぜいつも前提のように「いじめ」があるのだろうかという居心地の悪さを覚えていた。

その魚住作品が、ちょっと変わったような気がした。『園芸少年』（講談社　二〇〇九年八月）を読んだときだ。

三人の高校生が校舎裏の園芸部で草花を育てることになってしまった、そのいきさつをコミカルともとれるタッチで描く。主人公の達也はおとなしい性質だが、それなりに頭を使ってトラブルを回避してきたと自負している。大和田は眉なしの不良みたいな坊主。そして、三人目が箱男の庄司。その比喩ではない箱男がおもしろい。

突然温室にあらわれた箱男に、大和田はいう。

「てゆーか、早く箱脱げよ。人をおどかしてんじゃねえよ」

「それは無理です。それは絶対無理なんです」

箱をかぶった相手は、必死な口調だ。

「何で無理なんだよ」

「ぼくは箱をかぶらなくては外に出られないのです」

「箱をかぶらないと外に出られない？」

「マジかよ」

「ほんとうです。靴をはかなくては外に出られないのと同じです。ぼくは箱をかぶらなくては外へ出られないのです」


大和田は「ほう」と感心し、「おまえ、おもしれえな」という。「おもしろいことではありません」と庄司。庄司がまじめに答えるほどに、異様な箱男の装いとのズレが際立つ。不思議なコミカルさをかもしだす。

庄司が箱男になった理由は、中学のとき、顔をからかわれ、殴られたりして不登校になったからだ。高校では、箱男になり、相談室通学をしている。しかし、この作品では、こうした「いじめ」は作品の背景におしやられ、三人のずれたようなやりとりがおもしろい。

魚住はこのあと、『大盛りワックス虫ボトル』（講談社 二〇一一年三月）では、三人の男子がコントで人を笑わせるための四苦八苦を描く。『てんからどどん』（ポプラ社 二〇一六年五月）では、考えなしの活発な女の子と、内気で人と話せない子とが入れ替わるドタバタを描く。シリアスな描写より、コミカルに動きまわる描写が多くなっている。「いじめ」は確実に遠景になりつつある。

有沢佳映『かさねちゃんにきいてみな』（講談社　二〇一三年五月）は、登校班だけを舞台にして、おもしろかった。家庭と学校の隙間にあるため、そこには「いじめ」も「カースト」もない。語り手の五年生ユッキーが絶望するほどの個性的な班のメンバーたちなのだが、班長のかさねちゃんは、うんざりしない。「シャム双生児の冒険」の話をしたりして、班員をなごませる。その攻撃方法がションベンだったりして、ぼくもうれしくなってしまう。この作品の不思議なゆるさは、どこかでアッコのハンザキとつながっているかもしれないと、ぼくはいま考えている。

⑤いま児童文学は3・11後の絶望を「かさねちゃん」と重ね合わせ決して「希望」や「絆」への道に行かない方がいい。

＊評論研五〇〇回

ぼくらが月一回のペースで休まずやってきた児童文学評論研究会が、二〇一七年二月でめでたく五〇〇回になった。足かけ四一年八ヶ月になる。はじめたときは二十代の若者だったぼくも、もう七十代の老年に入っている。

五〇〇回を記念して、「二十一世紀を読む」というテーマで、自分が気になった本をとりあげ、短評を書き、それを批評しあうという作業をいまやっている。最終的には、その短評を集めて、簡単なブックレットにしようという試みになる。

＊バッチこい、絶望

その第五〇一回評論研究会（17.3.25）のとき、井上征剛が、有沢佳映『かさねちゃんにきいてみな』（講談社　二〇一三年五月）について論じた、「バッチこい、絶望」がおもしろかった。

「バッチこい」も「絶望」も、井上の造語ではない。有沢の作品中に出てくることばたちだ。「絶望」は物語のはじめに、語り手であるユッキーの絶望として出てくる。「バッチこい」の方は物語のおわりに、かさねちゃんのことばとして語られる。言うなれば、「絶望」にはじまり「バッチこい」におわるこの物語を、井上は、「バッチこい、絶望」と論じた。

ユッキーの絶望から見てみよう。

　班長のかさねちゃんを先頭に、ミツとのんすけ、太郎次郎、マユカ、リュウセイ、で、副班長のオレ。金曜までオレとリュウセイの間にいたミサが一人ぬけただけなのに、なんかすげえ列が短くなった感じで、まるでちがう。

　でもちがって見えるのは、おれが絶望してるせいかもしれない。

　来年のオレに絶望してるせいかもしれない。

学校でもない。家庭でもない。そのはざまの登校班だけを舞台に選んだ有沢のたくらみは見事に成功し、ユッキーの絶望を際立たせている。五年生のミサが転校し、来年の登校班の班長はまちがいなく自分になる。個性的すぎるメンバーたちは、自分の能力では収拾がつきそうもない。もう、絶望するしかないことになる。

一方で、ユッキーは、そんな班をきっちりとまとめている班長のかさねちゃんの「すごさ」に感心する。

かさねちゃんがすごいのは、オレたちに、リュウセイにさえ、一度も、うんざりって顔をしないとこだ。ちがうな、ほんとにすごいのは、どうもほんとに、かさねちゃんはぜんぜん、リュウセイにも、この班のメンバーにも、うんざりしないってこと。

オレなんかしょっちゅう、いろんなことにうんざりして絶望すんのに。

かさねちゃんが絶望を知らないはずはない。だってオレより一歳長生きしてるんだから。

リュウセイは個性派ぞろいのメンバーたちの中でも、とりわけ個性的な四年生だ。ユッキーによれば〈一日おきぐらいに、五年のオレの教室にまでこいつのぜっきょうが聞こえるし、一週間に一回はバンソーコーじゃ間にあわないケガしてるし、一週間に二回はケガもしてないのに先生二人がかりで保健室に引きずられてってる。それで、たぶん毎日だれかを泣かすか自分が泣くかしてる。〉ということになる。ユッキーは自分の絶望を解消するために、リュウセイが転校し、班からいなくなることを願う。

井上は、物語前半のこの「絶望」を〝ユッキーの個人的な絶望〟ととらえる。そして、物語が進むにしたがって、自分の周囲に確実に存在する「絶望」へと視点がむいていく。例えば、リュウセイの家をたずねて、ネグレクトしている彼の母と話したときに〈時空がおかしくなった気がして〉きたりと、次第に小学生の日常生活を覆う「絶望」が見えてくる。

物語の後半、リュウセイが保護されて、実家のおばあさんの家に引き取られることになったとき、ユッキーは、あれだけ願った「リュウセイの転校」を放棄し、リュウセイが班に戻ってくることを願うのだ。班員のプレゼントをもって、かさねちゃんとふたりで、おばあさんの家にいるリュウセイをたずねた帰り道、ユッキーはかさねちゃんにきく。


駅前まで来て、オレは信号待ちで横にならんだかさねちゃんにきいた。

「かさねちゃんは、なんでリュウセイとうまくやれんの」

「ほかの人とちがうとこがあるとしたら、傷つけられる準備ができてるってとこかな」


かさねちゃんは、心の準備ができているから、リュウセイがちゃんとしないことがあっても、そんなにショックを受けないという。「バッチこい」は、そのあとに出てくる。


信号が青になって、オレたちは歩き出す。

「リュウセイのことで、何回いやな思いをしたって平気だよっていうか、バッチこいみたいな」

「はは、バッチこいウケる」

「わたしだけじゃなくて、ユッキーも、班のみんなもそうでしょ。思いどおりにならないのがリュウセイだって、わかってる。でも、わかってない人もいっぱいいて、そういう人はリュウセイの言動にびっくりしておこっちゃって、いっしょには、いられないの」

かさねちゃんは「いい班だね。来年もアンタイだね」といい、ユッキーは、〈アンタイって、どういうい

みだろう。家に帰って調べるまで、おぼえとかなきゃ。〉と考えて、忘れないように、腕の内側の肉につめで書いて、ミミズばれの『アンタイ』をつくったりする。

物語のラストは、班長になったユッキーが一番前で道を歩き、ふりむけばいちばん後ろに、もどってきたリュウセイがいる。〈オレたちは安泰だ。かさねちゃんが言うんだから、決まってる。〉ということばで結ばれる。

井上は、ちかごろ東京オリンピックなどで「夢」や「希望」が叫ばれる風潮に違和感を覚え、それに疑義を唱える。「バッチこい、絶望」は、大きなことばで言われている「夢」や「希望」ではなく、傷つく準備ができている「絶望」こそが、「ままならない現実」を生きていく有効な対処法になるという主張にほかならない。かさねちゃんの、そしてユッキーの登校班が「アンタイ」なのは、かれらがそれぞれの絶望を知っているからにちがいない。

ぼくが、大きなことばで語られる「希望」や「夢」に対して、ある種の危機感を覚えるのは、そうした「希望」を持たない者を排除するシステムが一方ではたらいていると考えるからだ。3・11のあと、ふって沸いたように「がんばろう日本」「つながろう日本」ということばがでてきて、ぼくは、どうしようもなくちがうだろうという気分におそわれた。でも、一方で、がんばりたくないぼく、つながりたくないぼくは、まるで悪い人間であるかのような後ろめたさも覚えたりしていた。

しかし、冷静に考えると、日本はがんばらなくていいのだと思う。千年に一度の大津波におそわれたのだから、百年以上立ち直れない経済的ダメージを受けてもいい。そうして、東北に援助の手を差しだすべきだったのだ。オリンピックなどというムダ金でなく、千年分の経済的負担を国が背負うべきだっ

たのだ。「希望」と「絆」ということばで、見えなくなってしまった「絶望」にこそ、ぼくは再生の可能性を感じる。

『かさねちゃんにきいてみな』に対する井上の論考は、ぼくに、「希望」ではなく「絶望」こそが3・11後のこれからを考えるよすがなのだということを示してくれた。

＊マリアの首と墓石（ビクとも動かない）

二〇一七年五月十三日（土）、東京の初台にある新国立劇場で田中千禾夫『マリアの首――幻に長崎を想う曲――』（二〇一七年五月十日〜五月二十七日　小劇場）を見た。初演は被爆から十三年後の一九五九年二月。舞台は長崎浦上になる。

昼は看護師、夜は娼婦に変わる女は、原爆で焼けただれた顔を戦争の事実として隠さずに生きたいと考えている。夫の詩集を売りながらおかしな薬を売る女は、男に陵辱された恨み・憎しみを持ち続けることで生きている。芝居は観念的な言葉の連続とそこにかぶさる長崎方言で、どこまでわかるのかがわからないような不思議な緊張の中ですすむ。

ラストシーンは、雪が降った日の夜に、浦上天主堂に集まった四人の男女が、被爆で壊れおちた「マリアの首」を秘密の場所に移動しようという場面になる。いよいよ動かそうというとき、その首はビクともしない。どんなにみんなで力を入れて動かそうとがんばっても、「マリアの首」はみじんも動かないのだ。首を持ち上げようとして、大声を上げて叫ぶ女の声が劇場じゅうにひびきわたるなかで芝居は終わる。

ぼくは、このラストシーンを見ながら、不覚にも、自分が釜石で、たおれた墓石を必死で動かそうとしたときのことを思い出していた。

四十九日たったとき、母の納骨で、寺に行った。山間にあるその寺は、震災のとき臨時の避難所になっていたようで、本堂にはまだ子どもの本が何冊も残されていた。墓石がいくつも転がってたおれていた。弟と二人で母の墓石を立てようとした。ビクとも動かなかった。墓石があれほどに重いものとは知らなかった。あれから、墓石を見るたびに、ぼくは釜石での、全く動くことのなかった墓石を思い出す。

ビクとも動かない「マリアの首」は、ビクとも動かない現実をストレートにあらわしている。微塵も動かないそのさまは、絶望そのものだといっていいだろう。しかし、雪の降るこの夜に、マリアの首を動かすことを試みたこの女たちは、この「絶望」の次の日も、同じように看護師として娼婦として、またいかがわしい薬売りとして、生きていくのだろう。ちがうのは、かれらが「絶望」を知っているということになる。

大きなことばで語られる「希望」や「絆」というものよりも、ぼくは、ビクとも動かない「マリアの首」を持ち上げようと試みる女たちの「絶望」に、むしろ安心感を覚える。それは、ぼくにとって、少しも母の墓石を動かすことができなかった自分の非力さと絶望を、あらためて思い起こさせてくれたのだから。

＊フラダン（大きな声への疑義）

古内一絵『フラダン』（小峰書店　二〇一六年九月）は、水泳部をやめた男子高校生が、唐突にフラダンス愛好会に誘われるところからはじまる。本の帯に書かれていることばをそのまま列挙すると「なんで俺がフラダンスなんか⁉」「そんなの、体が目当てに決まってるっしょ！」「目指すは、フラガールズ甲子園！」となる。

帯には全く書かれていないが、これは震災五年後の「フクシマ」を舞台にした物語だ。

最初にことわっておくと、ぼくは、メジャーだろうがマイナーだろうが、体育会系でも文化系でも、「○○甲子園」をめざす話は好きではない。廃部寸前の弱小クラブにひょんなことで主人公が迷い込む。努力の結果大会参加にこぎつける。一回戦はどうにか勝ち抜く。二回戦あたりでなぜか優勝候補の伝統校にあたる。接戦の末に敗れ去る。が、ラストはさわやかな友情で終わる。こういったパターンの物語を、ぼくが嫌いなわけは、「夢」とか「希望」をめざす上昇志向の努力に、むずむずするような居心地の悪さをおぼえてしまうからだ。

そんなぼくが『フラダン』をおもしろいと思った。

ぼくがこの話を好きになったわけは二つある。一つめの理由は、この作品舞台がたまたま「フクシマ」だっただけで、ほかのどの地域でも通じる高校生の「あるある」で展開しているところだ。これは大事なことで、場所の「フクシマ」をとったらなにも残らないような「フクシマ」の物語を、ぼくは読む気にならない。

二つめは、「フクシマ」の、それぞれの抱えている負荷のちがいを浮き彫りにしているからだ。一緒くたに震災から復興へという描き方ではなく、個々の負荷の機微に焦点をあてている。つまり、高校生あるある物語のギャグを満載しながら、震災後の個々人が背負ったもののちがいに目をあてて描いている。そんな笑いと負荷を交錯させたことばのアクロバットを、ぼくはおもしろいと思ったのだ。

次にあげるのは、震災で飼い犬をうしなった少女マヤのことばになる。

「そういう言葉って全部正しいから、ひとりの人が言い出すと、急にみんなが言うようになって、気がつくと、ものすごく大きな声になってるの。そうすると、それまで黙って見ててくれた人たちまで、わーって、そっちにいっちゃうのね」

落ち込んでいたマヤは、小中学校で級友にいろいろ言われたらしい。「そういう言葉」というのは、例えば〈いつまでもメソメソするな。お前ひとりのおかげでクラスが暗くなる。みんなが前に向かっていこうとしているときに、足を引っ張るな。〉といったたぐいのことばたちになる。《全部正しいから、気がつくとものすごく大きな声になっている》というのは、ものすごいアフォリズムだと、ぼくは思う。正論の危うさをストレートに語っている。

確かに、家族を失った者にとって、ペットの犬をなくした悲しみなど、比較にならないにちがいない。そのことでくよくよしていたら、「いい加減にしろ」と怒鳴りたくなる気持ちもわからないではない。しかし、それが家族をなくした個人のいきどおりであるうちは、まだいいのだが、正しいことばであるがゆえに、たやすく大きな声になっていく。そして、今まで黙っていた人たちまでもが、その声に同調しはじめる。ぼくが決して「希望」や「絆」への道に行かない方がいいと思うのは、震災による負荷のひとりひとりのちがいがないがしろにされてしまうと考えているからだ。ぼくは、大きな声への疑義を語るマヤのこのことばが、この作品の中で、いちばん好きかも知れない。

そう思ってまじめに読み進めるぼくに、作者の古内は、ちょっとした変化技を使ってくれる。マヤはいう。

「辻本君って、近くで見ると、うちのジョンに少し似てるの」

辻本君というのは、この作品の視点人物、辻本穣のことで、ジョンは震災でなくしたマヤの犬の名だ。じつは、物語の前半で、穣は、実習のときに重い模型を一人で必死に運ぶマヤを助けている。そのとき、マヤは大きく目を見開き、白い頬を真っ赤に染める。穣はそれを見て、〈誰かが恋におちる瞬間〉を見た気分になっている。

ところが、ここで、恋におちたのではなく、助けてくれた男子がジョンに似ていたからだということが、あきらかにされる。

大きな声への疑義を語られたあとで、自分の顔が犬に似ていると言われた穣は、〈いきなり空気の塊が落ちてきた〉みたいな衝撃を受ける。が、持ちこたえ、マヤにいう。

「誰になにを言われようが、何年たとうが、林が悲しいなら、遠慮しないで悲しんでいいんだよ。自分の悲しみを、人と比べることなんてないんだよ」

幾重にも重なり合う悲しみとことばたちの中で、ぼくは、とりあえず自分の「絶望」を見据えてみようと思う。大きな声で語られる「希望」や「絆」への道を決して選ぶことのないように、注意深く進むのだ。

＊ふりゅーふりゅー　ぶひ　ぶーぶー

中沢晶子『こぶたものがたり　チェルノブイリから福島へ』（岩崎書店　二〇一六年三月）は、ぶたの視点で語られる。チェルノブイリのぶたまるまるは、事故後取り残され、秋でもないのに赤く染まった森へと食べ物を求めて歩いて行く。福島のぶたの話の前に、チェルノブイリから日本に保養に来たターニャからふゆこ宛てのお礼の手紙がある。そして、日本のぶた、ももの物語になる。きれいなももいろのももは、原発事故で取り残される。畳にはえたキノコを食べ、畳も食べる。仲間とともに薄汚れた茶色のぶたになって生きていく。

ぼくがおもしろいと思ったのは、一時帰宅で帰ってきたふゆこ母さんが「あっちに行って。きたないぶた。よくも私の家をこんなにしてくれたわね」といって、ももたちをおいはらうところだ。車の中にいたなつこちゃんも、近づいたももをおいはらう。置き去りにされただけでなく、戻ってきた飼い主においはらわれる。これこそが、〝ぶたの絶望〟ではないかと、ぼくは思った。

残念だったのは、ふゆこ母さんがターニャの手紙を見つけて、涙を流し、なつこちゃんが、目をじーっと見つめて、ももだとわかってしまったことだ。そのため、ももは「いつか必ず、なつこちゃんはむかえに来ます」という「希望」を持たされてしまった。安易な「希望」よりも、「絶望」に生きるぶたを見たいと思うのは、ぼくだけだろうか。「ふりゅーふりゅー　ぶひ　ぶーぶー」となくぶたの声が、まだなにも終わっていないと語っている。

⑥いま児童文学は「げんき」になるよりももっと弱虫で臆病で卑怯者でときに嘘つきになった

方がいい。

＊げんきかるた

木地雅映子『氷の海のガレオン／オルタ』（ジャイブ株式会社ピュアフル文庫　二〇〇六年十一月、二〇〇九年十一月より、発売・発行元をポプラ社へ移管し、ポプラ文庫ピュアフルとして再スタート）の「オルタ追補、あるいは長めのあとがき」の中に、次のような一文がある。

　朝礼のときね、先生がね、おはようございますっていう声が小さーいって言ってね、やり直しをさせるんだよ！「もっと元気に――！」とか、そういうことを、怒って言うの。「元気にしろ」って怒るなんて、ヘンだね？

オルタは、学校に行きはじめてから毎日のように様々な「?」を抱えて帰ってくる。そのいくつもの「?」の中に、〈「元気にしろ」って怒るなんて、ヘンだね？〉というのがあった。
　ぼくは、このくだりを読んだとき、ちょっと、子どもの本・九条の会編『げんきかるた』（ポプラ社二〇〇九年七月）のことを思い浮かべていた。「へいわかるた」という企画で行われていた活動が、できあがったら「げんきかるた」に変わっていた。読み札のことばを書く方に参加していたぼくのところに、「げんきかるた」という名のかるたが届いたときのショックというか落胆は、相当に大きいものがあった。
　ぼくにとって、「げんき」は、「平和」よりも「戦争」により近いものだった。それなのに、平和を希求し戦争への道に反対する活動のかるたが平気で「へいわ→げんき」と名を変えている。それはまったくのところ「へいわかるた」から「せんそうかるた」への改変であった。

ぼくが「げんきかるた」について、落胆したのには二つの意味あいがあった。一つは、すでにいったように「げんき」が「平和」よりも「戦争」により近いことばであり、そのことに平和のための活動をしているはずの人間が気づいていないという事実のおそろしさ。

もう一つは、「へいわかるた」を「げんきかるた」と名前を変えて出すにあたって、おそらく次のような思考が働いたにちがいないからだ。「へいわのためのかるたかぁ、こういうのって、めんどーで、いらないなぁ、なんて思われるんじゃないかなぁー。それこまるなぁー。それなら、なまえをかえたらどうだろうか。へいわってことばにアレルギーみたいのがあるとしたら、げんきにかえればアレルギー反応みたいのもおきないで、手に取るんじゃないかな。そうだ。げんきかるたにしよう！」

この思考のいちばんの問題点は、受け手であるかるたの購買想定者を見下し、みくびっているところにある。「へいわかるた」の受容者は、おそらく、かるたで遊びながら自然に「へいわ」について考えるような子になったらいいな、という遊び半分、平和希求半分の母親（あるいは父親）だと思う。

そのとき、「げんきかるた」だったら、どうだろうか。受け手は、健康優良児のような「げんき」な子に育ってほしいと思って、このかるたを手に取るだろうか。中身に「へいわがなんちゃら」と書いてあったら、一度は手にとっても書店の元の棚にもどすだろう。ようするに、中途半端なのである。

「へいわかるた」は、もともと、遊びながら、ついでに平和についても頭がむいたらいいなという、虫のいい試みなのだ。二兎おうものは一兎も得ずではなくて、遊びつつ平和も大事にという周縁思考の「遊びの文化財」なのだ。（ついでに平和も）というよくばり付与価値の抜けた「げんきかるた」では、受容者のイメージを見くびりすぎて、逆に受け手を混乱させる。「げんき」という戦争に近いことばを付した「へいわかるた」の刊行は、ぼくにとっては、だから複雑な気分にならざるを得ないのである。オルタに〈「元気にしろ」って怒るなんて、ヘンだね?〉と、いわせた木地は、もう一つ、ぼくの好きなことばを書いている。

あなたを、この国の形代になんか、させやしない。

いろいろわからない部分が多い木地作品の中で、ぼくは、このことばがいちばん好きだ。学校に行っていろいろと「?」を抱えこむオルタに対する母親の決意のことばだ。「げんき」よりも「国の形代にさせない」というキッパリさを、ぼくはけっこう気に入っている。

というわけで、ぼくにとって「げんきかるた」は「へいわ」よりも「せんそうかるた」に近いものだ。もし再版する機会があるならば、ぜひとも名前をもとに戻してほしいと、切に願っている。

*金色の流れの中で(うそつき咲っぺ)

中村真里子『金色の流れの中で』(新日本出版社 二〇一六年六月)を読んだ。これは日本児童文学者協会創立70周年記念出版「文学のピースウォーク」全六巻シリーズの一冊になる。

生活綴り方のような文章ですすめられていくこの物語の中で、少女の父親が酒を飲んだとき「中国人の首を切ったことがある」と、自慢げに話す場面がある。

父さんは、漬け物に箸をのばしながら言う。

「川の土手に中国人をすわらせて、日本刀で首を斬ったことがある」

父さんは、それを普通の顔で言った。

普通の声で、漬け物を食べながら言った。

中国人の首を斬った。

木綿子は、茶碗をにぎりしめていた。


少女は、自分の父親が人を殺したということにショックをおぼえる。幼い繊細な心をさいなまれる。母や姉たちに話しても、戦争中だから仕方がないと言われる。橋の下の「変な人」＝和也だけが「戦争は人を殺すことだ。戦争なんてない世界にしたかった」という。

少女は父親が「人殺し」だという衝撃と、和也のことばから、戦争とどう向きあっていけばいいのかを考えるようになる。父親の「中国人の首を斬った」ということばは、この物語の中でも、一番重要なエピソードになる。

さて、ぼくは、父親のこのことばを聞いたとき、長崎源之助『うそつき咲っぺ』（佼成出版社　一九九五年五月）を思い出していた。この短編は『日本児童文学』（一九九二年十二月号）特集「創作戦争児童文学」の一つとして出たのが初出になる。

原爆の語り部である咲っぺが、じつは被爆していなかったというこの作品は、生活をともにしながら死んでいった者たちに対し、被爆せずに生き残ってしまった咲っぺが、その負い目ゆえに「うそ」の語り部として、原爆の悲惨さを語り続けていくという心のありようが、おもしろかった。

おもしろいというと、不謹慎と言われるかも知れないが、「うその被爆者」という設定が、それまでの戦争児童文学の枠組みを一つ越えていて、やっぱり身にしみておもしろいと思った。

その『うそつき咲っぺ』をなぜ思い出したのか。それは、父親の「日本刀で首を斬った」という話が「うそ」ではないかと思ったからだ。

加害者の視点からの戦争児童文学というものは、もう何十年も前からいわれつづけ、作品もいっぱいある。べつに〝新しい〟というほどのこともない。しかし、自ら加害者であることを誇示して「中国人の首を斬った」と自慢げに「うそ」をいう男という造形は〝新しい〟のではないかと、ぼくは思った。

考えてみたら、戦争中の体験を自慢げに話す大人たちなら、ぼくが子どもの頃は、けっこういたものだった。「おれは特攻隊の生き残りだ……」「俺は戦争に行って○○だった」という話は、それほどオーバーでなく巷にあふれていた。それにあやかって、「うそ」の戦争体験自慢話をする人間がいたとしても、少しもおかしくはないわけだ。

「うそ」を思わせる伏線は、いくつも張りめぐらされている。

まずは、中国人の首を斬ったという「日本刀」への疑い。日本刀を佩刀できるのは士官、下士官のみ。徴兵されていった兵だとしたら、上官の刀を借りて斬ることになる。ありえないことではないが、ちょっとあやしくなる。

次に、学校に出す家庭調査票に記入された親の学歴「海軍経理学校」への疑い。父親は徴兵検査の「甲種合格」を自慢しているが、もし「海軍経理学校」を出たとしたら、そのまま主計少尉になるので徴兵検査はなかったことになる。それから、母親の方が高学歴なので父親の前では女学校で習った〈英語だの、クラシック音楽だののことを言わない〉という描写や、これはもっとあとで語られることになるが〈母さんと結婚して仕事につくときも、父さんは学歴のせいでずいぶん苦労したと聞いた〉という描写もある。「海軍経理学校」は旧制中学校を卒業してから受ける学校で、日本中からかなりのエリートが集まったと言われている。学歴で苦労するとは思えない。ここでも、父親の学歴詐称という「うそ」が見えてくる。

いくつかの「うそ」を伏線として配したのちに「日本刀で中国人の首を斬った」というエピソードが語られる。伏線に気づかなかった読者のために、「殺した」のではなく「日本刀で斬った」という危うい表現まで使っている。これが「うそ」でないはずはない、と、ぼくは思った。

しかし、ぼくの深読みはみごとにはぐらかされる。少女の、父親が人殺しであるという衝撃は、そのままのかたちで物語はすすみつづけ、最後は「あたしは殺さない」という少女の決意でこの作品はとじられてしまう。

無類の図書館好き、本好きの少女が主人公の物語であるならば、作者は、父親の人殺し発言をただのショックにとどめるのではなく、事実を確かめる形で追跡調査をするべきだったのだ。

〈揚子江の流域にある南京という町〉と地名がわかっているのだから、「南京事件」にたどりつくのも、それほどむずかしくはないはずだ。学歴の「海軍経理学校」と名がわかっているのだから、調べれば、ぼくが先にあげたような矛盾にも気づくはずだ。

そして、父親が戦争の「加害者」ではなく「加害者といううそ」をかたっているとわかったとき、少女は、戦争というものが、人びとの心の中に残したさらに根深い闇に気づくことになるだろう。

この父親にとって《八月十五日》はなにも価値観を変える出来事ではなかったのだ。だから、地続きの日常の中で、かれは戦後になってもなお「日本刀で中国人の首を斬った」といううその自慢話をすることができる。幾重にも重なりあったことばたちの中で、ゆがめられ、うそに裏打ちされたおぞましさをこそ、語り伝えていかなければいけないと、ぼくは思っている。

＊金色の流れの中で（ベトナム観光公社）

もうひとつ気になった箇所があった。それは本のタイトルにもなっている「金色の流れ」についての、次の描写だ。

毎年台風の季節になって大雨がふると、木綿子の家の前の道は水没した。そこを車が通ったりすると、玄関の中まで水が寄せてきて、土間に置いたくつが浮かびだす。何よりいやなのは、汲み取りトイレの便槽に雨水が入っていっぱいになってしまうことだった。

ふと、川のおもてに強い光が射したような気がした。
水が、金色に光っている。

大雨で、玄関土間の靴が浮かびだす。汲み取りトイレの便槽に雨水が入っていっぱいになってしまうと語られる。その直後に、〈水が金色に光っている〉といわれたとき、ぼくは、筒井康隆の短編集『ベトナム観光公社』（早川書房　一九六七年四月）を思い出していた。正確にいうと、その中の「最高級有機質肥料」という作品が頭に浮かんだ。

この作品は、ミトラヴァルナという惑星に赴任した大使がみな一ヶ月しないうちに栄養失調と自閉症で戻ってきてしまうところから始まる。総裁は、自分の娘に惚れている私に、ミトラヴァルナ大使として赴くように命令する。総裁はいう。「一ヶ月以上勤務して帰ってきてくれたら……」「娘に説得する。君のプロポーズを受けるようにな」

私は、即座に「行きます」と答え、物語の大半はその赴任先での出来事になる。ミトラヴァルナは、地球から十八・六光年のところにある惑星国家で、ミトラヴァルナ人は地球の高等哺乳類に似て手も足もある。が、じつは全身緑褐色をした植物人間という設定になる。

筒井は、〈ここでお断りしなくてはならないが、読者諸君の中できたない話を聞くと気分の悪くなる人は、どうかここから先を読まないでいただきたい。〉とことわった上で、次のように書き始めている。

パーティの翌々日、首相が目を輝かせて大使館へやってきた。
「大使、あなたの排泄物を頂戴しました。今日はそのお礼に伺ったのです。」
「何ですと。私の排泄物をどうしたというのです?」
「大使。地球の人の排泄物というのは、われわれミトラヴァルナ人にとって最高級有機質の、いわば贅沢品に近い上等の食べものなのです。」

首相は、役得としてそれを頂戴したという。しかも、「頂いた食べものが、如何に美味であったかを申しあげるのが、この星での礼儀なのです」といって、それを食べたときの様子を微に入り細に入り長々と話す。そこに、外務大臣、大蔵大臣、文部大臣までやってきて、同じようなことを話しはじめる。

物語は、地球の精神病院にいる私の病室に、ミリが笑顔でやってくる場面で終わる。ミリというのは総裁の娘の名だから、この男は一ヶ月はミトラヴァルナでがんばったようだ。

ぼくが、この話を思い浮かべてしまったのは、汲み取りトイレの便槽が雨水でいっぱいになる話の直後に、川の水が金色に光ってしまったからだ。ぼくは、そのとき、この金色は汲み取りトイレからあふれ出た人間の排泄物ではないかと連想し、「最高級有機質肥料」を思い浮かべてしまったことになる。

正直にいうと、そう思った一瞬、（もうこれ以上は読む気になれないな）と考えた。しかし、あらためてよく読むと《金色の流れ＝人間の排泄物の流れ》と読ませる伏線を、やはりいくつか見つけることができる。人間の排泄物に関わる表現だからといって、むやみに切り捨てていいはずはない。ぼくは、伏線をふくめて、深読みすることにした。

ぼくがその伏線と考える第一は、まず冒頭だ。少女が必死で「川が金色に光っている」というのに、母親は見向きもせずに先を急ぐ。これは、排泄物の流れを指さす娘を、早くそこから遠ざけようとする親の心理なのではないか。

次に、異常なほどに潔癖症の姉。橋の下にいる「変な人」は風呂に入らないから不潔でまっ黒で、さわられただけでも病気になるという。駄菓子屋の菓子はバイ菌がいっぱいついているから食べるなという。川の水は破傷風にかかるからさわるなという。この病的と思えるほどの潔癖症も、《金色の流れ＝人間の排泄物の流れ》と考えれば、納得がいく。橋の下の「変な人」は、人間の排泄物の流れに向かってとびこんでいくのだ。

「変な人」＝立原和也は、二〇三〇年という未来から、時空を越えてやってきたという。自分の意思ではなく、港から出ようとしていた船の上で、金色の流れを見て、身を乗り出したとき、突き落とされたという。船は沖にある海上防衛軍の軍船に向かう途中で、ジャーナリストで戦争に反対の意思表示をしていた和也は、おそらくいやがらせで突き落とされたのだろうという話だ。

金色の流れが時の流れで、人間の排泄物の流れだとしたら、和也は、もう一度自分の時代へ戻って平和の意思表示をするために、《金色の流れ＝人間の排泄物の流れ》の中に身を投じているのだ。生きるというのは、おそらくそういうことなのだろう。

山上たつひこ『光る風』（一九七〇年四月〜一一月『少年マガジン』連載、コミック版は全三巻で一九七五年十一月に朝日ソノラマから刊行）の中に、とらえられた主人公、六高寺弦が、収容所から脱走する場面がある。四六時中監視がついている状況下で、「大便するところまではやつらに見えないだろ」と弦はいう。排泄された汚物は一本のパイプでつながれ、その排出口のすぐそばに裏門がある。弦は「あんた肺活量には自信があるかい」という。とちゅうで息が切れたら、腹一杯に汚物をのみこんで終わりになる。話を持ちかけられた男は「ここだって便所とそうかわりはないからな」「やるぜ！」と答える。ふたりは汚物の中をくぐり抜け、バキュームカーを強奪して、脱走に成功する。ぼくは、和也が金色の流れの中に飛び込む場面で、この脱走場面を考えていた。自分の本来の時代に戻り、また平和のための意思表示をしようとしている、この汚物まみれの青年を、ぼくは熱烈に支持している。

いま児童文学は「げんき」になるよりももっと弱虫で臆病で卑怯者でときに糞尿まみれの嘘つきになった方がいいと、ぼくは本気で思っている。

（『日本児童文学』二〇一七年一・二月号〜一一・一二月号）

日本児童文学批評史のためのスケッチ

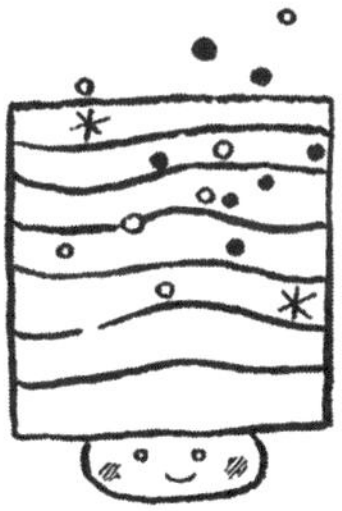

1　児童文学批評の三つの源流

＊三つの源流

日本の児童文学批評の歴史には大きく三つの源流がある。桃太郎主義、童心主義、生活主義の三つである。

＊桃太郎主義

桃太郎主義は、巌谷小波《いわやさざなみ》が提唱した教育論である。詳しくは『桃太郎主義の教育』（東亞堂　一九一五年二月）で展開されている。お伽噺《とぎばなし》の桃太郎が積極的、進取的であるのに比して、かちかち山、花咲爺《はなさかじい》、舌切雀《したきりすずめ》などはいずれも消極的で姑息《こそく》で残酷で「今日の文明思想から考えると、頗《すこぶ》る残忍なものである」と断じている。桃太郎の積極的なイメージをこれからの日本の理想の子ども像だとしている。

児童文学批評という観点からいうと、教育論である桃太郎主義よりも、自らの作品のありようについて語った「無意味非寓意主義」「わんぱく主義」の方がおもしろい。しかし、小波が語った「無意味非寓意」の先にある子ども像が実は「桃太郎」に象徴されるものであった点、また、一目で意味がわかるキャッチフレーズ的なわかりやすさという点から考えて、児童文学批評の三つの源流の第一に「桃太郎主義」の名を冠してもいいだろう。

＊文体論争

小波の作品をめぐる論争が二つあった。「文体論争」と「メルヘン論争」と呼ばれるものである。

文体論争は、小波の『こがね丸』（博文館　一八九一年）の文体をめぐる論争である。堀紫山が『こがね丸』の文体をなぜ言文一致体でなく「古臭紛々たる馬琴調」（「少年文学第一編を読んで漣《さざなみ》山人に寄す」『読売新聞』一八九一年三月一二日）にしたのかと批判する。小波は読みやすさのためにそうしたと答える。『読売新聞』紙上で何回かの応酬の末、小波は「目先チラチラ足元ヨロヨロもはや胡麻《ごま》かし通す力も無く」（「再び紫子」同紙、三月二〇日）と紫山に全面降伏する。

どんな文体で書かれた作品が当時の子どもたちに読みやすかったのかはともかくとして、『こがね丸』は多くの読者の支持を得て、日本における創作児童文学の嚆矢としての位置を獲得する。また、論争では負けた小波がその後の作品を言文一致体であらわし、日本児童文学史上最初の創作家となったのはおもしろい。巌谷小波は、日本で最初に読者としての子どもを意識した作家であったと言っていいだろう。

＊メルヘン論争

メルヘン論争は、「少年文学」(『帝国文学』一八九八年四月)の小波御伽噺批判に対して、小波が応えたものである。

「少年文学」は無署名であったが、これ以前に武島羽衣が同様の批判をしていたので、小波の論は羽衣にあてる形で書かれている。

「少年文学」での小波御伽噺批判を見てみよう。——「余輩は其物の語無邪気にして無害なる点は確かに之を認むるに吝ならず、然れども単に是れ消極的の用意のみ、何ぞ一歩進めて、積極的に有益なる物語を作為せざる。(中略)是れ区区たる小天地の面白み、微々たる小胸宇の可笑しみに過ぎず。」

ようするに、小波の作品は世界が小さい、無害かも知れないが有益なものが少ない、もっと積極的なものは作れないのか、ということになる。これに対して、小波は翌月の『太陽』に掲載された「メルヘンに就いて」の中で応えている。ここで展開されている小波の主張が「無意味非寓意主義」あるいは「わんぱく主義」といわれるものである。

小波はいう。「ファベルならばいざ知らず、メルヘンとしては、必ずしも道徳的倫理的の加味を要せず、寧ろ無意味非寓意の中に、更に大なる点可有之」「一言以て申さば、父兄がおとなしくさせんとする子供を、小生はわんぱくにさせ、学校で利巧にする少年を、此方は馬鹿にするようなものに御座候」と。

小波の作品も当初は主人公が失敗するものが多かった。小波はそれを「消極的諷誡」(『幼年雑誌』第三巻第一三号、一八九三年）と呼んだ。しかし、主人公に自らを同化して作品を読もうとする読者は、その失敗を批判した。また、小波自身もストーリーの展開に窮屈さを感じる。主人公を冒険させ、ストーリーの展開もまた自由なものにしようと考えていた。『帝国文学』誌上での小波批判はちょうどその頃のものだった。渡りに船と、小波の方も自信を持って持論を展開することになる。

小波自身の言葉を借りていうと、「明治廿《にじゅう》九年六月」を境として、小波御伽噺の主人公たちはさまざまな冒険の旅に向かい、作品も長編化傾向に向かうことになる。主人公たちが冒険するエネルギーの源として《ニッポンイデオロギー》がそのバックボーンに措かれはじめるのもこの時期である。

小波の無意味非寓意主義は、寓意がなくなるということではない。主人公が失敗するという狭い意味での教訓がなくなるということであって、主人公たちの冒険のエネルギー源としてのニッポンイデオロギーは内在化し、強力なバックボーンとして機能してくる。このニッポンイデオロギーさえあれば、どんな困難もたやすく乗り越えてしまう。スーパーヒーローといってもいいこの種の主人公を作り出し、荒唐無稽なストーリー展開を可能にした大衆的児童文学の祖は、まさに巖谷小波にあるといっていい。小波御伽噺の無意味非寓意に内在した《寓意》をさぐるのもまた批評の醍醐味に違いない。

＊童心主義（遠心的と求心的な）

童心主義は、大正期に小川未明や浜田広介らによって提唱された文学理論である。童心とは、『広辞苑』（第四版）によれば、「①こどもごころ、おさなごころ、②こどものような純真な心」とある。文字通りに解釈すれば、汚れきった俗世を捨て、子どものような純真な心にかえって作品を作ろうという主張が童心主義ということになる。

ぼくは、童心主義の思想を、ひとつのうずまき状のものだと考えている。このうずまきは、中心に子どもをおき、まわりに大人（あるいは社会）をおいている。小川未明の場合、このうずまきが外にむかってぐるぐるとまわっている。これを遠心的童心主義とぼくは呼んでいる。浜田広介の場合、このうずまきは内にむかってぐるぐるとまわっている。これを求心的童心主義とぼくは呼んでいる。

同じ童心主義の作家でありながら、広介の世界はスタティックである。がんこなまでに動かない。自分のイメージに執着し続け、一生を終えることになる。それに対して、未明の童心は外に向かう。「今後を童話作家に」（「東京日々新聞」一九二六年五月一三日）の中で「自由と純真な人間性と、そして空想的正義の世界にあこがれていた自分」は、「今後童話作家として邁進し続けようと思っている」と宣言した未明は、その後世相の移り変わりと共に、アナキストとして社会の体制を批判する未明、大東亜戦争を賛美する未明、戦後は平和主義者へと思想的遍歴を辿ることになる。何ともドラマティックな生き方だという他はない。

広介のスタティックな世界も考えようによってはおもしろい。ぼく自身は、広介が『童話文学と人生』（集英社　一九六九年）の中で語っている継子いじめ話「お糸から糸」に出てくる、ただ一色の雪の野原に黄色い花が一列に咲き続いていくイメージが好きだ。一つの気に入った風景を軸に作品を構築していくやり方は、のちの安房直子のファンタジー世界にもつながっていくような気がする。

が、何といっても未明の移り変わりの激しさの方が、批評史的には、はるかに興味深い。未明における童心の推移について語ることにしよう。

＊未明における童心の推移

未明のいくつかの論評を辿りながら、その童心の変わり方を見てみよう。未明の童心の遍歴には大きく三つの山がある。アナキストとして社会悪を批判する未明、大東亜建設のために戦争に協力し国家を賛美する未明、戦後の精神の荒廃を嘆き真に誠実であれと主張する未明。この三つである。

社会批判者としての未明は「治安維持法案の反道徳的個条」「子供は虐待に黙従す」（『未明感想小品集』創生堂　一九二六年所収）や「新興童話の強圧と解放」（『童話雑感及小品』（文化書房　一九三二年）などの論考によくあらわれている。大正期から昭和初期にかけてのものである。

未明の社会批判は、一言でいうならば、《聖》による《俗》の批判である。治安維持法批判は、法案の第六条「前五条の罪を犯したる者自首したるときは其刑を軽減又は免除す」に集中する。思想そのものよりも「裏切る」という行為の反道徳性の批判である。

未明の社会批判は、子どもを自然で純粋なところにおいて、その子どもらを強権で弾圧する不純な制度の側を批判するという基本パターンを持っていた。自らを《聖なるもの》の側におき、そこから汚れきった《俗なるもの》を撃つのである。

それにしても、「子供は虐待に黙従す」の中で、婦人、子ども、無産者の三者を同等に弱者としてあげ「無産階級の解放」を叫んでいた未明、また「男の子を見るたびに「戦争」について考へます」（『童話雑感及小品』所収）の中で「正義のために殉じ、真理のために、身を捧ぐることは、もとより、人類の向上にとって、最も貴ふべく、また正しいことです。しかし、戦争が果たして、それであると言ひ得られるでありませうか?」と言い切っていた未明が、同じ《聖》と《俗》のレトリックであるとはいえ、大東亜建設のための戦争を《聖》の側に措いてはばからない未明の童心の推移は、正直なところぼくには理解できない。

さて、ぼくに理解できなくても、未明の童心は推移する。二つ目の山は大東亜建設の理想を賛美する未明である。昭和戦前、戦中の時期がこれにあたる。

未明は「日本的童話の提唱」（『新日本童話』一九四〇年、竹村書房所収）の中で次のようにいう。――「いま日本は、一面に戦ひ、一面に東亞建設の大業に着手しつつある。これは実に史上空前の非常時であるといはなければならぬ。それであるから、老弱男女の別を問はず、各々分に応じて奉公の誠をいたしつつある。」と。

また、「現下に於ける童話の使命」（『新しき児童文学の道』一九四二年、フタバ書院成光館所収）の中では次のようにいっている――「日本が東亞新秩序建設となつて今迄の物質的から精神的に生き、弱肉強食の帝国主義的考えから離脱して、弱い者を助け、強い者を挫くと云ふ所に生き、（後略）」と。この二つの論考を見ても、未明の《聖と俗のレトリック》自体に何の揺らぎもないことがよくわかる。未明自身は、聖なるものの頂点として大東亜の建設＝聖戦を措いて、世俗の物質性、功利性を批判しているに過ぎないのだ。そして、このレトリックはそのまま無傷で戦後の論考につながることになる。

未明の「子どもたちへの責任」（『日本児童文学』一九四六年九月、所収）を見てみよう。未明は、ここで、戦争中は何の信念もなくただ概念的に国家のために犠牲になれといい、終戦後はその正反対のことを平然と語る指導者の姿勢を批判したあとで、次のようにいう。――「今日のこのこうした荒んだ状態から、子供たちを救うものは、何と言っても指導者の誠実であり情熱である。時代に迎合するというよりは当面した現実に新しい自己というものを発見して、子供たちと共に新しい日本を建設して行くという誠実がなくてはならぬ。」と。

戦後手の平を返したように戦中とは逆のことを言い始める指導者の不誠実を嘆くのはいいのだが、それでは誠実に大東亜建設の思想を推進していた未明自身の戦後の「誠実」はいったいどこにあるのだろうか。これは自らの位置を「誠実」の側に措くことで容易に乗り越えられるものなのだろうか。自らの拠り所を誠実という名の《聖》なるものの側におき、そこから精神の荒廃した戦後という《俗》を批判する未明のレトリックがある。

ぼくにとっては多様な変貌を見せた未明の「童心」も、未明自身の中では《聖と俗のレトリック》として首尾一貫していたに違いない。未明の、外に向かう「童心」の渦巻きの首尾一貫さと落差の大きさは、考えてみるとおもしろい。

＊生活主義（その四つの相貌）

生活主義は、日本の児童文学批評の源流としては一番最後にやってくる。ひらたくいえば、子どもの「生活」に目を向けた作品づくりをしようという主張が生活主義である。

生活主義は時流の変化と共に四つの相貌《そうぼう》を持つことになる。

まず、第一の顔は、原型としての「プロレタリア児童文学」の思想である。これが政府の弾圧によって「社会主義」的な視点から徐々に「生活主義」と呼ぶべき視点のものに変質していく。これが第二の顔である。さらに太平洋戦争の戦時下には「少国民主義」として大東亜戦争を讃美する第三の顔を見せ、戦後は一転して「民主主義児童文学」として平和を唱えるものとなる。これが第四の顔である。

七色の変化とまではいかないが、「生活主義」は「生活」＝「時流」の移り変わりと共にいくつもの相貌を持つことになる。ただ、そこに一貫しているのは観念的ではない子どもたちの「生活」に目を向けた作品を作ろうという姿勢であり、そうした視点からの童心主義批判の論調である。その共通項を持つことによって、生活主義は四つの違った顔を持ちながらも、「生活主義」としてのアイデンティティを持つのである。以下、生活主義の四つの顔について考える。

＊プロレタリア児童文学（槇本楠郎の仕事）

プロレタリア児童文学は昭和初期にその山を持ち、政府の弾圧の中で昭和七年に衰退し、昭和八年からは集団主義、生活主義への転換が始まる。嵐のような短命さだったと言っていい。

プロレタリア児童文学という名前が付けられた単行本は一冊しか刊行されていない。槇本楠郎の『プロレタリア児童文学の諸問題』（世界社　一九三〇年四月）がそれである。同じく槇本の『プロレタリア童謡講話』（紅玉堂書店　一九三〇年六月）と合わせても二冊のみで、槇本の批評が、この分野での理論的支柱になっていたことがよくわかる。

プロレタリア児童文学の思想を特徴づけているものはマルクス・レーニン主義の唯物論から来る階級史観である。大人社会がそうであるように子どもも超階級的な存在ではありえないという主張である。『プロレタリア童謡講話』の「序文」で、槇本は次のようにいっている。――「云ふまでもなく、児童は彼等既成童謡詩人たちの規定するが如き「超階級的」存在ではなく、いづれかの階級に直属する「幼い階級人」であり、そしてその階級対立が刻々尖鋭化し、白熱化すに至つては、既に斯る欺瞞的な「芸術」などといふ言葉に誤魔化されてはゐられなくなつたのである。」と。

ここにあげた槇本の言葉からも推察できると思うが、プロレタリア児童文学批評の大きな特徴は、その階級史観でもって「超階級的」な大正期の童心主義を激しく攻撃するところにあった。その精巧というよりはあまりに生硬な理論は、政府の激しい弾圧もあって成功することなく衰えていくことになるが、子どもたちを純真な神の位置から引きずりおろし社会の一員として捉えた意味は大きい。

しかし、ときの政府は、子どもたちを階級人として捉え社会主義革命の戦列に加える思想を許すことはなかった。徹底した弾圧ぶりは二十一冊刊行のうち十四冊が発禁処分になったという『少年戦旗』（一九二九年五月〜一九三一年一二月）を見てもわかる。未見二冊が未発行に終わったとすれば、実に十九冊のうち十四冊が発禁の憂き目にあったことになる。

＊改作『足柄山』をめぐる論争

プロレタリア児童文学をめぐる論争としては、思想的にその対極にあったといっていい雑誌『童話研究』誌上でたたかわされた改作『足柄山』をめぐるものがおもしろい。

改作『足柄山』は『少年戦旗』（一九三〇年一月）に阿地努が載せている。見開き二ページからなる昔話のパロディである。金太郎を資本家階級、山の動物たちを無産者階級になぞらえている。金太郎は、みんなでかかってくるのは卑怯だ、法通り相撲で勝負をしようといい、動物たちはそれに従って負ける。ラストで熊はいう。――今日の敗北の理由は一々敵の法に服従した結果だ。「今日の俺達は滑稽な負け方をしたが明日は必ず勝てる、狼は噛み付くといい、鹿は角で猪は牙で突くといい。俺は爪で引きさいてやる」と。

この改作『足柄山』に着目して、中根茂が「改作『足柄山』の思想的素描」（『童話研究』一九三〇年三月）を載せている。中根は自らの位置を「古い童話家」におきながらも、この改作の有効性を認めつつ、童話の改作問題について新しい提起を行っている。改作『足柄山』＝プロレタリア童話を「対立物の認識」「ヘロイズムの問題」「反ブルジョワ道徳思想」「一致団結の思想」の四点から論じ、最後に童話の改作の問題を松村武雄の改作論を引き合いに出しながら考えている。じつに堂々とした論立ての批評である。

それに対する反論が、さっそく次の月（一九三〇年四月）に二つ出る。ともに仮名でピーパン「改作『足柄山』に就て」と坂田金太郎「おれのこと」。後者は筆名からもわかるように坂田金時本人が改作『足柄山』を見てびっくりして反論をした形をとっている。中味を見ると、さらに花咲爺からの手紙という趣向になっている。その花咲爺の手紙は「お示しの物が全文だとすれば、完全な童話とは言へません。」と始まる。言うなれば、「これは『童話』ではない」という門前払いの論法である。

ピーパンの筆名はピーターパンのたぬきという遊びにちがいない。が、こちらの論法も門前払いに近いものがある。ピーパン氏は中根が最後に提起した松村武雄の童話改作論に言及してはいるが、「こんな足柄山の童話の如きもの――童話ではないから「如き」といふ――を童話と認めるからこそ、博士の正論に突っかかって行かなければならない、苦境に陥るのである。」と語り、「童話の形式を武装した階級闘争の宣伝文としか受け取れないと見たは僻眼《ひがめ》か。」と結論づけている。

翌五月に中根の反論「童話とその社会的使命について――改作「足柄山」を繞《めぐ》るポレミック――」が載る。中根は、ピーパンが改作「足柄山」を階級闘争の宣伝文としか受け取れないと難じたのに対して「斯《か》る作品が、ひと度、社会に公にされるや否や、強力な教化・宣伝的役割を果たすことは、まことに明白な事実でなければなりません。」と言う。

芸術至上主義、耽美《たんび》主義その他全ての作品の「芸術的価値」でなく、「作品そのものが果たすであろうところの社会的使命（役割＝機能）を、問題にしている」と言い切る。この中根の論調は小気味よい。

プロレタリア児童文学運動から最も遠い位置にあった雑誌の中に、当時としては最高水準のプロレタリア児童文学に関する批評が残っているというのも、おもしろいことである。

＊生活主義への転換

狭い意味での「生活主義」は、プロレタリア児童文学運動が衰退し、塚原健二郎が「集団主義童話の提唱」(『都新聞』一九三三年九月)を発表した昭和八年から始まり、昭和一六年一二月の日本少国民文化協会設立までの間の主張である。

プロレタリア児童文学批評は、理論的には子どものイメージを神から人間の位置まで引きずりおろすという手柄をたてた。が、作品的には改作『足柄山』のようなパロディ、寓話が多かった。子どもを社会的な存在として認識するという主張を持ちながら、理論が先に立ち現実の子どもたちに目を向けた作品は皮肉なことに少なかったことになる。

子どもの「生活」に目を向けた作品自体は、じつは「生活主義」の理論以前に、創作の分野ではむしろ当たり前のように存在していた。(例えば、千葉省三の「虎ちゃんの日記」や「鷹《たか》の巣とり」を見てもいい。)

「社会」主義思想が、政府の弾圧の中で視点を「社会」から「生活」に移し始めるといえば、言葉の上ではおさまるのだが、果たして現実の転換の過程はどのようなものであったのか。これは未だ解明されてない分野だといっていい。確かに政府の弾圧による運動の解体が主要因であったにはちがいなかろうが、むしろ内因的なものを探っていった方がおもしろいものがみつかるだろう。ぼくが、プロレタリア児童文学から、戦中を挟んで、戦後の民主主義児童文学までを「生活主義」として一つに括っている理由もそこにある。一見正反対にも見える思想の揺れが、じつはその内実において酷似した論理構造を持っていたということは、考えようによっては恐ろしいことである。ブルジョワあるいはプチブルを難じるその筆で、非国民を糾弾し、戦後は戦中の軍事思想を批判する。社会革命を唱えた思想が、天皇を讃え、平和を希求する。変貌《へんぼう》する貌《かお》の中で不変なものは、子どもの「生活」に視点をおくことであった。

アナーキスト系の社会運動に属していた小川未明も昭和七年を境にリアリズムの作風に転じている。プロレタリア児童文学の理論的支柱であった槇本楠郎も『新児童文学理論』（東苑書房　一九三六年七月）では、未明のリアリズム童話「青空の下の原っぱ」を「一九三〇年代の日本の現実がパノラマのやうに印象深く展開して行く」と高く評価する。

槇本は「今後の児童文学」について次のように言っているが、これがプロレタリア児童文学の形を変えた抵抗の姿なのか、それとも体制に協力していく少国民主義の前段階の言質なのかは、考えればおもしろいミステリーである。——「真に正しき児童文化〈児童文学も含む〉は、児童の日常生活の中から、正しい集団的・自主的・創造的生活を導き出し、それをヨリ合理的な社会生活へと、彼等自身によつて、高めさせて行くものである。」

＊児童読物改善ニ関スル指示要綱について

生活主義の活動に関する考察で、落とせないものが一つある。一九三八年一〇月に出された「児童読物改善ニ関スル指示要綱」がそれである。出したところは内務省警保局図書課。児童書の「浄化」に関わるものである。児童読み物に有害低劣なものがあまりに多くなった。ゆえにそれを改善するという趣旨で、そのターゲットになった作品は今でいうところの大衆的児童文学および漫画本であった。内容は

「廃止スベキ事項」に活字の大きさから懸賞、広告、予告、オマケ、用語、内容にいたるまで細かく規制した厳しいもので、多くの指導および発禁処分が行われるに至った。

こう書くと児童文学は上からの制裁で冬の時代をむかえたかのように見えるが、じつは事態は逆である。上からの児童文学浄化運動促進を契機として、下からの「生活主義」的な児童文化運動は大きく発展し、児童文学の出版もまた一時的にさかんになる。いうなれば、春の時代をむかえるのである。生活主義の児童文学は、上からの児童書浄化という運動の中で栄え、その地続きのまま少国民主義へと向かうのである。

＊少国民主義について

少国民主義は、一九四一年一二月の日本少国民文化協会設立に始まり、一九四五年八月の敗戦をもって終わる。子どもを「少国民」と位置づけて、大東亜共栄圏の建設（つまり太平洋戦争）に協力させていこうとする主張である。

ちょっと長くなるが、滑川道夫の『少国民文学試論』（帝国教育会出版部　一九四二年九月）から「序」の冒頭部分を見てみよう。――「「児童文学」から「少国民文学」へ、「児童文化」から「少国民文化」へこれは単なる名称の変更ではなく、実質的な転換がなされなければならない時である。その意味でまさに転換期である。／一般的な、あるひは抽象的な「子供」や「児童」のための「文学」や「文化」が米英とともに滅亡の一途をたどる時である。もうすぐ数年後にあるひは十数年後に日本を背負つて起たなければならない少国民、いや現にそれなりの生活において日本を背負つて起つて大東亜戦に対処している少国民のための「文学」を「文化」を建設すべき時である。」

この滑川の言葉の中に、少国民主義の特徴がよくあらわれている。滑川がここで「抽象的な」といって批判している子どもおよび文学は、童心主義のことである。プロレタリア児童文学がプチブル的と難じ、生活主義からは生活に根ざしていないと批判された童心主義が、ここでは「米英とともに滅亡の一途をたどる」ものとしてとりあげられている。滑川の視点は「それなりの生活」をして「日本を背負っている」子どもたちの側にある。

「現代の童話文学と童話作家」の中で、滑川は言う。――「かつては固定的に謳歌され、作家の(大人の)いはば郷愁のすみかでもあつた子供の世界が、社会生活のさ中に在つて、しかも将来大人へ、社会人へ、国民へ、発展すべき、また現に発展しつつある子供の世界として作品に具象化されなければならない」と。

少国民主義は生活主義に根ざしていた。戦後、太平洋戦争中の児童文学を評して、あのころは戦意高揚のための言葉を無理矢理に入れられたりしてとても文学と呼べるものはなかったと、まるで冬の時代のようにいう論者がいたが、実際の推移はその逆であった。上からの児童読み物浄化運動とともに生活主義的な文化運動は高まり、児童文学の出版もまた多くなる。上から守られて春の時代をむかえた生活主義児童文学が、今度は否応なく上への奉仕を鮮明にした形であらわれたもの、それが少国民主義だったといっていい。

百田宗治の『砂糖の木』(光風館　一九四三年七月)に載せられているひとつの「愛国詩」を見てみよう。百田が「文字で言葉を写生する」の全盛時代だと位置づけている二年生の「東ごうげんすい」という詩である。

東ごうげんすいの　むねは
くんしょうで　花のやう　だ。
日の丸みたいな　のも　ある。
りんごのやうな　のも　ある。
東ごうさんの　ひげは
そばの　花みたいに　白いね。

ここで歌われている東郷元帥が軍国主義のシンボルであるとするならば、そばの花の白さは生活主義のシンボルだといえる。軍国主義と生活主義の見事なまでの握手を、二年生の子どもが何の衒いもなく歌っている。このそばの花の白さは眩しすぎて、ぼくの眼だけでなく心までをもくらませる。

＊民主主義児童文学について

太平洋戦争の敗戦直後からの十余年を戦後民主主義児童文学の時代とするならば、敗戦という大きな転換点を持ちながら、こと児童文学批評にとって、大きな質的転換はなかった。いわば、地続きとしての生活主義の思想が戦後民主主義を支配する。誤解をおそれずにいえば、児童文学の思想は、戦争を頂点とした天皇制から平和を頂点とした天皇制へと移行したに過ぎない。つまり、総論において、戦争推進から平和祈念へと変わっているが、各論においては、地続きのとらえ方、論じ方を踏襲しているのである。ここではその詳細について論じる余裕もないので、あとで語るべき課題として記しておく。

＊「童話伝統批判」と三つの源流について

戦後一九五〇年代後半から六〇年代初頭にかけて、それまでの児童文学の伝統を根底から批判する流れがおきた。いわゆる「童話伝統批判」と呼ばれるものである。

その流れは三つある。一つは、石井桃子、いぬいとみこ、鈴木晋一、瀬田貞二、松居直、渡辺茂男の六氏の共同討議の中から生まれた『子どもと文学』（中央公論社　一九六〇年四月）での未明、広介、譲治批判と、賢治、南吉、省三の再評価。

二つは、早大童話会が「童話」を否定し少年文学会と改称するとして出したいわゆる「少年文学宣言」（「「少年文学」の旗の下に！」、『少年文学』一九号、早大童話会　一九五三年九月）とそれに続く古田足日の批評。「さよなら未明」（『現代児童文学論』くろしお出版　一九五九年九月所収）は古田の代表的な評論である。

三つは、佐藤忠男が「少年の理想主義について」（『思想の科学』中央公論社　一九五九年三月）の中で行った『少年倶楽部』の再評価とそれに付随した「芸術的」児童文学への批判。

おもしろいのは、この三つの批判が、それぞれ三つの源流に対応していることである。

『子どもと文学』は時代に左右されない普遍的な価値観を追究する。子どもにとっての普遍性をメルクマールとするこの思想は、子どもにわかりやすく、よみやすい「よいもの」を希求する。子どもにわかりやすく、よみやすい「よいもの」を希求する。

批判した未明、広介、譲治に最も近い童心主義の位置に立っていたといっていい。

「少年文学宣言」は「メルヘン」「生活童話」「無国籍童話」「少年少女読物」といった当時存在したすべての児童文学ジャンルを克服すると宣言した。が、「真に日本の近代革命をめざす変革の論理に立つ」ということの思想は戦前から培われてきた生活主義の思想の新しいあらわれという他はない。

こうしてみてくると、佐藤忠男の『少年倶楽部』再評価の流れも、巖谷小波の桃太郎主義の系譜と考えることができる。「おもしろさ」を追求した小波は、自らの作品のバックボーンにニッポン・イデオロギーをおくことによって、小波御伽噺の長編化を可能にした。その末裔といっていい『少年倶楽部』の作品たちは、やはりニッポンイデオロギーをバックボーンに荒唐無稽なストーリー展開を可能にし、多くの読者を獲得していった。脆弱な芸術的児童文学でなく、大衆的児童文学のおもしろさ、力強さを再評価する佐藤の論に、ぼくは桃太郎主義の新しい展開をかいま見る。

童話伝統批判からのち最も変わったものは、ぼくは、散文という文体の獲得だと思っている。ニッポンイデオロギーをバックボーンに据えなくてもストーリーの展開を可能にする文体、それが童話伝統批判の中で日本の児童文学が獲得した散文という文体だった。

現代児童文学批評の歴史もまたここから始まる。

2　現代児童文学批評の展開

＊出発点を担った三つの批評

日本の児童文学の現代史は一九五九年から始まる。その出発点を担ったのは創作ではなく三つの批評であった。発表された順にいうと、佐藤忠男「少年の理想主義について」（『思想の科学』一九五九年三月所収）、古田足日「さよなら未明」（『現代児童文学論』くろしお出版、一九五九年九月所収）、石井桃子他『子どもと文学』（中央公論社　一九六〇年四月）となる。が、世間に与えた影響の大きさからいうと、『子どもと文学』が第一で、次いで古田、佐藤といった順になろうか。

以下、現代児童文学の出発点を担った三つの批評についてみてみよう。

＊『子どもと文学』の思想

『子どもと文学』の思想の特徴は、その無思想性にある。未明、広介、譲治の三人を否定し、賢治、南吉、省三の三人を再評価した理由も、一言でいうと無思想性からくる明快さにあった。すなわち、前者は「わかりにくく、つまらない」から否定され、後者は「わかりやすく、おもしろい」から再評価されたという一点につきている。

賢治はともかくとして、当時ほとんど無名だった南吉や、戦後忘れ去られていた省三の作品を取り上げたのは卓見といっていい。省三は「日本の児童文学にはじめて生き生きとした子どもたちを登場させた作家」、南吉は「現在までの日本の児童文学者としては、おそらく宮澤賢治につぐ位置をあたえられるべき人」と評価され、それぞれ「虎ちゃんの日記」や「ごん狐」といった作品が取り上げられている。

否定された三人について、くわしく見てみると、未明、広介の二人と譲治とではあつかいがちがっている。未明と広介は「まったく個性がなく、実際に生きている感じももっていません」と全否定されている。これに対して、譲治の方は「なまなましい現実感はあっても、児童文学としてはとりあげる必要のない側面ばかりがえがかれていました」と、そのリアリティは認めつつ、描かれた世界は否定される。言いかえるなら、文体の散文性は支持され、死の予感の中で生きる善太と三平のありようの方は「大人のための小説」だとして否定されたことになる。

未明と広介に対する批判をそれぞれの代表作である「赤いろうそくと人魚」「泣いた赤おに」で見てみよう。

まず、未明の「赤いろうそくと人魚」は「そこに登場してきた人魚については、あまりはっきりとその姿を思いうかべることができません」「ここには、非現実の世界をリアリティをもって読者にうったえるような、設定がありません」と批判される。

また、広介の「泣いた赤おに」の冒頭「どこの山か、わかりません。その山のがけのところに、家が一けんたっていました」という一文は、「まずはじめの、「どこの山か、わかりません」という書き出しはまったくむちゃです。導入部は、時・場所・人物などを、読者にはっきりとわからせるような書き方が、なによりも大切です」と批判される。

『子どもと文学』の論理は明快である。時・場所・人物などを読者である子どもたちにははっきりとわからせる書き方が要求され、気分や雰囲気といったあいまいなものは切り捨てられる。

この明快さは、どこから来ているのか。それはひとつは彼らが下敷きにしていたリリアン・H・スミスの『児童文学論』（岩波書店　一九六四年四月）自体がもっていた明快さによるものだろう。が、それ以上に、彼らが実際に子どもたちに向けて、本を読み聞かせ与えた、そのときどきの確かな反応に自分たちが立脚しているという自信と確信に裏打ちされていたからにちがいない。自分たちが「おもしろい」と考えるものは、子どもたちが「おもしろい」と反応をしめすものと同期をとっているという自信が、日本の童話伝統に対する大きな〝否〟を唱えさせたのである。

中央公論社という出版社から新書版で世に出たという点も大きいが、その内容の啓蒙的な明快さから、『子どもと文学』の理論は、その後の図書館・読書運動などに大きな影響を与えることになる。

＊『子どもと文学』への反論

スミスの『児童文学論』がそうであったように、『子どもと文学』の価値判断の基準は子どもたちにとって「おもしろい」か否かにあった。その子どもたちとは、彼らが実際に図書館や家庭文庫で読み聞かせての反応である。普遍的な基準のように見える「おもしろさ」も実は読み聞かせたときの子どもたちの反応に限定されている。取り上げられる作品は、読み聞かせをしやすいという面から低学年向きのものが多くなり、その反応も最大公約数的なおもしろさになってくることは否めない。その結果として選ばれた基準が、だれでもがはっきりと頭に思い浮かべることのできるリアリティ、わかりやすさだったのである。《はっきりと頭に思い浮かべることのできるリアリティ》とは、見方を変えれば、近代的な意味での散文性の獲得につながるものである。しかし、一方で、最大公約数的なおもしろさの提示は文学作品の類型化を生み出しかねないものとなる。

この本が出た三ヶ月後、神宮輝夫は「新らしいステロタイプのおそれ」(『日本児童文学』一九六〇年七月号)の中で次のように警鐘を鳴らしている。

> 筆者は古典的価値を時代の変遷にかかわらずかわらぬ価値と注釈しているが、これには作品の生まれる時代の政治、社会状勢からの離脱が感じられる。これは前の部の作家論で、だれも具体的になにを書くべきか、どういう思想をわれわれは持つかなどを明確にしなかったところから生まれる感じである。
>
> 日本の児童文学がひとつの型にはまってからすでに久しいが、この本にあらわれた児童文学論がまた新しいステロタイプを生まなければよいがと思う。

神宮は、『子どもと文学』が「よい本」の基準としてあげた「作品の古典的価値」(時代の変遷にかかわらずかわらぬ価値)に疑問を投げかけている。時代の変遷によっても変わらない価値というが、これは時代という要素を欠落させているだけではないか、これでは新しい類型化を生み出しかねない、と。『子どもと文学』の理論は、その明快さゆえに、この後の図書館運動などに大きな影響を与えることになるが、当初からその無思想性、技術主義からくるパターン化への警鐘が語られていたことになる。

批判された当事者からの反論としては、坪田譲治の「きく童謡・みる童話」(「朝日新聞」一九六〇年九月二一日)、「童話今日の問題」(『保育の手帖』一九六〇年一二月号、一九六一年一、二月号)がある。批評的な文章ではないが、『子どもと文学』の中で切り捨てられることになった気分や雰囲気といった要素を重視した発言になっている。

いぬいとみこが「赤いろうそくと人魚」について「つごうよく」神社のあかりが見え始めると評したことに対する坪田の反論を見てみよう。

> 検事が証拠調べをするような気持で読めば、つごうよくと批難できるかも知れません。然し文学的に読めば、人魚が捨子をしようと決心した後に、省略があるのです。いや、作者は場面を変えているのです。舞台を海岸の小高い丘、神社のある山と、その近くの海にとっているのです。これは映画などと同じ手法です。モンタージュというのではないかと思います。それをつごうよくと批難するのはあたりません。

坪田がモンタージュと言っているところを、未明の気分、雰囲気と言いかえてもいいだろう。いわば未明の気分、未明にとって必要なイメージだけが積み重ねられていくのである。

ファンタジー論についていえば、『子どもと文学』は、だれの頭にもはっきりとイメージが浮かぶようなリアリティを求め、ファンタジーについてもしっかりとした法則性があると主張する。イメージを積み重ねていくファンタジーと法則性を持つファンタジーの問題については、もう少し後で考えることにしよう。

＊「ナンデモハイリマス」批判

『子どもと文学』は石井桃子ら六人の共同討議を章ごとに分担して執筆するという体裁をとっていたが、なかでも、いぬいとみこによる小川未明の「ナンデモハイリマス」批判がおもしろい。

「ナンデモハイリマス」(『コドモノクニ』一九三二年一月号)は「正チャンハ、カアイイラシイ子供デス。ダカラ、キテヰル上着モカアイラシク、ソレニ　ツイテヰル　ポケットモ、モトヨリ　カアイラシイノデアリマシタ。」と始まる。そのかわいらしいポケットには何でも入り、きれいな石も真っ赤な葉もどんぐりの実も広告のビラもミカンも入るという他愛ない幼年童話で、『子どもと文学』には、短い全文が載せられている。取り立てて批判するほどの作品でもないが、これに対するいぬいとみこのコメントがおもしろい。いぬいはいう。


子どもはじぶんたちを、「かわいらしい」と思っているでしょうか。それは、大人の感情ではないでしょうか。もし、この同じテーマをつかって、子どものお話を書くとしたら、主人公の子どもが、ポケットにはなんでもはいります、という「発見」をしたところから、何か事件がはじまるべきなのです。幼児のもつ空想力を、外にむかってのばそうとしないで、つねに大人の考えるかわいらしい「童心」の中に包みこんできたまさに一つの典型である「幼年童話」（中略）の例がここにあります。

「何でも入るポケット」という思いつきを「かわいらしい」だけで終わる未明に対して、そのポケットを「発見」したところからこそ物語は始まるのだといういぬいの主張は、ストレートに幼年童話の古い枠を打破して新しい地平を切り開いていく流れと符合している。いぬい自身、これより少し前にふたごのペンギンの兄弟が冒険する『ながいながいペンギンの話』（宝文館　一九五七年、のち理論社）を書いている。寺村輝夫の『ぞうのたまごのたまごやき』が福音館書店の「こどものとも」（四号）として世に出たのが一九五六年、この作品を中核とした短編集『ぼくは王さま』（理論社）が出版されたのが一九六一年である。保育園での子どもの遊び体験をリアルに展開していった中川李枝子の『いやいやえん』（福音館書店）が出たのは一九六二年である。

『ぞうのたまごのたまごやき』という作品を、いぬいの「ナンデモハイリマス」批判に引きつけた言い方でいえば、「ぞうのたまご」というかわいらしい「発見」をしたところで満足し終わりにしていたのがいままでの幼年童話であるとするならば、寺村はその「ぞうのたまご」というおもしろい「発見」をしたところから物語を始める。兵隊たちは「ぞうのたまご」をさがしにでかける。町の工場では「ぞうのたまごのたまごやき」をつくるための大きな大きなフライパンを作り、城の庭では大きな大きなかまど作りが始まる。それまでは掌編にすぎなかった幼年童話が冒険とともに長編化を可能にする。現代児童文学の出発は、幼年童話というジャンルの中で典型的に展開されたといっていい。

＊『ちびくろサンボ』絶版問題

ここで、ちょっとだけヘレン・バンナーマン『ちびくろ・さんぼ』（岩波書店　一九五三年、この他にも多くの出版社から出されていた）の問題にふれておこう。

時代によって価値の変わるイデオロギーは幼い子どもたちにとって意味のないことだと断言した『子どもと文学』が「よい本」の典型として取り上げたのが『ちびくろサンボ』だった。石井桃子はその後出版した『子どもの図書館』（岩波新書　一九六五年）の中で、自宅を開放して行った「かつら文庫」での子どもの様子などを語っているが、ここでも『ちびくろ・さんぼ』の全文をあげながら、「この話は、私には、ほとんど完全無欠なものに思え、よくも、一人の個人がこれだけのものを創作し得たとおどろかされるのです」とまで語りつつ「よい本」について論じている。

この永遠に不滅だったはずの『ちびくろ・さんぼ』が、もっとも強く時代のイデオロギーの荒波を受けることになるとは、当時石井は考えもしなかったにちがいない。いわゆる『ちびくろサンボ』絶版問題がこれである。

一九八八年八月、「黒人差別をなくす会」が作られ、黒人を商品化したものを調べ始めたのが直接のきっかけで、『ちびくろサンボ』は黒人差別だという非難の矢面に立たされることになる。これは黒人蔑視の本である、このような本を子どもの目にふれさせるべきではない、すぐに絶版にしろという主張である。

これに対して、同年一二月八日、小学館・学習研究社・講談社が絶版の方針を決め、一三日の岩波書店の絶版をもって、日本における『ちびくろサンボ』はすべて絶版という状況になる。日本中の図書館の書架からも姿を消すことになる。もっとも普遍的な価値をもつその典型だったはずの『ちびくろサンボ』がもっとも短命に終わってしまったということである。

『ちびくろサンボ』の絶版についていえば、考えるべき問題は二つある。一つは、その内容が差別にあたるかどうかという作品の読みに関することであり、二つは、絶版という行為そのものについてである。ここでは、そのどちらの問題についても深入りするつもりはない。が、ほぼ一斉の絶版という処置に恐ろしさと同時に怒りを覚えたのは事実である。批評のスタンスとして、どのような理由を設けるにせよ、良書と悪書とを選別し、悪書とされた本を駆逐しようという発想には与《くみ》してはならない。これは言い切ってもいいことだろう。

さかのぼって、『子どもと文学』との関わりでこの問題をみると、最大公約数的なわかりやすさとおもしろさを追求する中で、手から抜け落ちてしまっていた状況への読みとそれをささえる思想性というものが浮かび上がってくる。『子どもと文学』にはその状況への読みと思想性がなかった。是非はともかくとして、『ちびくろサンボ』絶版問題は、結果として、『子どもと文学』が欠落させてしまった部分をいま逆照射している。

＊「さよなら未明」の混沌

古田足日の「さよなら未明」は「童話イコール児童文学という錯覚ほどおそろしいものはない。」という一文から始まっている。この一文を書くとき、古田は何を思っていたのだろうか。おそらくジャンルとしての「童話」はこれ以降徐々に衰退し、最終的には死滅していくものと考えていたに違いない。

童話は呪文で書かれている、と古田はいう。呪文は原始の時代には意味があったかも知れないが、現代の呪文は正しい認識を妨げる呪縛になっている。呪縛からは何も生まれない。新しい児童文学は正しい認識を可能にする新しい散文で書かれなければいけない。これが古田の「少年文学宣言」以来の主張であった。そこで、「童話という呪文で書かれた文章だけを児童文学だと考えるのは大きな錯覚だ。状況を切りひらくことができる確かな散文で書かれたものこそがこれからの本当の児童文学の姿なのだ。」という意味合いの冒頭の一文につながってくることになる。

しかし、「少年文学宣言」の明快さと比べたら、「さよなら未明」の論理は正直に言ってわかりにくい。童話を呪文とよび、童話作家を呪術者たちとよび、呪文は本来原始の時代のもので現代にはなじまないという論法は、まるで混沌《こんとん》としている。「さよなら未明」の冒頭の一文になぞらえていえば、「少年文学宣言」イコール「さよなら未明」という錯覚ほどおそろしいものはないということになる。

「宣言」は小川未明を全否定した。小川未明だけでなく、従来の「童話」と名のつく一切のものを否定した。「宣言」はいう。

科学は常識によってさえぎられ、変革は権力によってはばまれる。発展と進歩の芽生えるところ、古きものは常に全力をあげてその歯車の前進をさまたげた。だが同時に、勝利は常に新しきものの側にかがやく。これは歴史の宿命であり、必然であった。

いまここに、新しきもの、変革をめざすものが生まれた。「少年文学」の誕生、すなわちこれである。

「少年文学」のめざすところ、それは、従来の児童文学を真に近代文学の位置にまで高めることであり、従ってそれはまた、一切の古きもの、一切の非合理的、非近代的なる文学とのあくなき戦いを意味する。

この「宣言」起草の中心メンバーの一人として、古田足日はいる。「宣言」の主張は二つあった。一つは、思想としての「変革の論理」であり、二つは、方法としての「散文性の獲得」であった。この主張は、どちらも明快である。迷いもない。夾雑物もない。「少年文学宣言」は、政治スローガンのような、見事な明快さをもった文字通りのマニフェストである。

これに対して、「さよなら未明」は混沌としている。古田の言葉を、ぼくなりにモザイクのようにつなぎ合わせていくと次のようになる。

「ことばがあれば、ものは実現する。この原始心性が近代に復帰して、日本の近代童話を作りあげたのである。つまり、童話の本質は呪文であり、未明以下立原えりかに至る童話作家群は呪術者の群れである。」「原始の呪術は外に向かって開いていた。戦いに出て行く戦士は、呪術の行なわれるあいだ、耳に雄たけびの音を聞き、目に敵の倒れて行く姿を見ただろう。」「が、日本近代童話はプラグマチックな効用をすてたところから始まる。」「その幻想は変革のための幻想というより逃避のための幻想である。」「重要なことは、童話が本質的に呪文であるために、その語りかけている相手が明確でないという点である。」

古田は、童話は語りかける相手が明確でなかったという。では、語りかける相手とはいったいだれなのか。

古田は「宣言」以降も、同人誌『小さい仲間』に拠《よ》って、「宣言」の理論を確かなものにするために旺盛な批評活動を続けている。ぼくは「宣言」と「さよなら未明」とのあいだの落差を子どもへの関心の有無にみる。子どもというファクターを視座にすえたときから、古田の評論は明快さから混沌の海へ出る。いってみれば「宣言」の科学的合理的精神は「公式」の見方である。その点では、最大公約数的な読者のおもしろさを第一義の基準とした『子どもと文学』とよく似ている。古いものを打ち破るときはそれとは全く異質な原則が要求されるということかも知れない。ともかくも、大筋では正論かも知れないが個々の作品に照らしたとき、そこに描かれた人間＝子どもへの関心から、混沌が始まる。

たとえば、古田は「宣言」では否定された「少年少女読物」のジャンルにあたる佐藤紅緑の作品を評して次のようにいう。

　佐藤紅緑は子どもの立場から出発して彼らの行く手をはばむ障害との戦いを書き、その戦いのくりかえしの結果、少年たちは勝利する。紅緑は過程を書き、未明や広介は結果を書いた。

古田にとって、子どもへの関心はエネルギーへの関心である。「呪文では変革は行なえない。変革にやくだつものはエネルギーであり、行動である。児童文学が理想、したがって変革を願う文学であるならば、従来の童話がとどまっている道を一歩向こうへ突っ切らなければならないのだ。」と古田はいう。エネルギーに満ちた少年たちが真っ向から事件に立ち向かい、戦い、勝利していくその過程を確実に描いていく散文性の獲得を、古田は目指していたのである。

「少年文学宣言」からちょうど一年後に同人誌『小さい仲間』の創刊号（一九五四年七月）が発刊され、

古田はそこに「散文性の獲得」をのせたのを皮切りに、五八年に三二号で終刊をむかえるまで全部で一二編の評論を発表している。同じく創刊号から、山中恒は『赤毛のポチ』（理論社　一九六〇年）の連載を始め、これは二二号（一九五六年六月）に完結をむかえている。批評、創作ともに新しい文学を目指そうという気概に燃えていた時代であった。そのような活動の一つの区切りとして、「さよなら未明」は、そのタイトルとは裏腹にはげしく未明とぶつかりあい、火花を散らし、混沌の海へと向かったのである。

＊「少年の理想主義について」

佐藤忠男「少年の理想主義について」は、そのサブタイトルにもあったように『少年倶楽部』の再評価を内容としたものであった。佐藤の再評価の視点は大きく分けて二つあった。一つは、既成の児童文学史論に対する疑問であり、二つは、『少年倶楽部』の内容に関わる問題提起である。

今までの児童文学史への疑問を、佐藤は、次のように語っている。

大正の末年から日華事変の頃にかけて、事実上、日本の児童文学の主流は『少年倶楽部』にあった。にもかかわらず、現在発表されている大多数の児童文学史、児童文学論は、この『少年倶楽部』をほとんど問題の外にはねとばすことで共通のパターンをもっており、それには一応の理由と主張があるにしても、やはりはっきりと欺瞞である。

佐藤は、いわゆる芸術的な児童文学だけを井の中の蛙のように論じてきたこれまでの児童文学の世界に対して異を唱えたのである。佐藤がここでいう「一応の理由と主張」とは、『少年倶楽部』の「〝おもしろくて、ためになる〟というスローガンは、低俗な娯楽性と反動的な教化性を意味し」（菅忠道「解説」、『日本児童文学大系』第三巻、三一書房　一九五五年）といったものである。

佐藤は、『少年倶楽部』が打ち出したイデオロギーの本質を認めながらも、「だとすると、そういう低俗な娯楽性にうつつをぬかし、そういう反動的な教化性に魂を奪われる思いをし、小川未明や坪田譲治には殆ど退屈以外の何ものをも感じることが出来なかった私たちはいったい何ものであろうか。」と反問する。佐藤の『少年倶楽部』再評価の根拠は、自らの少年時代の読書体験にある。佐藤はいう。

たしかに、私たちは『少年倶楽部』から、山中峯太郎の大陸雄飛思想、平田晋策のアメリカ討つべし主義、佐藤紅緑の立身出世主義、『冒険ダン吉』南進思想、などを学んだに相違ないが、私たち自身、進んで読みふけった以上、単に外側からの影響と言い捨てるだけでは問題は片づかない。私たち自身の内部の問題として検討してみることが必要だ。

佐藤は、「『少年倶楽部』には不思議なパッションを感じさせるものがあった。」という。これに対して、「〝童心〟とは要するに、大人が子供に、自分たちの世界の厭らしさを隠して見せないために煙幕として用いる架空の観念でしかない」と言い、坪田譲治の「善太と汽車」（『赤い鳥』一九二七年一〇月号）を「盆栽いじり的に現象のデテイルだけに興じている文章」と断じた。佐藤はいう。

どこまでいっても、全くどうでもいい情景のデテイルだけがつながってくるばかり。子供たちが主体的にかかわりあってゆける観念はついに一つも出てこない。

佐藤の論立ては、『子どもと文学』とはまたひと味違った読者論の様相を呈していた。『子どもと文学』が良貨を示していたとするならば、佐藤は意識的に悪貨を手に取り、それに魅了された自分自身の読書体験について語る。佐藤にとって、子どもとは「子供は子供なりに打算的であり、邪悪な観念も罪の意識も持っている」存在なのである。その邪悪さをも含めて「少年を独立した一個の人間として扱ったことが、少年たちにアッピールした要素の一つだったと思う」と佐藤は分析する。

佐藤は、坪田譲治の散文を「盆栽いじり」の文章と断じ、『少年倶楽部』をそのイデオロギーの善悪はともかく少年たちを魅了する「不思議なパッション」があったと支持表明した。これは、これまでの児童文学批評の流れとはあきらかに異質なものであった。児童文学の門外漢であった佐藤だからこそ可能な論法だったのかも知れない。が、この評論は、佐藤自身が予想をした以上の反響を呼び、賛否両論を生み、現代児童文学の出発点を形成する三つの流れのうちの一つの位置を占めることになる。

古田足日は、子どもへの関心、そのエネルギーという視点から、佐藤への賛意を示す。古田は「児童文学時評」（『近代文学』一九五九年七月号、後に『児童文学の旗』理論社、一九七〇年に収録）の中で次のようにいう。

ぼくは迷っているわけだが、にもかかわらず佐藤に魅力を感じるのは、この非芸術のなかでまさに子どもを発見しているからだ。どろくさい力に満ち（したがって文学になり得なかった）、一対一でおとなとわたりあう子ども――このどろどろしたエネルギー、（中略）しかも佐藤の示す子どもの姿は日本の子どもの姿である。児童文学の変質が、この日本の子どものエネルギーの上にとげられなければならないという点で、ぼくは佐藤を支持したい。

この時評の二ヶ月後に、古田は『現代児童文学論』を出し「さよなら未明」の中でも、佐藤の論を支持し、エネルギーへの関心を強調している。これに対して、古田と同じ「児童文学宣言」の仲間である鳥越信は、真っ向から佐藤を批判する。鳥越は「大衆的児童文学――佐藤忠男氏批判」(『児童文学への招待』くろしお出版、一九六四年所収)の中で、佐藤がスポットをあてたなぜ自分自身が熱心に読みふけったのかという「内部の問題」に引きつけて次のように批判する。

その「内的要求」をみたしてくれた諸要素を佐藤氏は指摘してくれたが、その諸要素は実は権力者のイデオロギー注入の手段として活用されていた点を、故意にか偶然にか、佐藤氏は見落としているのだ。(中略)

「少年倶楽部」は、私たちをして軍国少年へと駆りたてた当時の国家政策、国家体制の一翼をになったものであった。(中略)

「イデオロギーの善悪はともかく」と、佐藤氏はいうが、これは驚くべき敗北思想であり、そうした考え方こそ「はっきりと欺瞞的」である。

佐藤の「少年の理想主義について」という一編の批評は大きな反響を呼び、その評価もまたはっきりと二分されるものであった。そして、この分裂の大きさ自体が、佐藤の提起した問題の大きさを象徴していたといっていいだろう。佐藤は『少年倶楽部』の中の「子ども」にスポットをあてることによって、児童文学批評の流れの中に、かってなかった大きな問題提起をしたけれども、解答を出すには至らなかった。この種の問題提起に模範解答などは存在しないといっていいのだろうが、佐藤の論を引き継ぐ新しい読者論は今日に至るまでまだ生まれていない。

＊『山が泣いてる』の結末をめぐって（架空リアリズム）

鈴木実・高橋徳義・笹原俊雄・槇仙一郎・植松要作の共同創作が「ヘイタイのいる村」というタイトルで山形の児童文学同人誌『もんぺの子』に掲載され始めたのは一九五五年一月であった。そして、書き始めてから六年、ようやく完成した「第一部」は『山が泣いてる』（理論社　一九六〇年）と改題され、刊行される。

物語の舞台は山形県戸沢村である。一九四七年、とつぜん戸沢村にアメリカ軍が進駐し、最上川の岸辺に砲座をきずき、戸沢の山々に射撃をはじめる。その砲弾は村の上をとぶのである。この作品は、共同創作というユニークな方法とそれ以上に米軍基地のために田畑をうばわれ、命までもうばわれていく当事者としてのリアリズムが高く評価され、一九六一年度の日本児童文学者協会賞を受賞している。

さて、問題はその物語の結末である。アメリカ軍の砲弾で山火事になりまるで泣いているように焼けただれた山を背景に、村を去るものとそれを見送るもの。基地という「状況」はそのまま存在し続ける。この軍事基地が取り払われていないという結末のありかたに、鳥越信が疑義を唱える。いわゆる「架空リアリズム」の問題である。「現代童話論」（『言語生活』一九六六年一二月号、『児童文学の世界』鳩の森書房、一九七三年所収）の中で、鳥越は次のようにいう。

基地反対闘争を描いた「山が泣いてる」（もんぺの子同人　理論社）の場合でも、物語の最後で基地がとりはらわれてはいない。なぜかといえば、実際の事件がそこまで解決していないからである。

（中略）

しかし、これでは、読者が充分な満足をもって終る「物語の完結性」が強く要求される児童文学としては、いささか困る。

そこで、日常的な諸法則に支配された世界ではあるが、事件そのものは全く仮空のもの、作者が作りあげたフィクションを書いた物語――もちろんこの場合、リアリティがなくては困るが――すなわち、仮空リアリズムまたは仮空物語が考えられるようになった。

鳥越がここで展開している「リアリズム」論が「架空リアリズム」（あるいは「仮空リアリズム」）といわれるものである。神宮輝夫は「戦後児童文学の位置づけ」（『日本児童文学』一九六七年一〇月号）と「現代の児童文学におけるリアリズム」（『日本児童文学』一九六八年四月号）の中で「仮空リアリズム」という言葉を使い、鳥越はこの「現代童話論」では「仮空リアリズム」を使っているが、後に「架空」に統一している。

鳥越は、このあと外国の作品を引き合いに出し、「古くは『宝島』、新しくはケストナーやリンドグレーンの作品、みな仮空リアリズムである。」といっているが、ここまで範囲を広げると、かえって「架空リアリズム」という造語がもっていた先鋭性が失われる。ここはもっと狭義の「現実には解決できていない社会的な問題を物語の中で解決していく」という未来の先取りというファクターをしっかりとおさえておいた方がいいだろう。ただ、鳥越のこの言い方からは、「架空リアリズム」という言葉が、欧米の典型的に物語が展開し解決していく児童文学を引き合いに出しながら考えられていた面があることがよくわかる。

これは全くの余談の部類にはいるのかも知れないが、社会変革という意味では全くの無思想であった『子どもと文学』の理論と、「少年文学宣言」の中心メンバーの一人でもっとも鋭く社会変革をめざしていた鳥越の理論とが、ともに欧米の典型的な作品群を良書の指標にしていたのはおもしろいことである。古田足日が作り出したという「架空リアリズム」の造語は「変革」という意味合いをこめての「架空」だったはずで、鳥越のいう「架空」も「基地撤去」という意味合いをこめての「架空」だったはずであるが、こと具体的な作品をあげるだんになると『子どもと文学』と同じ欧米の良書をあげるところが不思議な符合であった。それならば、いっそのこと古田のように「架空リアリズム」の作品はまだ生まれていないと言い切った方がすっきりと胸におちる。が、ちょっと先走りすぎたのでまた本題に戻ろう。

ともかくも、鳥越の主張を要約すると、基地問題も、現実はともかくとして未来を先取りすれば、物語として完結できるもの（この場合は基地撤去ということになる）が書けるはずだということになる。鳥越の「架空リアリズム」論は「未来の先取り」にその大きな特徴がある。

この未来の先取りという考えに対して、神宮は「現代の児童文学におけるリアリズム」の中で次のようにいう。ちょっと長い引用になるが、鳥越との違いをはっきり示している部分なのでみてほしい。

ところで、私の考える、あるいは仮空リアリズムは、ほんとうに文学の特質としてなにかを先取することができ、そしてそれはなんだろうか？

わかりやすくいうために、二、三回仲間うちで話しあった例として、基地問題をあげる。

日本の米軍基地は事実上一つも解放されていない。しかし、世界には他国の基地を解放し、植民地状態を脱した実例がある。また歴史の動きには必然性がある。だから、作家が、そうした実例やなにかを基礎にある基地解放の物語を創作するならば、その物語はやがて事実となるのではないか。

一見、はなはだすっきりとしているのだが、これにはいくつか無理があるような気がする。一つは、こういう事件の推移は、ベルヌが行った科学上の予見のように論理立って進まない複雑さがあること、一つには、日本の場合大多数の子どもの生活や認識に基地撤去というようなことがないことなどがそれである。つまり、政治、社会、軍事といったようなことの先取を明瞭なイメージをともなって行なおうとすれば、やはりファンタジーの領域にはいりこむのではないかと思う。

結局のところ、神宮は「架空リアリズム」がリアリズムである以上それは成立しない、未来の先取りは「ファンタジーの領域」に入るものだと結論づけている。神宮はこのあと、「架空な世界のリアリズムが先取できるものは、物語世界の登場人物たちの言動を通してうかびあがる人間像であり、その人物たちの行動の規範であり、思想である。一言でいうならば、将来の人間像を先取できるということだろう」と論を進めていく。つまるところ神宮がいいたいことは、日本の児童文学はついにひとりも目に浮かぶようなあざやかな人物像を作り得なかったということであり、そうした日本児童文学がもっていた「欠陥」をきちんと認識するべきだということになる。

ここで気をつけなければならないのは、「リアリズム」ということばの意味、あるいは解釈である。リアリズムとファンタジーというように二つのことばを並列したとき、これは日常物語と非日常物語（空想物語）という意味で、文学上のジャンルをあらわすことばになる。もうひとつは創作方法としてのリアリズムである。リアリスティックな手法で書かれた日常物語もあれば、同様の手法で書かれた非日常物語もある。

鳥越の場合、日常的世界の中で基地問題を完結してほしいという主張なので、「架空リアリズム」は手法というよりは明確にジャンルの問題になる。それに対して、神宮は政治、社会、軍事の先取りは「ファンタジーの領域」にはいるのではないかといった。これもジャンルである。が、これから先がちがう。鮮やかな人物像、一つの法則にしたがって明快に動く人物とストーリーといった問題になると、これはジャンルではなく手法としてのリアリズムではないのか。鳥越のあげたケストナーやリンドグレーンの作品群もジャンルとしての「架空リアリズム」というよりは、リアリスティックな手法で書かれたすぐれた作品と言うべきではなかったのか。「架空リアリズム」の問題は、その当初から、ジャンルとして問題提起されながら、その例証としては手法としてのリアリズムの作品があげられるという混乱、混在があったといっていい。古田は「現代のファンタジーを＝児童文学時評'68」(『学校図書館』一九六八年七～九月号、『児童文学の旗』理論社　一九七〇年所収)の中で、鳥越の「架空リアリズム」論をとりあげ「結論を先にいっておくと私は彼の発言にはほとんど全面的に賛成できない。にもかかわらず、それは日本の今後の児童文学を考える重要な手がかりとなる」と前置きしつつ、その問題点と今後のとるべき方向について論じている。

古田によれば、「この鳥越説には、実際社会と作品の関係について根本的な考えちがいがあるのではないか」ということになる。

鳥越のいう「未来の先取り」は実際の社会の未来のことである。作品が先行し実際社会がその作品に示されたように動いてくる。こうしたことを彼は考えているらしい。
それが可能なら、作者は神である。あるいは、実際社会の諸条件がそれだけちゃんと計算でき、未来が予測できるなら、その作者はむしろ政治家となる方がよいのではないか。鳥越のいう「未来の先取り」は、実は政治家にこそ要求される「未来の先取り」である。

では、どうすればいいのか。古田は続けて次のようにいう。

たとえば、基地撤去ということは、私たちの、少なくとも私の願いである。そこに立ちはだかる現実の壁を突破するのには、ファンタジーという形態がもっともふさわしいのではないか。いや、「人が一瞬にして氷雪の上を飛翔することのできる」ファンタジーでこそ、可能なのではないか。

古田はこういいながらそういう種類のファンタジーがどれだけ書かれているかというと、それこそ皆無ではないか、と自戒する。これもここでは余談の部類に入ることだが、古田は「少年文学宣言」ののち、「散文性の獲得」のために旺盛な批評活動を行っていく。「散文性の獲得」とは古田自身のことばでいえば「一つの法則（これはおそらく自然科学・社会科学の方法と重なりあう）に伴うイメージと論理の展開による創作方法」という意味でリアリスティックな小説手法そのものだったにちがいない。そこに出現したのが、佐藤さとるの『だれも知らない小さな国』（講談社　一九五九年）である。佐藤のこの作品は、目に浮かぶように鮮やかにコロボックルと主人公せいたかさんの交流を描き切っていた。古田が唱えていた散文性は佐藤の描くコロボックル物語の中で見事に具現化されていたのである。が、古田はそれを読み愕然とする。それは古田が考えていた「変革の思想」とはまったく別のものだったからである。古田は当時を述懐して、「七〇年代を考えるおぼえ書」(『児童文学の旗』前掲書)の中で、次のようにいう。

ぼくは変革の文学を望んでいた。しかし、それらしいものは『赤毛のポチ』以外にはあらわれなかった。そこへ、ある日、突然、『だれも知らない小さな国』が出現したのである。まぎれもなく新しく、それでいて、ぼくの望んでいた変革の文学とはまるきりちがっていた。

古田が、「架空リアリズム」の作品はまだ生まれていないと自戒するとき、その脳裏には「架空リアリズム」の対極としての『だれも知らない小さな国』のイメージがあったにちがいない。批評家古田足日にとっての六〇年代は『だれも知らない小さな国』とのたたかいであったといってもいいだろう。古田自身による「架空リアリズム」的作品としては、ぼくは『宿題ひきうけ株式会社』(理論社 一九六六年)よりも、むしろ『ぬすまれた町』(理論社 一九六一年)のようなものを考えている。

この後、鳥越信は「冒険小説の未成熟——架空リアリズムの可能性——」(『講座・日本児童文学③ 日本児童文学の特色』明治書院 一九七四年)の中で、それまで曖昧なものでしかなかった「架空リアリズム」という用語に一つの明確な定義づけを行っている。が、「冒険小説の未成熟」というタイトルからもわかるように、そこで語られることの多くは「宝島」であり、「トム・ソーヤーの冒険」であり、それはたとえば「『宝島』などの作品が日本の日常的物語とちがう点はどこにあるのか。それは、一にかかって事件の完結性という点にある」という言い方にもあらわれていた。

「架空リアリズム」の理論も欧米の名作とよばれるものばかりをあげていたのでは、はっきりいっておもしろくもなんともない。もともとあったはずの「変革の思想」まで疑われかねないものである。論は一九八〇年代に入ってとつぜん飛躍的に進展することになる。那須正幹『ぼくらは海へ』（偕成社一九八〇年）の結末をめぐる問題である。

＊『ぼくらは海へ』の結末をめぐって

那須正幹の『ぼくらは海へ』は、少年たちが塾へ通うとちゅうの埋め立て地で船作りをはじめるという物語である。その結末は、二人の少年がじっさいに船に乗り海へ出るところで終わっている。

この結末は、ふつうに読めば少年たちの死を暗示させるところである。たとえば、木暮正夫は「共感をよぶ生きた少年群像」（本書「解説」）の中で「不幸な結果の暗示」という。また、宮川健郎は「箱船物語再説」（『季刊児童文学批評』創刊号、一九八一年九月）の中で「邦俊の〈心のなかにしかけられていたダイナマイト〉が爆発した。夏のおわりに、邦俊と誠史は、いかだにのって、海へ出て行く。作品はふたりの死を暗示しておわる」という。荒木せいおは「状況と主体」（『日本児童文学』一九八五年七月号）の中でこの作品を「すべての問題を個人に還元してしまった『ぼくらは海へ』」ととらえ、「構えかたを失った（中略）邦俊は破滅への道をすすみ……」ということになる。

宮川の「箱船物語再説」の中で、大石真の『教室二〇五号』（『びわの実学校』一九六五年一〇月〜一九六八年八月、実業之日本社　一九六九年）と『ぼくらは海へ』とを比べて論じているところがある。それをみてみよう。

『ぼくらは海へ』と『教室二〇五号』は、ともに、困難な現実という「洪水」をのがれて「箱舟」

に立てこもる少年たちを描いた作品だが、その幕切れは対照的である。前者が登場人物の死を暗示しておわるのに対し、後者は、明るい未来を用意している。『ぼくらは海へ』の邦俊や誠史は、「箱舟」に立てこもり、そのなかで自滅してしまうけれども、『教室二〇五号』の友一や洋太は、最後に「箱舟」を出る。友一や洋太にとって、「箱舟」の体験は、彼らが成長するためのステップになりえているのだ。

ぼく自身はこの『ぼくらは海へ』という作品のラストに死を暗示しつつもその一方で妙な明るさを感じていたので、簡単に「死」の暗示としては読めずに、「〈胸のわくわくするような冒険〉と〈小さな胸のうずき〉という明暗両極のことばのうちに象徴されている」（「ふたたび、ぼくらは、どこへ」、『季刊児童文学批評』第三号　一九八二年）という折衷的な言い方をしている。ぼくの考えはもう少しあとでいうことにして、「架空リアリズム」との関わりでいえば、鳥越信は、この『ぼくらは海へ』を「私の考える架空リアリズムの最初の成功作」（「現代児童文学の方法」、『国文学　解釈と教材の研究』一九八七年一〇月号）と言い切っている。ぼく自身はこれを「架空リアリズム」のジャンルのものとは思えないが、鳥越にとって、二人の少年の船出が、死の暗示というマイナス面よりも「事件の完了性」というプラス面で受け取られたことはおもしろい。ただ、那須正幹の「ズッコケ三人組」シリーズを通俗として否定し、その一方で、受験問題などをシニカルに描いた『ぼくらは海へ』は肯定的に評価するといった鳥越の見方には、ぼくは全面的に反対である。

『ぼくらは海へ』の結末を、「事件の完結性」という視点から論じることへの疑義を差し挟んだのが、奥山恵「作品の〈出口〉へ——一九八〇年代児童文学、その結末をめぐる一考察——」（『現代児童文学の可能性』研究＝日本の児童文学4、東京書籍　一九九八年）である。

この結末について、少年たちは「無事」か「死」かという二者択一以外からみる視点は、すでに佐藤宗子も「『現代児童文学』をふりかえる」（『日中児童文学シンポジウム報告書』大阪国際児童文学館、一九九一年、『〈現代児童文学〉をふりかえる』久山社、一九九七年所収）で、どちらとも読みうる「空所」というかたちで論じているが、奥山は、はっきりと「〈事件の完了〉という欺瞞」というかたちで疑義をさしはさむ。奥山は、船出をした少年二人ではなく、残った少年＝「雅彰の立つ位置」に注目し、次のようにいう。

雅彰の立つ位置は、じつに不思議な場所である。「南の夢のような島」「ロビンソン＝クルーソーみたい」な冒険、そして「もしかしたら、自分だって」と思うとき、雅彰は明らかに船作りの「むこう」に自分の身を想定し始めている。しがみつこうとしていた自分の日常から離れている。とはいえ、嗣郎や誠史や邦俊のように、完全に別の世界へいってしまっているのでもない。いってみれば、船作りか自分の日常という二者択一のその隙間に、このときの雅彰は立っているのである。

佐藤のいう「空所」、奥山のいう「二者択一のその隙間」は、鳥越のいう「事件の完了性」とは、まったく異なる視点からの作品へのアプローチだといっていい。ひるがえっていえば、『ぼくらは海へ』という作品がそういう読みを可能にした作品だったといってもいいのである。

ここで、ぼく自身の考えをいうと、ぼくは『ぼくらは海へ』の結末と『あやうしズッコケ探検隊』（ポプラ社　一九八〇年一二月）の冒頭を連動させて考えている。

八〇年代をふりかえって、今ぼくが思うことは、一つの言葉が一つの事柄（あるいは真実）をあらわすと信じられた時代が完全に終わったということである。那須の『ぼくらは海へ』とそれに続く『あやうしズッコケ探検隊』の刊行は、ぼくにとって、その端緒であり予兆であった。那須は、ここで二つの作品でもって一つのことを語ろうとした。これは『ぼくらは海へ』という作品がこれ一つでは未完成な作品だということではない。ラストの「奇妙な明るさ」がそれを予感させ、また『あやうしズッコケ探検隊』の冒険がシーホース三世号のその後の冒険を連想させるということである。そのとき、ぼくらは、「一つの言葉は一つの真実をあらわすものだ」という言葉の呪縛から解放され、より自由な読みを獲得することになる。八〇年代のイメージの冒険は、重層な読みを可能にするしなやかさの獲得から始まったといっていい。

＊戦争児童文学というジャンル（事実と虚構）

ふつうに戦争児童文学という場合、戦後に反戦の意識をもって書かれた反戦的な児童文学作品をさす。大人が二度と戦争（十五年戦争の場合が多い）の悲惨さをくりかえさないようにと平和を祈念して子どもに手わたすものが戦争児童文学だといっていい。石上正夫は「『戦争児童文学』ということばをわたしが使いはじめたのは、一九六三（昭和三八）年ごろであった。当時、どの少年週刊誌にも熱血戦争マンガ、血湧き肉躍る戦記が満載されていた。子どもの〝カッコいい戦争観〟がつくりあげられたのもそのころである。」（「はじめに」、『戦争児童文学３５０選』あゆみ出版　一九八〇年）といっている。

戦争児童文学をめぐる問題は、いつも体験と虚構という二つのファクターのせめぎあいからおこってくる。では、体験とは何か。十五年戦争を体験した大人たちが同じ悲劇をくりかえさないようにと、自らの体験をもとに書き記し、子どもたちに与える。戦争児童文学とよばれるものの主流は、戦後半世紀以上を経た今日でも、やはり体験を軸にした作品たちである。この体験を軸にした創作方法に疑問をもち、自ら「体験と切りはなした虚構の世界」を構築しようとしたのは、乙骨淑子であった。

乙骨は、「戦争体験の作品化」（『日本読書新聞』一九六六年五月一六日、『過渡期の児童文学』資料・戦後児童文学論集第三巻、偕成社　一九八〇年所収）の中で、次のようにいう。

体験者にとっては、かけがえのないものであっても、非体験者にとっては、大人のグチとしか感じられないかもしれない。作者が胸につまった体験を、実感として子どもに残したいと願うならば、私はむしろ創作という方法よりも、子ども向きの克明な記録や、ノンフィクションによる方が適していると思う。

児童文学で戦争体験を形象化したいと思うならば、そうした実感による伝達をこえた方法論をしっかりとさぐりださなければならないと思う。

乙骨は、あえて虚構化することで、「歴史の流れの中で、戦争というものの本質をさぐりだしてゆく方法」を模索している。その試みが成功したかどうかは別として、乙骨は、中国との戦争を「正義の戦い」と思って戦っている少年兵、杉田隆を主人公にした『ぴいちゃあしゃん』（理論社　一九六四年）を書いている。結論から先にいうと、ぼくはこの乙骨の考えと試みに全面的に賛成である。

ぼくは、「体験」の作品化に一つの大きな問題を感じている。それは、この「体験」が戦後に戦後の反戦的な感覚というフィルターを経由して語られてくることである。二度と戦争をおこさせたくないという反戦の意志がおおもとにあるのだから、そうしたフィルターを経由すること自体は是非もなく当然のことなのだが、これが描かれてくる戦争中の体験に微妙なゆがみを生じてくる場合が多い。

まわりくどい言い方をするよりも、わかりやすい具体例をひとつあげよう。ここに、土家由岐雄の『かわいそうな ぞう』（最初『愛の学校 二年生』東洋書館 一九五一年に収録、のち一九七〇年に金の星社から絵本化）という作品がある。国語教科書などにも載り、戦争児童文学としては、すでに古典的と呼んでもいい「名作」である。が、じつは、この作品には一つの大きな誤りがある。

まだ東京に空襲が来ないときに上野動物園の動物たちが虐殺されたにもかかわらず、「とうきょうの まちには、まいにち まいばん、ばくだんが あめのように ふりおとされてきました。その ばくだんが、もしも、どうぶつえんに おちたら、どうなる ことでしょう」とある。上野の動物が殺されたのが一九四三年。空襲が連日連夜行われるようになるのは一九四四年十一月二十四日以降。この事実誤認をどう読むか。この事実誤認を問題にしたのが、長谷川潮の「ぞうもかわいそう」（『季刊児童文学批評』創刊号、前掲書）である。「猛獣虐殺神話批判」というサブタイトルが付されたこの評論は、丹念に「かわいそうなぞう」のすでに「神話」化された誤りについて指摘する。では、空襲がまだ切迫したものではなかったときに、なぜ動物たちは殺されなければならなかったのか。問題はここである。長谷川はいう。

軍当局者には大きなジレンマがあった。一方では日本軍の優勢を報じつつ、一方では空襲の危険を訴えなければならなかったからだ。

猛獣虐殺は、そういうジレンマの中でとられた苦肉の策の一つだった。彼我の軍事上の状況を一切あきらかにすることなく、漠然としたかたちで、しかも空襲を身近に感じさせようというねらいで実施されたのが、一九四三年夏における上野動物園での猛獣虐殺だった。

長谷川は、動物虐殺のねらいが空襲を身近に感じさせることにあったことを明白にする。ねらいが、空襲を身近にさせること、つまり戦意高揚であった以上、ゾウが死んだときに、人々が「せんそうをやめろ」とさけぶことは、それがたとえ「心の中」であったとしても不自然である。さけぶとしたら、「犠牲にしてしまったかわいそうな動物たちのためにも、はやく憎き鬼畜米英をやっつけなければいけない」という方が当時は自然だったはずである。ここにも、戦後の反戦体験というフィルターを通したことによる体験の「ゆがみ」が生じている。

この「かわいそうなぞう」の事実誤認については、これ以前もそれなりに語られてはいたが、長谷川は、あらためてその事実を明確にした。この評論がきっかけになり、NHKは「そしてトンキーもしんだ」というドキュメンタリードラマを放映し、教科書には「かわいそうなぞう」に替わってたなべまもる『そしてトンキーもしんだ』（国土社　一九八二年）という作品が載るようになる。これは、空襲と動物虐殺の時期の誤りを正した同種の物語ということになる。

土家由岐雄の「かわいそうなぞう」という作品の最大の問題点は、戦後の反戦の論理でもって戦中の動物虐殺のエピソードを語ったところにあった、と、ぼくは考えている。事実誤認はそれに付随して生じてしまった問題であった。もちろん空襲がないのに爆弾があめあられと書いていいはずはない。が、動物虐殺が戦争反対に結びつくのは戦後の反戦の論理であって、当時の世の中では、むしろだからこそ憎い鬼畜米英を早くやっつけなければいけないという戦意高揚に結びついたはずである。その「事実」の方が、ぼくには大きい。「そしてトンキーもしんだ」という作品は、ぼくにとって困ったものである。

確かに虐殺と空襲の時間的経過という「事実」の方は正されたが、そのことによって、戦後の反戦の心情でもって戦中のエピソードを読み解いていくという論理の方はむしろ補完されているように思える。作品としては、土家のものの方がはるかに良かったといったら誤解を受けるかも知れないが、正直な印象である。「トンキー」は一つの「事実」を正し、もう一つの「事実」をかえって深く隠蔽してしまったようにぼくには思える。

もう一つ例をあげよう。妹尾河童『少年H』（講談社　一九九七年一月）が「大人も新聞もウソつきや」というキャッチコピーで売り出して、ドラマや舞台にもなり大評判になった。これに対して、山中恒・山中典子が『間違いだらけの少年H』（辺境社　一九九九年）を出す。本の帯には「作者はなぜこんなに間違えたのか？　読者はなぜこんな間違いを見逃したのか？」とある。例えば、『少年H』上巻の「夏休み」という章では、昭和一七年当時の出来事として妹が「勝ち抜く僕らは少国民〜」と学校で習った歌を歌うくだりがある。が、この歌が少国民歌謡として歌われ出したのは昭和二〇年になってからだ、と山中はいう。明らかに事実に反することをあたかも「事実」であるかのように伝える「うそ」は、作品の虚構化とは別のものである。作者自身がこの「うそ」に気づいていない場合もあるが、これも、戦争体験の作品化が、戦後の反戦的な感覚というフィルターを経由して作られた結果として生じた「ゆがみ」というべきものだろう。批評のスタンスとして、これは唾棄すべきものであって、座視すべきものではない。

なお、山中恒には、膨大な資料を収集して一五年戦争下の児童文化の実態を鋭く衝いた『ボクラ少国民』全六部（辺境社　一九七四〜八一年）がある。前述の『少年H』の「ゆがみ」を衝くことができたのも、その土台があったからである。戦争児童文学の現在は、いまも体験と虚構、事実とうそとのあいだで揺れている。

＊戦後戦争責任論

ジャンルとしての戦争児童文学とは少し離れるが、児童文学の戦争責任について論じたものをみてみよう。

結論から先にいうと、一五年戦争の敗戦から半世紀以上たった現在に至るまで、児童文学の戦争責任は話題にのぼらなかったわけではないが、明確な形で論じられたことも、また理論が積み上げられてきたこともなかったといっていい。したがって、読むに耐えうる批評もほとんどない。

そんな中で、ぼくは三つの批評をあげたい。第一は、佐々木守が、ガリ版刷りの同人誌『小さい仲間』二六号（一九五七年三月）に発表した「児童文学における近代性への疑問——児童文学者の戦争戦後責任——」（のちに、加太こうじ・上笙一郎編『児童文学への招待』南北社　一九六五年所収）である。正面切って戦争戦後責任について論じた、これが最初の批評である。次に、その三ヶ月後、この佐々木の論を正面から受け止めた上野瞭が同じくガリ版刷りの同人誌『馬車』二六号に佐々木への疑問を載せる。上野の「『児童文学者の戦争戦後責任』への疑問」は、のちに上野の戦後論を集めた代表的評論集『戦後児童文学論』（理論社　一九六七年）に収められる。三つ目は、その一年後、佐野美津男が『日本児童文学』（一九五八年九月号）に発表した「部分的異聖歌論——戦中の仕事について——」で、これは、のちに佐野の先鋭的な評論集『現代にとって児童文化とは何か』（三一書房　一九六五年）に収められることになる。

佐々木の問題提起からみてみよう。佐々木は、児童文学の戦争戦後責任を「第一敗北期」と「第二敗北期」の二つに分ける。「第一敗北期」とは、とりもなおさず戦中の軍国主義に完全に敗北した時期であり、佐々木はそこに戦後の朝鮮戦争の直前ころから停滞しはじめた児童文学状況を「第二敗北期」として重ねる。「第一敗北期の本質を探ることにより、この第二敗北期からの脱出をはかることが、この小論の意図なのである」と、佐々木はいう。

では、佐々木のいう第一敗北期の本質とはどこにあるのか。佐々木は、戦中の児童文学者たちの聖戦への協力を否応なく強要されたものではなく、「権力に盲目的に動かされ、常に意識的、無意識的に権力者の側につこうとする」いわゆる「大衆の意識」としてとらえる。小林純一の「飛行学校の桜」や巽聖歌の「神武天皇」といった少年詩をあげ、そこにあるものは主体的な「感動」ではなく、単に感覚的な「詠嘆」にすぎないという。つまり戦中の児童文学者には近代的な意味での「自我の確立」がなく、それをそのまま引きずって「第二の敗北期」をも招へいしてしまったということになる。佐々木はいう。

ぼくたちは、当時の児童文学者が「腰をさげ一歩後退」しなければならなかったことを認めよう。だがしかしその「腰をさげ、一歩後退した地点」でいったい何をしたのかを凝視しなければならぬ。「児童文学者の戦争責任」の中心点はここに提起される。

腰をさげ一歩後退したところで、日本の児童文学者たちは、たとえば中野重治や伊藤整のような「芸術派の抵抗の実質」を持ち得たかというと、そうではなかった。そこにあるものは近代的な自我の確立もない盲目的に権力者の側に追従する「大衆の意識」にすぎなかったというのが、佐々木の指摘である。

この佐々木の問題提起に対して、上野は二つの疑問を呈している。第一の疑問からいうと、上野は、「大衆の意識」から近代的な意味での「自我の確立」がなかったとする佐々木のとらえ方に疑義を挟む。

この道筋は、観念内だけの近代意識のゆえに戦争権力に足をすくわれてしまった児童文学者たちの悲劇と同じではないか。では、上野は何をみるのか。上野は次のようにいう。

菅忠道が、なぜ「天皇讃仰とむすびついた民族主義のうちに生きがいを得よう」とするに至ったか、左翼からそこへ移行させたほどのもろい足場を照明することこそ、真の「戦争責任」の所在の解明になる。

上野は「自我の確立」というヨーロッパの人間観の図式をここで当てはめても問題の解決にはならないという。菅忠道が左翼から天皇讃仰に移行するに至ったほどの「もろい足場」をこそ問題にすべきだという。論点をもう少し鮮明にするために、菅忠道の『日本の児童文学』（大月書店　一九五六年、なお六六年に出た増補改訂版も同じ記述になっている）から、「もろい足場」の部分をみてみよう。菅は、与田準一の「子供への構想」の中の「十二月八日、国民一人残らずが、一瞬、広大な海域に想像力を走せた。太平洋の幻想を小さな日本の中に描き得た」ということばを引用した後で、次のように語っている。

それはまた、引用のペンを走らせているわたし自身の心を、表現したものでもあった。わたしが戦時中にたどった道は、生産力論の立場から「聖戦」に協力する立場への、重なる転向であった。かつておかした治安維持法違反を、みずから罪の意識でさいなみ、天皇讃仰と結びついた民族主義のうちに生きがいをえようとしていたのである。

菅のこのことばは、自分自身について「ぎりぎりのところで抵抗した」という戦後的感覚での言い方を切り捨てていて、いさぎよい。しかし、かつてプロレタリア児童文学を標榜していた青年が「生産力論」を経由して、本気で後ろめたさを覚え、天皇讃仰へと傾斜していった、その思想的な「もろさ」が、いったい何に起因していたかについては、未だに少しも解明されてはいない。

上野の、佐々木への第二の疑問は、佐々木が、「第一の敗北」から「第二の敗北」までをおしなべて、主体性の喪失としてとらえたところにある。上野は、児童文学者の戦後責任を、「戦中の主体性のなさにもっていこうとする」のではなく、なぜ「戦後の児童文学者たちの主体」に求めようとしないのか、と疑問を投げかけている。六七年に出されることになる『戦後児童文学論』のこれは原点といっていい批評である。

佐々木の、戦前と戦後との等質性の指摘も、上野の、児童文学者の戦後戦争責任における主体の問題も、どちらも重要な指摘であった。東京のガリ版刷りの同人誌の批評に対して、京都の同じくガリ版刷りの同人誌から、反論が出される。上野は佐々木の提出した問題に疑問をなげかけながら、同世代の仲間としてエールを送ったのにちがいない。この時代、批評は確かに生きて、新しい時代の予感を感じていた。しかし、この二つの批評に対する旧世代からの反論も、解答もなかった。ほぼ一年後に、佐野美津男が「部分的異聖歌論」を発表する。

佐野の批評もまた、少年詩をめぐるものである。「あの頃は、感動をもって生活し、仕事にも張りがあった」と、確信に満ちて戦中の詩作をふりかえる童謡詩人たちの多さに、佐野は半ばあきれつつ、異聖歌のいくつかの詩を振り返る。佐野の着目点のおもしろいところは、「きみは少年義勇軍」「神武天皇」のようにあからさまな戦争協力詩と、「驢馬《ろば》」「こっそりした仕事」のように読み方によっては「一種の抵抗とさえ読みとれるレトリック」を持っている詩とを対比しながら、論をすすめていっているところである。

一見、ささやかな抵抗と見える詩たちも、読者を意識しすぎたリアリズムにおちいって「才能」のなさを露呈している。あからさまな戦争詩の方はというと、これはあからさまな「感動」に辟易してしまう。佐野の論旨は理路整然というよりは、独特の力業である。

戦中といまと、質量の違いこそあれ、統制は続いている。そこで仕事をし生活していくぼくらにとって、問題なのは、感動などではなく、才能であると考えられる。もしも、ぼくの親父が、才能によって防空団長になったとしたら、もしも巽氏が才能をクシして、神武天皇を書いていたら、ずいぶんとそれは変っていたのではなかろうか。すくなくとも、そこにみなぎる悲愴感は除去できたのではないか。悲愴感！　これが若者を戦場へとかりたてていった。

詩に感動はいらない、もう少し才能があってほしかったという佐野のアフォリズムは、痛烈である。佐野の『現代にとって児童文化とは何か』には、この「部分的巽聖歌論」のほかにも「子どものエネルギー」「新・三橋三智也論」など作家主体と状況との関わりを独特の視点から鋭くえぐるものが多かった。しかし、これら若い世代からの批判に対して、当事者である古い世代からの反応は皆無であった。児童文学の戦争責任の問題は何の精算もされないまま、当事者たちのほとんどは鬼籍にはいり、もう何も語らない。

＊共通理念とその喪失（七〇年代へ）

一九七〇年代の児童文学思想の流れをひとことでいうと、共通理念とその喪失の時代であったといえる。

「共通理念」ということばが直接に表舞台に出て論じられたのは、一九六七年度日本児童文学者協会「活動方針」（『日本児童文学』一九六七年七月号）においてである。この中で、那須田稔、鳥越信は、「童話・小説をめぐる状況」について、ジャンルの広がりとその多様化を高く評価しつつ、次のような疑問を投げかけた。

だがしかし、これらの一定の成果にもかかわらず、創造面に横たわるあやうさが一方にある。（中略）かっての児童文学にあった共通理念を追求する視点が、明確なかたちでいま読みとれないというもどかしさ、不安が、ジャンルの広がり、手法の多様化のかげにある。

この指摘を直接受けたものとしては、大藤幹夫「共通理念について」（『日本児童文学』一九六七年一〇月号）がある。これは、日本児童文学者協会夏期合宿研究会記録として書かれたもので、その合宿で話題になった「共通理念」というものについて、関英雄、神宮輝夫、鳥越信の考えを比較しつつ論じている。おもしろいのは、三人の「共通理念」についてのとらえ方が少しずつずれていることである。大藤によれば、関は「共通理念」を対立概念としてとらえ、戦前のプロレタリア児童文学と童心主義の対立あたりから考えている。神宮は、日本にはない「冒険小説」の流れが外国（とくに英国）の児童文学の共通にあるものとして、そのあたりから「共通理念」を考えている。鳥越は「昭和三十四年代の児童文学作家の意欲・迫力」ということになり、その意欲・迫力を欠いたところに、「共通理念」の喪失を考えている。大藤の報告は、「共通理念」という言葉が使われはじめたばかりの混乱、よくいえば新鮮な試行錯誤の状況をあらわしていて、おもしろい。

この「共通理念」を「共通の時代精神」といいかえれば、「共通理念の喪失」についての危惧は、すでに一九六二年に、古田足日によって語られている。「昭和→戦後」(『国文学解釈と鑑賞』一九六二年十一月臨時増刊号、「戦後児童文学史ノート」と改題され、『児童文学の思想』牧書店　一九六五年所収)の中で、古田は戦後児童文学を三つの時代に区分しながら(第一期=敗戦の日から一九五一年の「少年少女」の廃刊まで。第二期=以後数年間。第三期=一九五九年八月、『だれも知らない小さな国』出版から)、第一期にはあった「熱っぽさ」が、第三期では「その一編一編は孤立していて、第一期のような共通の時代精神というものはない」といっている。

古田はその後、「現代児童文学への視点」(『講座・日本児童文学⑤　現代日本児童文学史』明治書院　一九七四年所収、のち『現代日本児童文学への視点』理論社　一九八一年所収)の中で、戦後児童文学の「第三期」を「現代児童文学」の「第一期」と修正している。そして、修正されたのは、時代区分だけではない。古田は、それまで一編一編は孤立していて共通の時代精神というものはないと感じていた戦後児童文学の、「第三期」に、出発点としての共通項をみとめる。古田は「新しい思想・新しい価値観」について次のようにいう。

　「童話」という形態はくずれ、いままで「童話」のわくの中にとじこめられて形成できなかった、新しい思想・新しい価値観が〈散文による物語〉という自由なあり方の中でつくり出されることになった。それは当然さまざまな形態も生む。

古田がここでいう「さまざまな形態」の作品とは、「『だれも知らない小さな国』『木かげの家の小人たち』（昭和三四）はファンタジーであり、神沢利子の『ちびっこカムのぼうけん』（昭和三六）は上記二作とはちがう質のファンタジーであった。またぼくの『ぬすまれた町』（昭和三六）は現実とその裏がわの世界が境目明瞭ではなく交錯するものであり、砂田弘『東京のサンタクロース』（昭和三六）は新しい大衆児童文学への試みでもあった。」というものである。

現代児童文学の出発点のとき、思想としての「変革の文学」、手法としての「童話から小説へ」というみちすじがあった。そのうち「童話から小説へ」という散文性の獲得の方は、上に上げたような作品たちを生み出し、豊饒といってもいい状況をつくり出した。しかし、ふりかえってみると、「変革の思想」の方は、いったいどうなったのか。

「共通理念」とは、しばらく走ってきて、ふと少しむかしをふりかえり、失われた共通の時代精神に対して目を向けたときに初めて語り始められた概念だったといっていい。その意味で、「共通理念の喪失」とは、現代児童文学が童話伝統批判ののろしをあげたころの時代精神が、七〇年をむかえるにあたり今ふりかえると失われているという述懐であり危機意識であった。

このような状況の中で、砂田弘「激動する社会と児童文学者」、横谷輝「過渡期の児童文学運動」（ともに『日本児童文学』一九六九年五月号所収、横谷のものはのち『児童文学の思想と方法』啓隆閣　一九六九年所収）が発表される。

砂田は、「独断をおそれずにいえば、今日の児童文学の硬直化も主体の不在も、敵を見失ったところから生じた」という認識にもとづいて、「敵を明確にすること」「主体の確立」の二つを主張した。
また、横谷は、「過渡期」を「児童文学理念の喪失現象」とみて、次のようにいっている。

この停滞の根元的な原因は、やはりなんといっても新しい児童文学理念が、確立されていないことである。「童話理念」に変わって登場した「小説精神」や「世界的な児童文学理念」が、実体的価値をもつことができず、機能的合理主義にとどまっているところに、今日の児童文学の深い混迷があり、過渡期特有の不安定さがある。

一九七三年八月に四十四歳の若さで世を去った横谷輝の仕事は、一九六〇年代児童文学の中の「近代主義」とのたたかいだったといっていい。その辺は横谷の生前ただ一冊の評論集となってしまった『児童文学の思想と方法』（前掲書）の「児童文学の思想」にくわしい。横谷は、児童文学の「近代化」自体は前向きなものとしつつ、「近代化」が「欧米化」と同義であったことからくる「欠落」を問題にする。横谷は、この欠落を原理で埋めようとして、志半ばにしてたおれた。

一方、砂田は、『道子の朝』（盛光社　一九六八年）、『さらばハイウェイ』（偕成社　一九七〇年）といった作品の中で「敵を明確にすること」を試みる。が、混迷した状況はそうかんたんに打開できるものではない。七〇年代も半ばの七五年、砂田は「変革の文学から自衛の文学へ」（『日本児童文学』一九七五年十一月号）の中で、そのタイトルの通り、「変革の思想」はもはやなく、そこにあるのは「自衛の思想」にすぎないと言い切っている。ちょっと長くなるが、六〇年代前後から七五年までの、砂田のとらえ方をみてみよう。

もしこの時期（一九五八〜六〇年——引用者注）の児童文学に〝共通理念〟と呼べるものがあったとすれば、それは子どもを通しての人間と未来に対する限りない信頼感に求められるだろう。（中略）ところが六〇年安保を機にこの〝共通理念〟は徐々に失われはじめ、いわば人民戦線は音を立ててくずれていき、やがて蜜月の時代は終わる。（中略）

かくして、新しい〝共通理念〟も〝敵〟も見いだせないままに、戦後児童文学は七〇年代に突入する。（中略）

〝変革の意志〟を持つとみられる作家たちがこの実態をどう受けとめ、どのように作品に形象化しようとしたか。独断をおそれずにいえば、そこに共通してみられるのは「これ以上悪くなってはならぬ」という〝自衛の思想〟である。

一九七〇年代半ば、児童文学は失われた共通理念に変わって、「原点」への回帰をモチーフにした自伝的作品群を生み出すことになるが、この「原点」は、横谷が求めて止まなかった「原理」とはまた別の個々の作家によって千差万別のものであった。

この七〇年代の千差万別ぶりを、藤田のぼるは「喪われた〝共通理念〟を求めて」（『日本児童文学』一九八〇年四月号、『児童文学に今を問う』教育出版センター　一九九〇年所収）の中で次のようにいう。

（一九七〇年代の作品群には——引用者注）、六〇年代の児童文学とはかなり異質な〝新しさ〟を感じさせるものがあった。だが、そうした〝可能性〟を個々の作家、作品について語ることはできても、それらが全体としてどのような児童文学状況をつくりだし、またつくりだそうとしているのかという点になると、そうした印象なり、問題意識というものがきわめて希薄であると言わざるを得ない。おそらく日本の児童文学史の上で、今日ほど児童文学者たちが〝共通の言葉〟を喪ってしまっている時代はないのではあるまいか。そしてそのことと、個々には重い、そして豊かな可能性をもったいくつかの作品があるという事実、そうした何か根本的なアンバランスが、今八〇年代を迎えた日本の児童文学状況の基本的構図と見える。

藤田は、この四年後に「子どもの〝同伴者〟たる大人の像を」（『ＪＢＢＹ』三二号、一九八四年、『児童文学に今を問う』前掲書、所収）の中で、子どもを「同伴者」として位置づける。六〇年代児童文学にとって、子どもは「同志」あるいは「希望」であり、七〇年代には「原理」であったと、藤田はいう。その「子ども」という存在を藤田は「同伴者」ということばで呼ぶ。藤田はいう。

僕は八〇年代の児童文学の大人と子どものあるべき姿のイメージとして、同伴者という言葉を選んだ。大人は大人の課題を背負い、子どもは子どもの課題を背負っている。かわりあうことのできないそれぞれの課題を負いながら、共に歩いていく。

藤田の「同伴者」ということばは、「批評家は作家と共に歩く」という意味での、藤田の批評のスタンスを、「大人と子ども」の関係に敷衍したものといっていい。が、大人も子どももそれぞれが問題をかかえつつ生きる存在として対等におかれた見方はさりげなく新鮮であった。

喪われた共通理念は、七〇年代半ばから個々の作家の原理として、あるいは読者である子どもそれぞれの読みのレベルの中に解消していったのかも知れない。

＊二つのファンタジー

ここで、ファンタジー論について少し考える。現代児童文学の出発と共に語りはじめられたファンタジーは、確固とした法則にのっとったしっかりと構築された世界であった。たとえば、『子どもと文学』の中で、ファンタジーは次のように語られる。

日本では、ファンタジーの意味を、非常にあいまいもことしたものにとりがちです。英和辞典をひくと、ファンタジーとは、「とりとめのない想像」とか「幻想」とか「幻聴」などとでてきます。（中略）が、こうした解釈を、児童文学のこのことばにあてはめますと、妙にとりとめのない、手ごたえのない印象をあたえ、また、じっさいにも、とりとめのない話がファンタジーとして通用しがちなのは残念です。

　しかし、児童文学でファンタジーという場合は、非現実を取り扱いながら、目に見える、具体的な、一つの世界をつくりあげている物語でなければなりません。

この「目に見える、具体的な、一つの世界」という観点から、たとえば、未明の「赤いろうそくと人魚」は、「ただ、さびしい暗い気分だけが、くりかえし述べられているだけ」で、「非現実の世界をリアリティをもって読者にうったえるような、設定がありません」と否定されたわけである。

一九五九年八月に、佐藤さとるの『だれも知らない小さな国』（講談社）が出版されたとき、それは「童話伝統批判」が目指していた「リアルなファンタジー」そのものの具現化として、喝采の中でむかえられたのは、当然といってよかった。それは、たとえば、上野瞭が『現代の児童文学』（中公新書一九七二年）の中で「読者は、コロボックルの国が架空の一世界であることを忘れる。それは、まさに、読者のすぐそばに実在する世界なのだ。そう思いこむだけの現実感が、ここにはある。」というように、ぼくらの日常とまったく変わらないリアルさで、ぼくらの前に現れる。

佐藤さとる自身のことばでもって、そのファンタジー論を展開してもらおう。『ファンタジーの世界』（講談社現代新書　一九七八年）の中で、佐藤は次のようにいう。

ファンタジーを書こうとするとき、まず法則が必要、ということになる。私はこのことを、「ファンタジーにおける法則の設定」と呼んでいる。（中略）もともと、この法則は作者が決めるものだから、どんなに奇矯なものでもいいが、一度決めた法則は、作中世界のすみずみまで、威令あまねく行きわたらせなければならないのである。そうしないと、どこかに作中の特殊論理とあわない出来事がまぎれこんでしまい、作中世界ではそれが嘘に見えてくる。

佐藤は、このあと「ファンタジーにおける法則の運用」についても語り、法則の適用範囲、二つの異次元世界を結ぶ手法、一方から一方へわたる手段など「法則から派生する細則や付則が、次々と必要になってくる」という。ようするに「読者の判断や好みにまかせる部分は、極力少なくなるよう、文章を機能的に用いるべきで、そのことによって作者が持っていた原イメージを、すべての読者に同じように伝えるのが理想」ということになる。この佐藤のファンタジー論は、「童話から小説へ」という童話伝統批判の一つの主張である「散文性の獲得」を体現するもので、これから後のファンタジーの主流を形成していくことになる。ぼくは、これを「法則性のファンタジー」と呼ぶ。

「法則性のファンタジー」は、未明や広介の「童話」をあっさりと主流の座から引きずりおろす。「童話」は死滅するかに思われた。が、現実の流れは、そのようには動かなかった。

古田足日は、「現代のファンタジーを＝児童文学時評'68」（前掲）の中で、ある研究会での読書会の実演の感想を次のように語る。材料となった本は、あまんきみこの『車のいろは空のいろ』（ポプラ社一九六八年）で、四年生の子どもが十人ばかりいる。教師が第一話を読み終わり、子どもたちにたずねる。

ある子がいった。

「みんな、いいところにきたと思うと、おわるみたい。」

「そうだ。そうだ。」

ほかの子もいっせいに声をあげた。「みんな」というのは、この連作短編集を子どもたちは、その前に読んでいたからであり、この本の全作品を指している。

この子どもたちの発言が、私には実に印象深かった。その数日前、私は作者のあまんさんにある会合で出あったとき、あの本の作品はすべて長編の出だしだと思った、と話していたからである。

古田が『車のいろは空のいろ』を「長編の出だし」というとき、その頭の中には、いぬいとみこの「ナンデモハイリマス」批判がある。未明のこの掌編童話を、いぬいは、かわいらしいポケットを「発見」したところから物語は始まるのだといった。いうまでもなく、その発見から生まれる物語はリアルな「法則性のファンタジー」ということになる。古田はそのことを思い出しながら、『車のいろは空のいろ』を「長編の出だし」という。空色のタクシーの運転手の松井さんは、いろいろな客に出会う。あるときは、クマの紳士、あるときはキツネの兄弟に出会う。そして、出会ったところで、松井さんは一瞬の不思議な体験をして物語は終わる。そこには、とくべつの冒険もない。あまんきみこのつくり出した世界は、同じ空想的な物語でありながら、あきらかに『だれも知らない小さな国』のそれとは異質なものであった。古田は、そこに未明につながる「童話」を感じつつ、また、ある種の好意をもつ。そういう不思議な感覚の中で、子どもたちの反応が印象づけられる。古田は、ここで「長編の出だし」という自分の読みと、同じような子どもの読みを確認しつつ、しかしながら、『車のいろは空のいろ』という作品の出現に、ある種の戸惑いを感じていたのではないか。

ぼくは、『車のいろは空のいろ』のような空想の物語を、「法則性のファンタジー」に対して「気分のつみあげによるファンタジー」と呼ぶ。

第四十三回児童文学評論研究会（一九七九年一月二十七日）は「作家論への鍬入れ」のシリーズの第一回として、あまんきみこのファンタジーを取り上げた。そのときのことを、ぼくは「飛べない鳥たちの騒めき」（『批評へ』評論研１００回記念誌、一九八三年一一月）の中で次のように書いた。ちょっと長くなるが、「気分のつみあげによるファンタジー」についてきちんと論じた、これが最初の会だと思うので、ぼくらの考えていたこととその雰囲気を感じとってほしい。

第43回評論研は、「あまんきみこ論――ファンタジーにおける《法則性信仰》をこえるものとして」というテーマで行われた。考えてみれば、ぼくらは第一回評論研で『でんでんむしの競馬』のファンタジーの質を問題にして以来、ずうっとこのことを考えてきたような気がする。このシリーズの最初に「あまんきみこ論」をもってきたのは、いってみれば、ぼくらの気概のあらわれであった。ぼくらは、ここで、ついに現代児童文学の出発点を担った佐藤さとるに代表される《リアルなファンタジー》を射程距離内においたのだ。ぼくらは、このあと、つづけて「山下明生」（第44回）、「安房直子」（第45回）と、やはり今までのファンタジーの概念ではとらえきれないものをとりあげていく。ファンタジーの新しい形をどう把え、どう明らかにしていったらよいのかを、ぼくらは試行していた。

ぼくらにとって、あまんきみこのファンタジーは、《法則性信仰》をこえるためのひとつの「糧」であった。あまんのファンタジーはイメージの重層によって成り立っている。ぼくらは、そのころ、あまんのファンタジーを「気分のつみあげによるファンタジー」と呼んでいた。そして、このつみあげ方は、たとえば佐藤さとるの、できるだけリアルに法則にのっとった空想世界を構築しようというファンタジーとは対極にあるものだ。

子どもが本を読んでいくときの、その認識の構造には、大きく分けて二つの認識の回路があると、ぼくは考えている。一つは、論理的に考え、法則にのっとって認識していくという回路で、この場合、事件の要所をおさえて、できるだけ論理的に正当なイメージをつくっていくことになる。しかし、そうはいっても、子どもにはまだ未経験なものや未知なものが多すぎる。だから、数少ない手持ちの既知のイメージを武器にして、てきとうに都合をつけ、間に合わせ、つじつまを合わせていくイメージの形成回路が、もう一つあると、ぼくは考えている。子どもは、その両方の回路から形成されてくるイメージの群れを、あるときはストレートに、またあるときはモザイクのように、うまくつなぎあわせていく。これが本を読むという行為にちがいない。だから、すぐれた文学作品は、おのずから重層したイメージを内包してくるものである。

『子どもと文学』にはじまる「リアルなファンタジー」論は、ぼくの考える二つの回路のうち、前者のイメージ回路によっている。これに対して、あまんのファンタジーは、後者のイメージ形成回路をくぐってくる。古田は、『車のいろは空のいろ』を、物語の「出だし」にすぎないといった。それは、それで正しいと思うが、あまんがつくり出した一瞬の「時の翳り」を、子ども読者がどう認識し、イメージ化していくのかを、ぼくらは知りたかった。それはまた、最大公約数的な子どもの読みを選んだ『子どもと文学』のファンタジー論が欠落させたものでもあったのである。

ファンタジーには「法則性のファンタジー」と「気分のつみあげによるファンタジー」という二つのファンタジーがある。重層的なイメージの形成という点から、ぼくは、後者のファンタジーにいまより大きな可能性を感じている。

二つのファンタジーというときに「行きて帰りし物語」と「来たりて去りし物語」という分け方もある。「行きて帰りし物語」については、瀬田貞二が『幼い子の文学』（中公新書　一九八〇年）の中で詳論している。

必ずしも絶対というわけではないが、「法則性のファンタジー」が「行きて帰りし物語」に、「気分のつみあげによるファンタジー」が「来たりて去りし物語」に、ほぼ対応していると、ぼくは考えている。

これらについては、またちがう機会に考えようと思う。

安藤美紀夫の『でんでんむしの競馬』（偕成社　一九七二年）という作品がある。安藤美紀夫は『世界児童文学ノートⅠⅡⅢ』（偕成社　一九七五〜七七年）などでグローバルな視点から児童文学を論じてきた批評家であり、作家である。安藤は、外国といっても英米一辺倒であった日本の児童文学の世界にイタリアという視点を初めて本格的にもちこんだ批評家でもあった。前述の『でんでんむしの競馬』も、イタリアの作家、イタロ・カルヴィーノの『マルコヴァルドさんの四季』（一九六三年、岩波書店、一九六八年邦訳）の「ファンタジー・レアルタ」の手法を取り入れながら、京都の下町の「露地の子ども」を描いたものである。

「露地には、ときどき、表通りにはおこらない、ふしぎなできごとがおこります。」とはじまるこの物語は、露地の少年たちが、あるときは手品師の技に夢をみ、夜の貨物列車に乗り、でんでんむしの競馬に興じる。その手品師の庭は一瞬日に輝いて空に細かい光の玉をばらまき、貨物列車は星の世界に旅立ち、夢中になった少年は、ほんとうにでんでんむしの背中にまたがる。少年たちの目に映った「夢」は、安藤の手でファンタジーともリアリズムとも読める描き方の中で、ほんの一瞬「露地」を抜ける。「ファンタジー・レアルタ」というその手法は、ぼくらに二重のイメージの可能性を垣間見させる。

それから、ほぼ九年後、宮川健郎の「宮澤賢治『風の又三郎』紀行――〝二重の風景〟への旅」（『日本児童文学』一九八一年六月、『宮澤賢治、めまいの練習帳』久山社　一九九五年所収）が発表される。宮川は、池袋、高田馬場、西早稲田と歩きながら、「風の又三郎」について語り、ファンタジーについて語っていく。高田馬場駅前のBig Boxのファサードが「鳥」と「走者」の二つの絵が変わるのを横目でみながら、「風の又三郎」を「二重の風景」を「生成する装置」だという。また、瀬田貞二のいう「行きて帰りし物語」に対して、そのネガとしての「来たりて去りし物語」について語っていく。宮川の語り口は、批評に一つの風穴をあける。「イメージを積みかさねるファンタジー」という考えは、ここではじめて市民権を獲得する。

＊おわりに（子どもへのまなざし・成長と反＝成長・原風景・心地よさ）

現代児童文学に一つのエポックを与えるとしたら、一九八〇年だろう。現代児童文学は、一九五九年から七九年までを第一期、八〇年からを第二期と分けることができる。

なぜ、一九八〇年なのか。それは、一方で『ぼくらは海へ』という作品を生み、もう一方で子どもへの新しいまなざしを獲得したからである。一九六〇年代が理想主義と子どもの論理の時代、一九七〇年代が共通理念とその喪失から原点への回帰の時代だったとするならば、一九八〇年代は「子どもへのまなざし」の時代だったといえる。（ついでに、一九九〇年代についていえば、ぼくはこの時代を限りなき自己肯定という意味あいから「心地よさ」の時代と呼ぼうと思う。）

「子ども」のとらえなおしは、すでに七〇年代の半ばから、原点への回帰、自伝的小説群の形成というかたちでつづいていた。それが、一九八〇年、フィリップ・アリエスの『〈子供〉の誕生』（一九六〇年、みすず書房、一九八〇年邦訳）が出版されたのをきっかけに一気に「子ども」をめぐる論考が活発化することになる。「アンシャン・レジーム期の子供と家族生活」という長いサブタイトルの方がどうやら本当のタイトルらしいこの本は、なぜ「〈子供〉の誕生」というタイトルで出版されたのだろうか。それは、アリエスの描く「子どもへのまなざし」がストレートにこの日本の社会の現況を読み解く「鍵」になっていたからにちがいない。もっともセンセーショナルな言い方をすれば、ヨーロッパの中世社会には「子ども」は「いなかった」ということになる。アリエス自身の言葉でもって語ってもらうと、およそ次のようになる。

この社会（中世ヨーロッパ社会――引用者注）は「子供」をはっきりと表象していないし、少年にかんしては、なおのことそうである（中略）。子供期に相当する期間は、「小さな大人」がひとりで自分の用を足すにはいたらない時期、最もか弱い状態で過す期間に切りつめられていた。

「子ども」というイメージは、子どもという存在が意識され「発見」されて、初めてこの世に姿をあらわすという、そういう「子どもへのまなざし」の視点をアリエスは、ぼくらに見せてくれた。「子どもの発見」という概念自体は、ルネサンス期の人間性の発見とのからみで、「近代的自我の確立」という概念から、すでに久しく語られてきたことであった。が、アリエスの「子どもへのまなざし」は、それまで作られてきた子どものイメージを「見えない制度」として打ちこわすことになる。

柄谷行人は「児童の発見」（『群像』一九八〇年一月号、『日本近代文学の起源』講談社、一九八〇年所収）の中で、小川未明らによる「児童の発見」を「『童心』という転倒」と呼びつつ、「しかし、実は『児童』なるものはそのように見出されたのであって、『現実の子ども』や『真の子ども』なるものはそのあとで見出されたにすぎない」といい、未明を批判するものの中に潜む二重の転倒性をあきらかにする。また、中村雄二郎は「制度としての〈子供〉」（『毎日新聞』一九八一年四月二五日）や「問題群としての〈子供〉」（『世界』一九八一年一二月号）の中で、見えない制度によってがんじがらめになった「子ども」というファクターこそが、現在の文学や思想の閉塞状況を切りひらく問題を秘めていると語る。

「子ども」論の展開は、子どもは成長するものだというイメージも壊していく。「成長」への疑義は、すでにタウンゼントの『アーノルドのはげしい夏』(一九六九年、岩波書店、一九七二年邦訳)が出版されたときに、作品の冒頭と結末で何も変わっていない状況に対して、そこに主人公の「内面の成長」をみるというとらえ方よりも、「何も変わっていない状況」を描いているということへの関心が高かったように思う。「変わらない」=「成長しない」ことへの関心である。

しかし、いま、『アーノルドのはげしい夏』や山中恒の『ぼくがぼくであること』(実業之日本社一九六九年)は典型的な「成長物語」として、位置づけられる。石井直人は「児童文学における〈成長物語〉と〈遍歴物語〉の二つのタイプについて」(『日本児童文学学会会報』一九号 一九八五年三月)の中で、二つの物語のタイプを提出する。どうやら石井は〈成長物語〉という枠組みから離れたいようで、『飛ぶ教室』に「〈成長物語〉のくびきをのがれて」(第39号~48号、一九九一年八月~九三年一一月)という連載をはじめる。これは、たとえば、安房直子の「小鳥とばら」(『花のにおう町』岩崎書店 一九八三年所収)という短編に「イメージまたイメージの連鎖だけでできあがっている作品だ」という石井が、そこに「人生、主人公、劣等感、変革」という成長的意味をみる岩崎京子の読みに出会って、愕然とするところからはじまり、興味深い。

安房のファンタジーは、前に述べたあまんのファンタジーと同じく、「気分、あるいはイメージをつみかさねていくファンタジー」である。佐藤さとるのファンタジーが「読者の判断や好みに任せる部分は、極力少なくなるよう」にするものだとしたら、安房やあまんのファンタジーは、気分やイメージを積みかさねていくものだから、そこに描かれるイメージ自体が重層化してくる。ここでも、ことばはもう一つの意味だけをかかえこむのをやめている。

一九八〇年代に入って、児童文学は「ことば」と「こども」の両方から、かって存在した意味を剥ぎ取ってしまったといっていい。あとはもう何をやっても自由である。九〇年代児童文学は限りない自己肯定の中で「心地よさ」を満喫する。この「心地よさ」を、ぼくらはどう読むか。それはとりあえず大きな不思議な「なぞなぞ」として、この次に会うまでとっておこう。きょうは、この辺で、さよならだ。

（『児童文学批評・事始め』てらいんく 二〇〇二年一〇月所収）

Ⅱ

いい子という呪文、わるい子というレッテル

——『きみはいい子』雑感。あるいは、ぼく自身のための記憶のモザイク

＊いい子1（タイトル。あるいは、まなざし）

中脇初枝の『きみはいい子』（ポプラ社　二〇一二年五月）は五つの短編で構成されている。が、表題にあたる「きみはいい子」という名の作品はない。登場人物や町のいくつかの施設や建物がニアミスのように少しだけリンクする部分はあるが、基本的にそれぞれが独立した作品になっている。児童虐待をモチーフにしたゆるいオムニバスといえる作品集の全体に冠せられたタイトルが「きみはいい子」ということになる。

親の虐待をうけて、自分を「わるい子」だと思いこんでいる子どもたちに、中脇は「きみはいい子」と呼びかける。生き延びるすべをあたえようとする。このタイトルは、そのまま、虐待や障碍で今を生き延びることが困難な子どもたちへの、それでも生き延びると「いい子」と思えるたのしいことがあるよという、メッセージであり、まなざしだと言っていい。

＊「サンタさんの来ない家」

「サンタさんの来ない家」は、新任二年目の教師である「ぼく」の目から語られる。五時まで家に帰ることができない神田さんの話。

冒頭は次のように始まっている。


その子は、いつも給食をおかわりして食べた。

でも、ちっとも太らず、やせっぽっちだった。いつも同じ服を着ていた。

なにかがおかしいと、教師になって二年目のぼくでも、さすがに気づくべきだった。

気づけなかったのは、ぼくのクラスが崩壊しそうになっていたから。(p.6)

語り手の「ぼく」は、一年目、一年生の担任になりマニュアル通りに指導しているのに、トイレのお漏らしから始まって、学級が「崩壊」する。二年目、四年生を受け持って、しばらくたってからの状態が、この冒頭の言葉につながる。

最初はおとなしかった四年生たちも、大熊さんや星さんを中心として、言うことをきかなくなる。ある給食の時間に、大熊さんが大きな声を出す。

「カンダ、おまえ食べすぎだよ。給食費払ってないくせに。」

教室がしずまりかえる。「神田さんって給食費払ってないの?」と、今度は星さんが大げさに驚いた声を上げて、騒ぎを大きくする。

「いいかげんにしろ。言っていいこととわるいことがあるぞ。」と言う「ぼく」に、大熊さんの「学級崩壊のくせに。」という小さなつぶやき声が聞こえてくる。

＊給食のおかわり・やせっぽっち・同じ服（ちょっとだけぼく自身へ……）

いつも給食をおかわりして食べ、やせっぽっちで、同じ服を着ているというイメージが、「なにかが、おかしい」のだとしたら、教師をしていたころのぼく自身は、いったいどんなイメージだったのだろうか。

子どものころのひどい偏食が原因で大人になってもやせっぽっちだったぼくは、小学校の教師という仕事についたときに、偏食をきっぱりとやめた。自分の偏食をやめるだけでなく、給食を食べさせることに、ことのほか熱心な教師になった。子どもの目から見ると、勉強は甘いのに給食は厳しい先生ということになる。ぼくのクラスはいつも一年間を通して残菜がゼロという絶滅危惧種のようになり、給食のおばさんたちを喜ばせていた。

ぼくも子どもにまけずに、おかわりをしつづけた。子どもたちはまるでゲームのように、ぼくの給食をいっぱいに盛りつけ、これなら食べきれないだろう、さあどうだという顔をした。その皿をたいらげ、さらにおかわりをして、子どもたちをあきれさせるのが、ぼくの日常だった。

服は、一年を通して、ペットボトルのリサイクルで作った白いTシャツを着ていた。矢印で正三角形が描かれているリサイクルマークのついたTシャツだ。いつも同じTシャツ、同じジャージズボンのぼくは、みんなにどう思われていたのだろうか……。

ぼくの受け持っていたクラスにも、給食で一日の栄養の多くをまかなっていた子は、それなりに、というか、まあけっこういた。正直に「給食があるんで、本当に助かります。」という母親もいた。高学年で受け持ったある女の子は、低学年のときに、おなかをすかせて、パンを万引きして、泣いていた。

まるでジャンバルジャンみたいだなと、そのとき、ぼくは思った。豊かさの中の貧困なんていわれていた時代だったが、ぼくのまわりにいた子どもたちの多くは、そんな豊かさとは無縁の絶対的貧困の中で生きていたように思う。

ぼくのクラスの中で、神田さんのように目立つ子がいなかったのは、ぼくの方が食べすぎて、やせすぎて、同じ服を着すぎて目立っていたからだろうか……。

＊わるい子1

気づくのがおそすぎるよぉと、つっこみを入れたくなるが、大熊さんのひどい言い方をきっかけにして、「ぼく」は神田さんを気にかけるようになる。

いつも給食をおかわりし、同じ服を着ている神田さんが、土曜日出勤したときウサギ小屋の前の砂場にいる。神田さんが、五時まで家に帰れない子だということに、ようやく気づくことになる。「ぼくはわるい子だから、サンタさんが来ない」（p.46）という神田さん。「神田さんはわるい子じゃない。」（p.46）と担任の「ぼく」。

「わるい子」という言葉がこの作品に出てきたのは、じつはこれが最初ではない。「ぼく」がクラスの現状を正直に打ちあけたときに、去年大熊さんの担任だった三組の先生が「たしかに、大熊さんはちょっとやんちゃだけどね。でもわるい子じゃないわよ。かわいくて、ほんとはいい子よ。」（p.28）と言っている。

「わるい子」というのは、いったい何だろうか。そして、「いい子」って、何だろうか……。

＊ハグ1（宿題としての）

「ハグが足りないんだな。」（p.58）という父親の冗談めいた言葉をきっかけに、「ぼく」は「むずかしい宿題」（p.60）を出す。

「その宿題は、家族に抱きしめられてくること、です。」（p.60）

あくる朝、「宿題をやってきた人！」の問いかけに、全員ではないが、ぱらぱらと手が上がる。大熊さんはしなかったのという問いに、しないよという大熊さん。宿題を手伝うように電話しておくという教師に、大熊さんは顔を赤くして、宿題したよという。ハグの効力で、大熊さんもしばらくはおとなしくなる。ハグの効力はいつまでも続くものではないが、大熊さんに対する「ぼく」のとらえ方のほうは変わる。「ぼくははじめて気づいた。こどもは、ひとりひとり違う。」（p.64）

いまさらながら、目の前の三十八人の子どもたちが輝いて見えるようになった「ぼく」に、ひとりだけ輝いていない子がいることに気づく。ハグという宿題をできる状況にない神田さんは「なにもかわらなかったこども」（p.64）として、そこにいる。

＊ハグ2（また、ぼく自身へ……）

学校で、ハグという言葉が使われはじめたきっかけは、ドラえもんのオープニングテーマで「ハグしちゃお」が歌われはじめたからだと思う。二〇〇五年一〇月から歌われはじめたこの歌を、ぼくはしばらくのあいだ知らなかった。ぼくの三人の子どもたちがもう大きく育ちあがって、「ドラえもん」を見ていなかったからだ。ぼくがハグという言葉を知ったのは、一年生の担任になったうちの女房が、運動会のリズムで「ハグしちゃお」をやるといったときだ。

「ハグ?」

「うん」

「何それ?」

「うん、ぎゅっと抱きしめることかな」

そんな会話だったような気がする。

ぼくの経験からすると、ドラえもんにかこつけて、低学年の子に「今日の宿題は、おうちの人とハグしてくることですーぅ」なんてやるとできるかもしれないが、高学年の子に、「ハグ」ではなく「家族に抱きしめられてくることです」なんて言って、できるとは、とても思えない。この種の宿題は、担任と子どもたちとがそのギャグ性を共有しあっていて、はじめてできることだと、ぼくには思える。世の中、そんなに甘くはない。

＊ハグ3(いもと絵本と宮川ひろ作品のこと)

子どもの本で、宿題としての〝だっこ〟を扱っていて、思い浮かぶのは、いもとようこ『しゅくだい』(岩崎書店　二〇〇三年九月)と、宮川ひろ『たんぽぽ先生　あのね』(ポプラ社　二〇〇一年一二月)の二冊だ。

前者は絵本で、宗正美子が自らの教師体験を基にして、平成一四年度第二三回JOMO童話賞の佳作に選ばれた作品を原案にしている。宗正のものの主人公が小学一年生の宿題苦手のけんちゃんで、季節が運動会後の秋であるのに対して、いもと絵本の登場人物は動物になる。やぎのめえこせんせいが「みなさん、きょうの　しゅくだいは〝だっこ〟です。おうちの　ひとに　だっこしてもらってください」と、はじまる。

ページをめくると、みんなのまえでは「やだー」といっていた、もぐらのもぐくんが、きいろいちょうちょうのとぶ春のくさはらを、うれしさいっぱいで走っていく。

しかし、事態は、そう簡単にはうごいてくれない。うれしさいっぱいの気持ちのまま「ただいまー、おかあさーん」と、大きな声でいったもぐくんを、待ちかまえていたのは、「しっ！　しずかに！」というおかあさんの声だ。いま、赤ちゃんがねむったところ……。

用意されていたドーナツ二つも、きょうは、ちょっとさびしい。食べながら、ぶつぶついうもぐくん。ふたごの赤ちゃんが生まれてから、大忙しのおかあさんは、もぐのことをかまってくれない……。

宿題の〝だっこ〟のことを言い出せないまま、場面は夕食。「はい、あーん」とふたごの赤ちゃんをだっこしているおかあさん。「………」のもぐ。「しゅくだい、おわったのかい？」「きょうはなんのしゅくだい」ときくおとうさんとおばあさん。「だっこ」と、もぐがいう場面をはさんで、おかあさん、おとうさん、おばあさんが次々にもぐを〝だっこ〟していく。

場面は変わって、次の日の朝、めえこせんせいは「あら、みんな　どうしたのかしら。きょうは　とても　げんきそうだねえ〜」。みなさん　しゅくだいを　やってきましたか？」と、きく。最後は、みんながいっせいに大きな声で「はーい」といっている場面で、これはこの本の表紙にもなっている。

宮川ひろの『たんぽぽ先生　あのね』は、三年一組の担任、上田文夫先生と、いつも席を離れ寝ころんだりしている康介を軸に展開する学校生活ドラマだ。

ある日、先生は、〝だっこ〟の宿題を出す。宿題のことを言い出しにくい子のために、上田先生は、父母あての手紙も用意する。以下は、その全文になる。

父母のみなさまへ

「おわりの会」で読んでいる「五つだけ」という詩は、みんな大すきです。大きくなったけれど、このあたりでもう一度、しっかりとだいてみるのはどうでしょう。「五つだけ」の詩は、子どもたちのノートにかきとってあります。だっこして、子どもといっしょに読んでもらえたら、うれしいです。

三年一組担任　上田 文夫

「五つだけ」という詩は、「おかあさん　おんぶして／五つだけ　おんぶして」とはじまり、二連目で「五つだけ　だっこして」、三連目で「五つだけ　ここにいて」といく、作者不詳の児童詩だ。

みんなが宿題をしてくる中で、康介だけは、おばあちゃんに言い出せずに、宿題をできないでいるのだが、そこは、とりあえず、上田先生の「しゅくだいは、わすれたっていいんだぞ」（p.53）という言葉で切り抜けることにして、物語は、実際の教育実践に基づいたいくつかのエピソードの方へと進んでいく。そして、宮川作品の〝だっこ〟の宿題は、忘れたころに達成される。

夏休みに、康介からのはがきがとどく。そこには「先生、あのね。きのう、おばあちゃんにだっこしてもらったよ。おばあちゃんは、ひざがわるいから、そっとだっこしたんだよ。こうすけ」と、書いてある。郵便局で、クラスメートの母親から、〝だっこ〟の宿題のことをきいた祖母が、康介が言い出せないでいることに気づき、宿題の〝だっこ〟をしてやるのである。

〝だっこ〟という行為は、乳児にとっては、授乳などもあり、必要不可欠なものだといっていいだろう。しかし、幼児にとって必要なのは、むしろ、〝だっこ〟からの脱却だといっていい。はいはじめる。つかまり立つ。歩き始める。そのうちに、言葉での意思疎通が可能になる。幼児から小学校低学年、そして高学年と進むにしたがって、〝だっこ〟への欲求がうすまり、気恥ずかしくなるのは、むしろあたりまえのなりゆきなのだ。

『しゅくだい』のもぐくんも、ふたごの赤ちゃんを世話する母親の前で、なかなか〝だっこ〟を言い出せない。それは、〝だっこ〟という回帰への願望とともに、それからの脱却というベクトルからくる恥じらいがあるからにちがいない。『たんぽぽ先生 あのね』の上田先生も、〝だっこ〟の宿題の前段階として「五つだけ」という詩をおき、それでも言い出せない子どもたちのために、まえもって、父母あての手紙を準備している。

ひるがえって、「サンタさんの来ない家」の「ぼく」は、いとも簡単にこの宿題を出し、しかも、これを契機に、子どもたちも教師もかわりはじめて、みんな「いい子」になり、「いい先生」になり始めてしまっている。

ぼくは、ここを読んだときに、これは何か抜け落ちているなと、へんな危うさみたいなものを感じた。では、何が抜け落ちているのか。ぼくは、ここに抜け落ちているものは、ギャグ性だと思う。ギャグ性を言いかえるなら、この宿題を〝ごっこ〟としてやる遊びの精神の共有だと思う。神聖な、真正な宿題ならば、やってきた子は「いい子」になり、やってこない子は「わるい子」になる。しかし、これが〝ごっこ〟ならば、そこには「いい子」も「わるい子」もいない。その〝ごっこ〟をともに遊ぶ大人と子どもがいるだけだ。しつこいようだが、ぼくは、「いい子」という呪文からも、「わるい子」というレッテルからも自由な読み方の地平を獲得したいだけなのだ。（いもとも、宮川も、そこのところはていねいに作っていると思う。してみると、問題は、その先にある。〝だっこ〟の読みとき方ということになる。）

＊だっことうんち（あるいは戦争）

いもとの『しゅくだい』について書かれたものでは、酒井一郎「だっこへの愛着ととまどいの欠落――いもとようこ『しゅくだい』の読まれ方――」（『人間学紀要40（二〇一一年）』二〇一一年一月二〇日、上智人間学会、上智大学）が、おもしろかった。とくに「家族的な親子の図像は、和やかで平安にみたされた記憶を見る者に呼び起こす。そのように温かく呼び起こしながら同時に、その平安を脅かす外部勢力を示唆する操作によって、母子抱擁のイメージは洋の東西を問わず、国策推進メディアの愛郷心滋養のプロパガンダに利用され、戦争へと家族を送り出させる戦意高揚の用をはたしてきた。」（p.211）という指摘が、おもしろかった。ストレートに言うと、これは〝だっこ〟のやさしいイメージは、今までもこれからも容易に戦争への道につながりやすいということになる。

宮崎県小林市の三松小学校では、「バレンタインすきすき週間」という取り組みをやっているという。NHKの『にっぽん紀行』（「宿題は親子でギュッ～宮崎・小林市」二〇一〇年三月二三日放送）でもとりあげられ、テレビ朝日系列の『ナニコレ珍百景』では見事その週（二〇一一年三月二日放送）の〝MV珍〟に輝き、十万円を獲得している。

取り組みの内容は、バレンタインデーまでの一週間、親子で毎日一分間ギュッと抱きしめあうという宿題が出されるということだ。その成果を、表に、できたら〇、◎、花丸、できなかったら×を、子どもがつけて、最後に、親子が感想のコメントを書いて提出するというものだ。ＮＨＫのものはドキュメンタリー風に、今まで宿題をしてこなかった五年生の少年と、今年こそは抱き合いたいと手を尽くす父親という構図で進行し、最終日にやっと感動のハグにいたるという仕立てになっているらしい。

ぼくは、この取り組みのことをきいたとき、自分自身の遠い記憶を思い出していた。教師になって二校目、ぼくもまだ、けっこう若かったときの話になる。ぼくの勤めていた学校で「うんち」の取り組みというのをやることになった。

子どもの基本的な生活習慣ができていないからということで、朝起きたときから夜寝るまでのことを事細かく書いたチェック表が作られた。その中で、もっとも重視されたのが「うんち」だった。一日の快適な生活は、毎朝の排便からということになるのだろう。うんちが出たか出なかったかに始まり、その色、量、固さ、形に至るまで項目があり、最終的にそれを図解するというものだった。

職員会議で、ぼくは「トイレというのは個人に残された最後の自由な空間である。人間には言う必要のない秘密な事柄というものがあり、トイレでしたうんちの話など、そのしなくていい最たるものである。」といった。ぼくの発言に対して、当時教務主任をしていた教師は「我が校の子どもたちの実情（つまり、親が本来身につけさせるべき基本的な生活習慣が全くできていないという実情）を考えたら、我々がこうした取り組みをせざるを得ない。」という趣旨の発言をし、みながそれに賛同し、「うんち」の取り組みは行われた。

たしかに、児童数が千人を超える学校の、一割以上が崩壊家庭だったので、他の学校では数年に一度起こるか起こらないような事柄をかかえた子どもたちが、常時百人以上いたのだから、何らかの取り組みをせざるを得ないという教務主任をはじめとする同僚たちの気持ちが全くわからないわけではなかったが、この「うんち」の取り組みに対するぼくの「ちがうのではないか」という気持ちは、今でも変わらない。

ぼくは、なぜ「うんち」の話をしたのか。それは、〝だっこ〟と「うんち」が同じだと思ったからだ。〝だっこ〟は人と人とのふれあいとして大切なものである。「うんち」も基本的な生活習慣として大切なものである。いま、人と人とのふれあいは不足している。いま、基本的な生活習慣はみだれている。そこから、〝だっこ〟の宿題がうまれ、「うんち」の取り組みがはじまる。ぼくは〝だっこ〟や朝の排便を否定するつもりはない。しかし、それが、なぜ学校の《取り組み》としておこなわなければならないのか。そのことについては、深い疑念を感じている。本来《私》の領域にあるべき行為が、容易に《公》のものとして書き換えられていく。酒井一郎の、『しゅくだい』の読まれ方への危惧を、ぼくらは、もっとつきつめて、さぐっていかなければならない。

教師の実践も、子どもの本の書き手も、危うい綱渡りをしていることになる。

＊ハグ４（またまた、ぼく自身へ……）

あれは六年生を担任していたときのことだった。まだ、ハグなんて言葉を知らなかった、ずっとむかしの記憶になる。子どもたちの前で、ぼくは言った。

「今度わるさをしたら、先生はこんなにきみたちのことを心配しているのに、わからないのかぁと、きつく抱きしめちゃうからなぁ。」

だから、わるさをするなというあたりまえの意味だ。そのわるさが何だったのか、今となっては記憶の片隅にも残っていない。授業中のおしゃべりだったのか、わるさという言い方自体、定かではない遠い昔の記憶だ。

子どもたちの反応は、予想通り、うわぁいやだぁ、やめてくれーぇということになる。それほど時間をおくこともなく、ある女の子が運悪くそのわるさにひっかかってしまった。男の子たちは「やーれ、やーれ」とはやしたてる。女の子たちは、じとっとした目つきで、ぼくを見る。

しかたがない。「うん、ここで言ったことをやらないと、先生はうそつきになってしまう。うそつきになるわけにはいかないからな」と、ふだんから特別に正直者だったわけではない、どちらかというとうそつきのぼくはいう。その女の子を大げさに「先生がこんなに心配しているのがわからないのかぁ」と、抱きしめる。抱きしめられた女の子は、当然のように、わっと泣き出して、壁のあたりに行く。男の子たちは歓声を上げ、女の子からはブーイングの嵐。男の子が引っかかると思っていたバツに、まちがえて女の子が引っかかってしまったというだけの話なのだが、このバツは一回限り。二度目はなかった。この儀式の後で、子どもたちがまえよりいい子になったり、その反対にわるい子になったりすることもなかった。念のためというか、誤解を避けるために言い訳をしておくと、当事者の女の子も、少し後ではケロッとして、ふだんと変わりなくふつうの子を生活していたと、ぼくは思う。

セクハラとかパワハラとかいう言葉がなかった時代の話だが、一歩まちがえたら、どう転ぶかわからない。教師はいつもつなわたりの生活を遊んでいる。

＊いい子2（神田さん、大熊さん、星さんへのまなざし）

とにもかくにも、ハグという宿題を通して、新任二年目の「ぼく」は、変わりはじめる。神田さんには、わるい子ではないというだけでなく、「神田さんは、いい子だよ」（p.68）と言い切って、抱きしめもする。父親のいない大熊さんや、母親のいない星さんも、「みんな、こどもなりに、ここで、ふんばっているんだ。」（p.72）と、思えるようになる。

「サンタさんの来ない家」のラストは、神田さんが休んだ日の放課後、給食の揚げパンをもって、神田さんの家の前に立ち、扉をたたくところで終わっている。

「ぼくはだめ教師だから、クラスのこどもたちさえ救えない。世界を救うことはもちろんできない。だけど、この子を救うことはできるかもしれない。
今、ぼくにできる、たったひとつのこと。
ぼくはこぶしをにぎりしめ、思いきり、扉をたたいた。」（p.75）

マニュアル通りに、まじめに子どもに接していた新任教師が学級を崩壊させてしまう。が、その崩壊の首謀者たちも、じつは、子どもなりにふんばっている「いい子」たちだったのだと気づくことになる。また、虐待をうけ、自分を「わるい子」だと思いこんでいる子どもに対しては自信を持って「いい子」だと言い切る。物語は確実によい方向に向かって終わっている、ということになる。

しかし、ぼくは思う。ここまでではまだマニュアル通りだ。というか、基本的なマニュアルもまだ完成していない。問題はこの先ではないのか、と。

たしかに、大熊さんや星さんの事情はわかった。神田さんの事情は、ちょっと次元が違うものだが、それでもわかった。次元の違う神田さんの方は、とりあえず横におき、大熊さんと星さんについて。彼らがそれぞれの事情を抱えているからといって、だから彼らがわるさをしていいということにはならない。これは別の問題なのだ。

大熊さんが、神田さんに給食をおかわりするなといったときに、この教師は「いいかげんにしろ。言っていいこととわるいことがあるぞ。」といったあとで、「違う。こんな言葉じゃなくて、もっといい言葉があるはずなんだ。もっとこどもたちの心にひびく言葉。もっとこどもたちの心に残る言葉。もっと。」（p.34）といっているが、ぼくはこれは違うと思う。

言っていいこととわるいことがある、していいこととわるいことがある。それが全てだと、ぼくは思っている。「いい子」だって「わるいこと」をすることがある。「わるい子」だって「いいこと」をすることがある。ぼくは、ひとをたやすくいい子であるとか、わるい子であるとか、言ってはいけないと考えている。あるのは、行為の方であって、していいことなのか、それともわるいことなのか、それは絶えずその瞬間ごとに、じつは試されているのではないか。そういうといかにも窮屈で、重そうに思えてしまう。が、実際はそうではない。ただ、ふつうにしていればいい。

よしあしは、その都度の判断にゆだねるしかない。選択できる道は、いつもひとつしかないのだから。ぼくらは、そのときに、どれだけ弱者の事情を読み解くことができるか、ということになる。これが教師のマニュアルの中で一番大事な基本中の基本なのだ。

ぼくはいま、教室から逃げ帰ってしまった清水さんのことを考えている。父親のいない大熊さんと、母親のいない星さんは、けなげにがんばっているかもしれない。しかし、だからといって、清水さんを傷つけ、家に帰ってしまうほどの「いたずら」をしていいということにはならない。

相手の心にひびこうが、ひびくまいが、知ったことではない。心に残ろうが、残るまいが、余計なお世話である。してはいけない行為に対しては、瞬時にいけないという。「してはいけないこと」の容認は子どもにとって容易に「してもいいこと」と同じことになる。

何をいけないと思うか、それはもうその教師の感性という他はない。良くも悪くも、教師と子どもの関係なんて、そんなものだ。

＊いたずら

大熊さんと星さんのいたずらで、清水さんはランドセルをしょって家に帰ってしまった。教師の仕事は、ときとして多忙である。サンタさんの来ない神田さんの家の扉をたたきながら、ぼくはいま、清水さんのことを考えている。いたずらと、その結末はいったいどんなものだったのだろうかと。

先日、紀伊國屋サザンシアターで、井上ひさしの『うかうか三十、ちょろちょろ四十』というこまつ座の芝居をみた。昭和三三年（一九五八年）、井上ひさしが二四歳のときに書いたもので、文部省芸術祭脚本奨励賞というのをとっているが、上演されることのなかった幻のデビュー作で、これが初演ということになる。

話は簡単で、登場人物も、若い殿様（藤井隆）、お侍医（小林勝也）、ちか（福田沙紀）、権ず（鈴木裕樹）、ご家来（田代隆秀）の五人だけである。（ちかは死んだあとで、れいという娘になって登場するが役者は同じだから、やはり五人だ。れいの幼少時代の子役も含めると六人になるが、とりあえず、そんなことはどうでもいいことだ。）

若い殿様はいつもお侍医を連れている。ある日、賢く美しく働き者の娘ちかに恋をする。が、すでに、ちかには権ずという好きな男がいる。殿はふられる。ここまでが一幕目。次は、ほぼ十年後、ちかは病気の権ずの面倒を見ている。そこに、殿様とお侍医がやってくる。殿様は以前振られたショックで記憶をなくしているようだ。二人は、権ずに、おまえは病気ではない。健康そのものだと言って去る。その後で、ご家来があらわれて、あれは殿様のいたずらで、病人の家をたずねては、元気だと言って回っていると伝える。病気でイライラしていた権ずが元気だといわれて突然片手腕立て伏せまではじめてしまったり、病気だと言われてまた沈み込んだりする姿は、役者が本当に病人のわけがないので、見ている方はつい失笑してしまう。ちかは、元気になったときの権ずに、それでも何度も本当に元気になったのだね、信じていいんだねとくりかえし、念をおす。

三幕目は、それから、またほぼ十年後。娘のれいが出てくる。そこに、殿様とお侍医がやってくる。殿様は、れいにお城に来ないかと誘うが「窮屈なのは嫌いだ」と断る。れいは、病気で寝ていた権ずが十年前に突然狂ったように働き出して、その数ヶ月後に血を吐いて死んだことと、ちかも後を追うようになくなったことをつげる。

れいは、なおも誘う殿様に、ちかの言葉を伝えて、断る。「殿様にとっては、ただのいたずらかもしれないけど、それが、わしらにとっては命に関わることもある」と。

気の触れてしまった殿様のために、人を喜ばせるという善意のつもりでやっていた「いたずら」が、権ずの命を奪い、おそらくは、ちかの命をも縮めることになったことを知ったお侍医のなげきは、いかばかりであったろうか。

ラストは、だれもいない壊れたあばら屋。ただ、桜だけが咲いている。

『きみはいい子』という作品とは、全く関係ない芝居なのだが、大熊さんと星さんのいたずらで、家に帰ってしまった清水さんの、その後を気にしてしまうのは、ぼくだけだろうか。

＊「べっぴんさん」（ちょっとプロット）

「べっぴんさん」は、子どものとき親から虐待を受けていた母親がわが子を虐待するという《虐待の連鎖》をあつかった話である。パンダ公園（本当は烏ヶ谷公園という）にいる、まだ幼稚園に入ることのできないこどもたちとそのママたちの「温室」（p.78）のような場面から始まっている。

「あたし」（あやねちゃんのママ）の視点から、その「温室」の様子が語られる。何度もガラガラを落とし続けるはなちゃんと笑顔で拾っては渡し続けるはなちゃんママ。幼児たちは無邪気に（？）遊び続け、母親たちは笑顔を発信し続ける。そんな温室の中で、「あたし」の体の中には〈澱んだ水〉（p.85など随所に）がたまっていく。

「温室の花の中では一番やぼったい」（p.82）はなちゃんママは、「あたし」と同じマンションの同じ四階に住んでいる。エレベーターを中心に左右に分かれていく。玄関の扉を閉めたがしゃんという音とともにあたしの顔から笑顔がはがれ落ちる。

ある日、はなちゃんママの家で遊んでいたとき、あやねは紅茶のカップを割る。たちあがったあたしに、あやねは頭を両手でかばい、うずくまり「ごめんなさいごめんなさいごめんなさいごめんなさい」とけたたましくさけびだす。虐待の事実が白日の下にさらされた瞬間だ。いつかこんな日が来ると思っていた「あたし」をはなちゃんママは、とつぜん抱きしめる。はなちゃんママも子どものころ虐待を受けていたと知らされる。はなちゃんママが「べっぴんさん」だとほめてくれていたのは、自分が「べっぴんさん」だとほめられることで立ち直れたからだった。はなちゃんママの明るさは鈍かったからではなかった。全てをわかっていて、「あたし」に対して救いの手をさしのべていたのだ。かって自分を救ってくれたおばあさんのように、「べっぴんさん」と言って。

ラストは「べっぴんさん。あやねも、あたしも。いつか、心からそう思える日が、来るような気がした。」（p.138）と、これも明るい予感をかいま見せて終わっている。

＊わるい子2（記憶）

虐待の連鎖について語られる「べっぴんさん」に、「いい子」という言葉は出てこない。その反対に「わるい子」という言葉は、虐待の暴力とともに何度も登場する。

「右手が痛くなると、左手でたたく。ふしぎなことに、たたくときには、右利きも左利きもない。どんなに不器用でもたたくことならできる。右に逃げられれば右手で、左に逃げられれば左手でたたく。でも、このごろ、あやねはもう逃げない。じっとして、たたかれ、けられるままでいる。あきらめている。あたしも、そうだった。こどもである以上、逃げるところなんて、世界中どこにもない。それに、こんなにたたかれるのは、世界中で一番わるい子だからなんだ。」（p.116）

「世界中で一番わるい子」の記憶をもつ、あやねちゃんママは、あやねちゃんのわるさを記憶して、その一つ一つに対して、暴力をふるう。外ではいい母親を演じ、どんな気に障ることがあっても、にこやかに笑い続け、心の中に澱んだ水を貯め続ける。マンションの扉を開け、閉じた瞬間から、その笑顔は剥がれ落ちる。自分がうけた忘れられない記憶と、外でのあやねの行動の記憶が重なって描かれていく。

この短編の白眉は、気づかれないように続けていた虐待が、一瞬のできごとで、白日の下にさらされたその瞬間だろう。なおも取り繕おうとするあやねちゃんママを、はなちゃんママは強く抱きしめる。はなちゃんママは、隠していたつもりの虐待に気づいていて、自分を救おうとしていたこと、朝鮮人のおばあさんに「べっぴんさん」といわれたことで生き延びることができたこと、だから、あやねちゃんママにも「べっぴんさん」と言い続けていたことが知らされる。

なかなかいい話で、3・11以来涙もろくなったぼくなどは、ちょっとじわっとくるぐらいだ。でも、生来がひねくれもののぼくは、ふと考えてしまう。はなちゃんママを、べっぴんさんだと言って救ってくれた朝鮮人のおばあさんは、最後に自殺をして死んでしまうんだよね。はなちゃんママを救ってくれた、その朝鮮人のおばあさんを救ってくれる人は、だれもいなかったんだよね。おばあさんは、だれにも「べっぴんさん」と呼ばれることもなく、世を去ったということなのかしら。もし、そうだとしたら、世の中、「べっぴんさん」なんて呼ばれる機会は、滅多にないのだから、「わるい人」のままで生きられないものだろうか。いや特別「べっぴんさん」でなくてもいい。せめて「ふつうの人」のままで生き続けることはできないものだろうか。

*わるい子3（ぼく自身へ……）

小学三年生の夏休みに、体中にあせものような湿疹が出た。そのあせものあとが全て紫斑として残った。それまでのわがままからくる極端な偏食がたたったのであろう。ぼくは、体中が紫の斑点におおわれた、見るからに気持ちの悪い少年になった。

もちまえのひねくれた性格も手伝って、二学期からのぼくは、遠くにその姿が見えるだけで、みんなが逃げていくような状態になった。女の子などはきゃあきゃあ、きもちわるいと叫びながら、これ見よがしに逃げまどった。ぼくは、ただふくれっつらをしているだけで、この日からぼくは、女の子というものの相当数をきらいになった。これは、今でも変わらない。男の子の友達も、当然のことながら、一人もいなかった。「ごんぎつね」のごんのようにひとりぼっちだった。

紫斑自体は、徐々にうすくなり、それでも一年以上は消えずに残っていたように思う。紫斑が消えても、女の子たちがきもちわるいと言って、逃げまどうのは、かわらなかった。そんな状況が、あしかけ三年ほど続いた。

五年生の一学期のことだった。五年生のぼくのクラスは、児童会の会長と副会長が両方ともそろっていて、いわば学年のリーダークラスみたいなところだったのだろう。ある日の学級会で、ぼくのことが議題になった。

「なぜ、女の子たちは、細谷くんをきもちわるいと言って、逃げたりするのか」

正義感あふれる当時の児童会の会長だった男の子が中心になって、女の子たちを糾弾したのだ。

細かい話の内容は、一つも覚えていない。一時間の学級会の全てを費やして、やっていたのだから、それなりの意見は出され、話し合われたのであろうに、その肝心な話の内容のことを、ぼくは一つも記憶していない。ただ覚えているのは、むずがゆいような気持ち。三年間ずっときもちわるいと思われ、逃げられ、無視され、ときにひどい言葉をなげかけられていたぼくが、いま〝いいほう〟でみんなの話題になっているんだという、漠然としたプラスの感情。居心地はわるいが何となくうれしい気分に、ぼくは浸っていた。

ひとしきり意見を出しあったところで、みんなはふと、あることに気づく。

(本人は、どう思っているのだろうか。)

「細谷くんは、どう思っているんですか?」

突然の事態に、ぼくの何となくうれしいような気分は消しとんでいた。ぼくは立ちあがり、ふくれっつらをして、つぶやいた。

「ぼくが、わるいんだから、しょうがないや……。」

*べっぴんさん

ぼくは男だから、いままで一度も「べっぴんさん」と呼ばれたことはない。当たり前だ。じつを言うと「いい子」と呼ばれたこともない。ぼくは、小さいころから、へそまがり、ぶきっちょ、ぐずみたいなことを言われつつ、大きくなってきた。

何をやっても、人よりおそかったから、ぶきっちょとかぐずとか言われても、それは甘んじて受けるより仕方のないことだった。高校生のときに、自分がやりたいことがあったら、人の十倍時間をかけてでもやればいいんだなと思った。それ以前からも、人とあらそって何かをやるという気持ちは持ち合わせていなかった。人とくらべるということ自体が、すでに自分のダメさ加減を示しているぼくにとって、それは当然の成り行きだった。

ひとから「べっぴんさん」と呼ばれることもなかったぼくは、それでも、世の中に出て、ぼくとは正反対の、小さなことには全くこだわらないサッパリ星人の女房を手に入れることに成功して、いまのんびりと平和に暮らしている。世の中捨てたものじゃないと、ぼくはときどき思っている。

ぼくが、世の中捨てたものじゃないと思うのは、じっさいに「べっぴんさん」と呼ばれる幸運にめぐりあえる人は、きっと驚くほど少ないに違いないと思っているからだ。それでも、ひとは、大部分ふつうの生活を営んでいる。だから、ぼくは、世の中捨てたものじゃないと思っている。

＊ハンザキ（きどのりこ『パジャマガール』のこと）

きどのりこの短編集『パジャマガール』（くもん出版　二〇〇五年四月）に、表題作の「パジャマガール」という作品がある。団地住まいの小学五年生のミナが、いつもパジャマ姿で登校拒否を続けているアッコこと、佐藤篤子となぜか、なかよくなってしまう話だ。

なかよくなるきっかけが、ミナの家の飼い猫をアッコが公園の砂場に埋めようとしたところからはじまるのだから、ちょっとひどいもんだが、作品冒頭になるその部分を、見てみよう。


その小さな公園は、ミナの部屋のすぐ下にあった。

少し前まで、きれいな薄紫の花房がシャンデリアみたいに下がっていた藤棚は、もう緑の葉だけになってしまった。

その下の砂場のなかに、ピンクっぽいパジャマを着た女の子がすわって穴をほっている。

ミナはその子をよく知っていた。ちょっと見た目には低学年のようだが、ミナとおなじ矢川小五年の、アッコとよばれている佐藤篤子だ。じっと見ていると、アッコはときどき穴をほる手を休めて、ミナの窓を見上げている。レースのカーテンごしにミナが見つめているのを意識しているようだ。（p.7）

アッコは、いつもパジャマでいる。四年から登校拒否を続けている。ミナは、五年でいちおう同じ組になったが、アッコは一度も学校へ来ていない。そんなアッコが砂場で何かを埋めている。けっこう距離のある団地の窓と砂場で、二人の目はテレパシーのように、意識しあっているようだ。と、突然、ミナは、アッコが埋めようとしているものが、行方不明になっていた飼い猫のマヤだと、気づく。

ミナは、椅子をけたおして立ちあがり、玄関に突進し、階段をかけおりる。砂場にかけこみ、アッコをつきたおし、埋めようとしていた袋を、思いきり引き裂く。一瞬、チャコールグレイのぼろ布のようになった猫が団地の茂みの中に消えていく。

「猫なんかうめてなにがおもしろいの。マヤは家のだいじな猫なんだよ！　家の弟が大好きな猫なんだよ！」

「それがなんだってんだよ」（p.11）

そのとき、マヤはアッコの左目に青紫色のアザがあることに気づき、アッコの方は、その猫をもうすぐ心臓病の手術をするミナの弟、孝雄が大切にしていたものだと気づかされることになる。

すまないと思ったアッコが、ミナの家にウルトラマンの人形を持って訪ねてきたのがきっかけで、ふたりはなかよくなる。アッコは、父親から暴力を受け、顔を紫色に腫らしていることが多い。そして、ミナは、「どこか心のおくのほうではアッコを〈かわいそうな子〉と思い、ちゃんと学校へいっている自分を〈いい子〉だと思っていた。」（p.22）が、ある日、級友の早苗たちがアッコを〈パジャマキン〉（p.23）と言っているのを聞いて、頭に血がのぼる。早苗たちとけんかになりトイレに監禁される。トイレはドアをよじのぼって、すぐに出たが、それをきっかけにして、学校へ行かなくなる。アッコは、それをまるでパジャマクラブだと笑う。が、登校拒否のアッコに学校に行けといわれて、ミナは再び学校に通い始める。ミナは「アッコのふてぶてしさと自由さが自分にも移ったような気がして」（p.26）楽に過ごせるようになる。ミナの、アッコに対する見方がかわった瞬間だ。

六月一八日の日曜日、ふたりは多摩ランドの遊園地にでかける。が、出先で、〈マリエッタさん〉と〈ハンザキ〉に出会うことになる。〈マリエッタさん〉は、駆け込み寺のような〈望みの門〉へ逃げる途中で出会ったフィリピンの女性。〈ハンザキ〉は、そのマリエッタさんにお金をあげたので遊園地に行けなくなって、そのとなりの動物園で見たオオサンショウウオのこと。オオサンショウウオがちょうど脱皮をしているところをふたりは見る。

ラストは、アッコからの手紙である。手紙には、「わたしさあ、ハンザキしちゃったんだ。わかるでしょ。」（p.37）と書いてある。以下は、その手紙の全文になる。

ミナへ

こないだは楽しかったね。

わたしは今、「カリタスの家」というところにいます。〈望みの門〉の人が教えてくれた。ここにいれば、親が連れもどしにきてもだいじょうぶだって。ここは一軒の家みたいなところで、みんな親切にしてくれる。親が死んだ子とか、親がアル中の子とか、いろいろいるよ。ここから杉並の小学校へもいけるの。遊びにきてね。住所かいとくから。タカくん元気してる？　それから、ミナがきたらびっくりすることがあるよ。

わたしさあ、ハンザキしちゃったんだ。わかるでしょ。じゃあ、バイバイ！

アッコより（p.36〜37）

蛇足のようだが、念のために書くと、アッコが「ハンザキしちゃった」というのは、パジャマを脱ぎ捨て、ふつうの服を着るようになったということだ。アッコは、親に虐待されることをのぞけば、自由に、思うままに、猫を袋詰めにして砂場に埋めたりして、生きていた少女である。しかし、そのアッコにとっても、虐待は「長い長い夜」（p.38）であり、パジャマはその象徴だったのではないか。きどは、そのパジャマを自ら脱ぎ捨て、父親を捨てて、脱皮していく少女の姿を、あっけらかんとさわやかに描いている。ぼくは、ここに、「いい子」とか「わるい子」とかいうものとはちがうもうひとつの道筋を見る。

＊レッテル1

第三話「うそつき」は、土地家屋調査士事務所を開業している「ぼく」が、自分の妻について、「ミキには裏表がなく、本心しかない。」（p.141）と語る。

ミキが息子の優介を四月一日に生んだとき、ミキの実家に電話をしたら、電話口のおかあさんも、そのうしろにいるおとうさんもウソだと笑って取り合わない。ミキ自身も「いい日に生んだねえ。ものすごいうそつきになるんじゃない？」（p.144）とベッドの上で大爆笑して、看護婦さんに叱られる。

生まれた優介も、四月一日生まれのせいだけでもなく、幼稚園ではいつも「ゆうくんルール」（p.144）が適用される。先生の背中という「特等席」を、ミキは本心から爆笑して「ゆうくん、いいとことったねえ」と言ってしまう。

夫であり父親であり、この短編の話者でもある「ぼく」は、ひやひやで、ミキひとりを行かせるのが不安で、幼稚園や学校に、ほかの男親よりも多く足を運ぶことになる。「ぼく」は子煩悩でヒマな父親ということになり、幼稚園や学校の役員などの仕事がまいこむようになる。

じゃんけんでグーしか出さないミキ。チョキしか出さない優介。しばらく、そのあたりの事情が語られたあとで、「ぼく」は次のように語る。

「もしかしたら、そもそも、ミキがそういう母親だから、優介がそんなこどもなのかもしれないが、そこのところについては、あまり深く考えないようにしていた。

ミキの両親をふくめて、ぼくは、そういうひとたちがきらいではなかった。」（p.150）

おいおい、きらいではなかったどころじゃなく、好きだったたからけっこんしたんでしょ、というつっこみは、横に置いて。ぼくは、ここでいう「深く考えない」という姿勢に深く共感する。もしかしたら、この作品の中で、一番共感しているかもしれない。

もし「ぼく」が深く考え、人に相談していたら、権威ある人の診断を受け、ミキもその両親も、優介も、なにがしかの障碍をもつ病名をさずかることになったかもしれない。しかし、そこに何の意味があるだろうか。

誤解を避けるために、ちょっとだけ、しつこくいうことになるが、ぼくは、障碍を忌み嫌い、隠し通せと言っているわけではない。ときとして、障碍は白日の下にさらすことで、その本人もまわりの人間も豊かになる。その場合、隠すことはマイナスで、その診断をつけ、みんなと共有することがプラスに作用する。逆に、もし、プラスに作用することがないのならば、「深く考えない」のはベストの選択だと、ぼくは思っている。

二〇一三年五月一六日（木）付の『朝日新聞』朝刊の教育欄に、おもしろいことが書いてあった。文字がうまく書けない、漢字を読むのも苦手で、未熟児で生まれてきた我が子について、ずっと見守ってきてくれた医者が言った言葉。――「診断をつけることで彼のプラスになることがあるなら、つけましょう。でも何もプラスにならないなら、必要ない」と。

ひるがえって、ぼくらはいま、なんと多くのレッテルの中で生息してはいまいか。学校に疑問をぶつける親をモンスターペアレントといい、わがままな子をジコチュウと呼び、授業中落ち着きのない子をＡＤＨＤと診断する。むかしは存在しなかったレッテルや病名が、ぼくが教師をしていた四十年間の後ろ半分とまでは行かないが、三分の一ぐらいのあいだに、ずいぶんと語られはじめ、いまも日々語られ続けている。

教師になって、最初に受け持ったのは一年生だった。そのとき、ぼくは、「問題児は一年生の最初から問題児なんだな」と思った。その子は幼稚園時代から問題児だと言われ、自分も問題児だと思って、入学してくる。一年生はみんなまっさらの白紙で無垢な天使なんてことはない。生まれた瞬間から、入学したときから、それぞれの事情をかかえているのだ。しかし、それが、彼の問題行動＝わるさを許容するということには、けっしてならない。人間として、してはいけないことは、どんな事情があったとしても、してはいけないことなのだ。

ある日、漠然と問題児と呼ばれていた子たちに、きちんとした診断がなされ、ＡＤＨＤと呼ばれて、学校に来るようになった。ぼくは、困ったもんだと思ったが、権威ある診断に対して、口に出して異議を差し挟むことは、むずかしい。

ぼくが困ったものだと考えたわけは、全ての人間がその病名を認識し、その病名を通して子どもを見てしまうところにあった。一つの診断がなされると、それはわかりやすく、胸に落ちやすい。学校に上がる前から、親は子どもをその病名の中でとらえ、友達も先生も、本人さえも「自分はそういう病気なんだ」という色眼鏡をつけて、考え、行動するようになる。そうしてできあがった子が、学校にやってくる。むかしぼくが漠然と「問題児は一年生の最初から問題児なんだな」と思ったのと、状況的にはおそらく似ているのだろうが、一つの診断が下されることで、全く違う事態がそこにあらわれはじめた。まわりの人間も、親も、その病名でみる。始末がわるいのは、本人も自分をその病名でみることと、担任の教師もその病名で子どもを見ることだ。

幼いうちから病名を冠せられた子は、やる前にあきらめやすい。何かわるさをしても、その病名ゆえと勝手に納得(みたいなもの)をしやすい。その子の病名を知ってしまった担任の多くは、その子のわるさをその病名のせいにする。病名が全ての責任を背負わされることになり、その子への働きかけは、そこで中断することになる。そのことが、ぼくには、いちばんおそろしい。プラスにならない診断ならしない方がいいという、その医者の慧眼に、ぼくは頭が下がる。

＊わるい子4(つづき、ぼく自身の……)

ぼくを議題にした学級会が、ぼくの発言後に、どのような形でしめくくられたのか、ぼくの記憶はない。ただ、ぼくに対する差別めいた行動は、だんだんとうすまり、なくなっていった。(紫斑のほうは、それより一年以上も前になくなってはいたのだが……)。

ある日、ぼくは、農業試験場というところへ行った。やはり児童会の会長をしていた男の子が中心となって、自分たちで何かを調べてこようということになり、ぼくも金魚のウンチのように、その子たちのあとをついて行ったのだった。これが、ぼくの先生にいわれたわけでもないのにやった勉強の最初だった。

ぼくは、ほかの子たちがやっているのと同じように、農業試験場のおじさんが話すことを一所懸命にノートにかきとめていた。

翌日、おそらくリーダーの男の子が言ったのだろう。ぼくらは、みんなでそろって先生にノートを提出した。ぼくは、初めて自分で勉強し、それをノートにとったりしたことを、内心えらいと思っていた。そうじの時間、ぼくは、先生の教卓のところに呼ばれた。みんなが教室そうじをしている横で、ぼくは、ノートがきたないとおこられていた。きたない字で、つめて書いているから、何が書いてあるのか、まっくろでなにもわからない、もっとあいだをあけて、きれいな字で、見やすく書くようにという趣旨のことを、担任の女の先生は言っていた。先生は、きれいに書いてあるノートを見せながら、話していたのだが、そのきれいなノートの記憶は、一つも残っていない。

ぼくは、先生にしかられている間じゅう、せっかく調べてきたのに、おこられてわりにあわないなと思っていた。今のぼくなら、魚をあげたのに、兵十になぐられて、「ちょ、わりにあわないな」と考えているごんの姿でも思い浮かべていたかもしれない。ぼくの、初めての校外自主学習は、これで終わった。

ぼくは「いい子」であるまえに、やっぱり「わるい子」だったのかもしれない。「わるい子」というレッテルも、「いい子」という呪文も、記憶の中のぼくには、不要なものだった。

＊レッテル2（あるいはそのさかいめについて）

また、余談に走る。『うかうか三十、ちょろちょろ四十』の劇評が、二〇一三年五月二三日（木）付の『朝日新聞』に出ていた。その中で、若い殿様をやった藤井隆に対して、「藤井は正気と狂気をさらに演じ分けたい。」と書いてあった。ぼくは、これはちがうと思った。

確かに、若い気弱な殿様は、娘にふられたことで、記憶を失うという病にかかる。が、これは、劇中のお侍医との会話でわかることであって、それ以上でも以下でもない。無理に狂気を演じ分ける必要はないと、思いながら、ぼくは見ていた。井上ひさしらしいなと、ぼくはそのとき思っていた。

ぼくの頭には、『父と暮らせば』のすまけい演じる父親のことが浮かんでいた。幽霊だと気づいても気づかなくてもいい。さて、あなたは、どこでそのことに気づくだろうかと、楽しみながら、書いていたのだと、ぼくは思う。幽霊だと最初から決めつけてみることはない。藤井も、正気と狂気とを演じ分ける必要はない。むしろ、気づくも気づかぬも、あなた次第のほうがいい。そのさかいめは、むずかしい。

さかいめのむずかしさは、殿様の狂気だけでない。権ずの病気もそうだ。長患いで寝込み、いらいらしていた権ずは、殿様とお侍医の、病気ではないという見立てに、小躍りし、健康そのものに変身する。もともとが健康な若者が役柄をこなしているのだから、見ているものに区別がつかないのは当然のことだ。観客は、その変貌ぶりを笑ったりもする。その権ずが、そのあとあらわれたご家来の、病気は治ってなどいない、殿様の「いたずら」だという言葉に、前以上の病人ぶりをみせる。その二転三転ぶりがおかしくて、見ているものは、つい笑ってしまう。

病名というレッテルが、人を一喜一憂させる。病気ではないといってひとをよろこばせる善意の「いたずら」が、最終的に病気ではないという方を信じ働きつめた男を殺すことになる。血を吐いて死んだその男は、一見元気そうであった。だから、みているぼくら観客も、笑ったのだ。しかし、その男は血を吐いて死んだ。紛れもなく、かれは病の床に伏せっていたのだ。気のふれた殿様も、その殿様の面倒をみていたお侍医も、そして見て笑っていたぼくたちも、生と死のその「さかいめ」の不確かな危うさに、気づかされることになる。

*ブラックホールとアコーディオンドア（机の中）

ブラックホールというのは、優介の机の中のことだ。長い休みの前に持ち帰った道具箱から、女の子のハンカチやティッシュがたくさんでてくる。持ち物調べのチェックのときに、忘れてくる優介のために、となりの女の子がわたしてくれたものが累積した結果ということになる。「女の子に嫌われちゃうと、一生結婚できないんだよ。」というミキの「とんちんかんな言葉」（p.151）は、優介には効いたようで、それからはきちんと返すようになったというくだりがある。

ここで、とりとめもなく、また自分自身のことを語る。

ぼくの息子は、姉二人にきたえられて、やさしい子に育っていた。一年生の夏休み前の保護者会だったと思う。めずらしく保護者会というものに出た女房が、あきれ顔でかえってきた。

「まるで、アコーディオンドアだよ。」

と、女房は言った。

机の中に、次から次へとプリントが押し込まれ、それがしわくちゃになって、大量に机の中にたまっていた。その状態を、女房は、アコーディオンドアだと言ったのだ。ぼくは、そのとき「うまい！」と拍手喝采した。

机の中に、ブラックホールのように吸い込まれて消えていくのと、アコーディオンドアのようにしわくちゃになり、積み重なっていくのと、いったいどっちがたいへんなのだろうかと、ぼくは考える。

その息子も、今は四人の子どもとひとりの奥さんをかかえて、一生懸命に働いている。貧乏人の子だくさんとは、よく言ったものだ。息子の住んでいるところは、『きみはいい子』の舞台になっている横浜の桜ヶ丘にかなり近いところにある。もしかしたら、息子の四人の子どもたちも、どこかで優介やだいちゃんに出会っているかもしれない。パンダ公園で秘密基地を作っていたのかもしれない。小学校時代に、アコーディオンドアを作っていた男の子が、いま、ふつうに父親をやっている。世の中、けっこう捨てたものじゃないと、ぼくは、また思う。

＊じゃれあい

「うそつき」に、息子の優介と、ともだちのだいちゃんが、くすぐりっこをしてじゃれ合っている場面がある。

だいちゃんは、継母からの暴力を受けている子だ。優介はそれを「うそ」だと思い、だいちゃんを「うそつき」と呼ぶ。高学年になって面倒を見てくれるともだちもいなくなってしまった優介。自分のうけている虐待を「うそ」だと思っている優介となら、なぜかともだちでいられるだいちゃんという構図だ。

ラスト近く、もうすぐ別々の中学校へ通うことになるふたりが、くすぐりっこをしている。トランプのスピードをして、優介はきゃんきゃん騒いでいる。父親であり、この作品の話者でもある「ぼく」は、このふたりが、たとえ別れても、「幸せなひとときがあった記憶」が、「このひとときの記憶が、いつか、優介とだいちゃんを救ってくれますように。」（p.195）と祈る。

児童文学評論研究会（二〇一三年五月二五日）のとき、井上征剛が、この作品のこの場面について、「子どもがじゃれあっていればなんとかなるというのは、おかしいのではないか」といった。ほぼ続けて、井上乃武は「この作品の、こうしたことを受け入れられないと、自分がいやなやつみたいになってしまうのが、こわい」と語った。

ぼくは、この二人の井上の言葉を聞きながら、第一話「サンタさんの来ない家」の抱き合う宿題のこと、第二話「べっぴんさん」の、はなちゃんママがあやねちゃんママをきつく抱きしめる場面、それから第五話「うばすて山」の、母親が、我が子の目に入った砂を、ぺろんとなめてとってやる場面を思い浮かべていた。全五編からなる短編集のじつに四つまで、そのクライマックスといえる場面で、この作者は、人と人との直接のはだのふれあいを描いている。それは、意識的か、無意識的かは、わからないが、人と人とのはだのふれあいが、人のやさしさをうみ、しあわせをもたらすと考えているからだろう。

しかし、ぼくは、井上の「こうしたことを受け入れられないと、自分がいやなやつみたいになってしまうのが、こわい」ということばのほうに、むしろ共感する。人と人とのはだのふれあいに「やさしさ」を読み取り、そういう自分を「いい人」の側におく読み解きは、容易にそうでない人を、いやなやつ、つめたいやつ、わるいやつにおくことになる。ここにも、「いい子」という呪文と「わるい子」というレッテルがしのびこむ。

じゃれあい自体はよくもわるくもない。問題は、そのじゃれあいの読み解き方、まなざしの方にある。

＊花咲き山

もう、ずっとむかしの話だ。『花咲き山』を書いた斎藤隆介が、ある小学校に行ったとき、校長がうれしそうに、校庭に花咲き山を作っているという話をしたそうだ。いいことをしたら、校庭の花咲き山に、その子の花が一つ咲くという仕組みだ。斎藤は、なんでそういうことをするんだと憤慨していたが、まだ若かったぼくは、それは作品がそういう風にできているからですよ、といって、ひんしゅくをかった。『花咲き山』のサキは、けっして「いい子」ではない、と斎藤は考えている。だから、自作朗読のとき、サキががまんをして、妹にあかいべべを買ってやれという台詞を、ふくれっつらのふてくされで、ぼそっと読む。

しかし、ほとんどの読み手は、このけなげなサキの行動に献身的な「いい子」を読み取る。校長なら、校庭にじっさいに花咲き山をつくるかもしれない。担任なら、自分のクラスの後ろの壁に模造紙大の花咲き山をつくるだろう。そして、いいことをしたら、その花咲き山に、また、ひとつ花が咲く……。

いま考えると、斎藤も、危ういつなわたりをしていたのだろう。自分の作品が「いい子」として読まれてしまうこと、さらにいえば、「いい子」として読まれることの危険性を、承知の上で、含恥の巨人を描き、献身の美学をつらぬいたのだろう。つなわたり職人、斎藤隆介のためにも、ぼくらは、「いい子」という呪文から、自由な地平に立ち、物語というものを読み解いていく必要があるだろう。

＊『チャーシューの月』の方法について

村中李衣『チャーシューの月』（小峰書店　二〇一二年一二月）は、児童養護施設が舞台。小学校卒業を間近にひかえた美香の一人称「わたし」の視点から語られる。

二月のはじめ。うすい雪が降っていた日に、六歳の明希はやってくる。明希は、形で物事を瞬時に記憶してしまうという力をもっている。クールでまわりと深く関わることを好まない美香も、同室になった明希に、少しずつ関心を持っていく。

施設での食事や風呂の様子、遠足のときに持って行ったお弁当をめぐるトラブル、一時帰宅のときのわくわくと羨望、そして疲労した帰宅などなどが、ちょっとドキュメンタリーと思わせる目で語られていく。

村中李衣の文体は、よくいえば飾り気なく研ぎ澄まされており、わるくいえば、一見してやせていて深みがない。この、村中の文体の印象は、村中の試行するある方法からきていると、ぼくは考えている。

まずは、村中の短編「たまごやきとウインナーと」（『たまごやきとウインナーと』偕成社　一九九二年一一月所収）の書き出しをみてみよう。

パジャマのまま、素足でスリッパをはく。
台所へいきかけて、もどってきた。
くつ下をはいた。
そのこは眠っている。
台所へいく。
電気をつける。
なかなかつかない蛍光灯。
冷蔵庫をあける。

たまごがある。（p.7〜8）

この書き出しについて、「語ることへの信頼・その行方を追う」（『研究＝日本の児童文学4　現代児童文学の可能性』東京書籍　一九九八年八月所収）の中で、村中本人が次のように言っている。

一見してわかるように、接続詞を用いない。解釈をもちこまない、短い一文ずつの連なりである。（p.210）

この書き出し部分の描写は、ビデオカメラのレンズが、焦点を主人公ひろしのうしろ姿に絞って、じーっと追っていくようなものである。この時、ビデオを廻してひろしのうしろ姿を追っているのが、語り手でなく、あくまで読み手であるということが重要なのである。

わたしは『たまごやきとウインナーと』のカバー見返しに「読まれることによって物語が癒される」ということを書いた。ここでいう「読まれる」というのは、先のビデオカメラに写された断片を〝空き〟を埋めるように読みつないでひとつの像に結んでいくというような作業をさすのでなく、ビデオカメラを読み手自身がもって、じーっと廻し続けるという、その行為のみをさしている。（p.211〜212）

ふつうに考えて、文学を読むという作業が、話者のカメラアイから文脈の〝空き〟を埋めつつ読み取っていく作業だとしたら、村中は、そうではなくて、読み手自身がビデオカメラをじーっと廻し続けるという方法＝文体を、模索している。そうすることによって、読み手が物語に登場した子どもたちと同じ時間を共有しあう。村中は、これを「物語が癒される」とよぶ。だれにも知られることのなかった物語の中の子どもたちが、読まれるということによって、癒されるということだ。

接続詞を用いない。解釈をもちこまない。短い一文ずつの連なりで作られた文体は、名文を読み慣れた読者には、やせて趣のないことばの連なりとしか感じられないかもしれない。しかし、ぼくは、このビデオカメラをただじ——と廻し続けていくような、村中の試みを、おもしろいと感じていた。

『チャーシューの月』は、村中のこうした流れからうまれた作品である。ぼくは、この作品を読みながら、映画『誰も知らない』のことを思い浮かべていた。

もう何年も前の話になるが、是枝裕和監督の映画『誰も知らない』をみたとき、しずかなショックを受けた。映画の冒頭は、引っ越しの場面。荷物がアパートに運び込まれる。部屋の中。荷物の中から、小さな子どもたちが次々に出てくる。どことなくユーモラスなこの場面が、母子家庭で子どもが四人もいたら、大家に追い出されてしまうからと、母親が考えての作戦だったことは、少しあとで、わかることになる。

YOU演じる母親は「大きな声で騒がない」「ベランダや外に出ない」というルールを子どもたちに言い聞かせる。長男の明以外は、みな戸籍上「存在しない」子どもたちなのだ。YOUの語り口に威圧感はない。まるで、子どもたちとゲームでも楽しんでいるような、その口ぶりは母親と子どもたちの信頼感であふれている。子どもたちも、まるでゲームを楽しむかのように、生き生きと母親のことばを聞いていく。

ぼくがショックを覚えたのは、その部屋での子どもたちの様子、はしゃぎ方が、まるで自分の家のビデオカメラでとっているみたいだったからだ。これは、どこにでもある家の、ホームビデオのひとこまをうつしとっているのではないか。そんな錯覚に、見る者をおとしいれる。そうなのだ。まるで、飾られていないような日常、演じているのか、そうでないのか、わからないような日常を、たしかに、したたかに、意識的に、この映画はうつしとっている。そのふつうさに、ぼくは、しずかなショックを受けていた。

『誰も知らない』について、おしゃべりしたいことは、山ほどある。が、話を『チャーシューの月』に戻そう。横道の横道に、これ以上それたら、それこそ大変だ。

ぼくは、『誰も知らない』をみたとき、村中の「たまごやきとウインナーと」のことを考えた。そして、今度は、『チャーシューの月』を読んだときに、『誰も知らない』のことを頭に浮かべていた。そこに共通するのは、飾られないホームビデオでとられたようなまなざしである。

読まれることによって、今までだれにも気づかれることのなかった物語の中の登場人物たちが癒されていくのではないかと、村中は考えた。物語の中の人物と読み手とが同じ時間の中で共に生きる文体として、できるだけ虚飾をはぎ取った、見たまま、ありのままをビデオカメラのようにうつしとっていくという方法をとった。

村中のこの方法が、いつでもどこでも通用するというものだとは、ぼくも思っていない。しかし、児童養護施設を舞台にした、物語の中の子どもたちを「癒す」、これは見事な試行だと、ぼくは考えている。ここにも、「いい子」という呪文や、「わるい子」というレッテルとは別のまなざしがある。

さて、ここでも、問題はまたこの先にある。『チャーシューの月』は、この年度の青少年読書感想文コンクールの中学生部門の課題図書に選ばれてしまった。物語の〝空き〟を埋めるのが大得意な読書感想文の書き手たちは、村中のこの作品を、どう読み解いていってしまうのだろうか。それとも、ぼくのうがったひねくれ根性をのりこえて、ただじーっとビデオカメラを廻し続け、「作品が癒される」ような読者が、あらわれてくれるのだろうか。じつは、そうした奇跡がおこることを、ぼくはわくわくしながら、待っているのだ。なぜなら、世の中、そう捨てたものじゃないのだから。

＊おわりに（リンク、あるいは生きることの重層）

『きみはいい子』を読みながら、ずいぶんと気持ちよく脱線を繰り返してしまった。

『きみはいい子』自体が、過去の虐待の体験と、現在の自分とがオーバーラップするモザイク風な作品で、しかも、五つの短編がそれぞれ独立していながら、ニアミスのようなリンクをくりかえしている作品なので、ぼくもそれにあやかって、意識的に自分自身の体験を挟み込み、あるいはちがう作品をなげこんでみた。

いろいろ語ってきたついでというか、最後に、このリンクについて、ちょっとだけふれてみることにする。

『きみはいい子』にふくまれている五つの短編たちは、それぞれが少しずつニアミスのように、ときに近づきあい、また離れていく。作品舞台になる桜ヶ丘（旧名、烏ヶ谷）の学校や団地、アパート、パンダ公園などもそうだが、第一話「サンタさんの来ない家」で、家に入れないでアパートの前にいる少年、神田さんを、第五話「うばすて山」の話者、かよが垣間見たりもする。第四話「こんにちは、さようなら」では、第一話「サンタさんの来ない家」の中で、玄関ベル鳴らし事件のときに、ちょっとだけ出てきた、おばあさんが話者として登場する。この作品には、同じ第一話で、ちょっと出た個別支援学級から来る櫻井さんが、「こんにちは、さようなら」ときちんと挨拶をしてくれる、一番大切な登場人物として出てくる。

「べっぴんさん」で、まだ幼稚園に入ることもできないこどもたちと、そのママたちの「温室」(p.81)として登場する「パンダ公園」(烏ヶ谷公園)は、三話目の「うそつき」では、「からすの谷と書いて、烏ヶ谷と呼ばれる谷だった」(p.140)と、地名があきらかにされ、話者の「ぼく」は友達のもっちゃんと、公園に秘密基地を作っている。そのころは、まだほんとうに「こわい顔のパンダの遊具のあった公園」(p.185)だったらしいこともわかる。この公園の秘密基地つくりには、五話目「うばすて山」の話者であるかよちゃんも参加していることが、のちのちわかってくる。

いくつものリンクのつながりと重なりが、そこにいる人たちを、別の角度から照射することになる。ある作品では、ただの通りすがりのような存在だった少年が、別の作品では、「こんにちは、さようなら」ときちんと挨拶をする「いい子」として、鮮やかに描かれる。玄関ベル押し事件で、担任が謝りに行った先のおばあさんは、違う作品の中で、戦争中、学徒動員でキャラメルを作っていたことがわかったり、毎年玄関ベルを押されるのを楽しみにしていて、壊れたら直していることも知らされる。今ではママたちの「温室」になっているパンダ公園で、むかし、秘密基地を作って遊んでいた子どもたちがいたことも知らされる。

ことばからできるかぎり飾りを剥ぎ取ることで、読み手と物語の中の登場人物たちとが共生する道をさぐる、村中がいる。それに対して、いくつもの作品の重なりの中で、ストレートにそこに生きた人たちの意味を重層的にとらえていこうとする中脇がいる。また、虐待というマイナスイメージをものともせずに、パジャマを脱ぎ捨て父親を捨て明るく「ハンザキ」していく少女を描く、きどもいる。

そこで、長いおしゃべりの末の、ぼくの結論。世の中、そんなに甘くない。でも、世の中、そんなに捨てたものでもない。「いい子」という呪文からも、「わるい子」というレッテルからも自由な《読み方》を、ぼくらは獲得していかなければならない。そして、それはじつは、それほどむずかしいことではないはずだ。ほんの少しの遊び心と、それなりのギャグ精神さえ持ち合わせていれば、ぼくらはきっと、《公》からくる得体の知れない力にもあらがえる《私》の領域を保持できるにちがいないからだ。

（『童話ノート』復刊一号 二〇一六年一月）

子どもへのまなざし。あるいは、子どもの「自立」と「保護」との奇妙な緊張関係について

――埒外に置かれた子どもたちを、ぼくらはどう描き、どう読み解けばいいのか

＊まえふり

ぼくは、復刊一号の「いい子という呪文、わるい子というレッテル」の最後の方で、『チャーシューの月』（小峰書店　二〇一二年一二月二五日）の方法について書いた。しかし、これについて、うまく語り切れていないという思いが、今ぼくの中にはある。

その思いを、「第一号後記」で、次のように書いている。

子どもたちの最低限の生活を保障しようとする「保護」施設と、そこに入れられることで今の安定した（?）生活を破壊されることを恐れて、ひたすら「自立」することを目指す子どもたちの、奇妙ともいえる緊張関係を、もう少し考えてみたいと思っている。

ぼくが前に「『チャーシューの月』の方法」で書いたことを、箇条書き風に要約すると、次の三つになる。ひとつは、村中李衣の短編「たまごやきとウインナーと」（『たまごやきとウインナーと』偕成社

一九九二年一一月所収）の手法が、ホームビデオでじっと追っていくようなやり方をとっていること。二つ目は、その手法が映画『誰も知らない』のカメラアイと共通したものを持っているということ。そして、三つ目は、その流れの中に『チャーシューの月』という作品があるのではないか、という三つになる。

ぼくが《ホームビデオ的まなざし》というものにこだわったのは、そこに「いい子」とか「わるい子」とかいうフィルターをつきぬけた、そのままに生きている子どもをとらえることができる、そんな可能性をみるからだ。「いい子」「わるい子」あるいは、「かわいい」「かわいそう」というフィルターをかけることで今まで見落とされてきてしまった子どもが、そこにいる。埒外に置かれたそれらの子どもたちを見ていくまなざしを、ぼくは《ホームビデオ的まなざし》の中に見たように思えた。

しかし、『チャーシューの月』という作品自体については、「たまごやきとウインナーと」からの流れである《ホームビデオ的まなざし》という、ぼくの仮説みたいな思いの方が先行し、あまり語っていないという気持ちが、そのときもいまも、ぼくの中には残っている。そのあたりをふまえつつ、今度は、子どもの「保護」と「自立」の奇妙な緊張関係というところに焦点をあてながら、考えてみたいと思うのだ。

＊先駆としての『おかしな金曜日』

国松俊英『おかしな金曜日』（偕成社　一九七八年八月）は、親の育児放棄をあつかった先駆的な作品である。出版されてから三八年たった現在もまだ、それは色あせていない。ぼくは、久しぶりに、この本の立ち位置を確かめることから始めてみようと思う。

まずは、プロットから。

伊達洋一の家はかもめ団地十号館の四階にある。父親はいない。〈死んだのではなく、一年まえ家を出たきりかえってこないのだ。〉(p.9)ということだ。洋一は、クラスのみんなからはイタチと呼ばれている。三年生のときに知らないやつが「伊達」を「イタチ」とまちがえて読んでから、そうなった。〈からだが小さくてすばしっこいところや、日に焼けた顔にまるい目が光っているところは、イタチにぴったりだという。なににでもぬけめがなく、にげ足のはやいあたりはあたっているかな、と洋一はじぶんでも思う。〉(p.9〜10)

埋め立て地のグラウンドを、六年生と取り合い、なぐりあいのけんかになる。顔に青あざができたり、六年生の母親がどなりこんできたりというところから、物語は始まる。主人公の洋一は、「いい子」というよりは、むしろ「わるい子」の方に片足を突っこんでいるような、元気でわんぱくな少年として、国松は登場させている。

〈洋一は、父ちゃんの自動車がレッカー車にひかれて、団地を出ていった日のことをわすれてはいない。〉(p.20)という、父親の車がもっていかれたときのエピソードをはさみながら、「おかしな金曜日」はやってくる。

〈六月三日の金曜日は、朝からへんな日だった。〉(p.32)とはじまる第二章で、父親に続いて母親もいなくなる。小学五年の洋一は、一年になる弟の健二とふたりだけの、秘密の生活にはいることになる。塾のテストの成績が悪くて家に戻れないでいるメガネの山田と親しくなったり、隣の席の中野みさ子に様子のおかしさから感づかれてめんどうみてもらったりしながら、洋一たちは、子ども二人だけの生活を続ける。物語も終盤、第六章の終わりあたりで、山田が〈じどうそうだんじょ〉(p.138)の話をもってくる。

兄弟ふたりで、埋め立て地に行って、チドリのたまごをさがしているときに、鳥の観察に来ていた〈大沢正夫〉という児童相談所につとめている男の人に会う。夜中に健二が腹痛をおこし、翌日みさ子におかゆをつくってもらったりという流れの一方で、山田に、児童相談所のことをいろいろ調べてもらっていて、下見などもしていたことが、最後になってわかってくる。

ラストは、洋一と健二の二人が、雨あがりの駅から電車に乗る場面だ。見送りは、山田とみさ子の二人。ドアのガラスにぴったりと顔をつけて手をふる洋一と健二をのせて、電車はゆっくりと動き出し、すぐにスピードをあげる。〈電車が走っていく西の空に、雲が切れた青い空がすこしだけ見えた。〉（p.181）という一文で、物語は終わっている。

＊沈黙1。〈母ちゃんがかえってこなかったこと、だれにもいうなよ〉

「ケン、朝めしぬきだけど、おなかすいても、がまんするんだぞ。」

「うん、へいきだよ。」

「それから、ゆうべ母ちゃんがかえってこなかったこと、だれにもいうなよ。」

「どうして？」

「ほかのひとがきいたら、いろいろいってくると思うんだ。きっとまずいことがおきるにきまってる。ね、だまってるんだぞ。」

「うん。」（p.50）

洋一に対する、健二の答えは、おさない弟らしい。短くて端的だ。「うん、へいきだよ」「どうして?」「うん」。それだけだ。洋一の言わんとすることも端的だ。〈だれにもいうなよ〉、ただ、それだけだ。

ぼくは思う。子どもたちは、いつ、どこで、どうして、この「都合の悪いことは言わない」という技をおぼえるのだろうか。

子どもたちは、日常の中にどっぷりとつかっている。大人たちの庇護の中で、毎日同じようなことの繰り返しという日常茶飯事を過ごしている。だから、その日常から外れることがおこると、その外れ方の度合いによって、わめいたり、泣いたり、おちこんだり、ときには、大人たちに対する沈黙という選択をとるのだろう。

洋一の、この場合、「大人たちに対する沈黙」が選ばれた。他にも選択肢はあったと思うが、ともかくも、国松は「大人に対する沈黙」という方法を、子どもたちに選ばせる。

子どもが「沈黙」するとき、そこには、大人のつくった「制度」が関わっていると、ぼくは考えている。その「制度」に抵触したとき、あるいは抵触すると感じたときに、子どもたちは「沈黙」する。

子どもは両親あるいはそのどちらかといっしょにいて家族になっている。そういう「家族のかたち」をありうべき制度として世間はなりたっている。そこから、父親がぬけ、母親もぬけてしまったいま、洋一は本能的に〈やばい〉と考える。そして、沈黙する。

＊沈黙2

もう数十年もむかしのことだ。勤め先の学区内で、猟銃暴発の事件があった。全国紙の社会面の片隅に、猟銃が暴発し小学三年の男の子が一人死亡したという記事が出た。

これは、たしかに事故ではなく、事件だった。暴発と報道されたが、実際には中学生の男の子が、「うつぞ、うつぞ」と銃口をむけ、「いやだ、いやだ」と布団をかぶっていた男の子の頭におしつけて撃った。そのとき、布団の中には、二人の男の子がいた。一人の男の子が撃たれ、もう一人の子は無事だった。

無事だった子は、何も話さなかった。夕刻過ぎ、帰宅しない我が子を心配した両親が、いっしょに遊んでいた男の子に事情を聞き、問いただした末に、やっとわかったことだ。犯人がまだ中学生の未成年でそれを考慮し、暴発と報じられた。ぼくはそのとき、重過失致死という、過失致死のうえに「重」がつけられている罪名を初めて知った。

もしかしたら自分が撃たれていたかもしれないいっしょにいた男の子が、なぜそのとき、沈黙したのか、ぼくには、ほんとうのところはわからない。でも、彼はそのとき何か悪いことをしてしまったような気分におそわれ、ただだまっていたのではないか。ただ、それだけなのだ。ぼくは、そのときも、今も、そう思っている。

＊沈黙3

やはりむかしの話になる。学区内を流れる河で、一年生の男の子がおぼれて死んだ。そのときは、全国紙の社会面のトップ記事になった。写真入り、複数の有識者のコメント付きで、大々的に報じられた。理由は、いっしょに遊んでいた子たちが、おぼれた子をたすけてくれと、通りかかった車の男性に頼んだが、それを無視して、車は去って行ったというオマケの話がついていたからだ。記事は『世の人情はどこへ行ったのか』という意味合いのヘッドラインがつけられ、有識者は、人情の欠如をなげいていた。

子どもがひとりおぼれ、ひとりの子が、通りかかった車の男性に「たすけてくれ」といったところまでは、ほんとうだった。しかし、いっしょに遊んでいた二年生の子が「うそだ、うそだ」といって、それをとめた。車の男性は、子どものついた悪質ないたずらに腹を立て、悪態を一言ついて、去って行った。残った子どもたちは、自分たちだけの力でおぼれた子をたすけようとしたが、護岸工事の行き届いた都会の川岸は、それを不可能にするものだった。

我が子が帰宅しないことを心配した両親が、いっしょに遊んでいた子を問いただし、河でおぼれたという事実を知ったときは、夜中の十二時をまわっていた。大人の助けを「うそだ、うそだ」といってしりぞけ、自分たちでたすけようとした子は、前年にぼくが教えた子で、おぼれた子は、その年、ぼくのとなりの組にいた子だった。

「うそだ」といった子は、川のそばで遊んではいけないというきまりをやぶったことを、大人にとがめられるのではないかと考えて、「うそだ」といううそをついたのだ。夜中の十二時すぎに、川岸に立ちながら、ぼくは、一年間その子の担任をしながら、いったい何を教えてきたのだろうかと、考えていた。夜中の河岸の寒さではなく、この「沈黙」の重さの方に、ぼくはふるえていたように思う。

話を『おかしな金曜日』に戻すと、洋一は、本能的に両親の欠如を〈やばいこと〉と感じ、沈黙する。この沈黙は、メガネの山田と、隣の席のみさ子というふたりの子どもには解かれ打ち明けられるが、大人たちに対しては、最後まで貫徹されている。大人に対する沈黙を貫徹しつつ、なおかつ元気で明るい筆致で描き通しているところに、国松の、厳しい現実とそれでもなお前を向いて進んでほしいと考えている、希望的といっていい子どもへのまなざしを感じる。

＊教室にいることがたのしかった

「へへへへ、じろじろ見るなよ。どうってことないんだから。」

洋一は、てれくさくなっていった。それでも、まだみんながふしぎそうに見ているので、トイレにいくふりをして教室からにげだした。

なぜだかわからない。きょうの洋一は、教室にいることがとてもたのしかった。クラスのだれもが、いつもよりしたしく、なつかしく思えた。（p.54）

母親が帰ってこなかった翌日、洋一は、ふだんなら大原といっしょになって四の字がためをかける秋山をたすけたりして、大原や秋山自身にまでおどろかれたりする。

この雰囲気は、最終章で、家を出る日まで続く。学校に来る最後の日、洋一の態度は〈むかしにもどっていた〉（p.172）と書かれているが、この〈むかし〉は、「母親がいたころ」のことである。洋一は、先生に大きなかみなりを二度おとされ、ブルドッグ大原と大げんかをして、教室の後ろに立たされる。〈五年三組で勉強するさいごの日〉（p.172）を、むかしどおりのわんぱくで過ごす洋一の爽やかさは、母親という大人をふっきった爽やかさだと、ぼくは思う。

子どもの「いじめ」が社会問題化してから以降、教室は暗くて、いじめが蔓延していて、友達同士も空気を読み合う、とんでもない空間だと思われてきたきらいがある。しかし、学校というのは、基本楽しいところなのだ。まあ、他に行くところもないから学校に毎日行っているというのも、ほんとうのところだが、もしつまらなかったら、いくらがまん強い子どもたちでも、そう学校に行ってばかりはいられないはずだ。少数のこまっている子を無視するつもりはないが、大部分の子たちは、それなりに学校をたのしいところとして、毎日をすごしているということを、ぼくらは、基本として知っておく必要がある。大事なのは、この楽しいはずの学校が、何らかの形でゆがみ、変形してしまうということであって、最初から、子どもたちが学校が病んでいて、それを「癒やす」ような発想の物言いを、ぼくは好きでないし、信用もしていない。

国松の生命線は、育児放棄という一大事をあつかいながら、最初から最後まで、明るい筆致をかえていないことにある。育児放棄というテーマの重さに、ぼくらの目もそっちの方向へとかたむいていきがちだが、そうではない、あたりまえのように楽しむクラスの様子を描いている国松の目は、ぼくにとっては、ちょっとばかりうれしいことになる。

＊お金1。

母ちゃんは、もうここにはもどってこない。つとめもやめて、知らない男の人とどこかへいってしまったのだ。（p.61）

つめたいクリームは、口のなかでひんやりとあまい味がひろがっていった。そのしゅんかん、人のざわめきも、ビルのなかにながれる音楽も、洋一にはきこえなかった。

——母ちゃんはもうかえってこない。兄弟ふたりだけになったんだ、という声が、耳のなかにいつまでもこだまして鳴っていた。（p.63）

洋一と健二のふたりは、母親の勤め先である駅ビル三階のカバン売り場に行く。いないこと、もう戻ってこないことを確かめてから、食べるソフトクリーム。

なにをおいても、食べることはいちばんだいじだ。（p.66）

お金のあるところだけが、なかなかわからなかった。弟がねたあとも、洋一は家じゅうひっかきまわした。食器だなの引きだしに、七千円はいった封筒が見つかった。小銭や洋一の貯金を合わせて九千四百五十円になった。これだけで何日間生活できるかわからない。けれど、節約してやっていくよりしかたがない。

銀行の通帳も見つけた。五月おわりの残高は、二万七千三百円になっていた。しらべてみると、家賃や、ガス代、電気代、水道料金などを合計して、一か月二万九千円くらいかかった。だからこの残高は、なんとか一か月だけ生活できる金額だった。（p.66～67）

母親不在の生活が始まる。お金の残高が示され、あまり上手ではない洋一が作った〈できそこないの夕食〉（p.71）のことが語られる。

洋一は、塾の成績が思わしくなくて家へ戻れない山田と親しくなり、いっしょに夕食を食べたりもする。教室で隣の席のみさ子も、洋一の様子がおかしいのに気づき、自分の誕生日の〈お赤飯〉（p.100）をもってきたりする。

送られてきた〈一万円〉(p.94)を使わずに、タンスの引きだしに放り込んでおくことや、下の階のおばさんや担任の吉田先生が様子を見に来たりということが語られる。みさ子が母親に「お母さんは、この家を出てしまいたいと思ったことはない?」(p.113)という質問もおもしろい。

そういえば、児童文学は、子どもの家出は、よく題材にしているが、お母さんの家出というタイトルのモノはあまりみない。育児放棄も、見方をかえれば「母さんの家出」というタイトルの児童文学になるのかもしれない。いろいろあって、もういやだと全てを放棄して家出するお母さん、全てを母親任せにしていた家族たちはてんやわんやの悪戦苦闘の連続、母親の大切さを再認識したところで、母親の帰還、大団円なんてストーリーなら、すぐにでもできそうだ。でも、物語は、つねに大団円とは決まっていない。事実は物語よりもっと「奇妙奇天烈摩訶不思議奇想天外四捨五入出前迅速落書無用」にちがいないのだ。

*〈じどうそうだんじょ〉

「伊達くん、じどうそうだんじょって知ってるかい?」
「いや、知らないよ。それ、なにするところだい。」(p.138)

児童相談所という言葉は、最初、ひらがな傍点付きであらわれる。
「知らないよ」という洋一に、メガネの山田は次のように答えている。

「もしもだよ、伊達くんが、お金もなくなり、先生たちも感づいて、団地にいられなくなったとき、その相談所が、ちゃんとめんどうみてくれるかもしれないんだ。親が病気になったり、どっかへいってかえってこなくなったら、子どもたちはこまるだろう。そういうとき、そこがいろいろ相談にのってくれて、子どもたちがおちついて生活できるところをさがしてくれるんだ。もちろん、お金はいらないんだ。」(p.139)

洋一は「へえ、ほんとかい、そんなとこがあるのか、おれ、知らなかったよ」と答え、さらに調べるという山田に「たのむ。ほんとにそんなとこがあるのなら、ありがたい」ともいう。

だめ押しのように、チドリのたまごをさがしているときに、洋一と健二は、児童相談所につとめている〈大沢正夫〉という男の人に出会う。その人は〈児童相談所てのはね、両親とも死んでしまったかわいそうな子どもや、片親はいてもそだてる力がない子どもなどがやってくるんだ。でもみんな、きみたちみたいに元気だぞ。〉(p.148)といい、洋一は〈ぼくたちも、もうすぐそこへいくかもしれないんですといえば、この人はびっくりするだろうな〉(p.149)と思う。

洋一の中で、児童相談所のイメージは、あくまでも明るい。山田くんは〈お金はいらない〉といい、大沢正夫は〈みんな、きみたちみたいに元気だぞ〉といい、洋一自身も〈もうすぐそこへいくかもしれないんですといえば、この人はびっくりするだろうな〉と思っている。

そして、その夜、健一の腹痛さわぎがあり、みさ子におかゆをつくってもらうというエピソードをはさんで、銀行の預金がなくなるという事態になる。

＊お金2

山田とみさ子をよんだダイニングキッチンで、洋一は言う。

「じつは、きょう、とうとう銀行の預金がなくなっちゃったんだ。ガス料金の払いこみができないから、すぐ預金しろって、銀行から電話がかかってきたんだ。」

洋一がまるでひとごとのようにあっさりいうので、ふたりはきょとんとした顔をしている。（p.167）

この、洋一のあっさりした言い方を、ぼくはけっこう気に入っている。

物語の最初に、洋一たちの持ち金全部を示し、一か月の生活ができる金額だと言った国松は、その一か月後に、お金が切れて、物語の幕を閉じる。お金の問題は、子ども個人ががんばる努力の域をはるかに超えている。洋一は、あっさりと、児童相談所へ行く道を選ぶのだ。

まわりの大人に相談することもなく、担任の吉田先生にもないしょで、洋一は〈児童相談所にいくことにしたんだ〉（p.168）という。

雨あがりの駅から出ていく洋一と健二、それを見送る山田とみさ子。ここには、子どもの保護と自立との奇妙な緊張関係はない。洋一たちは「自立」のために、児童相談所での「保護」の道を選ぶ。

＊ラストの一文。〈青い空がすこしだけ見えた。〉

電車が走っていく西の空に、雲が切れた青い空がすこしだけ見えた。（p.181）

〈雲が切れた青い空〉は、出ていく二人の子どものこれからに、一筋の明るい光を与えている。子どもたちは自ら立つために、児童相談所への「保護」の道を選んだ。この作品では、「自立」と「保護」の奇妙な緊張関係は生じていない。むしろ、洋一たちは、まっすぐに、あっさりと、この道を選択している。

最後の教室で、母親が家出する前に戻ったようなわんぱくさで過ごした洋一。これは、行った先でも、同じようなわんぱくさで振る舞ってほしいと願う、作者国松の思いでもある。作品全編を貫いている明るい筆致は、そして最後の少しだけ見えた〈青い空〉は、言うまでもなく、作者国松俊英が子どもたちに願った、少しだけではあるが、ささやかな希望にちがいないのだ。

＊「たまごやきとウインナーと」

村中の短編「たまごやきとウインナーと」について考える。

時系列にそっていうと、国松の『おかしな金曜日』が出版されたのが、一九七八年。その八年後、一九八六年に、「たまごやきとウインナーと」が、同人誌『目白児童文学』２３号に発表されている。さらに、その六年後の一九九二年に、偕成社から短編集『たまごやきとウインナーと』に収録され単行本化されている。

同人誌発表から単行本化の間にあたる一九八八年、『おかしな金曜日』の出版から数えるとちょうど十年後に、映画『誰も知らない』のモチーフになった「巣鴨子供置き去り事件」がおきている。『誰も知らない』の完成公開は、この十五年後の二〇〇三年になる。

「たまごやきとウインナーと」も、育児放棄をモチーフにした作品である。長距離トラック運転手の父親は、しばらく家に帰っていない。母親も家を空け、ひろしは妹のそのことふたりだけでいる。妹の面倒を見つつ、悪戦苦闘する、ひろしの、月曜日の朝から金曜日の夜までの一週間の物語になる。

しかし、こう説明してしまうと、身もふたもないものになる。物語を全て読み終わるまで、あるいは登場人物とともに物語に沿って見ていくことでしか、ぼくらは、これらの事実を知ることはできない。村中が意識的に〝親切な説明〟を排除しているからだ。

物語の冒頭をみてみよう。

月曜日
ひろしは、おきるとすぐにストーブをつけた。
「おっはよっ。」
顔を近づけると、ストーブがウイーンと音をたてた。
パジャマのまま、素足でスリッパをはく。
台所へいきかけて、もどってきた。
くつ下をはいた。
そのこは眠っている。
台所へいく。
電気をつける。

なかなかつかない蛍光灯。
冷蔵庫をあける。
たまごがある。
「よおし、みてろでごじゃる。」（p.7〜8）

「たまごやきとウインナーと」における村中の文体を、ぼくは《ホームビデオ的まなざし》と呼ぶ。それは飾り気がなく、悪くいえばやせてみえる。これは、村中の試行するある方法からきている。村中自身が、〈ビデオカメラ〉になぞらえて語っている文章があるので、みてみよう。「語ることへの信頼・その行方を追う」（『研究＝日本の児童文学4 現代児童文学の可能性』東京書籍一九九八年八月、所収）の中で、村中は、次のように語っている。

一見してわかるように、接続詞を用いない。解釈をもちこまない、短い一文ずつの連なりである。（p.210）

この書き出し部分の描写は、ビデオカメラのレンズが、焦点を主人公ひろしのうしろ姿に絞って、じーっと追っていくようなものである。この時、ビデオを廻してひろしのうしろ姿を追っているのが、語り手でなく、あくまで読み手であるということが重要なのである。

わたしは『たまごやきとウインナーと』のカバー見返しに「読まれることによって物語が癒される」ということを書いた。ここでいう「読まれる」というのは、先のビデオカメラに写された断片を〝空き〟を埋めるように読みつないでひとつの像に結んでいくというような作業をさすのでなく、ビデオカメラを読み手自身がもって、じーっと廻し続けるという、その行為のみをさしている。（p.211〜212）

文学を読むという行為が、物語の語り手の意に添いながら、文脈の〝空き〟を埋めていく作業だとするならば、村中は、読み手自身がビデオカメラをまわしているような方法＝文体を模索している。だから、意識的に形容詞句や、接続詞さえない文章を書き連ねるのだ。そうすることで、読み手が物語の人物たちと同じ時間を共有しあえるのではないかと、村中は考える。村中は、これを「物語が癒される」とよぶ。育児放棄によって子どもたちだけで生活している。だれも知らない空間がある。そのだれにも知られることのなかった物語の中の子どもたちが、読まれるという行為をとおして、癒されていく。

村中の、ビデオカメラを引き合いに出しながら語る試みを、ぼくは、おもしろいと感じていた。いいかえるなら、《ホームビデオ的まなざし》は子どもの「自立」と「保護」との間に生じた齟齬を埋める一助になるのではないかと、ぼくは考えたことになる。

＊児童憲章の精神

ぼくが、《ホームビデオ的まざざし》にこだわったわけは、そこに《こどもへのまなざし》の新しい（というか今まで抜け落ちていた）視座があると感じたからだ。

児童憲章を見てみよう。

昭和二十六年五月五日
われらは、日本国憲法の精神にしたがい、児童に対する正しい観念を確立し、すべての児童の幸福をはかるために、この憲章を定める。

児童は、人として尊ばれる。

児童は、社会の一員として重んぜられる。

児童は、よい環境の中で育てられる。
一　すべての児童は、心身ともに健やかにうまれ、育てられ、その生活を保証される。
二　すべての児童は、家庭で、正しい愛情と知識と技術をもって育てられ、家庭に恵まれない児童には、これにかわる環境が与えられる。
三　すべての児童は、適当な栄養と住居と被服が与えられ、また、疾病と災害からまもられる。

児童憲章は、10箇条まであるが、とりあえず三条までにしよう。ここに「家庭に恵まれない児童には、これにかわる環境が与えられる。」とある。ここには、子どもたちを見捨てることなく、その権利と尊厳と生活を保障していこうという自信に満ちたゆるぎないまなざしがある。当然のことながら、ぼくらは、人類がようやくたどり着いたこの崇高な精神とまなざしを否定することはできない。

＊埒外。あるいは、子どもの自立と保護との奇妙な緊張関係
しかし、映画『誰も知らない』の子どもたちは、この精神の埒外にいる。

母親が蒸発してしまった四人の兄妹は、〈児童養護施設〉にいれさせられることで、兄妹がばらばらにさせられることをおそれ、母親という保護者がいなくなってしまったという事実を隠し続けるのだ。そこには、児童憲章で高らかにうたいあげた精神とは、あまりにもかけ離れた、むしろその「庇護下」に入ることを意識的に避けようとする子どもたちがいる。

ここに、「子どもの自立と保護との奇妙な緊張関係」がうまれる。

国松は『おかしな金曜日』の中で、母親がいなくなって子どもだけの家族になってしまったことを秘密にし続ける洋一と健二の兄弟を描いたが、子どもたちは自らの手で「児童相談所」というモノの存在にたどりつき、最終的に自らの選択肢として、そこへ行く道を選んでいる。そこには、子どもの自立と保護との奇妙な緊張関係は、まだ生じていない。国松はあくまでも明るい筆致で洋一を描く。

しかし、齟齬は確実に進行していたことになる。国松が危惧した〈秘密〉を抱えた子どもたちが、児童憲章の〈保護〉のまなざしの埒外で、現実の死と直面したのが、その一〇年後。映画『誰も知らない』が完成したのは、それからさらに一五年後のことになる。

話を「たまごやきとウインナーと」に引き戻そう。この本の表紙カバー折り返しに、次のような村中のことばがある。

読むことによって読者が癒されていくのではなく、
読まれることによって、物語が癒されていく——
そういうことがあってもいいのではないでしょうか。

これだけでは、意味がよくわからない村中のことばの真意は、前にあげた「語ることへの信頼・その行方を追う」でもって説明される。ビデオカメラのレンズをじーっとまわしつづける視点ということになる。

＊《ホームビデオ的まなざし》という試行

この村中が『たまごやきとウインナーと』で試行した《ホームビデオ的まなざし》を、ぼくは、映画『誰も知らない』をみたときに、直截に感じ、愕然としたことになる。おそらく、文字と映像との違いから来るものだろうが、ぼくが漠然と考えていた「埒外。あるいは、子どもの自立と保護との奇妙な緊張関係」というものが、そこには確実に描かれていたからだ。

じつをいうと、ぼくは「癒し」ということばを大嫌いだ。「卑しい」ということばとオトが似ているということもあるが、それは地口的冗談で、まじめに言うと、「癒し」にはその前提としての「病」があるからだ。病んでいるから癒すことになる。最初から、病んでいるという前提に立って、それを癒すという発想、考え方を、ぼくは、けっこう激しく疑っている。

ということで、ぼくは、村中の《ホームビデオ的まなざし》という試行については、「子どもの自立と保護との奇妙な緊張関係」という観点から、かなりの関心を持ってはいるが、この表紙カバー折り返しにある〈読むことによって読者が癒されていくのではなく、読まれることによって、物語が癒されていく〉という作者の真意がどこにあるのか、その試行がうまくいっているのかについては、実際のところ、よくわかっていないところがある。

映画『誰も知らない』に静かなショックをおぼえたのは、映像という媒体のためだろう。その《ホームビデオ的まなざし》をもろに感じることができた。文学における《ホームビデオ的まなざし》となると、これはこれで、またむずかしくなってしまう。作者の思惑を超えて、読みは勝手に一人歩きを始めるからだ。

＊甲木善久の『たまごやきとウインナーと』評

村中の試みがうまく理解されてか、されないでか、甲木善久が、『読書人』（一九九三年二月一三日）の書評で、『たまごやきとウインナーと』について次のようなことをいっている。以下、長くなるが、その甲木の『たまごやきとウインナーと』評を、みてみようと思う。

その装丁の良さに惹かれて手に取った。村中李衣『たまごやきとウィンナーと』（偕成社一二〇〇円）のカバーの見返しに、こんな言葉が刷り込まれていた。「読むことによって読者が癒されるのではなく、読まれることによって、物語が癒されていく――そういうことがあってもいいのではないでしょうか」と。

実は、これを読んだ時、ゾクッとした。そう、かなり期待したのである。

現在の日本において、あらゆるヒット商品の影には、この「癒し」というシカケが潜んでいるといっても過言ではない。これはもちろん、文学も同様で、村上春樹や吉本ばなな、そして江國香織といった作家が広く受け入れられるのも、その作品の持つ「癒し」の構造によるところが大きいのだ。（詳しくは大塚英志氏や桜井哲夫氏の著作をどうぞ）。それが今度は、読む側ではなく物語の方が癒されるという。なれば、物語の次のステップがこの作品で示されるのかと、期待はいやが上にも高まるではないか。

さらに、作者村中はかつて、読者が物語を読むというその視点にこだわることで、灰谷健次郎の『兎の眼』の贖罪の魔力について言及した、優れた評論を発表しており（「日本児童文学」一九八七年四月号）、この点を考えあわせてみれば、もう「物語を癒す」という新しい手法に対して、期待するなという方が無理というものである。ところが・・・。

その読後感は最悪だった。無責任な両親を持ってしまったがために、ケナゲに生きざるを得ない兄妹を描いた表題作を筆頭に、どれもこれも、出口の見えないお話ばかりが並んでいるのだ。そりゃあ、「読まれることによって、物語が癒されていく」ということを、一方向の癒しを超えた、物語との双方向の癒しによって、さらに充実した読後感が得られるものと勝手に思い込んでいたのは、私がいけない。しかし、過剰な期待を割り引いたとしても、この物語を読んで、「物語が癒される」という魅力的なフレーズを、どう理解しろというのだろう。

もしかすると、再読することによって物語の質感が変わるかもしれないという淡い期待を抱いて、実はその後三回読んだ。だが、少なくとも私の読解力の範囲では、登場する子どもたちの置かれた暗い状況は変わらず、読む度により陰鬱となるだけであった。読者にとっての「物語が癒される」ということの意味は、こんな現実に生きている子どもの存在することを知ることなのか。あるいは、それでも懸命に生きる子どもたちの健気さに感動しろとでもいうのか。子どもの健気さに拠って立つ児童文学など最低である。前記の評論を見る限り、それが分からぬ作者ではないと思うが、この作品、はたしてどういうつもりで書いたのか。

甲木の、「たまごやきとウインナーと」評は、一言でいえば、酷評である。村中が意識的に書いた

〈接続詞を用いない。解釈をもちこまない、短い一文ずつの連なりである〉文章を読んだ甲木は、理解不能におちいったのかもしれない。念のために三度も読み直すことになる。その結果、〈少なくとも私の読解力の範囲では、登場する子どもたちの置かれた暗い状況は変わらず、読む度により陰鬱となるだけであった。〉という結論にいたる。村中の、一見してやせた文章は、文字通りやせた文章として受け取られ、〈「物語が癒される」ということの意味は、こんな現実に生きている子どもの存在することを知ることなのか。あるいは、それでも懸命に生きる子どもたちの健気さに感動しろとでもいうのか。子どもの健気さに拠って立つ児童文学など最低である。〉という憤りとも叫びともいえる言葉でしめくくられることになる。

甲木は、村中の配した「物語が癒やされる」という言葉の陥穽におちいったのだと、ぼくは思っている。ここには、村中のいう「癒す」の真意が、よくわかっていないぼくがいる。それとは全く別の次元で、この作品を全く受け付けない甲木タイプの読者もいることになる。

ぼくは、村中のホームビデオ的なまなざし、またその意図を持って書かれた一見やせた文体について評価しているが、その「癒やし」の方は、真意がよくつかめず、首をかしげている。一方、甲木は、この「癒やし」という言葉に惹かれて読み、一見してやせた文章に、落胆することになる。作者の思惑を超えて、読みは勝手に一人歩きをはじめてしまう。それはそれで、またおもしろいことにはちがいない。

甲木の論評の中でとりあげられている村中の『兎の眼』論は、「感動の向こう側へ――『兎の眼』ロングセラーの秘密と問題点――」（『日本児童文学』一九八七年四月号所収）というものだ。〈日本の戦後児童文学・ロングセラーの秘密〉という特集のひとつとしてかかれたもので、村中の論も、『兎の眼』という作品がなぜ長く読み継がれてきたかという点に主眼がおかれている。

この中で、村中は〝すりかえの方程式〟という言い方で、『兎の眼』批判を展開している。〝すりかえの方程式〟とは、〈ブラックボックスを通すことによって、自己批判を他者礼讃へとつなげていく描き方〉（p.82～83）のことをいう。

たとえば、小谷先生が、海で、傷を負ったカメに出会う場面がある。海にかえしてやると、カメは首をピンと立てて、手足をゆらゆら動かして泳いでいく。広い海でそれは何となくおかしな動作なのだが、おかしいので、余計カメの真剣さに胸打たれるという場面である。これを、すりかえの方程式にあてはめると、〈負傷したぶかっこうなカメをインプット→ブラックボックスの中で、カメの真剣さを受けとめる思いやりとやさしさに包まれる→胸うたれる感動的なカメの姿でアウトプット〉ということになる。

しかし、と村中はいう。

ぶかっこうなカメであることと、そのカメが真剣に泳いでいることとは、本来何の因果関係もないはずである。

身体の不自由なカメが、けんめいに泳ごうとしていた、これは事実である。が、五体満足なカメも真剣に泳いでいるわけで、自分の生命を生きぬこうとする上では対等なはずだ。それが、傷を負っているために、がんばる、けなげだと涙され、感動されてしまう。

物語を読むとき、「かわいそうなカメ」に出会ったときに、すでにその時点で、カメは感動の対象として仕立てあげられる必然があった。読みの中に、無意識のうちに挿入されてくるこのすりかえの方程式を、村中は、意識の上にのせ、まな板の上にのせ、きちんと捌いた上で食べるなら食べろと言っている。

このカメの、すりかえの方程式を、「たまごやきとウインナーと」のひろしにあてはめると、どうなるのか。

《かわいそうなひろしという少年をインプット→ブラックボックスの中で、ひろしの真剣さとけなげさを受けとめる思いやりに包まれる→胸うたれる感動的なひろしの姿でアウトプット》

ということになる。しかし、作者村中は、読者がすりかえの方程式を駆使してひろしに感動する読みを、潔しとしない。いうなれば、感動しないための罠が、仕組まれることになる。村中がいう〈一見してわかるように、接続詞を用いない。解釈をもちこまない、短い一文ずつの連なり〉は、村中が配した、感動の方程式にすりかえられないための罠であり、試行であった。ぼくはそこにホームビデオ的まなざしをみ、甲木は、なんの深みもない文章をみたことになる。ぼくは、甲木の読みがおかしいといっているのではない。一見してやせた文章に対する、それはむしろ、自然な読み取り方といっていいものだろう。読みの変容は、それこそ読み手の数だけあるものなのだから。ここでは、読み方のヴァリエーションと、村中の試行のことだけを、頭にとどめておこう。

*篠崎五六の『たまごやきとウインナーと』の読み

さて、作者である村中がいう「癒す」の真意をよくわかっていないが、そのホームビデオ的まなざしをおもしろいと思っているぼくがいる。それとは全く別の次元で、この作品をまったく受け付けられなかった甲木タイプの読者もいる。

もうひとつの読みのヴァリエーションとして、ここに、作者の意図していなかった「空き」を読み取っていこうとする読者もいる。篠崎五六の「文学作品を読むとは」（『ひと』二九〇号所収）の読みをみてみよう。

わかりやすくみるために、先にあげた「たまごやきとウインナーと」の冒頭当該部分をもう一度あげて、それから、篠崎の読みをみることにする。

パジャマのまま、素足でスリッパをはく。
台所へいきかけて、もどってきた。
くつ下をはいた。
そのこは眠っている。
台所へいく。
電気をつける。
なかなかつかない蛍光灯。
冷蔵庫をあける。
たまごがある。（p.7〜8）

まず、スイッチを入れたけど、蛍光灯はなかなかつかず、それを見上げているパジャマ姿のひろしが、うかんでくるだろう。ちょっとの間、寒い……だから冬の朝で、まだうすぐらい台所に立って、つかない蛍光灯を、はやくつかないかな、という思いで見上げているひろしの映像が読み手のなかにつくられ、テキストの〝空き〟を埋める。それにつづいて、やっと蛍光灯がつき、台所があかるくなったので、〝さて、じゃあ……〟という顔つきで、台所にある冷蔵庫のところへいき、冷蔵庫をあけてなかをのぞくひろし、という映像が読み手のなかにうかぶはずだ。それで、テキストの空きが埋められ、ひろしの姿、動作は、具体的な映像としてつながり、うごく。

篠崎のこの文章は、『ひと』290号が手元にないので、村中の前掲「語ることへの信頼・その行方を追う」からの孫引きである。篠崎の読みは、ぶつ切りのような村中の文章の間を埋めていく作業になる。なかなかつかない蛍光灯を見上げながら、はやくつかないかなぁと思っているひろしのイメージが語られる。やっとついたので、ひろしは〝さて、じゃあ〟という顔つきになる。そこで、ようやく冷蔵庫の中をのぞくひろしのイメージが語られる。篠崎は〈……ひろしの映像が読み手の中につくられ、テキストの〝空き〟を埋める。〉と書いている。

篠崎の読みは、教室での文学の授業では「行間読み」とよばれている、ごくふつうの読み方になる。教師の発問風にいえば、「さあ、ココに書かれていることを元にして、想像力をふくらませて、作者の思っていること、言いたかったことを考えてみましょう」ということになる。実際に子どもたちの教科書の行間に、思ったことを書かせていくという方法もある。

たとえば、と、横道にそれる。一読総合法の場合、物語全体の通読はしない。その日の授業の分だけをくわしく読むことになるのだが、最初にやるのは個々人の「ひとり読み」になる。そのひとり読みが「行間に書き込みをしながら読み進める」という作業になる。書き込みには明確なルールがある。書き込んだメモの頭に決められた印がつけられていくのだ。とりあえず、アルファベットで列挙すると、こんな感じになったりする。
（a）分からない漢字や言葉
（b）意味のわからない文
（c）疑問に思ったこと
（d）自分の経験や体験
（e）意見・感想
（f）みんなと話し合ってみたいこと　など

印をアルファベットでやるのは無味乾燥だし、小学校低学年になると、四年生になってはじめてやるローマ字の学習もしていないことになるので、書き込みの頭につける印は㋩㋥㋻㋫㋔みたいになる。このようにしつこく読みの作業をする理由は、ただ漫然と読むのではなく、読んでいる自分の内言を意識させるために外へ書き出させ、そうすることで自分自身の読むという行為を客観的にとらえることができるようにするためだという理屈になる。横道にそれたが、それた理由は、篠崎の〝空き〟を埋めて読む読み方が、特別に変わった読み方ではないといいたかったからだ。むしろ、学校教育あたりでは、行間読みは、あたりまえのふつうの読み方になる。

この篠崎の空きを埋める読み方について、村中は次のように言っている。

なるほど、前の文から順に読みつなぎ、ひとつのまとまった映像をつくり出す〈読み〉の作業はこういう風に成されるのか、と納得しながらも、書き手側の企ては、やはり別なところにあった。

〝空き〟をつくったつもりは、実は私にはなかったのである。（p.211）

読むという行為は、不思議なものである。読みは、読み手の数だけ変容する。村中の書いた一見やせてみえる文体は、行間の空きを読むのを、いわば拒否するために仕組まれた文体であった。それでもなお、篠崎は、そのやせた文体をむしろ大きくふくらませて読み、甲木は、そのやせた文体にいったい何を語りたいのかと憤った。ぼくはぼくで、そこにホームビデオ的まなざしをみつけて、よろこんでいる。

ホームビデオ的まなざしで語らなければならなくなったのは、子どもの「自立」と「保護」との間に齟齬が生じたからである。国松作品に描かれた洋一という少年は、大人の助けを借りることなく一か月を過ごし、自らの選択として児童相談所へ行く道を選んでいる。ここには「自立」と「保護」との間に齟齬はない。

ホームビデオ的まなざしは、子どもが「自立」と「保護」の狭間にいるという認識がある。子どもという存在が、それだけあやふやなものになっているということになる。そのあやふやさのその先を見ようとしたとき、狭間に生きる子どもたちを、できるだけそのままのかたちで、確かなものとして見つめていこうとする。その中で、ホームビデオ的まなざしは生まれる。それは、埒外に置かれた子どもたちへの、やはり自分も不確かなものでしかない大人が見つけ出したひとつの視座なのである。

「たまごやきとウインナーと」のひろしは、『おかしな金曜日』のような明るい筆致では描かれていない。だからといって、村中は、「かわいそう」とか「けなげ」だとかいう読み方を遮断するかのように、「月曜日……」「火曜日……」と続けていく。まるで日記というより日録風に、書き連ねていく。そして「金曜日……」。夜になって帰ってきた母親がもってきたスシ折りを、ひろしははらいのける。

ハンバーグをつくれ！
カレーライスをつくれ！
サラダをつくれ！
みそ汁をつくれ！
野菜いため！
おでん！
てんぷら！
ロールキャベツ！
すぶた！
マーボードウフ！
つくれ！　つくれ！　いますぐつくれ！（p.48～49）

羅列というレトリックは、ときとして、ぼくらの精神を理屈抜きで研ぎ澄ます。ぼくらは、ひろしやその母親だけでなく、自分自身も同じ危ういところに立っていることに気づくことになり愕然とするのだ。

＊『チャーシューの月』について。

さて、問題は、『チャーシューの月』である。

ぼくは、よくわからないながらも、『チャーシューの月』を、「たまごやきとウインナーと」からの引き続きとしてとらえ、《ホームビデオ的まなざし》という観点から読むことにした。理由は「子どもの自立と保護との奇妙な緊張関係」を考える上で、その方がいいと思ったからだ。

しかし、村中の〝やせた〟文体は、一方で「子どもの健気さに拠って立つ児童文学など最低である。」という甲木のような批判をうみ、もう一方では、そのやせた隙間を埋める、篠崎のような「テキストの空きが埋められ、ひろしの姿、動作は、具体的な映像としてつながり、うごく。」という読みもうみだすことになる。

映画『誰も知らない』がストレートに映像で表現していたのに比して、ここで語られる《ホームビデオ的まなざし》は、やはり、文学の問題なのだ。

『チャーシューの月』を、文学的に巧みに描けていないとする批判は、甲木のとらえ方に近いのだろう。この作品が、課題図書に選ばれたのは、篠崎の読みの流れに属するものなのだろう。「考える読書」は、行間の空きを埋めていく読みの作業にちがいないのだから。

＊冒頭。うすい雪とほんとうは消灯時間

明希が「あけぼの園」にやってきたのは、二月のはじめ。うすい雪が降っていた。

午後九時すぎ、ほんとうは消灯時間だったけど、わたしは、四月から買ってもらう雑誌の調査書を出し忘れていたのに気づいて、こっそり事務室にもっていくところだった。（p.6）

冒頭部分である。主な登場人物がふたりとも、ここで出てくる。明希と、一人称の「わたし」＝美香である。

「たまごやきとウインナーと」と比べると、特別ぶつ切りでもない。短い一文ずつの連なりでもない。一人称の「わたし」の眼から語られている分だけ、美香の感情移入もある。わりとふつうの文体になっている。例えば、雪に〈うすい〉という形容詞がついたり、ただ消灯時間なのでなく、〈ほんとうは消灯時間だったり、〈こっそり〉もっていったりする。

それでも、読むものがときにノンフィクション風と錯覚するのは、村中があくまでも、美香の目に映ったものに限定して描こうとしているからなのか。美香の目にとまったものが〈ミミィーのぬいぐるみ〉だったから、明希は〈黒地に赤と銀色のラメの入ったチャイナドレスのミミィーのぬいぐるみをだいて、玄関につったっていた。〉（p.6〜7）と、描かれる。

くりかえしになるが、『チャーシューの月』の文体は、ぶつ切りではない。短い一文ずつの連なりでもない。一人称で語られる分だけ、美香の感情移入も多い。それでも、目に映ったものを「わたし」の目からそのままに書いていく。感情の起伏も、一瞬の風がおこり去るように、こだわることなく通り過ぎていく。

この書き方は、児童養護施設の子どもたちのことを書きたい、知ってもらいたいと思う一方で、読み手がへたに「かわいそう」という感動のシステムに入り込んでほしくないと考えているであろう、作者村中李衣の作り出した、苦心の結果の《ホームビデオ》なのだと、ぼくは思う。

＊〈たぶん、父親〉、そのマイナスイメージのコトバの重なり。

〈色の黒いぎょろ目の男〉〈灰色の作業服〉（p.8）

明希のあとから玄関を入ってきた〈たぶん、父親〉（p.9）の描かれ方は、マイナスイメージのコトバが、どんどんと重なりたまっていく風に描かれる。男は園のスリッパに〈ようやく〉（p.10）足を通し、〈ぺこぺこ〉と頭を下げる。〈ようやく〉というコトバには、（ほんとうは上がりたくない、玄関先ですませたい）というマイナスの心情が見える。〈ぺこぺこ〉する男には、その心の卑屈さがあらわれている。行間を読むまでもなく、ぼくらは「わたし」という美香の一人称のおかげで、父親に対するマイナスイメージのコトバの連鎖を味わうことになる。何の解釈も持ち込まないのではなく、「わたし」＝美香の〝解釈〟だけで語られる文章ということになる。

＊「ごめんなさい」の連呼

足元には、赤い三輪車がふたつ、ハンドルのはしっこについている黄色いまんまるブザーを、明希はそっと親指で押した。

ブブーッ

びっくりしてとびあがった明希は、両手でブザーをかくした。

「ごめんなさい、ごめんなさい、ごめんなさい」（p.11）

父親に対するマイナスイメージのコトバに続くのは、明希の「ごめんなさい」の連呼だ。ブザーの音におびえ、「ごめんなさい」をくりかえす明希の様子は、日常的に暴行という虐待を受けていたことの証左になる。のっけからの「ごめんなさい」三連発は、書かれてはいないが明希がどのような状況に置かれていたのかを饒舌なほどに明確に示すものだ。これは、行間の〝空き〟どころか、ストレートに語られているといっていい。明希の「ごめんなさい」は、これからもしばしばくりかえされることになる。これは、けっこう饒舌な文体なのだ。

饒舌ついでに、このあと出てくる「ごめんなさい」を全部あげておくと、こうなる。

二度目は、赤ん坊の貝を落としたとき。貝に髪の毛をつかまれた明希は重心がくずれる。貝は明希の腕からすりぬけ、頭からまっさかさまに床に落ちる。ごぉんと鈍い音がする。明希は一瞬凍りつき「ごめんなさい、ごめんなさい」(p.27)とくりかえす。このとき、美香はふいに、押しこめていた自分自身の〈記憶のふた〉(p.28)をあける。とうちゃんの平手は続く。本箱やイスの角に投げとばされて血が出ることもある。血が出ると、平手は終わる。とうちゃんは酒臭い息をはきながら流し場の水でタオルを冷やし、血をぬぐってくれる。

〈でも、「あけぼの園」では平手打ちはない。〉(p.28)

明希は「ごめんなさい」をくりかえし、泣き声をあげる。

三度目の「ごめんなさい」は、連呼ではない。のぼるの「おてがみ」を、そのまま写し取る明希に、園長は、『おかあさん』を『おとうさん』に、『おおきのぼる』を『いいづかあき』にしなきゃならんという。そのときは、一言だけ「ごめんなさい」という。このとき、のぼるの書いたてがみをそっくりそのまま写しとる明希に、映像記憶の不思議な力があることが、はっきりとわかる。

四度目は、明希が、美香の部屋にやってきたとき。同室のゆかは、年下の明希がきて、いじめる対象ができる。風呂に行こうとする明希のものをとろうとして、反対につきとばされる。ゆかは明希になぐりかかる。明希は「ごめんなさい。ごめんなさい。とうちゃん、ごめんなさい、もうしません」(p.58)とくりかえす。「なにが、とうちゃんだよ。ばーかじゃないの」というゆか。

五度目は、全校遠足のとき。三年のしゅうじとさなえの弁当を「おそろいじゃー」といってクラスメートが冷やかす。しゅうじは、弁当箱を取り戻そうと追いかけ、さなえは自分の弁当箱を地面にたたきつける。中身がバラバラに転がり出る。それを、リスのようなすばしっこさで、明希が拾い集め、詰め始める。その手の甲を、さなえが踏みつけ、踏みつけたさなえの足を、先生がたたく。バランスを崩したさなえの足に、踏まれていた右手が自由になった明希が、とびついていう。「ごめんなさい、とうちゃん。もうしません。ごめんなさい、ごめんなさい」(p.98)

六度目の「ごめんなさい」は、家出して戻ってきた咲子に対して、「やさしかったから、ここを出ていくの?」(p.140)ときいたとき。頬に青アザをつけて帰ってきた咲子は、明希を殴る。タオル掛けの釘にひたいをぶつけた明希は、ざっくり切れて血をぽたぽたと流しながら、「ごめんなさい。ごめんなさい、とうちゃん」（p.140）という。

こうしてみていくと、明希の「ごめんなさい」を追うだけでも、あけぼの園での子どもたちの生活の様子が、けっこう見てとれる。

＊〈この人も、養護施設で育ったのか〉（p.13）

「へぇー、最近じゃ、勉強もみてもらえるんだ。おれなんかがいたころにゃ、そんなもん、なんにもなかったがなぁ」と、男がうなずいた。この人も養護施設で育ったのか。（p.12〜13）

施設の中を案内しろと、だるま園長に言われて、まわる美香。勉強なんかも一応見てくれますという美香の説明に、一応はよけいだろうと、ツッコミを入れる田中先生。

食堂の張り紙に『きょうの夜食は、ラーメンです』とあるのをみて、「夜食なんてのもあるんですか」（p.13）と、男はびっくりする。「ラーメン」というコトバがきっかけだったのだろうか。男は〈赤黒い顔を、ぐにゃっとゆがませて〉（p.14）しゃべりはじめ、しゃべりつづける。

いえね、そこの踏切をわたってくる前のふた股を右に走ったところにラーメン屋があったもんで、こいつとふたり、チャーシューメンをね、食べたんですよ。オレは仕事の帰りなんかに食って帰るんだが、こいつときたら、ラーメン食べたことないなんていいやがるんで。おまけにこいつ、チャーシュー見て、『外のお月さまが浮かんでる』なんて、おもしれえことを……」（p.14）

親が連れて行かなければ、食べたことないだろうという美香の心の中のツッコミをはさんで、男のおしゃべりは、店のレジで当たった、〈ド派手なネコ娘〉（p.15）へと続いていく。

この本の表題にもなっている「チャーシューの月」のエピソードの最初である。

＊〈おんなじ顔〉から〈チャーシューの月〉へ

「んじゃ、自分はこれで」

男は立ちあがった。

「おい。あき、元気でな。またくるからよ」

やたら大きい声だった。日焼けした顔を、玄関の蛍光灯が浮かびあがらせる。残していく娘のほうを向いたまま、うしろへさがる。「んじゃな」。一瞬、くしゃっとゆがんだ顔。

思い出してしまった。おんなじだ。おんなじ顔。わたしのとうちゃんも、おんなじようにここにわたしをあずけ、「すぐまた会いに来る」といって、そのドアから出ていった。

なりゆきで、わたしも明希と佐久間先生といっしょに、外まで見おくりにでるはめになった。

トラックのエンジンをふかす音。

急に運転席の窓があいて、男がひゅっと顔をのぞかせ、右手を空につきあげた。

「あき、ほら、チャーシュー。チャーシューの月だ」（p.16〜17）

トラックのエンジンの音が遠ざかる。佐久間先生が、明希の肩から手をはなし、明希の手をぎゅっとにぎる。それらを見つめている「わたし」の目……。

美香に仮託された『チャーシューの月』における村中の文体はじつに饒舌である。「ごめんなさい」を連呼する明希に、自分の父親の暴力の記憶を呼び覚まし、去って行く明希の父親の〈くしゃっとゆがんだ顔〉に、自分の父親が去って行ったときと〈おんなじ顔〉を見る。そして、明希の父親はいなくなるまえに、わざわざ運転席の窓をあけ、右手を空につきあげて、さけぶのだ。――「あき、ほら、チャーシュー。チャーシューの月だ」と。

言うまでもなく《チャーシューの月》は、見たての月だ。その見たての月を指さす父親は、今まさに手放そうとしている我が子と、ふたりだけで共有しているイメージを指し示していることになる。見たては、言葉のイメージを本来もっている意味以外のものを、あえて指し示すものだから、言葉のイメージをひろげ、読みの幅をひろげるもののようにみえる。しかし、実際には、その見たての受容をせまるものだ。その見たてをわかるかどうか、納得するかどうか、その見たてを共有できるかどうかを、読者にせまっている。読者にその資格を問うている。その意味で、見たては、読者に対して、読みの幅をせばめ、その思考を一方向へと限定し、導いていくものだと考えてもいいだろう。

見たては、それを共有する地平があって初めて成立するレトリックだ。《チャーシューの月》は、ほんの少し前にラーメン屋で過ごした娘が言った『外のお月さまが浮かんでいる』という言葉と対応している。二人だけが共有するイメージを、父親は、まるでこれから去って行く娘に対する罪滅ぼしかのように、右手を空につきあげ、さけぶのだ。――「チャーシューの月だ」と。

この作品の中に出てくる見たての問題については、またあとでもう少しくわしく見ていきたいと思っている。

＊始まりの夜。

首のうしろのボタンが、とれたままだった。下に着ていた長袖のシャツも、まんなかのボタンがとれて、ふっくりしたおなかがのぞいていた。（p.20）

わたしのここでの生活も、たぶんこんなふうにはじまったんだろうと思う。わたしだけじゃない。ここにいるやつらは、みいんな。このあとどんな毎日が待っているかなんて、知りもせずに。（p.22）

明希は青いセーターを脱ぐ。首のうしろのボタンがとれている。下に着ていた長袖シャツのまんなかのボタンもとれている。明希の最初の夜に、自分もこんな風に始まったのかなと思う。美香の目は、饒舌なほどに、明希とその空気を追う。この饒舌さは、明希を追うことを通して、その先にあるまったりとした空気を描こうとしている。なぜ、美香はこんなに饒舌に語るのか。それは、まとわりついた空気そのものを語りたいからではないのか。そんな風に感じた。

＊園の朝ごはん、その空気。

三十人近くがいっせいにあつまって食べる。さぞかしにぎやかだろうとよく人にいわれるけど、だれひとりしゃべらない。しゃべる気がしないのだ。（p.23）

美香の一人称「わたし」で語られる、園のイメージは、どこまでもマイナスイメージのコトバの連続だ。〈きょうの日になにか特別楽しみがあるわけじゃない。〉（p.23）と、美香の目は語る。園から学校へ、学校から園に帰って、また学校に行って、帰って……。朝は、特別気が重い、と。美香の饒舌な語りは、そこにまとわりついて、よどんでいる「気」そのものではないのか。

いくつか、美香の心象をおってみよう。

三月は、卒業式だとかお別れ会だとか、やたら「別れ」をキョーチョーする行事が続いて、うんざりだった。（中略）ひとりになれないから、さみしいんじゃん。バッカみたい。（p.44）

いま、世のなかはかわいそうな子たちに親切にするのが、ブームらしい。（p.44）

ひとりで中学までの道を歩きながら、わたしは大きく息を吸い込んだ。門をくぐるまでの時間、この時間だけ、わたしはなににも所属しない「美香」でいられる。そう思った。

胸をはって歩こう。

あけぼの園の美香でも、～年～組の美香でもない。曇り空だけど、わたしの心は自由だ。（p.51）

「別れ」を強調する行事の中で、美香は〈ひとりになれないから、さびしいんじゃん。ばっかみたい〉と、しゃべりまくる。これは、学校という公の場で過ごした後で、戻ってくる場所もまた公の場である〈児童養護施設〉にくらす子どもたちの、逃れることのできない「空気」になる。

これを「かわいそう」と思うであろう、善意の大人たちに対しても、美香は、おしゃべりを止めない。送られてきた善意のランドセルに対して、〈いま、世のなかはかわいそうな子たちに親切にするのが、ブームらしい。〉という冷めたコトバを投げかける。このランドセルには、数をまちがえるというおまけまでついてくる。ひとつ多い赤いランドセルに〈ゆうれいっ子〉だとさわぐ小さな子たちを意に介さず、〝同じ新一年なのだから、美香おまえのじゃないんか、おめでとうな〟という信也。（信也は、このあとも物語の要所で、ずしんと重いコトバをいう存在として登場する。信也語録とでも名づけたくなる信也のコトバは、読み手をいつもそこで一度は立ち止まらせる。そんなしゃべりかたをするコトバだ。）

中学の入学式に向かうときの、〝わたしは自由だ〟という感覚は、別に園の子だけのものではない。最前の学年（クラス）から解放され、次の学年（クラス）が確定するまでの《春休み》というときは、最も短い長期休業でありながら、最も自由なときだといえる。公と公のあいだを行き来している、美香にとっては、その自由さがまた格別なものなのだろうが、それは、この時期の子どもたちが持っている〝自由さ〟とちがうものではない。

＊ちょっと、入学式でのコトバに対する愚痴

あの『おとうさま、おかあさま』ってことばが担任の口からもれたとたん、子どもたちはいっせ

いにうしろをふりむくでしょ。(p.53)

うしろをふりむく子どもたち。ふりむかないのぼる。めずらしくめそっとする及川先生。明希もふりむかなかったと、つぶやく佐久間先生。

こんなことでめそっとなんかするから、もう何十年も前から、入学式での担任のあいさつから『おとうさん、おかあさん』というコトバがなくなったんだなぁと、複雑な気分になるのは、ぼくだけだろうか。校長、教頭が『おとうさん、おかあさん』ではなく『保護者のみなさん』というようにと、言い始めてからも、もう忘れるくらいの長い年月がたっている。入学式に限らない。日々配布される学校からの「おてがみ」の相手が、父母であったり、父兄であることは、いまはもうない。むかしはあったかもしれない父兄会や父母会も、いまは存在しない。あればそれは、まちがいなく絶滅危惧種に認定されるだろう。いまあるものは、みな一様に「保護者会」とよばれている。

父親、母親のいない子らへの配慮として「保護者」という言い方が選ばれて、一律に「保護者会」が存在しているということに、いま特別の異論があるわけではないのだが、ちょっとすじをまちがえているのではないかなという違和感を感じる。

どういえばいいのか。母親、父親のいない子を、仮に少数派と呼ぶとして、これは少数派への配慮とはちがうのではないかという思いが、ぼくの中にはある。少数派があたかも最初から存在しないかのように、それを取り込んでしまった全体のコトバとしてあらわされたとき、それは配慮というよりは、むしろ無関心、無自覚、無責任というものに近いのではないか。そう思うのだ。

＊目立たない、おとなしい、宇宙ステーション

中学校では、目立たないおとなしい生徒でいることにしている。教室のイスにすわると、両腕の力をぬいて、その日の朝決めた一か所をじいーっと見つめる。これを、まばたきをがまんして、十五分、二十分と続けていると、だんだん頭の奥がしびれてきて、からだがふあっともちあがる。宙を浮いて、どこか遠くに連れていってもらえるような気がする。でも、宇宙ステーションのようなその場所が頭のななめ上あたりにかすんで見えたと思うところで、いつもチャイムが鳴る。ステーションがすうっと遠ざかる。（p.60）

「こいつ、ばかですよね。なんべんいっても、あいさつしないんだから」

わたしのごきげんをうかがいながら、ゆかが明希の腕をつねる。

明希は、遠い目をしてだまって立っている。

あの目、わたしにはわかる。学校でわたしが見ている、半欠けの宇宙ステーション。

すうっと消えていくそれを見おくっているのと、おんなじ目だ。（p.61）

美香は、明希の〈遠い目〉を〈おんなじ目〉だと思う。おんなじ目＝半欠けの宇宙ステーションは、共感、同意というよりは同位に近いものだろう。

見立ては、それを共有するもの、わかりあえるもの同士があって、初めて成立する概念だから、この場合は、美香からの一方的なわかり方ではあるが、「同位」と呼ぶのがふさわしい。一人称の「わた

し」から語られるものだから、明希自身には、その遠い目も、半欠けの宇宙ステーションも、じつは意味ないものなのかもしれない。しかし、明希の遠い目は、美香の見立てによって、半欠けの宇宙ステーションの同位に置かれ、それは同時に、読者自身にもその理解を迫るほどに饒舌なものになる。『チャーシューの月』の《ホームビデオ》はけっこうおしゃべりだということになる。メタファーは、おしゃべりを促進する。

＊家庭訪問でのこと。

「ねぇ、先生もしかして、宿題出すとき、のぼるたちに、いましゃべったみたいに、『おうちに帰ってやってきなさい』って、いっちゃった？」

「はい？」

岡藤先生には、信也のことばの意味がつかみかねた。

「あーね、それって、まずいんじゃないの。おれたちの『おうち』って、別のところにあるんですよ。勝手に『おうち』に帰って宿題やるわけにはいかない。ま、おれたちぐらいになりゃぁ、先生がなにをいっているのかわかるけど、のぼるや明希には、ムリじゃないすか」（p.69〜70）

最初の信也のコトバだけで、もうこれから後のやりとりは全部推測できる。これは、あからさまなヒッカケだといっていい。見事に引っかかった岡藤先生は、入学式のときに、『おとうさま、おかあさま』といったあの先生だ。

小西信也のことを知っているのだから、あけぼの園を学区域内に置く学校にいて、すでに久しいことになるはずなのに、この不用心さはなんなのだろうかと、ぼくは思ってしまう。また、このような話をするために配置された教師というものは、いったい物語の中で、どのような位置とか意味とかを持っているのだろうかと思ってしまう。岡藤先生は、園に入るときも、出ていくときも、明希本人に関心を示すことはない。ただ白地に紺色の水玉模様のスカートがふわっとゆれて、明希の腕をかすめるだけである。明希はそのスカートを「白いお魚みたい」(p.72)というが、岡藤先生には聞こえない。〈「白いお魚」は、明希の指からするりとぬけた。〉(p.72)と描かれるだけである。

あけぼの園を学区域に置く小学校に、何年も籍を置いている教師で、この鈍感さというより、やはり不用心さで描かれてしまう教師という存在は、いったい何なのだろうかと、ぼくが考えてしまうのは、ぼくが元教師という職業についていたさがなのだろうか。

いずれにせよ、〈白いお魚〉のメタファーは、それを身につけた当事者にも気づかれることなく、通り過ぎていく。

＊明希の「かしゃっ」について。

明希の並外れた映像記憶能力を追って見よう。

その最初は、「おてがみ」のとき。母親への手紙を破られて泣くのぼるを見て、明希は、何枚ものぼるの「おてがみ」を書き続ける。その手紙が、のぼる自身のものでなければ何の意味もなさないということもわからずに、明希はただ書き続ける。このときは、まだ「かしゃっ」って音は、表立って書かれてはいないが、明希の頭の中では、まちがいなく「かしゃっ」という音が聞こえているはずだ。

「わっ、ばか。きちゃない手で、やめろ!」

のぼるがチョコレートのついた手を手紙から引きはなそうとしたせいで、はしっこがびりっと破れてしまった。

のぼるが、わあっと泣きだした。桃花たちも、のぼるの泣き声にびっくりして、わあっと泣きだした。明希は、イスにすわったままで見ていたけれど、くるっと机のほうに向きを変え、白い紙に字を書き始めた。ものすごい速さで。(p.36~37)

明希は、窓のカーテンに巻きついて泣きじゃくっているのぼるに、書きおわった紙をさしだした。

(中略) のぼるは、じっと明希の書いた自分とそっくりの文面をにらんでいたが、さっきよりももっと大きな声で泣き出した。明希は、それを見るとくるりと向きを変え、また机に向かって字を書いた。(p.37)

三枚目にも、四枚目にも、五枚目にも、同じように書きつづける。あっというまに。(p.38)

二回目の「かしゃっ」は、歓迎遠足の日にやってくる。夜のこと。明希は「かしゃっ」「かしゃっ」とつぶやきながら、園の子どもたちのお弁当の中身をマジックペンで書いていく。これが、「かしゃっ」とともに語られる明希の映像記憶に関わる最初の描写だ。読み手は、昼におこった〝お弁当事件〟のことをすでに知っている。クラスメートにひやかされて、さなえが弁当箱を地面にたたきつけたことも、ばらばらになった弁当を明希が詰め直したことも、さなえがその手をふみ、その足を先生がたたき、自由になった手で明希が「ごめんなさい」を連呼したことも、みんな知っている。

明希は、テーブルの下に積んであった白い紙をとりだして、鉛筆立てのマジックペンで四角い箱を描き、そのなかに弁当を詰めていく。

「かしゃっ」「かしゃっ」と、口のなかで小さくつぶやきながら。

ひとつ詰めおわると、横に四角いふたの絵。「たかし」の文字。次の弁当箱。詰めおわると、横に四角いふたの絵。「こうじ」。また次の弁当箱、「しゅうじ」。四つ目、「ゆか」。五つ目、「なお」。六つ目、「さとる」。考えるふうもなく、七つ目、八つ目。（p.101〜102）

明希の「かしゃっ」は、とまらない。十五、十六、十七、十八。園の子どもたちの弁当箱すべてを映し出しても、まだとまらない。十九番目に書かれた弁当箱は、それまでと少し様子が違っている。それは、明希の母親がつくったお弁当だった。「あきちゃんが食べたことあるお弁当なの？」とたずねる佐久間先生に、明希は「食べない」と答える。

かあさんがおうちに忘れていったおべんとう。わすれていったんだから食べちゃだめって、とうちゃんがいった（p.104）

明希の「かしゃっ」は饒舌だ。園の子どもたちの弁当箱すべてを映し出しても、まだ止まらない。母親が忘れていった弁当箱の中身も映し出す。それを食べなかったことも、それを食べなかったわけも、父親が言ったコトバとともに、全てを映し出す。明希は、忘れることのできないおしゃべりな記憶たちといっしょに、いまここにいるのだ。

三回目の「かしゃっ」は、五月の連休最後の日の午前中。ほとんどの子が一時帰宅でまだ戻ってきていない静かな園。美香と明希はイチョウの木にのぼる。ふたりでコーヒー牛乳を飲む。そのとき、明希は父親と木にのぼってリンゴジュースを分け合って飲んだことを思い出す。

> 「かしゃっ」
> 明希がつぶやいた。
> なに？　そういえば、明希がこんなふうにつぶやくの、前にも何度か聞いたことがある。
> 「どうした？」
> 「ときどき聞こえる。耳の奥で、かしゃって」
> いいながら、明希がわたしの手を握ってきた。
> 「かしゃって音がしたら、ぜんぶ見える。ほら」
> たしかに、明希にはなにかがはっきり見えてるみたいだった。（p.113〜114）

ずっと前に、父親とアパートの裏の木にのぼる。木の上でハチが来る。追っ払おうとして、お酒を落とした父親は、明希のリンゴジュースを〈はんぶんこ〉（p.114）して飲む。「リンゴジュースかぁ」と何度も言う父親。

イチョウの木にのぼって、美香とふたりでコーヒー牛乳を飲みながら、父親とふたりで飲んだリンゴジュースのことを思い出す明希。明希の記憶に出てくる父親は、全てが暗いわけではない。だから、明希は、いまでも、いつまでも父親を待ち続けるという選択肢を選ぶのだ。


四回目の「かしゃっ」は、その次の日の朝。一時帰宅から戻ってきた咲子が、五千円がなくなったと騒ぎ、美香のせいにする。しかし、明希は「かしゃっ」とつぶやいて、咲子の部屋のゴミ箱を指さす。折りたたまれた五千円が、ゴミ箱の底から出てくる。その場面だ。


「きのう、美香と明希がこの部屋を出ていってから、あたし、なにひとついじってないもん。この部屋、マジきのうとまったくおんなじなのにさ」

咲子は、わたしに聞こえるようにわざと、「美香」の名前を強調していった。

「そっか、美香ちゃんと明希は、家にもどれなかったんだもんね」

へつらいやのなおが、うなずいている。

なぐってやる、と決めた。

向きを変え、咲子の部屋のほうに向かったとき、明希が小さく「かしゃっ」とつぶやくのを聞いた。

明希は、ため息をついている及川先生の腕をつかんで、「あそこ」と、なにかを指さした。

「あそこ、きのうとちがう」（p.117～118）

明希が指さした先の、ゴミ箱の底から、折りたたまれた五千円は出てくる。五千円紛失事件は、おばにもらった五千円を自由に使いたかった咲子の狂言だったことがわかる。

ぼくは、明希の映像記憶能力のすごさよりも、美香の無実が判明したことよりも、咲子がもらった五千円を自由に使いたくて、それを隠したことの方に、なんというか、生きていることの〝重し〟のようなものを感じる。作者もそれを承知のように、ただそうだったと事実を書き、通り過ぎるだけで、あとはいつもと同じような生活が続く。五千円をもらっても、それがそのまま「私」のものになるわけではない。つねに「公」を通してのみ、生きることが許される。咲子も、他の子たちも、そんな毎日を生き続けている。

児童憲章は、その第二条で「すべての児童は、家庭で、正しい愛情と知識と技術をもって育てられ、家庭に恵まれない児童には、これにかわる環境が与えられる。」と高らかにうたった。その保証をする場として、児童養護施設はある。しかし、学校という「公」と、施設という「公」を、毎日行き来する子どもたちの「私」としての思いは、どうなのか。「自立」への思いは、全ての子どもたちに共通のものにちがいない。が、保護と自立との緊張関係のはざまで揺れる咲子や美香たちの自立への道すじは、そう簡単なものでないだろう。

＊

むかし勤めていた学校で、よく子どもたちが一万円札を拾ってきた。「先生、おちてた」と、嬉々として拾った一万円札を持ってくる子どもたちに、ぼくは「ここは、ずいぶんと一万円札が落ちているところなんだなぁー」と、感心していったものだ。
もちろん、一万円札がそう簡単に学区内にごろごろと落ちているものではない。盗んだものである。盗んだものを、すぐには見つからないところに落とし、それをひろう。手の込んだ者は、拾うときの目撃者まできちんと仕立て、そういう状況を作って、ひろう。ひろった瞬間から、その一万円札は、盗まれた一万円札から、ひろわれた一万円札に変身する。その変身が社会的に許容されれば、その一万円札は晴れて自分のものとなる。そういうまわりくどい狂言をする。やはり、ブームでもあるのだろうか。あきれるぐらいに何度かの一万円札のひろいもの届けが続き、そして、やむ。手の込んだ労力ほどの成果を得られないとわかったとき、子どもたちは、以前と同じように秘密の隠し場所に、自分の成果をたくわえはじめる。

*

五回目の「かしゃっ」は、咲子が頬に青アザをつけて戻ってきたときの洗面所だ。明希は咲子に「やさしかったから、ここを出ていくの?」とたずね、それから、咲子になぐられ、血を流す。そのあと、部屋に戻ってきてから、また「かしゃっ、かしゃっ」という。ここで思い出すのは、祖母がいつもいつも言っていた〈のろいのことば〉だ。

「おとこがまわたのようにやさしいと、おんなはだまされてついていく。ほれもやがて、なみだにくれるときがくる。ぬれたまわたは、おもくなる。だまされたのにきづいたときは、わたがおもくてにげられん。いんがなことじゃ、いんがなことじゃ」(p.142)

のろいのことばを、明希の記憶にとじこめた祖母は、この少しあとで、死をむかえることになる。六回目の映像記憶は、母親のところへ一時帰宅したあとで、明希が描いた、あけぼの園から母親の家までの「地図」(p.168)になる。

虐待を受け、「ごめんなさい、とうちゃん」とくりかえしながらも、明希は、父親の来るのを待っている。父親が母親のことを探し続けていたことも覚えている。だから、その父親のために、一時帰宅をし、覚えた記憶で「地図」をつくる。祖母の通夜の日に、明希は「とうちゃんが、いない」(p.169)と、激しく泣く。

ぼくは、家族の不思議さを思う。子どもにとって、親は最初に接する大人である。それは、幼稚園、保育園、学校に行くようになっても変わらない。保母さんや学校の先生という大人に出会っても、その大人が自分に対して与える目は《何分の一》というものになる。それと比べると、親の目は《自分だけ》に注がれる。しかも、学校という「公」の場から戻ったときに、自分を支えてくれるものは、この《親だけ》なのである。

＊

ぼくは、父親を待ち続ける明希の姿に、むかし担任した女の子のことを思い出していた。その子を受け持っていたとき、ぼくは、学校行事のたびに、ふだんより一時間ほど早めに出勤することにしていた。その子は特別に欠席の多い子ではなかったが、行事になると、よく欠席した。母親は逃げて、父子だけの家庭だった。父親は、ふだんからとくにめんどうをみるわけでもなく、その子もしたがってだらしのない子だった。それが、何か行事があるときに、父親にある種のスイッチがはいるのだろう。行事のときはふだんとちがう準備が必要だったりする。それが一因かもしれないが、とにかくスイッチがはいる。父親は「だらしない」と、子どもに当たり散らし、ときに乱暴をする。

行事のつど、ぼくは、朝その子の家を訪ねる。都営団地の玄関口で、「学校によこせ」「自分の子なんだから、おれのすきなようにする」「自分の子だからといって、すきにはできない」と父親といいあらそう。いま考えると、弱いもの同士の口げんかだった。父親は、自分がふだんめんどうをみていないだらしなさを行事がくると思い知らされ、そのいらだちを子どもに向ける。ぼくは、ひとしきり言い合うが、時間が来ると、仕方なく勤め先に戻る。

ある寒い冬の日、やはり早めに出勤したとき、電話があった。都営団地の、その子の家の隣に住む人からだった。子どもをはだかにしてベランダに出し、むちでぶったり、水をかけたりしている。こわくて注意できない。担任の先生の話はきくので、きてほしい。そんな内容の電話だった。その父親が特別ぼくの話を聞いてくれたという記憶を、ぼくは持っていない。いつものようにでかけていって、いつものように口げんかをしただけだった。帰りがけに、ふと、ぼくは、その子に「おまえ、とうちゃんといっしょに、いたいかぁ?」と、たずねた。その子は、ちょっと不思議そうに、でも迷わずに「うん」と答えた。

ぼくも不思議だった。これだけひどいめにあっても、まよわず「うん」と答えてしまう父親というものが、不思議だった。弱い父親と、弱い教師の、むかしの話といえば、それまでだが、その大人の弱さゆえに、埒外に置かれてしまった子どもたちへの、ぼくらは、もっとできるかぎり確かな目をもたなければいけない。

＊

七回目の「かしゃっ」は、焼き場に向かうマイクロバスの中で。紙の金魚を握り、ふるえながらやってくる。紙の金魚は、葬式のときに、父親の知り合いだという男が持ってきたものだ。来られない父親に、わたしてくれと頼まれたという。その金魚を握りながら、父親とふたりでつくった金魚のお墓と、この金魚のお守りのことを思い出す。

「とうちゃんとふたりで、アパートの裏庭に金魚ちゃんのお墓つくった。台所で、とうちゃんとふたりで、これ、つくった」

明希は、くりかえし、「とうちゃんとふたりで」といった。ぶたれなかったんだ。（p.176）

金魚の淡い記憶に続いて、八回目の記憶は「かしゃっ」の音もなくやってくる。焼き場に向かうマイクロバスの中で、窓の外を見ながら、明希は「ここ、とおった」という。

園を訪れた母親が危惧していた、明希が赤ん坊のときに、父親から逃げて墓場まで来たときの記憶が、そこにあった。

「ここ、とおった」

「へ？　んなわけ、ねえだろ。ここって……、焼き場をすぎたら、もう先には墓場しかないんだぞ」

いいながら、明希の顔を見た。

「ここ、かーさんととおった」

明希の大きな声に、前の座席のおばさんが、からだをのりだして、ふりむいた。

「おっどろいた。おぼえてんのかい？　むかし、あんたのかあちゃん、あんたをおぶって墓場まで逃げてったことがあったからねぇ」（p.178〜179）

この墓場での母親との記憶は、場所が墓場であるだけに、ストレートに死を連想させるものだ。もしかしたら、母親は、父親から逃げてきて、ここでほんとうに心中することも考えていたかもしれない。立ちならぶ墓たちと、その上に、やはり月がいる。

このあと、物語は大詰めをむかえ、明希は園を抜け出すことになる。が、その前に、ちょっと明るい「突然の訪れ」の章が、差し挟まれる。

＊「突然の訪れ」、あるいはハグについて。

ボクシングやプロレスでいったら、セミファイナルになる、最終章ひとつまえで、卒園生の哲雄と愛が、赤ん坊を連れてやってくる。突然の訪れに、園の先生たちは興奮気味だ。園長は〈お前らがきてくれて、園の子たちはありがたかったぞ。ここでは、どうしたって自分たちが大人になっていくってことのイメージがもちにくいからなぁ〉（p.190）といい、哲雄は〈園長先生には悪いけど、自分らも、ここにいるときは希望なんてなぁんもなかったし。家族なんてくそくらえって、思ってたけど〉（p.190）と答える。

卒園生が大人として家庭を持ち、子までもうけ育てている姿は、リアルに園の子どもたちに明るい希望を示しているものだ。突然あらわれたふたりは、語りきれないぐらいに多くのことを語り、また去って行く。これは、ふたりが作品の中でしゃべりまくっているということではない。役割として、多くを語り、また去って行くということだ。

まるでヤンキーのようなかけあいをする哲雄と愛。赤ん坊をほっぽらかしてパチンコに行く愛。まだ歩けないし、一時間かそこらだけだよ、ずっと家にいたんじゃ、ノイローゼになっちゃうという愛。その愛が真剣に〈しょうじきいうとさぁ、どうやって育てたらいいか、よくわかんないんだよね。なんていうかさぁ、あたしたちふたりとも、親の手本がないからさぁ〉（p.190）という。

子を育てるために、自分を育ててくれた親の手本というものが、実際のところどのくらい必要なものなのか、ぼくは、わからない。仮に「自分の子育てに自分の親の子育ては影響しているか？」という質問があるとして、「影響している」とすぐさま答えることができる人に、ぼくは、ある種の胡散臭さを覚えてしまう。そうした面で不安を覚える愛と哲雄には、むしろそうした縛りがない分だけ、自由に子育てをすることができるんだ、よかったね、といってやりたいぐらいだ。いずれにせよ、子育てなんて、そんなラクなはずはない。楽しくやらなくっちゃ、やってられないものだ。

最後に、愛は、自分の赤ん坊と同じ名の「明希」をだきしめて「シアワセニ、ナリナ」（p.193）といって、去って行く。

ハグという行為は、無条件で人を「やさしさ」の側へと、引き寄せるものだ。ハグにまとわりつく「制度としてのやさしさ」を、ぼくらは用心深くはぎ取りそぎ落としていかなければならないのだろう。

哲雄と愛の饒舌なまでのおしゃべりは、ヤンキー風な姿を装うことで、かえって園の子どもたちにリアルな未来を示してくれている。このリアルさを触媒にして、物語は最終章のメーンイベントへと突入することになる。

＊チャーシューの月、あるいは見たてについて。

園から消えた明希をさがして、美香は、墓場までやってくる。明希は、だれともわからない白い墓の前にしゃがんでいた。美香を追って、信也もあらわれる。明希は、月を見あげて、いう。

お月さま、あきのラーメンのなかにいた。ずっと前、かーさんとここへきたときもいた（p.206）
あけぼの園にくる前、とうちゃんとはじめてラーメン食べた。チャーシューメン。あのお月さま、チャーシューのお月さまだって。でも、その前もいた。かーさんといっしょのときも、いた（p.206）
とうちゃん、こっちへくるとはかばいきだから、こっちへくるなっていった。かーさんは、でもここへきた。わたしをおんぶして。紫のひも。なきながら、おんぶ。ばあちゃんにみつかって、たたかれた。紫のひも（p.206）
かーさん、死にたかった？　わたしもいっしょに（p.206）

この本のタイトルにもなっている〈チャーシューの月〉のエピソードだ。ぼくらは、物語の最初の方で、父親がトラックの窓をあけ、右手を空へつきあげて「チャーシューの月だ」と言ったのを、まだおぼえている。しかし、明希にとって、〈月〉は、赤ん坊のとき、母親といっしょに墓場の空の上にある月でもあったのだ。泣きながら来た母親。紫のひもでおんぶされ。祖母に見つかって、たたかれた。そのときも、空に月があった。〈かーさん、死にたかった？　わたしもいっしょに〉と、明希はいう。映像記憶に人並み外れた能力をもつ明希は、自らがまだ赤ん坊にすぎなかったときの、母親と体験した死のイメージも、パーフェクトな映像として記憶にとどめてしまっているのだ。

サヴァン症候群による映像記憶のメカニズムが、どのようになっているのか、くわしいことを、ぼくは知らない。だから、明希が「かちゃっ」という音をスイッチとして、自らの記憶をたぐりよせるという方法を、不自然だというつもりもない。

ただ、なぜ、明希という女の子を、並外れた映像記憶能力をもつ存在にしたのかという点については、ちょっとだけ、ひっかかっている。このひっかかりの感じを、コトバにしていうと、ふつうの子どもたちの、ふつうの日常生活を描くときに、この能力ははたして必要なものだったのかということになる。確かに、こうした能力をもっている人たちも、その能力を発揮する以外は、全てふつうの日常生活を営んでいるということは、承知の上で、それでもなぜ、明希にその能力を与えたのかということに関して、ぼくは、まだ、作者の真意をつかめていない。

真意をつかめないまま、先に進むことになる。

明希の並外れた映像記憶のために、そこに残された《死のイメージの画像》は、残酷なほどに鮮明なものになってしまう。美香は、明希に対して記憶の〈すりかえ〉をせまる。暗いサイテーのイメージを、明るく楽しいイメージにすりかえろという。

いいか、頭んなかの記憶を楽しいもんにすりかえろ。おまえのは、テッテーして暗いんだよ。これで、墓場まで加わるとサイテーだぞ（p.207）

よく見てろよ。これは墓石じゃない。そうだな、んーと、キリン。そうだ、四角い、顔色の悪い、キリン！（p.207～208）

そいで、こっちが、そのキリンに恋する馬！（p.208）

そいで、こっちの草ぼうぼうは、サバンナっていってもわかんないか……ようするにジャングル、いいな、ジャングルだぞ（p.208）

美香に言われて、明希は、目をつぶる。「なにが見える？」と問われて、「キリンさん」「お馬さん」「お月さま」「それから、みかちゃんとしんや」。信也が「このやろっ、呼びすてにするな」とツッコミを入れる。美香が信也のほっぺたをぶつ。美香の手のひらにはつぶれた蚊。

この切迫した状況の中で、ツッコミを入れる信也と、つぶされて血だらけになった蚊に、ぼくらは感謝すべきなのかも知れない。なぜなら、必死になって〝すりかえろ〟という美香の姿に、ぼくらは寄り添いすぎるにちがいないからだ。

それにしても、コトバというのは、不思議なものだ。かって、灰谷の『兎の眼』の読まれ方＝感動による思考停止を〈すりかえの方程式〉と名づけて批判した村中が、ここでは必死に〝すりかえろ〟と叫ぶのだ。

ふと『広辞苑』で〝すりかえ〟の意味を調べてみた。「ひそかにとりかえる、特ににせものにとりかえる」とあった。うん、今の状況は、とても〝ひそか〟なんてものじゃないなあ。隠喩と呼ぶにしても、何も隠していない。あからさまな〝すりかえ〟だ。「にせものに取りかえる」というのを、ここであてはめると、ほんものは「墓石」で、にせものは「四角いキリン」になる。でも、やっぱり、ほんものの墓石よりは、たとえにせものだとしても、四角いキリンの方が、ぜったい楽しいにちがいない。

＊

墓石のこと。

3・11から何日目だったかは、もう忘れた。はじめて長距離バスの運行が釜石まで通じた日に、ぼくは女房とふたりで、釜石の駅前に降りた。街から少し離れて少しだけ高いところにあった駅前は、テレビで見た震災直後の瓦礫が山積みのおもかげは、もうなかった。地震だけの被害と津波による被害との差は歴然としていた。瓦礫の取り除かれた釜石駅前の様子を仮に100だとたとえるなら、津波による被害をうけた場所はゼロだった。〝あいだ〟はなかった。100とゼロとの落差の大きさに、ぼくは、ただ呆然としていた。

女房の母親の葬儀はすでにすませてあった。遺体がこれ以上はもたない、釜石で焼くのはとても無理だといわれたとき。まだ釜石まで行くことができなかったので、盛岡でやった。青森からボランティアできているという葬儀屋の車が釜石から盛岡まで、母を運んできた。多くの人たちが順番を待つなかで、ふだんならとうのむかしに焼き場だって店じまいをするであろう夜中になって、母を見た。顔に少しだけ赤いアザがあったが、きれいだった。「おばちゃんが、いちばんきれいだったよ」といっていた女房のいとこの言葉を思い出した。いとこは、実家の二階で母親をなくし、行方不明になった父親をさがして、いくつもの安置所をまわっていて、その中で、母を見つけたのだった。

火葬炉のまえで、もってきた母の小さな写真をたて、坊さんがお経をあげた。お経をききながら、こんなときでも、きちんきちんとひとつずつ葬儀というかたちをすませていく人間というものの営みに、不思議に感心していた。

それから、ずいぶんたった日に、ぼくと女房は、釜石駅前にたったことになる。何もないというより、全てがそのまま残されている町中の道を、ぼくたちは、むかえにきた弟の車で実家に向かった。主要な道だけは通るようになったが、電気はまだで、夜はまっ暗で、ほんとうにこわいと、弟の嫁さんが話していた。住んでいる者がいないのだから、電気を復旧する以前の状態だった。

母の納骨で、寺に行った。山間にあるその寺は、震災のとき臨時の避難所になっていたようだ。本堂には、まだ子どもの本が何冊も残っていた。名作再話絵本にまざって、後藤竜二の一年生シリーズの本が一冊だけあったのが、妙に心に残っている。

墓石がいくつも転がって倒れていた。弟とふたりで母の墓石をたてようとしたが、たてるどころか、びくとも動かなかった。時代劇の千両箱をみんな軽々と運んでいるが、あれも、この墓石も、きっとテコでも動かない代物にちがいない。

あれから、墓石を見るたびに、ぼくは釜石で見た、あの倒れたまま全く動くことのなかった墓石を思い出す。

＊

それにしても、墓石を四角いキリンとは、よくいったものだ。考えてみれば、ラーメンの中のチャーシューをお月さまに見立てるのも、なかなかできるものではない。卵の入った月見うどんやそばならば、ぼくらはいくらでも、それを見たて、また食べることができる。

しかし、明希にとって、月は、父と見た〈チャーシューの月〉であり、母とみた墓場での月だった。

墓場での月には死のイメージがつきまとい、チャーシューの月を叫んだ父親は、まだ帰ってこない。美香の言い方をかりていえば、〈おまえのは、テッテーして暗いんだよ。これで、墓場まで加わるとサイテーだぞ〉ということになる。

ほんもののイメージが〈テッテーして暗い〉以上、これはすりかえるよりほかにない。ほんものの代表として選ばれた墓石は、《四角いキリン》へと、すりかわる。

人が何かを別の何かに見立てるとき、そこにはある共通の理解が必要になる。特別の説明がなくとも、当たり前のように受け入れられる見立てもあれば、人によっては理解しにくいものもある。先にあげた「月見うどん」などは説明不要な見立ての代表格だろう。「卵を割り入れてその黄色い黄身の部分が月に似ているので月見をしている雰囲気の味わえるうどん」とは、だれもよばない。

ひるがえって、明希のもっているイメージは、それがどんなに鮮明なものであろうと、《私》の域をでることはない。美香は、それを〝すりかえろ〟という。すりかえるかたちで、それを共有しようとしているのだ。

墓石とキリンの間にはなんの類似性もない。四角いキリンにすることで、四角いという類似性が生まれる。そこに、見たてが可能になる。見立てるという、本来隠微な気分が伴う行為を、あからさますぎる物言いで、美香は明希に〝すりかえ〟を強制する。「これは墓石じゃない、キリン」。矯正された明希は、そこに「きりんさん」をみる。共生の完成である。(この期に及んで、きょうせいというだじゃれを三つ重ねて喜んでいる自分を、つくづく情けないやつだと思う……。)

見たてというレトリックは、お互いに共通の理解があって、初めて成立するものだ。《墓石→四角いキリン》という見たては、美香と明希のふたりだけ(信也もいるので、三人だけ)に通用するイメージということになる。すりかえるという行為を通して、共通のイメージをもつことになる。美香、明希、信也の三人は、ここで、三人だけの共通のイメージとして《四角いキリン》をもつことになる。もはや、重要なのは、ほんものかにせものかではない。新しく語られた《四角いキリン》こそが、これから歩いて行く三人を支えていくイメージなのだ。

現実は、そうあまいものではないだろう。そう、いつもいつも、宝くじにあたって、アフリカの散歩をしているわけにもいくまい。しかし、この三人は、少なくともこの三人だけは、《四角いキリン》という共通のイメージをもつことによって、これからやってくるであろう困難に出会ったとき、それを、うまくすりかえたり、とびこしたり、にげまわったりして、とにかくどうにかこうにかして、その先に進むことだろう。

それでは、咲子はどうなのか。けんじはどうなのか。ゆかは。さなえは。のぼるは。あけぼの園の他の子どもたちは、どうなのか。いくら饒舌な美香も、そこまでのおしゃべりはしない。それはまた、それぞれの物語にゆだねられるほかないからである。

子どもの保護も自立も、そうたやすいものではない。奇妙な緊張関係とそのはざまの中で、ぼくらはまた、ぼくら自身の《四角いキリン》をさがす旅に出ることになる。

（『童話ノート』復刊二号二〇一六年二月）

貧困の栄光。あるいは、エンターテインメントとしての「自活」について

＊『たにんどんぶり』（冒頭の十五行）

あかねるつ『たにんどんぶり』（講談社　一九九五年二月二〇日）は、育児放棄をあつかった作品である。

その冒頭を見てみよう。

朝七時、ベートーベンの『運命』が鳴りひびく。
ピーッと湯がわいたのを知らせるやかんの音。
テレビから流れる音。
たぶんコーヒーカップと皿がふれあう音。
ジーンズのすれあう音。
トイレの水を流す音。
窓をしめ、カーテンをシュッとひく音。
ドアをしめ、鍵についているらしいキーホルダーの鈴の音。
夕方、鍵をあける音。たぶん六時きっかり。

テレビの音。

フライパンのなかに、野菜がほうりこまれる音。

食器の音。

トースターがチンと鳴る音。

食器を洗う音。

ふろに湯を入れる音。

日曜日の昼、洗濯機がうなる音。（p.5〜6）

ぼくらは、のっけから、音に関する十五行におよぶ体言止めを味わうことになる。これは、アパートの隣の住人がたてている音だ。

ふつう、体言止めは、文章の品を落とすから、避けるものだ。そのリスクを負いながら、あえて、冒頭で十五行もの体言止めをやってのけたのはなぜか。その意図は、どこにあるのか。

ぼくには、理由は、ひとつしか考えられなかった。それは、エンターテインメントとして、「貧困」を描くためである。

ベニヤ板一枚へだてたとなり（p.6）

十五行の体言止めに続いて、この言葉が出てくる。さすがに〈ベニヤ板一枚〉というのは、ストレートに貧困を思わせてくれる。音の羅列とベニヤ板一枚は、確かに、ネグレクトをあつかった、この作品の出だしにふさわしいものだ。

テレビはいつ買うの？（p.7）

テレビのない家というのも、豊穣と呼ばれて久しい現代では、貧困をかもし出すにふさわしい。日曜日の朝、お昼を食べておいでと、母親から五千円札をわたされる。康平は、「お金はいったんやったら、テレビはいつ買うの？」という。母親は「わかってるがな。安いテレビ見つけて買うさかい。」と答えて、康平を送り出す。

五千円の昼飯代は、母親にとって、これから家を出るための、いわば言い訳と奮発なのだ。が、その不自然さを、康平は「テレビはいつ？」と問いかける。おそらくテレビ積立貯金というものがあるのだろう。

＊自分のこと（テレビとか給食とか）

もう五十年近いむかしになる。上京して一年目は、けっこう質素な生活をしていた。テレビもラジオも新聞もなく、肉も買わずに安い魚肉ソーセージですませていた。ぼくも、一日分のエネルギーのほとんどを、給食に依拠していたわけだ。勤めて半年たったとき、友人が訪ねてきて、本当に久しぶりに豚肉を買った。炒め物をした。本物の肉は本当にうまかった。給食で毎日のように肉は食べていたはずなのだが、あのときの肉の味だけは、今でも忘れない。

結婚して、子どもができても、テレビは買わなかった。幼い子どもはよく熱を出した。たいへんなときは、実家の母親に電話をしてきてもらった。共稼ぎなので、助かった。何度目かのときに、テレビを持ってやってきた。かかえてきたわけではない。弟の車で、テレビを乗せてやってきたのだった。

「子どもの面倒をみるのはいいが、建治のところは、テレビがないから、やることがないよ」と、母親はいった。

その日から現在に至るまで、わが家にはテレビというものがある。母が持ってきたテレビが五十年近く壊れないでいるわけではない。何回か壊れ、買い換えて、今日まで来ている。そういえば、東京で一人暮らしをしている娘は、むかしのぼくのまねをしているわけではないだろうが、テレビなし生活を続けている。テレビを買う財力がないことを自覚しているのであろう。

＊給食・家賃・全財産

毎朝、となりからきこえてくる『運命』で起こされ、それでも学校へは出かけた。なんたって、給食は康平にとって貴重かつ優良な栄養源だ。（p.16）

母親が出て行ったあとの、康平にとって、給食は、むかしのぼく以上に〈貴重かつ優良な栄養源〉にちがいない。学校へ行く理由は栄養補給になる。この〈なんたって〉ということばの小気味よさに、ぼくは、この物語がエンターテインメントにむかってつきすすむのではないかと予感し、ちょっと背筋をぞくぞくさせる。

家賃の取り立てをする丸徳不動産の男は〈やけにきついキンモクセイみたいなコロンのにおい〉

（p.19）とともにやってくる。〈家賃を銀行の自動ふりこみにしてもらえるとたすかるんだわ。〉（p.19）と言って帰る。母親に対する言葉ならば、まあ、当たり前の要望なのだろうが、康平にとっては、空しいと言うほかはない。そこで、全財産が提示される。

ママがいなくなるときにくれたお金は、残りが三千円をきった。ポケットから全財産をたたみの上にならべてみた。千円札二枚と、五百円玉一枚、百円玉三枚、そして一円玉七枚。何度数えても、二千八百七円だ。（p.19）

家出するときに、多少なりとも多めのお金や食料をおいていく親が多い中で、この作品は、最初にくれた多めの昼飯代が全てというから、なかなか思い切りよく、あっけらかんとしている。この「あっけらかん」さは、主人公の康平の、自活意欲につながっていくことになる。康平はコンビニの「アルバイト募集」の張り紙を思い出すのである。

＊「アルバイト募集」（あるいは子どもの労働）について。

康平は、「アルバイト募集」の張り紙を見て、コンビニの店員に話しかける。
店員は、めんどうくさそうに、次のように答える。まとめると、こんな感じだ。

「あのう、アルバイトさせてほしいんやけど。あきませんか？」
「子どもはアルバイトできんでね。少年保護法とか、児童福祉法とかいう法律があって、子どもを働かせたら、とっつかまってまう。」
「きみみたいな子どもは、働かせないで守りましょうという法律。わかる、法律」（p.20）

この〈働かせないで守りましょうという法律〉〈子どもを働かせたら、とっつかまってまう。〉という店員の説明は、じつに明快だ。

ディケンズの『オリヴァー・ツイスト』の煙突掃除人のことや、ウイリアム・ブレイクの『無垢の歌』に描かれた、イギリス産業革命時の「煙突掃除の子」の過酷な労働状況を引き合いに出すまでもなく、子どもを働かせないで守ろうという《保護》の精神は、崇高なものだ。

ここで、ウイリアム・ブレイクの「煙突掃除の子」の詩を、ちょこっと鑑賞して、感傷にひたろう。

The Chimney Sweeper

When my mother died I was very young,
And my father sold me while yet my tongue
Could scarcely cry "'weep! 'weep! 'weep! 'weep!"
So your chimneys I sweep, & in soot I sleep.

There's little Tom Dacre, who cried when his head,
That curl'd like a lamb's back, was shav'd: so I said

"Hush, Tom! never mind it, for when your head's bare
You know that the soot cannot spoil your white hair."

And so he was quiet, & that very night,
As Tom was a-sleeping, he had such a sight!
That thousands of sweepers, Dick, Joe, Ned, & Jack,
Were all of them lock'd up in coffins of black.

And by came an Angel who had a bright key,
And he open'd the coffins & set them all free;
Then down a green plain leaping, laughing, they run,
And wash in a river, and shine in the Sun.

Then naked & white, all their bags left behind,
They rise upon clouds and sport in the wind;
And the Angel told Tom, if he'd be a good boy,
He'd have God for his father, & never want joy.

And so Tom awoke; and we rose in the dark,

And got with our bags & our brushes to work.
Tho' the morning was cold, Tom was happy & warm;
So if all do their duty they need not fear harm.

母さんが死んだとき、ぼくはまだ幼かったけれど
父さんはぼくを売った、ぼくの舌が
「煤はらい、煤はらい、煤はらい」と、まだよくまわらないのに。
それでぼくは煙突を掃除し、煤まみれの中で眠る。

子羊の背中みたいなカールの髪のちびのトム・デイカは
髪の毛を剃られたときに泣いた。ぼくは言ってあげた。
「泣くなよ、トム。気にするな、坊主頭になれば
おまえの白い髪の毛は煤に汚れない」

トムは泣きやんだけれど、その晩すぐに
眠っているとこんな夢をみた。
何千人もの煙突掃除の子が、ディック、ジョー、ネッドやジャック
一人残らず黒いお棺に閉じこめられていた。

するを、輝く鍵を持った天使がやってきて
お棺を開けてみんなを自由にしてくれた。
みんなは跳びはね、笑いながら緑の野原をかけまわり
川で洗い清め、日の光を浴びて体が輝く。

それから、白い裸のまま、煤袋をほうりだして
雲に乗り、風の中で遊んだ。
天使はトムにいったものだ　よい子になれば、神さまが
お父さんになってくださり、喜びの尽きる日はないのだ、と。

ここでトムは目が覚めた。ぼくたちは暗いうちに起き
煤袋と煤はけをもって、煙突掃除の仕事に出かけた。
とても寒い朝だったけれど、トムは幸せで暖かだった。
だから、みんなが義務を果せば、何も心配はありません。

（訳文は、松島正一『対訳ブレイク詩集』（岩波書店）から）

この時代、子どもの売り買いは当たり前だった。煙突掃除の子は「小型」の方が重宝がられていた。だから、幼児ぐらいの舌が回らないうちに、売買された。髪の毛を剃るのは、残り火が髪に燃え移らないためだ。〈黒いお棺〉は、煙突のことだ。天使が持ってきた〈輝く鍵〉は、この歌が出版された前年

の一七八八年にできた煙突掃除の少年を保護する法律をあらわしているようだが、その法律で現実の過酷な労働がなくなることは、まだなかった。〈白い裸のまま〉というのは、衣服を身につけて煙突に入ると、スペースもとる。火もつきやすい。素っ裸で煙突にはいったことを意味しているようだ。
ウイリアム・ブレイクは、煙突掃除の子の悲惨な労働の救いを神様に求めた。夢から覚めたトムは、「みんなが義務を果せば、何も心配はありません。」と、仕事にでかける。
「煙突掃除の子」が載っている詩集『無垢の歌』が出版されたのが一七八九年。現実の「煙突掃除の子」の労働は、一八七五年に煙突掃除法ができて、児童労働が禁止になるまでつづいたことになる。子どもを働かせないで守ろうという《保護》の精神は、まったくのところ崇高なものにちがいないのだ。しかし、この崇高さが、いま、康平の《壁》となって立ちはだかる。店員の〈なにいっとるの。こづかいかせぎやったら、親の肩もみでもしてりゃあ。〉（p.20）という言葉も、その肩もみをする親がいない康平には、ただ空しいだけである。康平はさけぶ。

ちえっ、いまのおれに保護も福祉もあらへんわ。仕事くれ（p.22）

康平の願いも空しく、店員は、康平をひっかかえて外へ連れ出す。康平は、また叫ぶ。

餓死してやる。あとで、テレビのリポーターに、いい子でした、よくメロンパンを買っていくかわいいぼっちゃんでした……なんていうたかておそいんやからな！　法律のために殺されてしまう！（p.22）

法律のために殺されるわけではないのだから、この辺は、完全にエンターテインメントのノリになっている。育児放棄をされた逆境にはちがいないのだが、妙に軽くて明るいのは、そのせいだろう。もう怖いものなしの康平は、駅前の信号待ちの横断歩道で、「恵まれない子どもたちに愛の手を！」（p.26）という募金活動に出くわすことになる。康平は、「募金活動」で糊口をしのぐ決心をする。

＊募金

ええ仕事になるかもしれへんな。ジドウフクシホウとかホゴホウに邪魔されへんやろし。なんたって恵まれてへん本人がやるのやさかい、文句はないわな。（p.28）

募金の試みは、まず〈募金箱にぴったし〉（p.29）のティッシュペーパーの空き箱から始まる。ペーパーの取り出し口がほどよいお金入れの口になると考えて、ノートを破って「めぐまれない子どもたちにあいの手を」とフェルトペンで書いて箱に貼り付ける。

しかし、世の中そんなに甘くはない。セコすぎた募金箱は、口うるさいおばさんたちに囲まれる。電車賃の元も取れずに名古屋駅前を離れることになる。

二つ目の箱は、コンビニの「珍味」と書かれたダンボール箱。これは、ティッシュペーパーの空き箱より一回り大きい〈上等な箱〉（p.34）だ。ついでに、いらなくなったポスターももらう。工作だけは得意な康平は、カッターナイフでお金を入れる口を作り、「珍味」が隠れるように、ポスターの裏を使って「めぐまれない子どもたちにあいの手を」の紙を貼り付ける。

二つ目の募金箱は、大成功する。たまたま通りかかった落ち目の芸能人、立花優のおかげもあって、〈たった十分で九千百十円〉（p.40）の収入になる。康平は〈ちょろいもんやな。金は、わっささわっさ入ってくるで。〉（p.41）といいながら、千円札で飛行機を折り、天井にとばす。

しかし、世の中、やっぱりそんなに甘くはない。毎日芸能人に出会うわけもなく、収入は百二十円。〈金のこと考えると、しんどいもんやな。〉と、康平は、毎晩寝るときにつぶやくようになる。

五月最後の日曜日、康平は、東山動物園に行く。駅前よりも、募金箱にお金を入れてくれる確率は高い。〈日曜日に動物園へくるような人たちは、人に恵んであげとうなるもんかもしれへんな。〉（p.45）と、康平は思う。

＊隣の部屋の花田さん

状況は一変する。また、丸徳不動産の男が家賃の取り立てに来る。隣の部屋の花田さんにまで声をかけてしまう。母親がいないことがばれてしまう。

〈やっぱり、警察へ連絡したほうがベストだでね。施設へ送ってもらうのがいちばんだわ。こういうときに、みょうな情はかえってめんどうなことになるで〉（p.56）と、不動産屋の男はいう。

〈施設……。みょうな情って、どういうことよ。すて犬じゃあるまいし〉（p.56）と花田さんはいう。

テレビドラマ（ＮＨＫドラマ新銀河全16回　一九九六年六月一〇日〜七月四日、月〜木　19:40-19:58）のときは、康平が隣室に忍び込み、夕食のカレーをつまみ食いしているところを、水野美紀演じる花田さんに発見されるみたいだが、ぼくはテレビドラマの方は見ていないので、わからない。とにもかくにも、家賃滞納に困った不動産会社の男が、隣室の花田さんに声をかけ、〈みょうな情〉などと口走ったばっかりに、それがきっかけで康平は花田さんと同居することになる。

三週間の一人暮らしの末に、康平は、花田恵子と暮らすことになり、一膳飯屋〈津軽〉を知ることになる。ひげ面の大将は、太宰治ファンの元文学青年。そこで働いていた竜二は、康平がコンビニでよく会っていた〈ウエスタンブーツのお兄さん〉だ。花田さんが〈津軽〉では「おケイさん」と呼ばれていることも知る。

康平は、おケイさんと一緒に風呂に入りながら、おケイさんが施設育ちだったことを知る。

そっと目をあけた康平の顔に、おケイさんの白いオッパイが、ぶつかりそうだった。康平の頭を洗うリズムにのって、たふたふとゆれる。

「わたし、施設に入ってたから、子どものころは、おおぜいでふろに入ったんだよ。」

おケイさんは、シャワーで康平の頭を洗い流した。

「施設って?」

「わたし、生まれてすぐに、親にすてられたから。さあ、これですっきりしただろ。」(p.98)

髪を洗われてすっきりしたのか、以前にたずねた答えを聞いてすっきりしたのか、おそらくその両方だろうが、康平は、うなずく。唐突なおケイさんの言葉である。

この唐突さは、津軽の大将も同じだ。〈おケイはな、施設で育った子なんや。親を知らへん。それやからというわけやないかもしれへんけど、ちょっと肩に力、入ってしもうて。人間とつきあうのがにがてらしい。会社では、一日コンピューターの前にすわっとる。〉(p.109〜110)と、康平に言う。

なぜ、親にさえも見捨てられたガキの康平なんぞに、いっしょに風呂に入って施設育ちだと告白したり、居酒屋の大将までが、おケイさんが施設で育ったという話をするのだろうかと、ぼくなんかは、思ってしまう。

別に悪いことをしているわけじゃないから、秘密にすることもないのだけど、じぶんの生い立ちなんかを人に話せるようになるには、それ相応の時間が必要だし、場合によっては、けっこうまわりくどい紆余曲折なんぞを経て、初めて語れるようなものにちがいない。

おケイさんや〈津軽〉の大将のことばを唐突だと感じるのは、その紆余曲折が、ぼくには見えてこないからだ。なぜ、見えてこないのか。それは、最初から、そのように設定されているからだ。〈たにんどんぶり〉というタイトルにあらわれているように、これは「親子」より「他人」を優位に置く物語なのだ。

「親子」のきずなを無前提でよいものだと決めつける考え方が世の中に蔓延している以上、「他人」の方に優位を置く、この作品のような方向性は、ぼくにとっては、むしろうれしいものだ。

その意味で、ぼくは、迎えに来た母親をすてて、電車からとびおりる場面では、康平に、拍手喝采を送りたいぐらいだ。


ママは康平をすてたんだ。

いくらむかえにきてくれたって、いちどは子どもをすてたんじゃないか。

スピードをあげて遠ざかる列車にむかい、声にならない声でさけんだ。

「そやから、そやから、いま、ぼくがママをすててやる！」（p.139〜140）

これは、もしかしたら、痛快な「親捨て児童文学」になるのではないか。ぼくは、そう思った。しかし、あかねるつは、「親子」から「他人」へのプロセスに生じる〝捨てる〟という行為の方ではなく、居酒屋〈津軽〉の〝人情〟の方に重きを置いてしまった。これは、ぼくにとっては、かなり残念なことになる。

親にすてられた子どもが、親をすて返す。恵まれない子本人が恵まれない子のための「募金」をやる。この、どこが悪いと開き直って「自活」するさまに、ぼくは、貧困を逆手にとったエンターテインメントを、勝手に思い描いていたことになる。

物語は、居酒屋〈津軽〉の〝人情〟の方に進んでいく。〈タニンドンブリ？〉（p.147）が紹介される。

＊〈たにんどんぶり〉について。

「はい、できあがり！　思いつきでつくってみたんやけど、だまって食ってみなはれ。」

大将は、カウンターに、見たこともない丼ご飯をならべた。オイルサーディンと、からしめんたいこ、その内側に納豆と、まん中には、卵の黄身がぽとんと落としてある。

「わあ、なんていう丼？」

おケイさんが、はしをならべながらいった。

「われら四人にちなんで、他人丼ともうす！」

「タニンドンブリ?」
「そうや。オイルサーディンがおれ、つまり大将。ピリリッとしたからしめんたいこがおケイさんで、納豆は竜二、生卵は康平やな」(p.147〜148)

この〈たにんどんぶり〉は、大将の思いつきだ。居酒屋〈津軽〉に集った、文字通り他人の四人を、ごちゃまぜにした〈他人丼〉だ。

それにしても、オイルサーディンと辛子明太子と納豆と卵の黄身とは、いったい何なんだ、と、ツッコミを入れたくなる。他人丼なら、ふつう豚と卵だろう。牛肉は金持ちのものだ。それが、オイルサーディンと辛子明太子って、他人というより、もうテレビのバラエティでやってる、これとこれをあわせたら、けっこう食べられましたレベルのものではないのかと、思えてしまう。これは、「他人丼」ではなく、「オイルサーディン丼」にちがいない。(ちなみに、温州ミカンにちょっとだけ醤油をたらしたものを海苔にはさんで食べると、イクラの味がする。と、いまはこんな話をしている場合ではない……。)

完全に横道にそれた。話をもとに戻そう。ぼくは、物語がエンターテインメントとしての自活を語っていく方向から、居酒屋〈津軽〉の人情物語へと、その方向を変えてしまっているといった。これは、作者あかねるつの意図に反してというより、あかねの思惑は最初からこっちにあって、ぼくが勝手にエンターテインメントのノリで読みたかったということにすぎない。

エンターテインメントの芽が完全につぶされるのは、募金活動がおケイさんに見つかり、〈往復びんた〉(p.190)を食らったときだ。康平が「恵まれない子どもが『恵まれない子どもたちに愛の手を』っていってなんで悪いんや!」(p.192)といったとき、大将は次のように答えている。

ああ、悪い。めちゃくちゃ悪い。めっちゃ悪いで。そんなふうに、自分をみじめにしてどうする。地球工事人のおっちゃんたちに、カンパしてもろうたお金とは、ぜんぜん意味がちがうことくらい康平にかてわかるやろ。（p.193）

ここで、アパートが火事になったときのカンパのお金を引き合いに出されても、こまったもんだと、ぼくは思ってしまう。火事のカンパは、いわばアクシデントに対する災害募金の取り組みであって、康平が行っていた日常の生活費のための募金とは、おのずからその性格がちがうものだ。と、まじめに考えるよりも、ぼくは、「恵まれない子が恵まれない子の募金をやって何が悪い」というレトリックのおもしろさをつぶされてしまったことの方が、物語としては、より残念なのだ。このレトリックは、もしかしたら、もっともっと大きな物語の展開を生んだかも知れない。その可能性をもっていたと、ぼくは思っている。

ラストで、康平は、施設へ行く道を選ぶ。思い切りよく母親を捨て、むしろ他人の方を選ぶ。これはきっぱりした「親捨て児童文学」なのだ。その点で、ぼくは、この作品をけっこうおもしろいと思っている。しかし、その他人の〝人情物語〟にしてしまったという点では、ちょっと首をかしげている。

「恵まれない子本人が、恵まれない子のための募金をして何が悪い」という自己本位のレトリックを、おもしろいと考えるか、まちがっているとして〈往復びんた〉をするか。物語なら、ぼくは、往復びんたではなく、もっともっとおもしろくなるかもしれない冒険の方を選びたい。

エンターテインメントとしての「自活」への道は、そうたやすくはないということなのかもしれない。

＊『砂糖菓子の弾丸は撃ちぬけない』（実弾を求めて）

桜庭一樹『砂糖菓子の弾丸は撃ちぬけない』（富士見書房　二〇〇四年一一月）は、貧乏な家庭環境を逆手にとったエンターテインメントだ。

主人公、山田なぎさの一人称で語られる。「あたし」は、十三歳の中学二年生。漁師だった父親は十年前の嵐で死に、ボロボロの公団住宅の一階、薄暗い1LDKに母と兄と三人で暮らしている。兄の友彦は、成績優秀で、父を亡くした後の母は兄が頼りだったが、中二の途中でひきこもりになる。高校にも行かず、三年が経ちいまにいたっている。母は遅くまでスーパーのレジで働く。

母一人の稼ぎと、ほんの少しの生活保護でうちの暮らしは成り立っている。いや、成り立ってはいない。なんにも買えない。中学生を雇ってくれるところなんてこの町にないし、あたしはいま働いてないから。（p.31）

ここにも《子どもは働かせてはいけないという保護の法律》で守られている子どもが一人いる。誤解されないために、また、同じことをしつこく言うことになるが、ぼくは、《子どもは働かせてはいけないという法律》を否定しているわけではない。むしろ、その逆である。先にあげた「煙突掃除の子」を引き合いに出すまでもなく、この「保護」の精神は崇高なものだ。ただ子どもの「保護」と「自活」との間に、いまちょっとした齟齬が生じている。その狭間に落ち込み、「埒外」に置かれてしまっている子どもたちがいる。ぼくは、そのことについて、考えていく手がかりを少しでもいいからほしいだけなのだ。

ぼくが、エンターテインメントという観点から「自活」について考えてみたいと思った理由も、ここにある。山田なぎさの場合、「自活」とは自分一人の生活ではなく「家族三人が自力で生活」する道になるから、さらに大変である。なぎさが選んだ道は「兵士になる」ことだった。


「なぎさ」

「なぁに?」

あたしは身を乗り出す。

「中学卒業したら……」

友彦の微笑が深くなった。

「卒業したら、兵士になるのか?」

「うん、なるよ」

あたしはうなずいた。

急に泣きそうになった。

もう一回うなずいた。(p.33～34)

ここで〈兵士になる〉とは、なんの隠喩でもない。文字通り兵士になること、〈自衛隊に入る〉ことだ。なぎさの住む田舎町には、なんでもそろっている。〈田舎に作ったほうがいいと都会の人が考えるすべてのものがこの町にはある。原発。刑務所。少年院。精神病院。それから自衛隊の駐屯地。〉(p.19)。

その自衛隊に、国を守るためではなく、まさに自分と家族を守るために、なぎさは中学卒業後に就職しようと決心する。〈実弾〉を手に入れようとしている。この〈実弾〉とは端的にいって〈お金〉のことである。

不景気なこの時代、地元の若者のうちの、とくに家庭に事情のあるものは、自衛隊に入隊する。お金ももらえるし、生活費がかからないし、学歴が低くても雇ってくれるし、ほかの仕事とちがって一人前の扱いだから、はやく大人になれる。
それが実弾だ。生活に打ち込む、本物の力。(p.25)

＊海野藻屑（あるいは、砂糖菓子の弾丸）

そんな決心を三ヶ月前にしたばかりの、なぎさのクラスに、転校生、海野藻屑がやってくる。九月の三日とか四日ぐらい、夏休みが終わって二学期が始まってすぐのだらだらにだらけた曇り空の朝、海野藻屑はやってくる。この物語の始まりである。

藻屑は、有名人、海野雅愛の娘で、身につけているものはみな高級なブランド品。しかも、のっけから、自己紹介で自分は人魚だという。〈どんなに人間が愚かか、生きる価値がないか、みんな死んじゃえばいいか、教えて下さい。ではよろしくお願いします。ぺこり〉(p.13〜14)という。

クラスのみんながこの自己紹介に衝撃を受ける中で、〝実弾主義〟のなぎさだけは、〈なんだー〉〈この子はまだ余裕があるんだなぁ〉(p.14)と思う。生きることに直接関係のない、人生の意味とか、愛の正体とか、世界の仕組みとかについて悩むのは、中世ならば貴族の特権なのだ。〈兄の言葉を借りれば、貴族のお菓子。腹の足しにならない砂糖菓子〉（p.17）の弾丸を、藻屑は撃ち続けるわけだ。

それでも、無関心ななぎさに、藻屑がつきまとう感じで、二人の交流は続く。藻屑が父親から暴力を受けていることや、その父親が買った鉈で飼っていた犬のポチを四つに切り分けて蜷山に埋めたことなどが語られていく。

よく嘘をつく藻屑に、本当に犬を埋めたのか、確かめるために蜷山を登っていく場面がある。いやがる藻屑を強引に連れて、なぎさは山に分け入る。獣道の奥にある〈ぽつんと開けた場所〉（p.95）に出る。

＊ぽつんと開けた場所

ぼくはここで不覚にも、本当に不覚にも、佐藤さとるの『だれも知らない小さな国』（講談社一九五九年八月）に出てくる〈三角平地〉のことを思い浮かべてしまった。杉林をつっきって、小山の向こう側にあった奇妙な三角の平地に、ひょっこりと顔を出したときの情景を、佐藤は次のように語っていた。

> ふいに、そこへ出たときの感じは、いまでも、わすれない。まるでほらあなの中に落ちこんだような気持ちだった。思わず空を見あげると、すぎのこずえのむこうに、いせいのいい入道雲があった。（p.10）

いま読み直してみると、この三角平地のイメージは、さわやかで明るい。見あげる青空に、入道雲の白さ。

ぼく自身、子どものときに捕虫網を持って蝶を追いかけ、上州赤城山の小沼湖畔に広がる森の中に分け入り、ふと、ぽっかりとあいた空間に出たときの不思議さは、いまでも記憶に残っている。

そのせいか、山道を歩き続けた末に、ぽっかりとあいた空間に出たりする描写があると、〈三角平地〉と、小沼湖畔の森のことを、自然に頭に浮かべてしまう。

しかし、この作品の〈ぽつんと開けた場所〉は、さわやかでもなければ、明るくもない。不思議というよりは不気味というべき場所だった。嘘だと思って、藻屑を強引に連れていった場所にあったものは、本当に犬のお墓だった。枯葉を集めたような小高い丘の上に、ていねいに積み重ねられていた四等分にされた犬の一番上に頭がのせられ、長い舌はそれだけが別の生き物のように垂れ下がる。ぶんぶんと大きな音を立てて、やけに大きな蠅がたかっている。なぎさは、繰り返し嘔吐する。このとき、ぼくの記憶の中の〈ぽつんと開けた空間〉に、もうひとつ新しいイメージが加わったのかもしれない。

＊不幸、あるいは友達について

（p.101）

あたしは初めて、あぁ、海野藻屑のほうがあたしより不幸なのだ、と気づいた。

なんてかわいそうなのだろう、と思って、それまでの反発とか、あくまで金持ちの幸せな子だと思いこもうとしていたこととか、こんなやつに自分の気持ちはわからないと意地を張っていたこととか、そういう防波堤が一気に崩れた。そして、海野藻屑のことを初めて、友達だ、と思った。

ここで、なぎさが〈友達〉という言葉を使ったからといって、事態が好転するわけではない。じつは、そのことを、読者は最初から知っている。好転どころか、読者は、ここである確信を持つことになる。この物語には、始まる一つ前に、「新聞記事からの抜粋」という一文が添えられている。

十月四日早朝、鳥取県境港市、蜷山の中腹で少女のバラバラ遺体が発見された。身元は市内に住む中学二年生、海野藻屑さん（一三）と判明した。藻屑さんは前日の夜から行方がわからなくなっていた。発見したのは同じ中学に通う友人、A子さん（一三）で、警察では犯人、犯行動機を調べるとともに、A子さんが遺体発見現場である蜷山に行った理由についても詳しく聞いている……。（p.5）

転校生の藻屑が、バラバラ遺体で発見されることを、読み手は最初から知っている。〈冒頭の記事のような出来事は本当におこるのだろうか〉と半ば希望的観測を持って読み進めていた読者も、この犬のバラバラ死体を見たところで、遅ればせながら藻屑の死を確信することになる。そこに、〈友達〉という言葉がかぶせられるわけだから、読者も、もう成り行きに任せるしかないことになる。

冒頭の新聞記事の提示だけでなく、この物語は、二つの時系列で構成されている。ひとつは、藻屑が転校してきた九月上旬からはじまり、一〇月四日の朝までのもの。もう一つは、一〇月四日の早朝から始まり、蜷山を登るなぎさと兄の友彦。これは最終的に藻屑の死体を発見する現在まで続くことになる。読み進めば読み進むほどに、藻屑の確実な死が近づいてくる。

貧乏な家庭環境をバネに、〈不幸があたし自身の個性というか自己イメージになってしまっていた〉

（p.118）、そんな〈不幸観に凝り固まっていたあたし〉（p.118）は、〈もしかしたら自分よりもっともっと不幸かも知れない海野藻屑〉（p.118）に対して、ある種の共感をもつようになる。

不幸については、もうひとつ記述があるので、ちょっと長くなるが、あげておこう。

あたし自身の不幸が海野藻屑とは比較にならないぐらい平凡でありきたりでよくある貧窮なのはもはやわかっていた。そのことはあたしも認めていた。だけどあたし自身のありきたりな不幸と藻屑の藻屑らしい非凡な不幸には一つの共通点があった。あたしたちは十三歳で、あたしたちは未成年で、あたしたちは義務教育を受けてる中学生。あたしたちにはまだ、自分で運命を切り開く力はなかった。親の庇護の元で育たなければならないし、子供は親を選べないのだ。あたしはこの親の元でみんなより一足も二足も早く大人になったふりをして家事をして兄の保護者になって心の中でだけもうダメだよ、と弱音を吐いてる。藻屑も行けるものならばどこかに行くのかもしれない。大人になって自由になったら。だけど十三歳ではどこにもいけない。（p.148）

ちがう種類の不幸だといいながらも、ふたりの〈共通点〉をあげているところが、興味深い。共通点は、《十三歳で、未成年で、義務教育を受けていて、自分で運命を切り開く力がなく、親の庇護の元で育たなければならず、親を選べない》ということである。子どもの「保護」と「自立」との間は、いつでも奇妙な緊張関係をもって成り立っているのだ。

＊藻屑はどうなるのか？

あの子、障害者手帳を持ってるの、知ってた?(p.148)

母親の言葉に、なぎさは「……へっ?」(p.149)とする。足を引きずっているのも、赤ちゃんの頃に乱暴に扱われて、股関節がおかしくなったからとか、鼓膜が破れて左耳が聞こえないとか、わかる。それで、バスの中で、花名島が話しかけたときにも、スルーしたようにみえていたことがわかる。映子が、左側からひどいことを行っても気づかない実験をしたとかも、母親から聞く。なぎさは、藻屑のことを思い、洗濯機の前で、両手で顔を覆ったまま、洗濯機に頭を突っこんで、声を押し殺してなく。


もうずっと、藻屑は砂糖菓子の弾丸を、あたしは実弾を、心許ない、威力の少ない銃に詰めてぽこぽこ撃ち続けているけれど、まったく何にもたおせそうにない。

子どもはみんな兵士で、この世は生き残りゲームで。そして。

藻屑はどうなってしまうんだろう……?(p.151〜152)

藻屑がどうなってしまうのか、ぼくらはもう、みんな知っている。

*ストックホルム症候群

友彦は語り続ける。

「ぼくが考えるに、幼児虐待の被害者である子供たちも、ある種の〝ストックホルム症候群〟に分類される症状を発症しているんだ。長い間の軟禁と、虐待生活。加害者は愛するべき、そして自分を愛しているはずの親だ。どうなる？　彼らは虐待されていない正常な子供よりも激しく、悲しく、親を慕うようになる。彼らは親を悪く言わない。それどころか自分を責めている場合もある。だから発覚しづらいんだ。まちがった脳の作用によって、彼らはつまらない親たちに激しい愛情を感じている。そこに悲劇がある」（p.116〜117）

なぎさと共に外へ出た友彦は、激しい嘔吐をくりかえし、まるで憑き物が落ちたみたいに、引きこもり前のふつうのお兄ちゃんに戻ってしまうが、戻る前の友彦は、まるで神のように、とうとうと語る。なぎさはまるで〝おにいちゃん教〟のように、兄を慕い、面倒を見てしまうのだ。

＊学園もの

振り上げられては振り下ろされるモップ。

花名島が上げる、甘いうめき声。

モップは、藻屑が初めて撃った実弾だった。藻屑は男の子に、こんな実弾を、こんな顔で、撃った女の子だったのだ。（p.172）

なんだかんだ言っても、この物語は、やっぱり「学園もの」になっている。

なぎさの隣の席の花名島が、なぎさを通して、藻屑を映画に誘い、結局三人で映画デートに行ったりする。飼育係のなぎさが面倒を見ていたウサギたちが虐殺されるという事件も起こる。ウサギを殺したのはお前だろうと、花名島と藻屑がお互い言い争って、花名島が藻屑の顔をめったうちにする。藻屑が花名島をモップでなぐったりもする。そのいざこざのせいで、なぎさは咲子を筆頭とするクラスの社交界から外される。藻屑のバラバラ事件後は、咲子が、それなりになぎさを心配したりもする。と、けっこう典型的な「学園もの」になっている。〈社交界〉に関わる部分を抜き書きすると、こんな感じになる。

映子が知らんぷりして歩きすぎていくその後ろ姿を、あたしはあきれて見送った。教室を見回すと、息をひそめてこっちを見ていた女子が、一斉に目をそらした。

へんなお祭りが始まる直前の、不穏な空気。

なんだかそんなことどうでもよかった。それもまた実弾じゃない気がした。(p.159)

来週になったらまたこなくてはいけないこの学校という場所は、大人の知らない暗黒の社交界でもあった。黒いお祭りが始まれば、死にたくなるぐらい辛い思いをさせられるに決まっている。(p.175)

何日か経つと、少しずつ、映子が話しかけてくるようになった。「昨日のあれ、見た?」とかいうテレビの話のこともあれば、髪型のことと睫毛をカールさせる方法とか、その上で睫毛の上につまようじが何本載るかとか、つまり、どうでもいい軽い内容だった。あたしが普通に切り返すと、映子はほっとしたような表情になった。それから少し泣きそうになって、黙った。どうやら心配してくれているようだった。社交界には優しさもあった。（p.201）

この〈社交界には優しさもあった〉という言い方が、ぼくは好きだ。教室が〈暗黒の社交界〉ばかりだとしたら、おそらく、ぼくは、この作家を信用しなかっただろう。藻屑のバラバラ事件のあとで十日ぐらい休んでから復活した学校は、〈へんな雰囲気〉（p.201）だったが、それは、なぎささを心配しているものだった。映子の態度に、社交界には優しさもあったと書く、この作家のさりげないしたたかさを、ぼくはうれしく思う。

＊友彦について（神から人へ）

友彦はフラフラと歩きだした。

と思ったら立ち止まり、また、

「おええぇぇぇぇ！」

「うわぁん、おにいちゃん」

「……いや、ほんとにほんとに大丈夫」

振り向いた友彦は、友彦らしくない笑顔を浮かべて言った。あたしはその瞬間、誰もいないのに誰かとすれ違ったような気がして、背後を振り返った。

暗いアスファルト道路。稲穂にはさまれた濡れた黒い道。

そこをなにかが遠ざかっていった。濃いピンク色をした霧のようなものを一瞬、見たような気がした。なにかがあたしと友彦のそばからゆっくりと離れていった。（p.190〜191）

なぎさと共に「蜷山に行こう」と言って、外へ出た友彦は、思い切り何度も嘔吐する。そして、〈濃いピンク色した霧のようなもの〉が離れていく。

友彦はあたしのために家を出て玄関の前で滝ゲロを噴いてフラフラ歩きだしたあのときから、どうやら隠遁生活の中で手に入れた特別な力〝神の視点〟を失ったらしかった。いまの友彦は無様で、まともにしゃべれなくて、出てくる大人と目を合わせるのも一苦労で、額に汗を浮かべていた。（p.196）

藻屑の砂糖菓子の弾丸は、確かに大人の世界のなにものも撃ち抜くことなく、死んでいった。しかし、なぎさと友彦のふたりは、それ以前とは確かに変わった何かを与えられた。だから、二人の心の中には、この死んでいった十三歳の少女は消えることなく残り続けるにちがいない。

＊〈現代の病魔〉VS. 担任教師の激昂。

藻屑が殺されたことを、母が〈現代の病魔〉という。その言葉に、担任教師がかみつく。そこがよかった。よかったので、かなり長い引用をすることになる。ここでは「担任教師」という固有名詞も与えられていない教師の、かなり個人的な思いやがんばりが、堰を切ったように語られる。

母はおろおろし、深呼吸して、またおろおろし、

「ほんとなの？　海野さんちの娘さん、死んじゃったって……」

あたしたちは答えなかった。もう口も利けなかった。と、母が、

「げ、げ、現代の病魔っていうのかしら。歪んでるのね、みんな……」

「なに言ってんだ！」

寝ぼけ顔でぼんやり突っ立っていた担任教師が、突然、母を怒鳴りつけた。

「あほな評論家みたいなこと言うな！　なにが病魔だ、歪みだ。関係ねぇよ！　子供を殺すやつなんて頭がおかしいんだよ！　それだけだろ？　現代も糞もあるか、ばか」

怒鳴られた母は縮み上がり、担任教師はそれだけ言うと、眠そうな目をこすってしばらく突っ立ってた。それからソファに座りこみ、「ああ！」と叫んで頭を抱えた。

数分間、誰もしゃべらず、部屋には沈黙だけが流れていた。

急に誰かが「ひっく」としゃくりあげた。

誰……？

あたしは兄に抱きしめられたまま部屋の中を見回した。うつむいて頭を抱えている担任教師の足のあいだの床に、ぽとり、と大粒のなにかが落ちた。塩辛そうな涙だった。担任教師は、

「あっちはあっちで、動いていたんだ」

「……動いていたって？　先生、どういうこと？」

あたしの震え声に、担任教師は顔を上げた。

悔しそうに顔を歪ませて、絞り出すように、

「噂もあったし、近所の人の通報もあった。児童相談所のほうと相談もしてたんだ。ただ、海野本人と話すと、父親のことを庇うもんだから、話が進まなくて」

ストックホルム症候群だ、まちがった脳の作用だ、とあたしは思った。

「だけど保護する方向で動いていたんだ。おれは大人になって、教師になって、スーパーマンになったつもりだったから。山田のことでも、おまえに嫌われてもいいから、高校行けるようになんとかしてやろうって張り切っていたし。海野の家だってなんとかするつもりだった。ヒーローは必ず危機に間に合う。そういうふうになっている。だけどちがった。生徒が死ぬなんて」（p.198〜199）

この〈担任教師〉という主語で語られる先生の描き方を、ぼくは、かなり気に入っている。〈担任教師〉と、まるで個性をはぎ取られたかたちで見られている教師の、《ヒーローは必ず間に合うと思ってやっていたけど、ちがっていた》という悔いにみちたことば。全くのところ教師の内側から発せられたにすぎない言葉に対して、半ば唖然としているなぎさ。それでも、「担任教師」はあくまでもいつまでも「担任教師」でしかない。そういう「担任教師」として見直されていくキャラ。そんな何もかもが、ぼくは自分がかって教師だったこともあるのだろう。けっこう好きなのだ。

ラストに近いところで、なぎさは〈あたしは高校に行く〉といっているが、ここには、〈担任教師〉がほとんど自分と《等価》なものとして描かれている。

あたしは高校に行く。うちは裕福じゃないからたいへんだけど、放課後にバイトをして、卒業

したら就職して、なんとかなるだろう。担任教師があたしの気が変わらないように見張っていた。（p.204）

今日もニュースでは繰り返し、子供が殺されている。どうやら世の中にはそう珍しくないことらしい、とあたしは気づく。生き残った子だけが、大人になる。あの日あの警察署の一室で先生はそうつぶやいたけれど、もしかしたら先生もかつてのサバイバーだったのかもしれない。生き残って大人になった先生は、今日も子供たちのために奔走し、時には成功し、時には間に合わず。そして自分のことについては沈黙を守っている。

あたしもそうなるのかもしれない。（p.204）

ばらばら死体殺人を現代の病魔だという、なぎさの母親を、怒鳴りつけた担任教師は、「あほな評論家みたいなこと言うな！　なにが病魔だ、歪みだ。関係ねぇよ！　子供を殺すやつなんて頭がおかしいんだよ！　それだけだろ？　現代も糞もあるか、ばか」と、まくしたてる。この〝頭がおかしい〟という言い方を、また病気にしてしまうのは、もうやめたほうがいい。ただ〝おかしい〟のだ。それ以上でも、以下でもない。

病気を前提にして語るのを、ぼくらはやめたほうがいい。これが、正常だから悲しいのだ。健康だから、おかしいのだ。これが異常な世界だったら、どんなに楽であったろうか。

〈兵士〉と〈実弾〉というコトバに寄り添って言うならば、戦争で人を撃ち殺す人たちは、決して〈現代の病魔〉に犯されているわけではない。病気ではない。正常で健康で元気な人たちが、戦争では人を殺し続けている。〝おかしい〟とすれば、そうした日常が〝おかしい〟のであって、それはおそらく病魔などといってはならないものにちがいない。

同じように、ぼくらの日常を見ると、日々子どもたちは殺され続けている。この物語の主人公であるなぎさのことばを借りて言えば、〈今日もニュースでは繰り返し、子供が殺されている。どうやら世の中にはそう珍しくないことらしい、とあたしは気づく。〉ということになる。

桜庭一樹は、大量の嘔吐と、砂糖菓子を撃ちつづけたひとりの少女の死をもって、貧困をバネとしたエンターテインメントを完結させた。神から人に戻った友彦は〈実弾〉を手に入れるために〈兵士〉になる。なぎさは高校へ行き、放課後に少しだけの〈実弾〉を手に入れることができるようになる。かれらは、この健康で正常でおかしなサバイバルの出発点に、ようやく立ったばかりなのである。

＊『東京のサンタクロース』（その冒頭）

砂田弘『東京のサンタクロース』（理論社　一九六一年一二月二五日）は、〈一九五X年のクリスマス・イブ――。〉（p.7）とはじまる。

銀座。一日の勤めを終えたサラリーマン。マンボ・スタイルの若者たち。手をにぎりあったアベックの姿。はなやかなネオン。「ジングルベル」のかろやかなメロディー。名物の柳。

砂田は、〈絵はがきでおなじみ〉（p.7）の銀座風景を、そのまま書き進めていく。ありきたりの風景描写と常套句の多用は、この物語がすでに純文学志向でなく、エンターテインメントを旨とした大衆文学路線を進むことを示している。

物語の最初「主な登場人物」に「ルパン君」の紹介がある。

ドヤ街に住むわれらの主人公のあらわれるところ、つぎつぎとあやしい事件がおこり、それをおって物語は……（p.6）

そうなのだ。〈ルパン君〉という名前が示すとおり、『東京のサンタクロース』という作品は、モーリス・ルブランがつくりだした稀代の怪盗ルパンのパスティーシュ、スリ師ルパン君の活躍を描くエンターテインメント＝ピカレスクロマンにちがいないのだ。

＊〈東京サンタ〉

華やかなクリスマスイブの銀座の、デパートの一室で、店員と少年の言い合いが続いている。かいつまんでいうと、こんな感じになる。


「君は、どうしても盗まないといいはるのか」

「ぼくは、どろぼうじゃありません」

「ピストルを盗んだのは、なんといおうと君だ」

ピストルといっても、おもちゃのピストルです」

「おもちゃだ。しかしほんものそっくりにできている。しかも最新式の七連発だ」

「ちがいます。六連発です」

「どっちにしろ、同じようなものだ」

「同じゃありません。七連発だったために撃ち殺されることがあっても、六連発では助かるかもしれません」

「西部劇の話をしているんじゃないっ！」


店員は盗んだという。少年は、ほしかったけどお金がないから、あきらめて帰りかけたら、ポケットにクリスマスカードとピストルが入っていたという。カードには

〈クリスマスおめでとう　東京サンタ〉（p.11）

と書かれている。盗んだという罪悪感がないから、店員のいう〈七連発〉のボケに、〈六連発〉というツッコミを入れる。作者、砂田弘も、遊んでいるのだ。〈東京サンタ〉は、こんなかたちで、読み手に紹介される。〈東京ルパン〉の方は、まだ出てこない。

＊語りかけるように……。

〈東京の地図をひろげてごらんなさい。〉（p.16）と、読み手に語りかけるように、砂田は書く。読み手の子どもたちを、まるで、講談か落語をきく聴衆であるかのように、砂田は語りかけるのだ。

この、話体のエンターテインメントというありようは、砂田の最後の作品になった『悪いやつは眠らせない』（ポプラ社　二〇〇七年一〇月）の敬体に、よりあらわれているが、砂田には最初から、こうした語りによるエンターテインメント志向という嗜好があったことがわかる。ここでは、『東京のサンタク

ロース』という作品が「貧困」をエネルギー源にした、ピカレスクエンターテインメントだということを記憶にとどめて、先に進もう。

もう一度、地図を見てごらんなさい。（p.17）

砂田は、もう一度語りかける。浅草から電車で十分、旅館とニコヨンの町、山谷が紹介される。ここが〈東京サンタ〉＝〈東京ルパン〉のいる町になる。

山谷の紹介も、また砂田独特の常套句的語りである。

山谷ときけば、東京の人なら、すぐドヤ街ということばを思い出すだろう。「東京のカスバ」とか「東京の吹きだまり」とかいって、まゆをひそめる人もあるだろう。

それは、むりもないことだ。山谷というところは、大阪の釜ヶ崎とならんで、日本でもっともけがらわしい、人間のクズが集まるところだといわれているからだ。…（中略）…はなやかな銀座や新宿を東京の南極だとすれば、ここ山谷は東京の北極である。（p.18）

南極も北極も同じぐらいに寒いのではないかというツッコミは止めにして、ここは、南に対する北といういかにも単純な対比に敬意をあらわして、先に進むと、〈さて、前おきはそれくらいにして、そろそろ〈東京サンタ〉のいる場所をたずねてみることにしよう。〉（p.20）となる。砂田の語りに、〈今までのは前おきだったのかぁー〉と、ちょっと一休みの気分になる。

＊〈東京ルパン〉こと、ルパン君のスリ技術について。

「京太、ケーキを切ろう」（p.20）という一つの会話文から、ルパン君の登場である。これから後は、叙事体にときどき砂田流の話体が顔をのぞかせるという文体になる。

四十ワットの電球の下、中央に置かれたちゃぶ台の上には、部屋に似つかわしくない見事なクリスマスケーキがおかれている。ぐるりと輪を作っている七人の子どもたちは、ラジオのニュースに聞き入る。〈東京にめずらしいサンタ・クロースがあらわれました。〉（p.22）と始まるニュースは、クリスマスイブの日に、貧しい七軒の家庭に、クリスマスケーキが贈られたこと、その贈り物には〈東京サンタ〉のカードが入っていたことをつげる。

貧しい山谷の子どもたち七人が、同じように貧しい家庭にクリスマスケーキを贈ることができたのは、〈東京ルパン〉ことルパン少年の指図と活躍があったからだ。ルパン君は、天才的な少年スリ師で、砂田は、そのすごさを次のように書いている。

ルパン君の左指――とくに親指・人さし指・中指の三本は、磁石のように紙幣に吸いつき、電光のようなはやさでポケットにまいもどった。そして、あいてのポケットに手をさしこみ、紙幣の厚さにふれただけで、その金額をピタリと当てることができるようになった。もし、明治のスリの名人仕立屋銀次がこのルパン君のスリぶりを見たら、舌をまいて、日本一の名をルパン君にゆずったにちがいない。

しかも、ルパン君は、そのすぐれた技術を、わずか一ヶ月あまりで身につけたのだ。（p.92）

（たった一ヶ月なんて、ありえないよぉー）というツッコミを入れるのは止めにしよう。ありえないようなことを、まるで本当にあるかのように書くのが、エンターテインメントの真骨頂なのだから。講釈師見てきたようなうそを言いということばもある。

風車の弥七が天井裏に忍び込んだその一瞬に、悪代官は十年来の悪事を語る。シャーロック・ホームズは断崖絶壁から落ちても生還する。西部劇のならず者たちがどんなにピストルを撃ちまくっても、主人公に弾丸は当たらない。同じように、ルパン君は、たった一ヶ月で、仕立屋銀次顔負けの天才スリ師に成長するのだ。

ちなみに、仕立屋銀次の方は実在の人物になる。その全盛期は一九〇二年（明治三五年）ころから逮捕される一九〇九年（明治四二年）まで。かれは、本妻とその子を駒込の本宅に住まわせ、自分は内妻と日暮里の別宅で暮らす。大邸宅だったようだ。他に貸長屋を五十軒以上持っていたみたいだから、「貧困」とはほどとおい。今でも、ゲーム「桃太郎電鉄」の中で「スリの銀次」として登場する。お金が貯まるとどこからともなくあらわれ、持ち金をスリとる。あげくに「へっへっへ！社長さんがそんなにお金を持ち歩いちゃいけねえよ」という決め台詞を残して去って行く。実物の銀次はともかくとして、エンターテインメントの中の銀次は、まだ健在なようだ。

砂田の語り口につられて、つい、横道のおしゃべりが過ぎたようだ。話を『東京のサンタクロース』に戻そう。

＊徳さん　VS.　ルパンの夢

『東京のサンタクロース』は、東京ルパンを名乗る天才スリ師、ルパン君と、それを追う新聞記者徳さんの、一年間を描いたものだ。

ベテラン記者の徳さんは、警視庁小林捜査第一課長と、ある約束をする。それは、一年間〈東京ルパン〉の事件の公表をしないということだ。かわりに、その正体をあばき捕まえる。捕まえられなかったときは、辞表を出すというものだ。

みなしごのルパン君は、母をたずねて大阪へ行く。そこで出会った、九州から家出して父を探しに来た兄妹とともに、九州筑豊の炭鉱にも行く。徳さんも、東京ルパンのわずかな情報を手がかりに、大阪から九州へと、後を追う。しかし、徳さんが考えていた東京ルパンは《一見、三十から四十。中肉中背。どこにでもいるような、平凡なサラリーマンふうの男》（p.148）だったから、徳さんは、〈東京ルパン〉を捜し出すことができず、失意の中で東京へ帰ることになる。

ルパン君は、大阪では聾唖学校の子たちの運動会風景を見て、スリとった金で、その子たちを野球観戦に招待している。また、母を自殺に追い込んで今はのうのうと市会議員をしている男からは何度も金をスリ取っている。

九州の炭鉱では、人気歌手、北野美代子が歌う「炭鉱の子守歌」のラジオを消して、〈なにが炭鉱の子守歌じゃ、人の困っているのをネタにして、金をもうけとっじゃないか〉（p.141）という、兄妹の母親のことばを聞く。ルパン君は《ぼくはいままで、ものごとを甘くみすぎていたようだな》（p.141）と思う。

ルパン君は、考える。

《ぼくがもっているお金で、あの子たちの一家を救うことができると信じていた》

《あの家で、このお金をさしだせば、一家はしばらくの間は救われるだろう。しかし、いいところ、一ヶ月だ。やがてまた、苦しい毎日がやってきて、母親はくるったようにどなりちらすことだろう。子どもたちは、また家出をするかもしれない。そして……》
《炭鉱はまずしい》
《この炭鉱町には、あの一家と同じような、いやあの一家よりもっとまずしい一家がたくさんあるにちがいない》
《炭鉱があるのは、ここだけではない。とすると、何千、何万という人が、ああした生活をしているにちがいない。毎日の食事さえ、ろくにとっていないのだ。ここも、山谷と同じように、まずしいのだ》（p.142〜143）

ルパン君も山谷に帰る。そして、唯一自分がスリをしていることを打ちあけている京太と再会する。

《京太は僕の参謀だ。かれだけには、ぼくの大きな夢を打ちあけている。》（p.153）

ルパン君の《夢》は、山谷を夢で見たような、みんななかよく、たのしく生活できる町にすることだ。〈山谷が貧しさから解放される時代〉（p.94）をつくることだ。
ルパン君がスリを始めたきっかけは、ルパン君を育ててくれているヨネばあさんが、ご主人のお金を三千円なくしたことにある。金の工面に向かった先で、ルパン君は居留守を使われる。失意のエレベーターの中で、紳士のズボンのポケットに、千円札がまるでチリ紙のように無造作にほうりこまれているのを見つける。

ルパン君の手が自然にのびた。千円札を五枚つかんだ。さっとそれを自分のポケットにしまいこんだ。紳士は動かなかった。（p.88）

ルパン君は、夕方までビルの入り口で待ち、その紳士が、楽しそうに連れの男と話しながら、キャデラックに乗り込むのを見る。ルパン君は「金持ちなのだ。ぼくたちとは大ちがいだ。山谷の千円は、あの人たちにとっては十円の値打ちもないのだ」（p.90）と思う。

それから、ルパン君はスリの技術を独習し、仕立屋銀次もおどろくほどの天才スリ師になるわけだが、ルパン君が〈東京ルパン〉の署名入りでスリをやるには、理由があった。

人間はその働きぶりに応じて、公平に利益を分配すべきなのに、いまの世の中はそうなっていない。〈山谷と丸の内の人びとのはたらきには、ほとんどちがいがないはずなのに、その生活はまるっきりちがっている。〉（p.92）と、ルパン君は思う。

だから、そのはたらきぶり以上の利益をむさぼっている連中からは、金をすりとってもいいと、ルパン君は考えたのだった。そこでその理由を、領収書に書いたのである。（p.93）

〈東京ルパン〉の誕生である。こうして、ルパン君は、一年間に一三八人の相手から、八十万円の金をスリ取っていた。

一方、東京に戻った徳さんは、サカの万吉というスリから、天才少年スリの情報を得て、色白で左耳の下に丸いホクロのある少年をさがしていた。

ある日、ふたりは、運命の出会いをする。「ルパン君、ソバを食わないか?」という京太の声を耳にして、徳さんは、カウンターの少年に「ルパン君というのは、君だね?」「君だろう、〈東京ルパン〉というのは?」と話しかける。少年は答える。「いかにもぼくは〈東京ルパン〉です」と。

夜空の星を見ながら、ふたりは話をする。ルパン君は、金持ちとその取り巻きが作っている世の中はいやだという。もっとたのしい住みよい世の中がほしいという。スリをやっているのはそのためだという。それでも、ぼくは〈悪い人間〉(p.192)かと、徳さんにせまる。

徳さんは、空を見つめろという。星がいっぱいあるという。目に見えるのは何百だけど、宇宙には何千、いや何万という星があるという。〈君の考えは、きっと正しいにちがいない。しかし、いまの日本の社会のまちがったところは、ちょうどこの星の数と同じくらい、無数にあるのだ。〉と、いう。

徳さんは、スリをやめろという。ルパン君は止めないという。二人は〈男と男の約束〉(p.194)をすることになる。

勝負はいまから三ヶ月。一二月二四日の夜までに、徳さんが、スリの現場をとりおさえることができたら、ルパン君はスリをやめる。できなかったら、徳さんは、永久に〈東京ルパン〉のことを忘れる、という約束だ。

このあと、ルパン君と京太が、国会で、総理大臣に面会したり、京太のおやじさんがけがをしたり、床下に貯めておいた〈ルパンの宝〉が火事ですっかり燃えてなくなってしまったりという事件が続く中で、徳さんの、ルパン君に対する尾行作戦が続く。が、なかなか成果は上がらない。

一二月二〇日、街では、国会が解散し、立候補者を乗せた宣伝カーが走り回っている。〈男と男の約束〉のタイムリミット、クリスマスイブの夜も、もうすぐそこというときに、ルパン君は、けがの治った、京太のおやじさんの顔を見に行く。

京太のおやじさんは、保守党に対する労働党というところの選挙応援をしている。選挙事務所にかけつけたたくさんの労働者のまえで、おやじさんは大きな声で、次のように言う。

保守党の連中は、金をもって票を買いにやってくるだろう。われわれには金はない。だが、ことばがある。働くものだけに通じることばがある。（p.237）

この〈ことばがある〉という言い方を、ぼくは、かなり好きである。作者、砂田弘自身の気概すら感じられる。そうだ。ぼくらには〈ことば〉があるのだ。金はないけど、ことばがあるとしたら、もうエンターテインメントとしての「貧困」を描ききるしかないのではないか。

徳さんとルパン君の勝負は、クリスマスイブの夜に決まる。紳士のコートの右ポケットに入れたルパン君の左腕を、徳さんは、がっちりとつかまえる。つかまりながらも、ルパン君は、《ぼくはまずしい人びとの味方なんだ。ぼくはけっして悪い人間じゃないぞ！》（p.252）と、心の中でさけぶ。徳さんは、警察へは突き出さずに「きょうかぎりスリをよすね。男と男の約束だよ」（p.254）という。

エピローグは、新聞記者をやめて、小学校の臨時教員をしている徳さんのところに、ルパン君からのはがきが来る場面だ。ルパン君は、小学四年生からやり直して、学校に通っている。大きくなったら、政治家になろうと考えている。

〈東京ルパン〉は姿を消すが、ルパン君の〈夢〉の方は健在である。

*

砂田に、「『東京のサンタクロース』を書いた頃」（『鬼ヶ島通信』35号　二〇〇〇年五月、『砂田弘評論集成』てらいんく　二〇〇三年五月二六日所収）というエッセーがある。

一九六〇年六月一五日、安保条約自然承認の期日が迫るにつれ、国会へのデモは日増しに激しくなる。異常な緊張を感じ取った砂田は、会社に早退の電話をする。午後六時半、全学連デモ隊が南通用門から国会内に突入し、砂田も学生とともに隊列に加わる。警官隊との乱闘の中で、東大生樺美智子が殺され、学生たちはいったん後退するが、午後八時、再び構内に突入し、警官隊の包囲の中で抗議集会を開く。砂田はそのほぼ中央に座り込む。午後十時過ぎ、警官隊の反撃が始まる。砂田は、催涙弾にむせびながら、警棒の一撃を肩に受ける。夢中で逃げ、深夜アパートに帰り着いた砂田は、日誌に「夜明けはもうこない」と書く。

それから、約二百枚で一応完成していた『東京のサンタクロース』の書き直しに着手し、半年かかって三百二十枚で脱稿する。本の奥付は六一年一二月二五日だが、数日前にできあがった本を小脇に抱え、砂田は「ジングルベル」のメロディが流れる神田の街を駆け巡ったという。

この本に対する、加太こうじの書評を読んだときのうれしさを、砂田は次のように語っている。

私をいちばん励ましてくれたのは「週刊読書人」の加太こうじ氏の書評だった。「とにかく、この話はおもしろい。今日の少年雑誌がもう少しまともであるなら、この『東京のサンタクロース』

を連載して、かつての『あゝ玉杯に花受けて』や『鞍馬天狗・角兵衛獅子』のような人気を拍せるものとすら思われる」——いささかこそばゆかったが、欣喜雀躍したものである。（『集成』p.372）

〈欣喜雀躍〉という四字熟語で喜びを表現するあたり、いかにも砂田らしい。その後、砂田は、『道子の朝』（盛光社　一九六八年）、『さらばハイウェイ』（偕成社　一九七〇年）と政治性、社会性の高い作品をだしていくが、〈男と男の約束〉を守ってか、二度と〈東京ルパン〉の活躍する物語を書くことはなかった。一九八〇年代に入ってからは、『少年探偵事件ノート』（岩崎書店　一九八六年）、『少女探偵事件ファイル』（岩崎書店　一九八九年）と、〈犯罪〉を犯す側ではなく、反対に〈探偵〉として謎を解く側の作品を書いている。ミステリーが、必ずしも殺人事件を扱わなくなってもいい時代に入っていたので、こうした主人公も書きやすかったのかもしれない。

もし、〈ルパン君〉の話が、本当に少年雑誌に連載されていたら、どうなっていたのだろうかと、ぼくは夢想する。欣喜雀躍と喜んだ砂田は、さっそく、小学校教師になって活躍する徳さんを山谷の街に向かわせることだろう。徳さんは、教育現場の現状を憂い、怒り、再軍備に走りつつ、貧困を置き去りに高度成長経済を走り続ける日本の政治を糾弾する。そして、われらが〈東京ルパン〉の再来を懇願するのだ。最初は戸惑い躊躇していたルパン君も、徳さんの熱意と持ち前の義侠心からついに決心する。〈東京ルパン〉の復活である。ルパン君の活躍で、バブルのように膨らんだ日本経済もついに崩壊する。政治家たちも七転八倒、右往左往する。と、四字熟語を使ってみた。

一九六〇年六月一五日の夜に「夜明けはもうこない」と書き記した砂田は、一度は二百枚で完成していた『東京のサンタクロース』という作品を、半年かけて三百二十枚に加筆修正して、完成させる。現実の六〇年安保闘争の敗北感の中で、それでも、砂田を動かしたエネルギーは何だったのか。京太の親父さんの言い方を借りれば、〈お金〉より〈ことば〉の力に、すべてを託したからではなかったのか。現実の「貧困」をくつがえすことはむずかしい。でも、〈ことば〉の世界でなら、それは可能かもしれない。エンターテインメントとしての「貧困」＝〈東京ルパン〉の誕生が、そこにあると、ぼくは考える。

＊

いま、二〇一六年、『東京のサンタクロース』が出版されてから、五十五年もの歳月が人を待たずに過ぎてしまった。

「貧困」の問題が、また取りざたされているようだ。この間の国会答弁で、安倍首相が「相対的貧困」という言葉を使っていた。ずいぶんとむかしからいわれていたこの「ことば」を、ぼくは好きではない。ぼくは学者ではないから詳しいことはわからないが、ぼくの実感でいうと、「相対的貧困」なんてものはありはしない。貧しいものがもっともっと貧しくなり、苦しくなり、生きにくくなるだけであって、それはとても「相対的」なんて言葉でいえるものではない。単純に、格差がどんどん、どんどん広がっていくだけなのに、その格差の広がりの中に何かを詰め込んで「相対的」というい体裁のいいことばを冠して、いまを語っている気分になることは、ぼくにはできないし、どこか胡散臭い気がする。

話が横道にそれたような、それていないような気がする。こんないまだからこそ、「貧困」をエネルギー源にしたエンターテインメントという逆転というか逆襲の発想が必要なのではないか。ぼくは、新しい〈東京ルパン〉の再来を日夜願ってやまないのである。

＊明日のビリー

ヴァジニア・ハミルトン『ジュニア・ブラウンの惑星』（岩波書店　一九八八年七月二〇日、一九七一年）に出てくる〈明日のビリー〉が、おもしろい。

ちょっと長くなるが、〈明日のビリー〉の初登場の場面をみてみよう。

バディーは暗い中では、心の眼で見る術を身につけていた。体じゅうで聞き、においをかぎ、少年たちについてわかったことはどんなこともすべて、頭の中にたたきこんだ。そのあとでいよいよ身を低くして、二人めがけてとびかかり、二人の首根っこをがっちり抱えこんだ。

少年たちは声もたてずに、息をしようともがいた。首にまわった腕にさらに力が入ると、生きるも死ぬも相手次第だとわかり、体をこわばらせた。

バディーはしわがれた笑い声とともに腕をゆるめ、ぬいぐるみの玩具を扱うように、二人をほうりだしたが、またすぐ手をのばして、二人の肩口を押さえつけた。

「明日のビリー！」少年の一人がさけんだ。「なんだ、あんたか！」

「ほんとにそうなのかよ？」もう一人が聞いた。こっちのほうが年下だった。やせた肩を押さえているバディーには、少年がふるえているのがわかった。

「そう、おれだ。」（p.102〜103）

ちょっとへんな言い方になるが、バディーがここでは〈明日のビリー〉なのである。

『ジュニア・ブラウンの惑星』自体の物語は、学校の地下に〈秘密の部屋〉（p.7）をもつところからはじまる。元教師でいまは用務員をしているプールさん、巨大な脂肪の塊りのような肥満児のジュニア・ブラウン、彼を気遣う級友のバディー。この三人で、秘密の空間に、太陽系を作り、惑星ジュニア・ブラウンも加えて、授業をサボり続けている。こんな出だしになる。

過干渉で重度の喘息持ちの母親に悩まされるジュニア・ブラウンが、唯一身の置き所にしていた金曜日のピアノレッスンの教師、ミス・ピーブスがレッスンを拒否するようになる。理由は〝親戚の男〟がきたからである。実際には存在しない〝親戚の男〟が見えるミス・ピーブス。ジュニアも、次第に〝見える〟ようになってしまう。母親も、ピアノ教師も、どうやらジュニア・ブラウン自身も、精神を病んでしまっているようだ。それを心配し続けるバディーという関係になる。

ニューヨークという大都会で、徐々に精神を追い込まれ、病魔に蝕まれていく人たちという構図を、じつは、ぼくはあまり好きではない。できることなら、かれらを〝病気〟などにせず、ふつうの人が持っている〝悩み〟の延長線上で書いてほしかったと、思っている。

ぼくがおもしろいと思ったのは、バディーのもう一つの顔、〈明日のビリー〉の方である。

バディーは、学校の地下に秘密の場所をもっているが、それ以外に、じつは、もうひとつの〈隠れ家〉(p.98)を持っているのだ。さっきの引用は、その隠れ家でのことになる。

そのうち取り壊されることになっている板囲いをしたビルの、地下室にバディーは降りていく。夜。真っ暗で何も見えない隠れ家に戻ってきたバディーは、人の気配を察知する。先にいた二人も、だれかが入ってきたことに気づいていて、がれきの山のかげでひっそりと身をひそめている。真っ暗闇の中で、身をひそめ観察する術は、バディーの方が数段上である。バディーは、ひそんでいた二人に近づき、とびかかり、首根っこをおさえる。

おさえられて、「明日のビリー！　なんだ、あんたか」といった少年は、フランクリンという。「ほんとうにそうなのかよ？」とたずねた年下の少年は、この日からナイトマンと名のることになる。

ニューヨークの街で、頼る術がどこにもない子どもたちが隠れ住んでいる秘密の隠れ家がある。かれらはそれを《惑星》明日のビリーと呼ぶ。〈明日のビリー〉は隠れ家の名でもあり、そこのリーダーの名でもある。

明日のビリーは、一つではない。いくつあるかは書かれていないので、考えようもないが、バディー自身が、あっちの明日のビリーをたずねたり、こっちの明日のビリーをたずねたりしているくらいだから、相互に助けあいつつ、かなりの《惑星》があることがうかがえる。

なぜ〈明日のビリー〉なのか。頼る術もなく、生き延びる術も持ち合わせていない子どもたちに、明日のビリーは、このニューヨークで生き延びていく術を教えていく。ビリーが去って行くときに、子どもたちは「ビリー、明日も来てくれるかい？」と声をかける。ビリーは「ああ、きっと来る」と答えて、去って行く。

あるとき、子どもたちは「ビリー、明日も来てくれるかい？」と聞くのを忘れる。その次の日、ビリーは姿をあらわすのをやめる。子どもたちは、たずねるのを忘れたのではなく、生きる術をすべて学んだからだ。こうして、惑星〈明日のビリー〉は、大都会ニューヨークのみなしごたちの間で、秘密裏に続いている互助と育成のためのシステムなのである。

さっきの子どもたち二人が首根っこをおさえられたのには、わけがある。バディーの《惑星》は、ちょうど一グループを送り出したところだった。そこで、人数がふえすぎた〈あっちの明日のビリー〉〈p.109〉がこっちに移るようにいって、やってきたその初対面の夜だったからである。

フランクリンは、盗品をもっていたので、とりあげられる。ナイトマンは「名前を考えろ」といわれる。惑星〈明日のビリー〉では、盗みという危険なことは禁じられているようだ。惑星に入るときや移るときには名前を変えるというルールもあるようだ。名のらない年下の少年に、バディーは、次のようにいっている。

本当の名前なんか忘れちまった方が、身のためだ。そうだろう、前に知ってたママとかおばさんとか父ちゃんと同じ名字を使ってたんじゃ、使うたんびに思い出すってもんだ。(p.110)

年下の少年は、名前を決める。ナイトマン・ブラックと名のる。バディーは思わず笑顔を見せる。「そいつはいい名前だ。」という。〈少年はみずからを夜の一部にくみいれることで、暗闇と手をにぎったのだ。〉(p.115)と、バディーは思う。こうして、か弱い孤児たちは、じょじょに自ら生きていく術を学んでいくのだ。

フランクリンが、年下の少年の〈保護者〉のようになっている様子を見て、バディーが〈快い驚き〉を覚える場面がある。まだ、少年が名前を決めかねているときのことである。これなども、惑星〈明日のビリー〉が、孤児たちにとっての自活育成システムであることを、端的に語っているものだ。

フランクリンはとなりにすわっている少年をちらりと見て、ため息をついた。はやくも保護者めいた気分になっているのだ。年上の子が年下の子に、たちまちぴったりと寄りそうようになる姿を見ると、バディーはいつも快い驚きをかんじた。そして手をさしのべられた年下の子は、きまった

ように、保護者の少年が経験した以上のスピードで独り立ちできるようになるのだ。(p.111~112)

ヴァジニア・ハミルトンの描写は、繊細である。生き延びるためならば、少しのことも見逃さない。このフランクリンが、より年下の子に寄りそっていく様子もそうだし、暗闇で、バディーがこの二人をとらえたときもそうだ。バディは、二人よりも〈暗い中では、心の眼で見る術を身につけていた〉から勝利を得たのだ。

この隠れ家に帰り着くこと自体が、すでに〝生き延びるための術〟で充ちている。夜に入ったとたんに、バディーは、昼間あれだけ心配していたジュニアのことを考えることをやめる。

自分のことだけを、自分がすることだけを考えなくてはならないのだ。(p.97)

バディーは、八番街を避けて歩く。顔見知りが多すぎる。わずかな金でも巻き上げるようなペテン師どもには近づかない。九番街から十番街に出ると、隠れ家に着く。そのうち取り壊されることになっているビルは、板囲いされている。〈細心の注意〉(p.98)をはらって選ばれた隠れ家の入り口は、次のように書かれている。

一階の床の一部が落ちて、ぽっかり口をあけている。外から地下に降りるには、ロープではしごをつくらなくてはならなかった。縄ばしごの端は、一階の横桁にしっかりくくりつけてある。もう一方の端は、地下室の中央にたれ下がり、すぐわきに、瓦礫の山があった。(p.98)

降りるのも大変そうな隠れ家だが、この入り口まで到達するのが、また一仕事になっている。バディーは、通りを入った横手にある一階の窓を使ってビルに入る。隣のビルがすぐ横にせまっているから、この通りは狭いだけでなく、鼻をつままれてもわからないぐらいの暗がりだ。窓のありかを手探りでさぐる。他人が入り込めないように十字にわたした板をさぐりあてる。板をはがして地面に置く。つぎに、窓ガラス代わりにはめ込んだ板のおおいをはずして、なかにすべりこむ。床は中央に穴が開いているから、壁から棚のように突き出ている。その〝床〟に座り込む。それから、窓の板おおいを元通りにはめ込む。入り口にたどり着くこの作業に、二十分ほど、以前は小一時間かけて、バディーは、ようやく隠れ家の入り口にたどりつくわけだ。この大変さは、ニューヨークという大都会を生き抜くことの大変さと、ほとんど直截につながっているのだと、ぼくは思う。

バディーに苦もなくとらえられてしまった、あのふたりも、この程度の大変さは乗り越える力があったから、隠れ家までたどりついたにちがいない。未熟ながらも暗闇の中で身をひそめ、ロープをつたわって降りてきた未知の何者かの気配を、できうる限り感じとっていたにちがいない。

バディーの細心さは、ようやく降り立った縄ばしごの片手を、また〈あわててのぼっていくようなことにならないともかぎらないので〉（p.100）にぎったままでいることからもわかる。バディーは耳をそばだてて、暗がりの中にひそむ二人の気配を感じとる。これもみなバディーが〈長年の訓練〉（p.101）で身につけた生き残るための術に他ならない。

バディー自身、これらのことを〈明日のビリー〉から教わっている。児童保護センターの係員が「保護」しにきたときに、その手をのがれて、偶然見つけたものだ。板囲いした空っぽのビルの最上階までのぼったとき、バディーは〈宿無しの子どもが集まっている、信じられないような世界〉(p.105)に出くわすことになる。

そこには、幼い少年が六、七人と、年かさの少年が一人いる。やがて、年上の少年が、バディーをまねきよせ、スープをわたす。少年はいう――「ここは、惑星〈明日のビリー〉だ。」「おまえにその気があるなら、ここにすんでもいいぞ。」と。


おれたちといっしょにいたいんなら、おれがいうとおりにしろ。ここには、親なんてもんはない。おれたちは生きのびるためにいっしょにいるんだ。一人一人が、自分で生きていかなくちゃならない。他人のためじゃなくな。ここで一番大事なことは、自力で生きるってことだ。おれがそれをおまえに教えてやるし、おれの助けがいるあいだは、面倒をみてやる。おれは、明日のビリーだ。(p.106)

バディー自身が、その〈惑星〉で年上の少年から教えられるものすべてを学び取るのに、三年をかけている。いったい何人ぐらいの明日のビリーがいたのだろうか? それにどのくらい前から? と、バディーは考える。

「明日は、ビリー? 明日の夜も来てくれる?」と、みんなは問いかけ、年上の少年はいつも来ると答えていた。バディーが惑星に加わって三年を過ぎたときに、みんなは聞くのを忘れ、明日のビリーは来なくなった。仲間はばらばらに散っていった。

一人で暮らすようになって、しばらくしたときに、バディーは気づく。みんなは「明日は、ビリー?」

と聞くのを忘れたわけではなかった。戻ってこなかったのは〈もうみんなが彼を必要としなくなったからだ。〉（p.108）と。

そしていま、バディーは、ひとつの隠れ家を用意し、ひとつの〈惑星〉明日のビリーを主宰している。一つのグループを送り出したばかりのバディーは、別の〈惑星〉からやってきた新たな二人の仲間をむかえいれようとしている。

＊おれたちはみんないっしょだ

物語の方は、ジュニアとバディーが授業をサボっていたことが見つかり、校舎の地下室にある〈隠れ家〉も引っ越しをせまられる状況になる。ミス・ピーブスの〝親戚の男〟が、ジュニアの目にもしっかりととらえられるようになる。事態は深刻な方へと進むことになる。

そんな中で、バディーは、ジュニアを自分の〈惑星〉へと連れて行く決心をする。プールさんに、自分の秘密＝〈惑星〉明日のビリーのことを話し始める。混乱し、興奮し、眼を輝かせたプールさんは、バディーとともに、ジュニアを〈隠れ家〉まで運ぶことになる。そう、波打つ脂肪の塊で、〝親戚の男〟を幻視するジュニアは、連れて行くというより、運ぶという方がふさわしいものだ。

あの、綱渡りをするような入り口で、滑車を使って、ジュニアと〝親戚の男〟を〈隠れ家〉まで降ろす悪戦苦闘は、まさに圧巻ともいうべきリアルさで描かれている。だが、ぼくが好きなのは、やっぱり〈明日のビリー〉の方だ。

ジュニアを下ろし、みんなの前に立ったとき、バディーは、長いこと忘れていたあることに気づく。〈はじめて会った明日のビリーは、ただ生きのびる暮らし以上のことを教えてくれた〉（p.305）と、気づく。

バディーは、みんなに向かっていう。「おれたちはみんないっしょだ」と。
「ここにいるかぎり、自分のしたいことをはっきりいう権利がある。だが、おれたちが守らなくてはならない一番大切なことは、たがいのために生きるということだ。どうすればそれができるかは、おれが教えよう。」（p.305）
「おれを必要とするかぎり、おれがおまえたちに手をかす。おれは〈明日のビリー〉だ。……」
「……そして……ここは、惑星〈ジュニア・ブラウン〉だ。」（p.306）

＊あとふり（貧困の栄光）

ここまで書いてきて、こんなことをいうのもなんなのだが、子どもの本の歴史の中で、「貧困」はいつもトップスターとしての栄光の座に輝いていた。

例えば、アンデルセン『マッチ売りの少女』。たいそうさむい大晦日の夜のこと、年端もいかぬ貧しい身なりの少女がなにもかぶらず、おまけにはだしで、とぼとぼと歩いている。家を出るときに履いていたスリッパはお母さんのお古のとても大きなスリッパで、それは、道路を横切ろうとしたときに、いきおいよく走ってきた二台の馬車をよけるときになくしてしまっている。

古ぼけた前掛けには、マッチの束がたくさんあったが、だれもマッチを買ってくれない。わずか一シリングの銅貨さえ、めぐんでくれる人はいない。大晦日の夜だから、ガチョウの焼肉のにおいが通りまでぷんぷんしてくる。おなかが減る。からだも氷のように冷え切ってしまう。少女は、耐えきれずにマッチを一本もやす。ほんの一瞬、気持ちのよい暖かさが伝わってくる。

一本目のマッチは、大きな鉄のストーブの前にいるような暖かさ。二本目のマッチは、白いテーブルかけをかけたテーブルの上に、スモモやリンゴをつめたガチョウの皿があって、ほかほかとおいしそうな湯気をたてている。ふと、ガチョウがお皿から飛び降りて少女の方へ向かってくる。ここで、火は消える。次のマッチは、大きなクリスマスツリー。その次のマッチは、やさしいおばあさん。少女は「あたしを連れて行ってちょうだい」とさけんで、マッチをぜんぶすってしまう。おばあさんは、小さな少女をだきあげて、光と喜びにつつまれて、天高くのぼっていく。

夜が明けて、少女は、ほおを赤くして、口元にほほえみをうかべながら、うずくまっている。こごえて、死んだのだ。物語は、この少女が、どのように美しいものを見たか、どのような光につつまれておばあさんとともに「新年の喜び」を祝いに行ったのか、だれも知らないとむすばれている。

こうして、いつもは気にもとめない『マッチ売りの少女』について、くだくだとくわしく書いていくと、この話の少女の細かい描写が、どこまでもかわいそうな「貧困」の様子を描き、さすがに古典的名作といわざるを得ないものをもっていることがわかる。

ウィーダ『フランダースの犬』のネロは、祖父と二人で牛乳売りをして貧しく暮らしている。その祖父が死に、まわりの大人たちの冷たい仕打ちの中で、犬のパトラッシュとともに、ルーベンスの名画「キリストの昇架」「キリストの降架」の前で命をひきとる。このラストがあまりにも「かわいそう」すぎるので、ネロとパトラッシュが助かり、気持ちも新たに絵の勉強を始めると結末が改変されたものが日本にもアメリカにもある。けっこう知られている話だ。

「私は捨て子だった」と始まる、マロ『家なき子』は、本のタイトル通りの貧しさで、同名のテレビドラマ「家なき子」は、安達祐実主演で、ぼくは見てなかったが「同情するなら金をくれ!」という流行語を生んだ。ちなみに、作者のマロは、当時のフランスの路上で曲芸をする子どもの姿に同情して、この作品を書いたらしいから、安達祐実に会ったら「金をくれ!」とせびられていたにちがいない。

話が、完全に無駄口、横道、まわり道に走っている。とにもかくにも、子どもの本の歴史の中で、「貧困」は、いつも栄光の座に光り輝いていたのだ。

かくも長い間、「貧困」が子どもの本の中で、栄光の座を保ち続けてきた理由は、読み手が、貧しくてあわれでけなげな子どもたちに、同情してきたからである。貧困の栄光は、つねに読み手の同情とともにある。貧困の物語は、同伴者としての同情が不可欠になる。

人びとは、決して「貧困」そのものを好んでいるわけではない。その証拠に、あるものは宝くじ売り場に群がり、またあるものは競輪、競馬、競艇場へと足を運び、わずかばかりの可能性=〝巨万の富〟を夢みている。人びとは「貧困」を好んでいるのではなく、「貧困」の物語を好んでいるにすぎないのだ。

なぜ、人びとは「貧困」の物語を好むのか。それは、物語の中に出てくる貧しい人たちに「同情する」ためである。「同情する」ことによって、やさしく同情する自分を「いい人」と勘違いするためである。

貧困の栄光は、つねに、《物語の中の貧困→貧しさに同情する読者→同情する自分を「いい人」と錯覚する》という、いうなれば自分を「いい人」にするための《錯覚の連環》によって成り立ってきた。

ぼくには、やさしい「いい人」たちが、ほんとうに「貧困」の問題を解決できるとは、とても思えない。ならば、この《錯覚の連鎖》を断ち切るより他はない。

物語の中でつくられてきた連環ならば、やはり、物語の中で断ち切っていくより他はないのである。

連環を断ち切る作業は、そう楽なものではないだろう。「いい子」というコトバにまとわりつく善意の呪文性の危うさに気づくこと。「悪い子」というコトバに含まれる悪意のレッテル性のおそろしさをさらけだすこと。ホームビデオ的なまなざしの可能性をさぐること。そして、貧困を逆手にとったエンターテインメントを描くこと。ぼくらは、《錯覚の連環》を断ち切るために、あらゆる手を使っていく必要がある。

ぼくらは、とりあえず、貧困をその栄光の座から、引きずり下ろす作業をしなければならない。それから《錯覚の連環》を断ち切って、あらためて、注意深く貧困を描くことになる。そのとき、はじめて、ぼくらの貧困は物語の中でもう一度栄光の輝きを得ることになるにちがいない。

(『童話ノート』復刊三号 二〇一六年三月)

Ⅲ

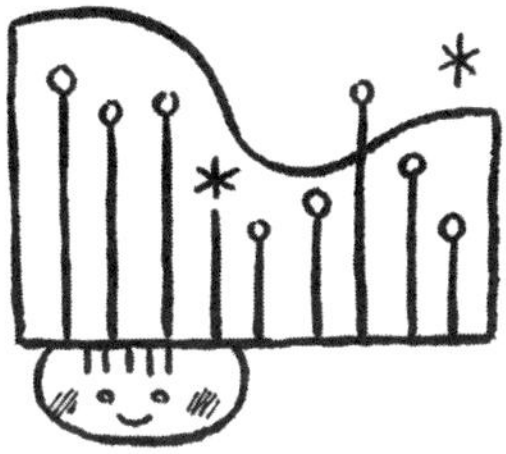

手をつなぐ

＊手をつなぐ1（「靴が鳴る」の場合）

清水かつらの童謡「靴が鳴る」に、まるで都市伝説のような話が流布されている。「お手《てて》つないで……、靴が鳴る」は「軍隊が整列して行進する軍靴の音」だというものだ。

都市伝説というものは、まことしやかに語られる。おどろおどろしい話を、根拠がないと知りつつ、こわがったり、のぞき見したりする。ウソと知りつつ、つい見てしまうという〝遊び心〟が楽しいものだ。

しかし、「靴が鳴る」＝「軍靴の音」の話は、まるで「ほんとうのこと」のように語られる。うそ話としての遊び心がまるでない。都市伝説ではなく、まるで実話のように聞いて信じてしまう者たちもいるにちがいない。「じつは……」と語りはじめられる実話風の話ほど、こわいものはない。

合田道人『童謡の秘密〜知ってるようで知らなかった』（祥伝社　二〇〇三年六月三〇日）は、「靴が鳴る」について、「靴の正体はなんと……」という小見出しをつけた章で、次のように語っている。

清水は人々の命を奪った憎き戦争も、勝つことにより国が富み、思いがけない産物、童謡を生み育てたことに対し、一種の喜びすら感じていた。

この歌の靴の音、それは一般人には遠い存在である革靴がなっているのではなかった。この靴の音は、戦場へと向かう軍靴の音だったのである。

兵士たちが足並みを揃えながら、〝ざっざっざっざっ〟と行進し、戦地へ赴く靴の音。

それこそが「靴が鳴る」だった。（p.94～95）

合田の論法は、疑問から推論、推論から断定・創作へと進んでいく。ところどころに、あまり知られていない〝事実〟を織り交ぜていくので、最後の断定から創作の部分も、まるで〝ほんとうのこと〟のように聞こえてくる。ある種の詐欺に近い、巧みな話法にはちがいない。

引用したのは、その推論から断定・創作にあたる部分になる。

合田は、靴の音が鳴るというのはいったい何だろうという疑問から始める。タップ靴だろうか。いや、タップ靴を鳴らしながら歩くのもどうかと思う。これは、革靴の〝きゅっきゅっ〟という音だろうと、進めていく。

ここまではいいだろう。「靴が鳴る」が『少女号』（小学新報社　一九一九年一一月号）に発表された当時は、まだ靴は一般的なものではなく、草履、下駄、草鞋などを履いていた時代だった。その時代に「靴が鳴る」ということばを見つけた、清水かつらの先見的なひらめきが、この童謡に命をあたえたといってもいいのだから。

しかし、合田は、当時一般庶民は靴など履いていなかった、革靴を履いていたのは中流家庭層の人間だけだったといい、その中流家庭を築いたのは戦争であると論を進めていく。

「靴が鳴る」が発表された、一九一九年という年は、第一次大戦の終わった翌年にあたる。世の中はその戦勝気分でうかれていて、合田の論法でいうと、清水もその浮かれ気分の中で喜んでこの童謡を書いたということになる。引用した最初の方にある〈清水は人々の命を奪った憎き戦争も、勝つことにより国が富み、思いがけない産物、童謡を生み育てたことに対し、一種の喜びすら感じていた。〉というのは、そんな流れの中から出て来たことばになる。

幕末に入ってきた革靴を初めて履いたのは、坂本龍馬だという話もあるが、明治維新に入っても、革靴を履くのは、上級官吏ぐらいで、ふつうの日本人の生活には定着しなかった。たぶん、日本家屋は屋外から屋内へと入るときに、西欧建築と違って「履き物を脱ぐ」という行為が介在するので、着脱が面倒な革靴はなじまなかったのではないかという説もある。最終的に、日本で革靴が普及するのは、第二次世界大戦後も一九六〇年代に入ってからになる。

そう考えると、一九一九年（大正八年）に、「靴が鳴る」というキャッチコピーを思いついた清水かつらのひらめきのよさに、心から拍手を送りたい。

合田の論法に戻ろう。当時、革靴は一般人には遠い存在であった。が、そうでない革靴があった。軍靴である。戦勝気分でうかれていた清水のつくった童謡の靴の音は「軍靴の音」だったというのが、合田の結論になる。〝靴が鳴るって、何だろう？〟という、一見素朴な疑問からはじまった、合田の論は、革靴↓中流家庭↓戦争↓第一次世界大戦後の戦勝浮かれ気分↓清水も浮かれていた↓この革靴は軍靴だ↓お手々つないでは↓〈兵士たちが足並みを揃えながら、〝ざっざっざっざっ〟と行進し、戦地へ赴く靴の音。それこそが「靴が鳴る」だった〉という結論になる。ちなみに、清水が「靴が鳴る」をつくったときに、戦勝気分で浮かれていたという文献は、どこにもあげられていない。「この靴は、じつは軍靴なんですよ」と、清水が語っている文献もない。推論からくる創作ということになる。

だいたい、第一次世界大戦後の戦勝気分で浮かれて、清水もこの童謡をつくったというが、大正年間から昭和初期までは、学校でもふつうに勉強した「大正デモクラシー」とかあった時代だし、一九一七年にはロシア革命なんかも起きていて「社会主義思想」もはいってきている。それらは、昭和初めの大弾圧を受けるまでは、けっこう活発に活動できていた時期もあるのだから、ストレートに軍靴の大行進につなげるのは、時代錯誤もはなはだしいといえる。

清水かつら自身の「靴が鳴る」についての言葉を、池田小百合があげている。

池田は、童謡に関する資料をできるかぎり現物にあたるかたちでしらべ、その資料の写真も添えて、Web 上に『池田小百合なっとく童謡・唱歌』を公開している。合田のものが推論から来る創作であるのに対して、できるかぎり現物にあたり、見つけ出した資料の写真もつけて公開する姿勢と努力は、信用に値する。以下の引用は、Web『池田小百合なっとく童謡・唱歌』によっている。

「『靴が鳴る』は、仲よく皆さんが野あそびにゆく、可愛い姿をうたったものですが、それはまた昔の、私の姿でもあります。

東京に生れて育つた私にも、野あそびの樂しみがありました。私の子供の頃は、東京もまだずっとせまく、郊外の近かったことが、なつかしく思い出されます。小さな足でも歩いてゆける町はづれには、小川がさらさらながれて、茅《かや》ぶきのお百姓家の、そこにはもう田や畑が、ひろびろと眺められました。水車の唄もきかれました。そのけしきがうれしく、私たちはみんなで、よくあそびにいつたものです」（「日本童謡全集3」昭和一二年、日本蓄音器商会）

作者が言っていることが絶対というわけではないが、清水自身が、東京の郊外での野遊びをイメージしてつくったといっているのだから、これ以上、「靴音の正体は……」と、軍靴の音にむすびつけて考える必要もなかろう。

考えるとしたら、なぜ、合田が、「靴が鳴る」という童謡の中に、ありもしない戦争の影を、あえてさがしだし、声を大きくして語ったのかということの方になる。

一見かわいらしい童謡の中にもじつは「戦争の影」がひそんでいる。自分は、それを読み取ることができる。そういった繊細さ＝反戦の意識を、自分は持っている、そういう流れだろう。しつこくいうと、《自分は、一見かわいらしく見える童謡の中にも、戦争を読み取ることのできる繊細な人間である》ということを喧伝するための犠牲になったのが、童謡「靴が鳴る」だったということになる。

いつわりの衣をかぶった、合田の反戦思想は、じつは、相当に危ういものを含んでいる。ことわざ風にいうならば、「羊の衣をかぶったオオカミ」ということになる。羊＝平和、オオカミ＝戦争と、置き換えて語ればいい。

同じ「靴の正体はなんと……」の章の中で、合田は、次のように語っている。

先の太平洋戦争の敗北があるまで、決して日本は戦いを無駄なものだとは考えていなかった。男の子の大きくなったときの最大の夢は、兵隊さんになることだった。

明治維新まで外国との折衝を閉ざしていた日本が、あの大国、清を攻め打ち、またロシアとも戦った。確かにそれによって、尊い人命はいくつも散った。靖国の社に御霊として祀られた。(p.95)

この文章に対する、ぼくの考えをいうと、ぼくは〈あの大国、清を攻め打ち……〉と、戦争について書く人のいうことは、とても信用できない。平たくいえば「攻め打ちじゃないだろぉー」ということだ。また、戦争で死んでいった人たちのことを、〈尊い人命はいくつも散った。靖国の社に御霊として祀られた。〉と考える人の平和観も、信用できない。戦争の中で殺し、殺されていった人たちを、「御霊」という崇高でうつくしいものにする前に、ぼくらはもっともっと検証しなければいけないことがある。無慈悲なこと、残酷なこと、無駄と思える中でいくつもの命が失われていったこと、それらは決して〈御霊〉とよばれるものとは相容れないにちがいない。ぼくは、そう思っている。

「じつは……」と語りはじめられる実話風な、平和をよそおった話ほど、こわいものはない。なぜなら、これらは容易に「平和を守るための戦争」に、「御霊」をささげかねないからだ。

和歌山静子に、『くつがいく』（童心社　二〇一三年三月二〇日）という絵本がある。これは、軍靴の音だけで、戦争を象徴的に描いている。ページをめくると、「ざっざっざっざっ」「ざっざっざっざっざっ」とはじまる。「ぼくたち　くつは　どこへいく」「ざっざっざっ」「ぼくたち　くつは　せんそうに　いく」「ざっぷ ざっぷ　ざっぷ」「うみを　わたって　となりの　くにへ」と、つづいていく。

海をわたった靴は、となりの国の人たちを、ふみにじり、いためつける。ざっくざっくとふみつぶしていく。とても、合田がいう「清を攻め打ち」などというものではない。

絵本の後半、靴は、近くの国の人たちを、かなしみのそこにつきおとし、なおも「ざっざっざっ」とすすみ、知らないあいだに、おいつめられていく。南の島も戦場にして、靴たちを履いていた兵隊たちは、食べるものもなく、水さえ飲めずに死んでいく。戦争はたくさんの命をうばい、靴もボロボロになる。靴たちに命令した国もボロボロになる。「かえることの　なかった　たくさんの　くつたち」「わた

しは　わたしの　みらいを　いきていく」「わたしの　みらいに　せんそうは　いらない」ということばで、絵本はおわっている。

象徴的な絵本に、くだくだとこまかいコメントはいらないだろう。手をつないで野道をゆく子どもたちの靴が鳴る音に、ありもしない軍靴を思い浮かべるかたちで自己顕示欲を満たすヒマがあったら、いま現実に迫っている軍靴の音の方にこそ、ぼくらは注意を払わなければならないのだ。

童謡「靴が鳴る」の、「手のつなぎ方」を考えることから始めようとした文章だったが、靴が鳴る音から「軍靴の音」の方へ進み、ついに絵本『くつがいく』まできてしまった。横道ついでに、鳥越信『子どもの替え歌傑作選』(平凡社　二〇〇五年三月九日)から、「靴が鳴る」の替え歌をあげておこうかと思う。

鳥越は、〈替え歌の生まれた最も古い童謡は『靴が鳴る』である。〉(p.103)と前置きしてから、替え歌をあげている。

お手テンプラ食べすぎて
エノケン先生にみてもろた
ああもうだめだ
肺炎・肋膜・十二指腸
あしたは悲しい
お葬式
葬式まんじゅう

でるだろか

ぼく自身は「肺炎・肋膜・十二指腸」のところを「発疹チフスに脳膜炎」で歌った記憶が残っている。鳥越は、全部で四つの替え歌をあげているが、元歌を含めて、現在まで歌い継がれている「靴が鳴る」について、〈いずれにせよこの替え歌の人気の高さ、今も広く歌いつがれているエネルギーには改めて驚かされる。〉（p.111）と語っている。

さてさて、「手をつなぐ」に関していえば、ぼくは、幼いころから、だれかと手をつないで、なかよく野遊びにでかけたという記憶がない。ついでにいうと、「キュッキュッ」と鳴るような靴を履いていた記憶もあまりない。運動靴のあたらしいやつが少しそれらしい音をたてていたように思う。この歌が一九一九年という、ほとんどだれも靴など履いていなかった時代につくられたということを考えれば、ぼくに限らず、だれも実際に手をつないだり、靴を鳴らす必要はなかったことになる。

実際に、手をつなぐことがなく、靴を鳴らすことがなくても、「手をつなぎ、靴を鳴らす歌」の方は、子どもたちの心をとらえ、多くの替え歌までうみだし、現在にいたっている。この不思議さは、考えるとおもしろい。

「手をつなぐ」ということは、実際につなぐかどうかではなく、その行為自体が、人にとって、たのしいこと、なかのよいことの象徴としてあるのだろう。その象徴的な行為を、「靴が鳴る」という惹句とともに子どもの歌に仕立てた、清水かつらの職人技に、まずは感服して、先に進むことにする。

＊手をつなぐ2（『おしいれのぼうけん』の場合）

手をつなぐことを「連帯」の象徴として描いたのは、古田足日だった。

古田足日・田畑精一『おしいれのぼうけん』（童心社　一九七四年一一月一日）の表紙で、さとしとあきらは、押し入れの上と下とで、手をつないでいる。この物語には、「手をつなぐ」印象的な場面が全部で四回出てくる。表紙絵の手つなぎは、その最初の場面になる。

どうして、手をつなぐことになったのか、ざっと流れを話すと、次のようになる。

さくらほいくえんの昼寝の時間、さとしは、あきらのミニカーをとって、遊びだす。あきらは、とりかえそうとする。ほかのみんなは、もうふとんにはいって、毛布をかけている。さとしはにげる。あきらはおいかける。みずの先生は「やめなさい、ふたりとも。」という。

ふたりはやめない。さとしが、ともこの手をふむ。あきらが、かずおの足をけとばす。みずの先生は「さあ、おしいれの中で考えなさい。」と、ふたりを、おしいれの上の段と下の段とに入れてしまう。ふたりは、おしいれの穴からのぞいてみるが、ガムテープでふさがれてしまう。戸をどんどんとけとばすが、みずの先生ときむら先生のふたりにおさえられてしまう。

あきらが、けとばすのを止めて、「ぼく、もうだめだよ。」と言ったとき、おしいれの上の段から、手がのびてくる。そして、表紙の「手をつなぐ」場面になる。

あきらは　とうとう　けとばすのを　やめて、かなしそうな　こえで　いいました。
「ぼく、もう　だめだよ」
みずのせんせいは　ほっとしました。

ところが、さとしが　いいました。
「あーくん。さっきは　ごめんね。ミニカー、かえすよ。これで　あそべよ。」
さとしの　てが　したに　のびてきました。
ミニカーを　もらうとき、あきらの　てに　さとしの　てが　さわりました。あせを　かいた、あつい　てでした。
あきらは　おもわず　いいました。
「さとちゃん、てを　つなごう」（p28〜30）

古田足日は『子どもを見る目を問い直す』（童心社　一九八七年一〇月一〇日）の中で〈保育園のおしいれの上と下に一人ずつ子どもがいれられます。先生に「ごめんなさい」といえば出してくれるんですが、それをいわずにどのように脱出するか、この設定をつくった時にぼくは胸がわくわくしました。〉（p.187）と語っている。

幼児だから知恵や力を働かせるわけにはいかない。さて、どうするか。古田がたどりついた方法は、押し入れの暗がりを地下の〈根の国〉になぞらえた神話的手法だった。

大国主命が〈根の国〉をおとずれる話は、婚姻・難題聟譚の形をとっている。せっかくなので、大国主命の〈根の国〉への冒険の旅をみてみることにする。

大国主命は、多くの神（八十神）の迫害を受け、逃れるように〈根の国〉のスサノオをおとずれる。そこでスサノオの娘スセリ姫に一目惚れをする。スサノオは大国主命にヘビやムカデやハチのいる室で寝ろという難題を次々にふっかける。スセリ姫はヘビ、ムカデ、ハチがいやがる領巾《ひれ》（白い織物で女子がくびにかける。これを振ることによって蛇などを支配する力が発生する）を命にあたえ、難を逃れる。

するると、スサノオは、かぶら矢を大きな野原の中に射込んで、その矢をとってこいといい、中に入ったところで、まわりから火をつける。こまっているときに、ネズミが出てきて「内はほらほら、外はすぶすぶ」という。地面を踏むと、中は洞穴になっていて、助かり、ネズミがかぶら矢を持ってくる。

死んだと思っていた大国主命が矢を持って帰ると、スサノオは、髪の虱をとれという。みると髪の中にはムカデがいっぱいいる。スセリ姫は、椋の木の実と赤土《はに》をやる。命が木の実を食いやぶり赤土を口にふくんで吐き出すと、スサノオはムカデを食いやぶって吐き出していると思いこんで、感心して寝入ってしまう。

さて、スサノオが寝入っているスキに、スセリ姫を連れて、地上に逃げてくるのだが、逃げるまえに、寝ているスサノオの髪を室の屋根のたる木にしばりつけておいたり、戸口を五百人かかえの大岩でふさいだりする。その上、スサノオの宝物である太刀や弓矢や、琴までも持って逃げるというから、なかなかたいしたものだ。

しかし、その琴が樹にさわって音を出す。スサノオは目を覚まして追いかける。が、髪をほどいている間に、遠くまで逃げてしまう。スサノオは黄泉比良坂《よもつひらさか》までやってきて、さけぶ。「お前の持っている太刀や弓矢を使って、大勢の神をやっつけろ。娘のスセリ姫を正妻にして立派な宮殿をつくれ」

地上に出た大国主命は、スサノオのいうとおりに、大勢の神を追い払って、国作りをはじめるというところまでが、大国主命の〈根の国〉の冒険になる。

それにしても、大国主命は、不思議な神さまだ。出世魚のブリが「モジャコ→ワカシ→イナダ→ワラサ→ブリ」と呼び名が変わるように、いくつもの呼称を持っている。

古事記でも、袋をかついで大勢の神の後ろからヤガミ姫に会いに行くときは大穴牟遅《オオナムジ》の神と呼ばれ、根の国をたずねたときはスサノオから「こは葦原色許男《あしはらしこを》の命といふぞ」といわれ、二人で逃げ切ったときにはスサノオから「大國主の神となり、また宇都志國玉《うつしくにたま》の神となりて……」と呼ばれている。また、沼河日賣《ぬなかひめ》との歌物語の中では「八千矛《やちほこ》の神の命」と呼ばれている。大国主命をふくめると五つの呼称で呼ばれていることになる。大国主命が八十神をやっつけて最終的に国を治めたときの名前だから、大穴牟遅《オオナムジ》からの変遷は、ブリのモジャコからの変遷みたいなものなのだろう。

さて、呼称のちがいについて考えるのもおもしろそうだが、ここでは、大穴牟遅《オオナムジ》の神が、スセリ姫といっしょに逃げたときに、手に手をとって逃げたのか、そうではなかったのかを、見てみようと思う。

寝入ったスサノオの髪をしばりつけるところから、琴が樹にあたって音をたて、スサノオが目を覚ますが、髪をほどいている間に逃げおおせるまでの古事記の記述は次のようになっている。（青空文庫、武田祐吉校注のものからの引用になる）

ここにその神の髪を握《と》りて、その室の椽《たりき》ごとに結ひ著けて、五百引《いほびき》の石《いは》を、その室の戸に取り塞《さ》へて、その妻《みめ》須世理毘賣を負ひて、すなはちその大神の生大刀《いくたち》と生弓矢《いくゆみや》またその天の沼琴《ぬごと》を取り持ちて、逃げ出でます時に、その天の沼琴樹に拂《ふ》れて地動鳴《なりとよ》みき。かれその寢《みね》したまへりし大神、聞き驚かして、その室を引き仆《たふ》したまひき。然れども椽に結へる髪を解かす間に遠く逃げたまひき。

これをみると「その妻《みめ》須世理毘賣を負ひて」とある。大穴牟遅《オオナムジ》の神さまは、手に手をとってのかけおちではなかった。スセリ姫を背負って逃げている。古事記にそのことがきちんと明記されている。

そうすると、『おしいれのぼうけん』での「手をつなぐ」という行為は、古田足日のはっきりと意図した創作であることがわかる。
もう一度見てみよう。

あきらは　おもわず　いいました。
「さとちゃん、てを　つなごう。」

あきらが、「ぼく、もうだめだよ」といったとき、みずの先生はほっとして、さとしは「さっきはごめんね。ミニカーかえすよ」という。ふたりの手がふれあったとき、先生に対する「ごめんなさい」という言葉は選択肢から消えて、手をつなぐ。ひとりでは達成できない「ごめんなさい」を言わないで脱出する方法は、とりあえず「手をつなぐ」ことからはじまる。手をつなぐふたりの「あせでべとべとなさまは、古田の「連帯」への熱い思いと符合している。
ミニカーとミニきかんしゃで遊ぶ二人は、しばらくは元気でいられるが、押し入れという暗がりは、壁のシミを、ねずみばあさんという神話的キャラクターにかえてしまう。下の段で、ねずみばあさんにおどされたあきらは、おもわず「ごめんなさい」といいそうになる。そこで、二回目の「手をつなぐ」場面になる。

したのだんでは、ねずみばあさんが　ねずみを　なんぜんびきも　おともにつれて、かべからでてきて、あきらを　にらんで　いいました。

「ふっふっふ。わしの　かわいい　ねずみたちが、おまえを　たべたがっているぞ。」

ねずみは　あきらの　まわりを　ちょろちょろ　はしり、ちゅうちゅう　なきたてました。

あきらは　ぶるぶる　ふるえて、「う、うう」と　なきごえをだし、おもわず　「ごめんなさい」

と　いおうとしました。

するとそのとき、

「あーくん、てだ、てを　つなごう。」

と、さとしの　あわてたような　こえがして、てが　したに　おりてきました。あきらは　むちゅうで　そのてを　にぎり、にぎると　ほっとして、「ごめんなさい」という　ことばは　ひっこんでしまいました。（p.44〜p.46）

二回目の「手をつなぐ」行為も、「ごめんなさい」という選択肢を回避するためのものになっている。最初の「手をつなぐ」は、あきらめかかったあきらに対して、さとしが上の段から手をのばした。しかし、「手をつなごう」ということばは、あきらの方がいっている。

二回目も、「ごめんなさい」といいそうになるのは、あきらで、それに対して、さとしが上の段から手をのばしている。今度は、「手をつなごう」ということばも、さとしのものだ。

ひっぱりあげられたあきらの足が地面につくと、そこはもう暗い森の、暗いトンネルの入り口になっている。いよいよ、「根の国」をモチーフにした、ねずみばあさんからの逃避行のはじまりになる。

ふたりは、森からトンネル、高速道路から町へとにげていくが、町のビルの上にはねずみばあさんがいる。高速道路の水銀灯は、みな青い火のねずみたちだ。高速道路を下りたふたりは、下水道に落ち、木につかまりながら流される。が、ついに、力尽きて、ねずみばあさんのまえに、連れて行かれる。ねずみばあさんはいう。「わしはやさしいばあさんだから、おまえたちがあやまるなら食べもしないし、この地下の世界からも出してやる。」と。

そこで、「手をつなぐ」の第三の場面といえる山場に入る。

ふらふらの　さとしは　ねずみばあさんに　みつめられると、もう　どうでもよくなって、「ごめんなさい」と　いいそうになりました。

すると、あきらが　さけびました。

「ぼくたち、わるくないもん。ごめんなさいなんて、いうもんか！」（p.64～p.66）

さとしは、はっとして「ごめんなさい」というのをやめる。ここには「手をつなごう」ということばがない。それは必要がないからだ。ふたりは、ねずみばあさんから逃げるとき、ずうっと肩を組み、手をつないでいる。あらためて、「手をつなごう」ということばはいらないわけだ。田畑精一の絵も、しっかりと手をつないで正面を見ているふたりが描かれている。

ここの場面で印象的なのは、今まで「ごめんなさい」といいそうになっていたあきらが、それを止める側に立っていることだ。ねずみばあさんからの逃避行をとおして、あきらは、ふらふらになって「ごめんなさい」といいそうになったさとしをとめる。それだけ、「成長」したということになる。

成長したふたりは、けっしてあやまらないぞと決心する。そのとき、ミニカーとデゴイチがやってくる。ふたつは、二人が乗れるぐらいに大きくなり、ねずみたちとねずみばあさんをやっつける。どうして、ここでミニカーとデゴイチがやってくるんだというツッコミは、もはや無意味だろう。ねずみばあさんからの逃避行をへて、ふたりが成長し、「けっしてあやまらない」という道を獲得したとき、すでに勝負は決まっていたのだ。ねずみばあさんとねずみを追い払ったふたりは、ミニカーとデゴイチの窓から手を出して、しっかりとにぎりあう。ここが、「手をつなぐ」第四の場面だ。子どもたちの「根の国」の冒険もここで終わる。

さとしとあきらの「おしいれのぼうけん」は、いうなれば心の中の冒険になる。

古田は、その代表作『宿題ひきうけ株式会社』（理論社　一九六六年二月）の中では、子どもたちをまるでパネルディスカッションのパネラーのように動かし、合理的な思考の中で、「宿題」への疑問とそこから派生する問題を解決する道をさぐっていった。しかし、幼児を対象とした『おしいれのぼうけん』では、合理的な思考による解決方法を選ばなかった。「根の国」という神話をモチーフにした、ある意味非合理的な「心の中の冒険」を解決策として選んだ。

この点に関して、古田は、先にあげた『子どもを見る目を問い直す』の中でつぎのように語っている。

小学校高学年なら知恵、力を働かせることができますが、幼児だからそうはいきません。この難問解決にたちむかうのは、しんどいけれどやりがいのある仕事です。

ああでもない、こうでもないと考えたはて、たどりついたのは神話を下じきにすることでした。

（p.187〜188）

幼児に知恵と力で解決する能力があるかないかの詮索は、横に置いておこう。ここでは、古田が神話の〝胎内めぐり〟を土台にしたことと、もうひとつ、解決するための重要な力として「手をつなぐ」ことを第一義に選んだことに焦点をあてて、もう少し見ていくことにする。

言いかえてみると、たとえ幼児を対象としたものであっても、神話の胎内めぐりをモチーフにするということは、科学的にものごとを考え、合理的に問題を解決していこうという子ども像をモットーにする古田にとっては、〝新しい〟試みだったはずである。なぜ、そうしたのか。

もうひとつ、「手をつなぐ」ということの方は、古田が最初から言い続けてきた「連帯」の考えそのものだから、そこでの大きな変化はない。いってみれば、新しさと不変の融合した冒険が「おしいれのぼうけん」だったということになる。

先走った言い方になるが、古田は『おしいれのぼうけん』と、それに続く同じシリーズの古田・田畑『ダンプえんちょうやっつけた』(童心社　一九七八年四月二〇日)を出したあと、しばらくの間、子どものとらえ方に迷いが生じて、作品を書けなくなっている。

このことについては、古田自身が、一九八四年七月に福岡こどもの文化研究所主催の集会での講演のときに、次のように語っている。

「今」、「今の子ども」については、どうとらえていいのか、ぼくも迷っているところが相当多い。この数年間、正確にいいますと、一九七八年の『ダンプえんちょうやっつけた』以来、ぼくは新しいものを書いておりません。(中略)何よりも今の子どもをどうとらえるかという迷いが、もう六年間も一冊の本も書いていない最大の理由です。(福岡子どもの文化研究所機関誌『福岡こどもの文化』三号掲載、『子どもを見る目を問い直す』所収 p.163)

古田の子どものとらえ方に対する〝迷い〟は、〝原風景の共有〟に関する問題から生じている。ひらたくいえば、自分と今の子どもとの間では、原風景を共有しているとは思えない。では、どうしたらよいのか、という〝迷い〟になる。

古田の原風景についての考えを、少し見てみよう。

古田は、原風景を〈可視的な社会環境を自分の中にイメージ化したもの〉として、次のように語っている。

原風景は単一のものではない。複数の中心部分を持ち、ずれながら重なりあっている。そして、それらのある部分なり、あるいは綜合された全体が細部はちがいながら、おなじ地域、おなじ時期に幼少年期をすごした他人の持つ原風景と共通性を持っている。原風景は可視的な社会環境を自分のなかにイメージ化したものであり、他人もまた同一の可視的な社会環境をイメージ化しているからである。（「子どもと文化」、『講座　現代教育学の理論』第二巻　一九八二年四月所収、『子どもと文化』久山社　一九九七年二月五日に再録 p.47）

原風景はひとりひとりちがうものである。が、可視的な社会環境を自分の中にイメージ化したものである。ならば、同じ地域、同じ時期にそだったなら、ある共通性を持つことになる。さらに、文化が安定している場合には、もっと広い範囲にわたって、大人も子どもも原風景を共有しているといっていい。古田の、子どものとらえ方の基本と作品創造の原動力は、この〝原風景の共有〟にあったといっていい。

古田は、自分自身が東京の郊外へと転居したころのことを引き合いに出しながら、原風景の共有について、次のように語っている。

ぼくが東京都北多摩郡久留米町で土の黒さにはなじめぬままある落ちつきを覚えたのは、引っ越し後の数年間まだ農村のおもかげを残した風景に、ぼくの原風景と共通のものがあったからである。そして、急速に住宅地化していくなかでなお群れて遊ぼうとしている子どもたちと、ぼくのあいだにはやはり共通のものがあった。（前掲「子どもと文化」p.47）

古田が〈急速に住宅地化していくなかでなおも群れて遊ぼうとしている子どもたち〉というとき、ぼくは『モグラ原っぱのなかまたち』（あかね書房 一九六八年一二月一〇日）を思い浮かべる。〈サクラ小学校は、東京のはずれにある小学校です。〉とはじまるこの物語は、フクロウ森の先にあるモグラ原っぱを舞台に遊ぶ、四人組の子どもたちを描いたものだ。

はたけのカボチャにマジックで『へへののもへじ』のいたずら書きをしたり、フクロウ森へでかけて虫取りをするのに掃除機（と長い長い延長コード）をつかったりする子どもたち、そして、最後に市営団地をつくるためにモグラ原っぱをこわそうとする市に対して、木にのぼり「工事をやめてくださあい。市長さんと話したあい」とさけぶ子どもたち。その姿は、急速に住宅地化していくなかでなお群れて遊ぶ子どもたちであり、同じ〝原っぱ〟という原風景をもつものとして、古田は描いている。

物語のラストで、新しくできた団地のはずれにある〝モグラ公園〟をみて、あきらは「これが山か！ これが森か！ フクロウもいないし、カブトムシもいないじゃないか！ 市長のうそつき。」と叫んでいる。

これに対して、ひろ子は「でも、ないよりはずっとましよ。わたしたちがああしなかったら、そして、一郎くんや、でぶあきらくんや、陽子先生や、お母さんたちがたすけてくれなかったら、もっともっと小さいあそび場しか、この団地にはなかったもの。」といっている。

なおゆきとかずおは、だまっているが、「あきらのいうことも、ひろ子のいうことも、両方ともほんとうだ」と思う。

このラストの子ども四人組は、『宿題ひきうけ株式会社』の子どもたちと同じように、パネルディスカッションのパネラーとして、それぞれの意見を表明している。古田が自信を持って、これらの子どもたちを描くことができたのも、彼らと同じ原風景を共有しているという思いが、古田の中にあったからにちがいない。

しかし、七〇年代後半から八〇年代にかけて、子どものとらえ方は、錯綜しはじめる。原風景論にそっていうならば、原風景形成の核になっている〈可視的な社会環境〉の激しい変化は、〝原風景の共有〟をむずかしいものにする。たとえば、カラー化したテレビはほとんどの家に普及している。ぼくらは幼いうちから、まるであたりまえのようにアフリカや北極、南極の可視化されたイメージを見ることができる。コンピューターの急速な発達と普及は、さらに世界の見え方を、今までのものと変えていく。では、どう変わり、どう見えているのか……。

古田は、前掲「子どもと文化」の「原体験・原風景」の章の最後を、次のような文章でまとめている。

だが、今ぼくは子どもの多くと、ぼくを含む大人の多くとが原風景を共有しているとは思えない。

ぼくたちは現在の子どものなかに形成されつつある原風景をさぐる必要があると思うが、その原風景はもう農村風景ではなくさまざまな風景になっているはずである。同時に画一化を含みながらである。（p.47）

古田の〝迷い〟は原風景共有の喪失感からきている。『おしいれのぼうけん』という作品の中で、古田があえて非合理的ともいえる神話的キャラクターに接近し、その〝胎内めぐり〟の冒険を描いたのも、それまでとはちがうかたちで、子どもというものをとらえ描いていこうとする古田の予感＝試行のあらわれだったと、ぼくは思っている。

さて、子どものとらえ方に迷いが生じはじめていたとはいえ、古田のめざす方向に迷いがあったわけではない。「手をつなごう」というストレートな表現がそれを示している。物語の始まりでは、こわいものだったおしいれとねずみばあさんが、その終わりでは「たのしいもの」へと変わっている。おしいれでのさとしとあきらのぼうけんは、最終的に、この二人だけではなく、おしいれの外のみんなを巻き込んで変わっている。古田らしい見事な成長の物語というほかはない。

〈おしいれの　とが　がらりと　あきました。〉（p.74）という一文につづくみんなの変わり方を見てみよう。

みずのせんせいは　いいました。

「ごめんね。さとちゃんの　いったとおり、おしいれの　そとで　かんがえてもらったほうがよかったな。」（p.74）

みんなが　わっと　ふたりの　そばに　あつまってきました。
「ね、ね。おしいれ、こわくなかった？」
みんなが　たずね、ともこが　いいました。
「おしいれから　でられて、よかったね。」
さとしと　あきらは　あかくなって、ともこと　かずおに　あたまを　さげました。
「さっきは　ふんじゃって　ごめんね。」（p.75）

つぎの　ひから、みずのせんせいは　こどもを　おしいれに　いれなくなりました。かわりに　こどもたちが、じぶんで　おしいれに　はいるようになりました。（p.76）

ねずみばあさんというキャラクターは、幼児に得体の知れない「こわさ」を与えるのに十分な存在だった。「手をつなごう」という直截なことばは、小学校も中高学年になれば、はずかしがってやらなくなる「手をつなぐ」という行為を、幼児の中で、なかば〝遊び〟のキャッチフレーズとして歩かせることに成功した。

古田の〝迷い〟増幅とはうらはらに、『おしいれのぼうけん』という作品の方は、ねずみばあさんの不思議な「こわさ」と、冒険をやりぬくためのストレートな「手をつなごう」ということばのために、古田の予想以上に、幼児の心をとらえたことになる。

＊

二〇一七年の年の初め、七草がゆの日に、柏のハックルベリーブックスに行った。書棚の一角に、すごろくが置かれていた。「だるまちゃん」や「くれよんのくろくん」などとならんで、『おしいれのぼうけんすごろく』というのがあった。つい買ってしまった。

「手をつなぐ」ところがどうなっているのか、気になったので、ひろげてみた。最初の手つなぎの場面が大きなマスになっていた。「さとしとあきらしっかりてをにぎりあう」というこのマスにとまったら、《いちばんうしろのマスにいるひとをこのマスまでよぼう。じぶんがいちばんうしろのばあいはいちばんまえのひとのマスまでいける》と書いてあった。たすけあい特典のある重要なマスのようだ。うれしくなった。

「あがり」のマスまでいったら《ぜんいんがあがったらみんなでてをつなごう》と書いてあった。ビリであがって手をつないだら、それでもうれしいのだろうか、それとも、ビリの気持ちが増幅するのだろうかなどと考えつつ、自分が中学のとき、陸上の長距離でビリになったときのことを思い出したりした。ビリツーだったのに、ビリのやつが棄権してビリになった。ゴールでみんなに拍手をされた。ぼくは拍手されてもうれしくなかった。（拍手なんかやめてくれー、ビリのやつ、何で棄権したんだぁー）と思った。それを思い出したりした。

童心社のHPをみたら、〈刊行40周年を記念して、ロングセラー絵本『おしいれのぼうけん』が大盤面（101.4×71.6cm）のすごろくに！　絵本の世界を臨場感たっぷりに楽しめます。〉とあった。〈上製本〉だと、裏面が「ねずみばあさんをやっつけろ！」というおはじきゲームになっているらしいが、ぼくが買ったのは〈普及版〉だったので、裏面はきれいにまっ白だった。（二〇一四年七月が初版だから、古田が心不全で眠るように逝った翌月に出たことになる。）

＊

『おしいれのぼうけん』の刊行から十三年後、古田足日・田畑精一『へび山のあい子』（童心社一九八七年一〇月一〇日）が出ている。

〈赤い矢と青いほのおの物語〉というサブタイトルのついたこの作品もまた神話をモチーフにした物語になっている。とおいむかしからの赤いヘビと青い竜のたたかいは、人間の二つのあり方（戦争と平和、あるいは苦しみと癒やしとでもよべばいいものか）と重なりながら、くりかえされる。具体的に物語られる出来事は、イネをつくりはじめてしばらくたったころの「のろまひこの話」と、現在の「あい子の話」になる。

一九八五年の中野富士見中葬式ごっこ事件以来、「いじめ」が大きな社会問題として語られ始め、あい子も「のろ子」として、いじめられっ子として描かれている。「のろまひこ」が青い竜をたおしたように、「のろ子」のあい子が、最終的に青い竜をたおすことになるのだが、「手をつなぐ」という観点から見ると、最後の青い竜の胎内から脱出するときにみせた〈つなぎ鳥〉のイメージがいちばんそれに近い。

あい子はえんとつの上からとびました。両手がつばさになるのをかんじました。ほかの子たちもとびました。みんな、鳥になりました。みんな、自分をささえてくれている何百何千の人びとの手をかんじました。前をいく鳥、うしろの鳥と自分がつながっているのをかんじながら、上へ上へとのぼっていきました。

大すけがさけびました。

「そうだ。これが、つなぎ鳥だよ！」

夕やけの空の中を、赤あかとからだをそめてつなぎ鳥は、ほそ長い雲のように走りました。（p.241〜242）

つなぎ鳥が、何百何千の人びとの手を感じながら、空を舞うように、この作品は、幾層もの物語の重なりの中で紡がれている。古田は、この物語について〈まとめていえば、内容的には不安のふんい気が強く、物語は重層化されており、また完全な完結ではないという試みの物語だった。〉（「『へび山のあい子』をふりかえる」、『日本児童文学』一九八九年五月、教育出版センター p.65）と語っている。

が、この「つなぎ鳥」のイメージに関していえば、《なかまと手をつなぎ問題に立ち向かっていく子どもたち》という子ども像に〝迷い〟はなかったといっていいだろう。

＊手をつなぐ3（『ちょんまげ手まり歌』の場合）

古田が戦後理念＝「連帯」の象徴として「手をつなぐ」ことを描いたのに対して、上野瞭は、同じ戦後理念に立脚しながら、まるで正反対に見えるやり方で手をつなぐことを描いた。

上野瞭『ちょんまげ手まり歌』（理論社　一九六八年一一月）は、切られた首がちょんちょ、ころりころころところがる手まり歌からはじまる。一言でいうと、おぞましい物語だ。

主人公の少女おみよは、「やさしい藩」の「やさしいむすめ」で、この藩は、六歳になると、「やさしい〇〇」になるか、「お花畑に入る」かの、どちらかになる。おみよは運よく「やさしいむすめ」にえらばれるが、幼なじみの脩一郎は「お花畑に入る」ことになる。「お花畑に入る」とは、間引かれてユメミ草の畑に肥やしとして埋められることで、「やさしい〇〇」になるとは、間引きされないですむが盆地にある「やさしい藩」から外に出られないように足を切断されてしまうことだ。

物語のラスト近くで、おみよは、山んばだという老人と、手をつなぐ。老人は、家老の玄蕃さまに切られて、土に埋められていた。おみよが「みどりのユメミの実」を食べてくれたので生き返ったという。その老人は、自分を山んばだという。

老人がさしだした手を、おみよは、そっと、にぎってみた。しわだらけの、かさかさした手のはずなのに、おみよの手には、すぐに、すべすべしたあったかい、脩一郎の手の感じが、つたわってきた。


「どうじゃ。おみよ。ぬくとい手じゃろう。」

「うん。」

「脩一郎の手のぬくもりじゃろう。」

「うん。」

「わかればええ。そいでええのじゃ。わしは、死んだ人間の命を、そっくり、いきた人間の手につたえていくのじゃ。」(p.215)

全編が血塗られたこわい物語の中で、ここだけが〝人のぬくもり〟を伝えている。そして、おみよは、瘠一郎の手のぬくもりを感じながら、「お山をこえるど、おじいどの。わしは、お山をこえるど。」と決心する。山の上に立ったおみよは、やさしい藩のお殿さまの正体がじつは人の血をすってほたほた笑っている「山んば」のような老婆だと知る。山の向こうに行っても同じような国がつづいていることも知る。

ほんとうのことを知れば知るほどに、おみよは年を取っていく。おみよが、もう一度国にもどる決心をしたとき、おみよは、自分がひとりのおばばになっていることに気づく。こしがまがり、しわだらけの顔になり、まっ白な髪になって、おみよは、〝真実〟をつたえるために、国に戻る。

しかし、国に戻ったおみよは、山んばとして、四十本の刃の洗礼を受ける。玄蕃さまの突き出したかたなは、老婆になったおみよの片目をさしつらぬく。まっ赤に血で染まったおみよは、山にかえっていく。物語もここで終わる。

『へび山のあい子』で、つなぎ鳥が空に舞うとき、古田は〈自分をささえてくれている何百何千の人びとの手をかんじました。〉と書いたが、この中の一人に、瘠一郎の手のぬくもりもあったのだろうか。ふと、そんなことを考えてしまった。上野は、望みのないこわい話のなかにも、たったひとつだけ、人のぬくもりを入れた。それが、一人の少女を、山んばになることもいとわない決心をさせるきっかけになった。全編暗いトーンで語られるこの物語の中にある、たった一カ所の明るさ＝手のぬくもりを、ぼくはけっこう好きなのである。

＊手をつなぐ４（『宇宙のみなしご』の場合）

森絵都『宇宙のみなしご』（講談社　一九九四年一一月一〇日）にも「手をつなぐ」場面が出てくる。物語もほとんどラストに近い最後の屋根のぼりのときだ。胃の中に霜がおりていくような寒さの中で、七瀬さんが〈ささやかな防寒対策〉を思いつく。


「手をつながない？　みんなで。そしたらちょっとはあったまるかも」

左からリンと七瀬さんが、七瀬さんとキオスクが、リレーのバトンでも交換していくように手をつなぎはじめた。

ギプスからはみでたキオスクの手首。そっと触れると、てのひらはぞくっと冷たい。また骨がおれたりしないように軽くにぎった。（p.201）

気がつくと、キオスクが泣いている。キオスクは、富塚先生がいった話を語り始める。富塚先生によると、「ぼくたちはみんな宇宙のみなしごだから。ばらばらに生まれてばらばらに死んでいくみなしごだから。自分の力できらきら輝いてないと、宇宙の暗闇にのみこまれて消えちゃうんだよ」って、ことになる。〈宇宙のみなしご〉という言葉に感じ入っているわたし（陽子）に、キオスクは続けていう。


「でもね」

キオスクのささやきに、わたしはふとわれにもどった。ほんのつかのま、ここが屋根の上であることも、そばにキオスクやリンや七瀬さんがいることも忘れていた。

「でも、ひとりでやっていかなきゃならないからこそ、ときどき手をつなぎあえる友だちを見つけなさいって、富塚先生、そういったんだ」

涙とはな水だらけの顔でキオスクがいう。

「手をつないで、心の休憩ができる友だちが必要なんだよ、って……」

一瞬、わたしの手をにぎるキオスクの指に力がこもった。

どきっとした。さっきより微妙に、でも確実にあたたまっているキオスクのてのひら。伝わってくるそのほのかな熱を、ほんのつかのまでも忘れていたことに、どきっとした。（p.204）

物語は、わたしが、〈つなぎあわせたてのひらから、電流のように流れてくるみんなのぬくもり〉を感じながら、「こんどはなにをして遊ぼうかな」と、新しい挑戦状をたたきつけるように、宇宙の暗闇をにらみつけるところで終わっている。

森絵都の「手をつなぐ」は、古田や上野には見られた「戦後理念」という背景がない。そこにあるのは「危機からの回避」になる。連帯して、もしおかしかったらその社会状況を変革していこうという理想を「戦後理念」だとしたら、森は、すでに危機的な病理に冒されている社会状況から、いかにわが身を回避させるかという方にベクトルがある。

森は、ある種のメタファーを上手に使い分けることによって、日常の「危機」を回避する。ぼくは、それを《癒しとしてのメタファー》とよんでいる。例えば、冒頭。この物語は〈ときどき、わたしのなかで千人の小人たちがいっせいに足ぶみをはじめる。〉という一文から始まっている。〈千人の小人たちの足ぶみ〉といわれても、なんのことだかわからない。読み進めると、何かをしたい衝動にかられたときのたとえだとわかる。もっと先まで読みすすめると、この衝動をがまんすると、小人の数が〈八百人に減ってしまう。二回我慢したら六百人に。三回我慢したら四百人に。そうして最後にはわたしのちっぽけな体だけが残される。〉（p.62）とあるので、言いたいことが、もっとはっきりとわかる。

ほかにも、七匹のカバがフラメンコを踊っていたり、十一匹の白熊がエアロビクスをはじめそうになったり、十八匹のマウンテンゴリラが二組にわかれて綱引きでもはじめそうになったりする。みな、こころがざわついたときのたとえの表現になる。

考えてみたら、「宇宙のみなしご」という言い方が、すでにひとつのメタファーになっている。〈自分の力できらきら輝いてないと、宇宙の暗闇にのみこまれて消えちゃう〉わけだから、すでにそうとう危機的なはずなのだが、「宇宙のみなしご」というたとえのことばが、みょうに耳に心地よく、危機を回避している。そして、手をつなぐ。

癒しとしてのメタファーを駆使して、危機を回避するという、森絵都の方法は、病理に蝕まれた（といわれている）この社会状況の中では、一つの有効な身のかわし方にちがいない。しかし、メタファーは、それを共有することができるものにとってだけ、メタファーとして機能する。たとえ、どんなにたとえたところで、そのたとえの意味するところが通じなければ、なんの意味も果たさないことになる。

たとえには、二種類のたとえがあると思う。ひとつは、だれがみてもわかるたとえだ。ゴリラのようにほえる教師とか、カモシカのように走る少女なんかは、これにはいる。もうひとつは、わかるひとにしかわからないたとえだ。森絵都の「千人の小人の足ぶみ」や「マウンテンゴリラの綱引き」は、こっちの方にはいると、ぼくは思う。だから、癒しとしてのメタファーを駆使して身をかわすことができるのは、そのメタファーに共感できる人たちだけになる。とうぜん、手をつなぐことができるのも、その「選ばれた人たち」だけになる。そこまで考えると、ぼくは、ぼく自身のための〝身のかわし方その2〟

を考えていくしかないことになる。

＊手をつなぐ5（『守り人』の場合）

上橋菜穂子『守り人シリーズ』（偕成社　一九九六年七月〜二〇〇七年三月）は、主人公の女用心棒バルサが、精霊の守り人のチャグムや、神の守り人のアスラを追っ手から守る話だから、逃げる途中で何度となく、手をつないだり、背負ったり、抱きしめたりしている。

しかし、ぼくがおもしろいなと思ったのは、そうした「手をつなぐ」ことではなかった。『夢の守り人』（偕成社　二〇〇〇年六月）の中で、バルサが、手をつなぐことを拒否している場面が一カ所ある。

『夢の守り人』の内容をおおざっぱにいうと、新ヨゴ皇国の先住民ヤクーたち（タンダやトロガイもここに入る）の世界観に、〈ナユグ〉という「あっちの世界」があって、こっちの世界と重なって存在する。そのナユグの〈花〉が、こっちの人の夢を肥やしとして花をつけ実を結ぶという設定の巻になっている。この世をはかなんでいる者たちは、花のとりこになって永遠に夢を見つづける。タンダの姪カヤはのぞまぬ結婚をはかなんで「花の夢」から醒めなくなる。助けようとしたタンダは、逆に魂を奪われ人鬼と化す。それを救おうとトロガイ、チャグム、そしてバルサがむかうといった筋立てだ。

ユグノという歌い手がいる。歌うことによって、人を「花の夢」に誘う、いわば、この世とナユグのつなぎ手のような役割の男が、人さらいに追われている。それを、たまたま通りかかったバルサが助けることになる。寝ていたユグノが、悪夢におそわれて目を覚ます。そして、バルサに手をつないで寝てくれと懇願する。その場面だ。

「……いつもみる夢ですよ。ずっと、いい夢だったのに。なんで、急に、あんな悪夢にかわってしまったのかな。」

ユグノは、おびえきった目でバルサをみた。

「このままじゃ、ねむれそうにないや。ね、バルサさん、手をつないでてくれませんか?」

「はあ?」

バルサはあきれてユグノをみた。おびえてふるえているユグノは、いっそうおさなく——まるで少年のようにみえた。とてもとても五十二年生きてきたおとなの表情ではない。闇がこわくて用足しにいけないくせに、気はずかしくて、親にはついてきてといえなくて、姉につきあってくれとたのんでいる少年のような目だった。

(……この人は、外見だけでなく、もしかすると心も成長していないのかな。)

バルサは、ふとそう思ったが、だからといって手をつないでやる気にはなれなかった。

「冗談じゃないよ。」

バルサはひらひらと手をふった。(p.92~93)

悪夢にうなされたユグノは、バルサに〝手をつなぐ〟ことを懇願する。バルサは、少年のようにおびえるユグノに、外見だけでなく心も成長していないかと思う。が、だからといって、〝手をつなぐ〟気にはならない。「冗談じゃないよ」というバルサが小気味よい。

世の中簡単に手をつなぐ物語が多いなかで、バルサが「手をつなぐ」のを拒否する意味をさぐるのも、おもしろいかもしれない。

バルサも、いつも「手をつなぐ」ことを拒否しているわけではない。むしろ反対で、『精霊の守り人』のチャグムや、『闇の守り人』のカッサとジナの兄弟、『神の守り人』のアスラなどとは、容易に手をつないでいる。

『闇の守り人』では、最後の〝槍舞い〟のあとで、バルサはジグロの〈闇のかたまり〉（p.334）をかたくだきしめてさえいる。だきしめたときの感触を、上橋は〈なつかしいにおいと、あたたかさが全身をつつんだ。バルサの、ジグロへの思いと、ジグロの、バルサへの思いとが、ぬくもりとなって……とけあった。〉（p.335〜336）と語っている。

『守り人シリーズ』は、手をつなぐこと、あるいはハグすることと、そこからうまれてくる〈ぬくもり〉を拒否しているわけではないのだ。だのになぜ、あるいは、だからこそ、バルサはユグノからの「手をつなぐ」ことの誘いを、きっぱりと切り捨てているのか。それは、なぜか。

人は、だれとでもたやすく「手をつなぐ」わけではない。では、人はだれとなら手をつなぐのか。あるいは、だれと手をつながないのか。その見えない《線》は、どこにどうやって引かれるのか。そんなことを、バルサのユグノに対する「手をつなぐ」ことへの拒否から考えてしまった。

「手をつなぐ」ことへの安易な寄りかかりは、この無意識におこなわれる《線引き》を、心地よさの中で、かくしてしまうかもしれない。そのことに、注意を払いつつ、ぼくらは、きっぱりと見定めて、しっかりと意識的に手をつなぎ、あるときは、手をつなぐことを拒否していかなければならないのかもしれない。

＊手をつなぐ6（「ルパン」の場合）

「手をつなぐ」ことの諸相を見てきた最後に、どうしてもはずせない手つなぎを見ることにしよう。

清水潔『殺人犯はそこにいる――隠蔽された北関東連続幼女誘拐殺人事件』（新潮社　二〇一三年一二月二〇日）は、北関東でおきた四件の幼女誘拐殺人および一件の行方不明事件を調べた報道記者のドキュメンタリーになる。

四件の殺人事件のうち、一件はすでに犯人とされる男が捕まり無期懲役の刑が確定し服役中だという状況から、調査は始まる。結果をいうと、刑確定の大きな要素となったＤＮＡ型鑑定の不備をつき、ＤＮＡ型の再鑑定の結果、冤罪を暴き無罪を確定する。そして、五件の事件の連続性から、一人の真犯人にたどりつく。清水は、アニメの「ルパン三世」に似ていることから、「ルパン」と名づけた真犯人について、つぎのように書いている。

独身。週末になると県境を行き来する。足利や太田のパチンコ店に現れては一日中タバコをくわえて玉を弾く。知りあいらしい幼い少女と手をつなぎ、背負い、親しげに話し、抱きしめて頬ずりをする姿を何度も確認した。（p.199）

もうひとつ、河原でゴルフの練習をしていた吉田さんの話は、こうなっている。

「たまたま土手の方を、ふっと見たんだよ。そしたら、女の子と手をつないで降りてくる男を見た。土手の法面を下りてきたんですよ。二人は、手をつないでいましたね」

手をつないで歩いて降りてくる男と幼い女の子。自転車には乗っていない――。（p.79）

清水が〈自転車には乗っていない〉と強調しているのは、被害者の母親の「真実は荷台には乗れませんでした」という証言ともからんでおり、無期懲役の刑に服している菅家さんが「自転車の荷台にのせた」と自白していることともからんでいる。

ここでは、しぶとく、手をつないで歩いていることだけに、注目しよう。

人は、手をつなぎながら歩く、大人と幼子をみたとき、そのシーンにしあわせな父子の散歩をイメージする。決して、連続誘拐殺人犯と、すぐあとで殺されてしまうことになる幼女を想起することはない。それは、いっしょにとなりを歩いている少女にとっても、同じことにちがいない。いうなれば、少女が「やさしいおじさん」と勘違いし、無防備について行くだけの「スキル」を、その男がもっていたということになる。手をつなぎ、抱きしめることは、そのやさしさをしめす大きな「スキル」のひとつであったことは、まちがいのないところだ。

ぼくは、手をつなぐことやハグすることを、全面的に否定しているわけではない。それらは、ありうべき流れの中で、はじめて可能になる行為だと、ぼくは思っている。

「ルパン」が幼い女の子をねらうのは、ロリコン趣味もあるだろうが、その「やさしさを思わせるスキル」が、ある程度年齢のいった女の子には、もう通じないからではないだろうか。

手をつなぐことも、ハグすることも、それ自体が「感動的」なわけではない。流れの中で、人の心を動かす場合もあれば、その逆に類型的な《感動の方程式》を見せるだけにもなる。その無批判な《感動の方程式》を悪用して、「ルパン」という男は、まだ無防備な幼子たちを手にかけたのだ。

《手をつなぐこと》が、必ずしも、心を合わせ、力を合わせる感動的なものとはかぎらない。これは最も残酷な例証になる。

（『童話ノート』復刊六号 二〇一七年一月）

見つめあう

*見つめあう1（「浜千鳥」の場合）

鹿島鳴秋の童謡「浜千鳥」に、まるで都市伝説のような不思議な話が流布されている。「青い月夜の浜辺には　親をさがして　鳴く鳥が……」は、作者の鹿島鳴秋が、「わが娘を失うという人生の深い悲しみ」を味わったときにつくられたというものだ。

都市伝説とちがうところは、これが「ほんとうのこと」として伝わったために、童謡「浜千鳥」誕生の歌碑が、日本にふたつあるところだ。ひとつは、新潟県柏崎市の「みなとまち海浜公園」にあり、もうひとつは、千葉県和田町の「花園海岸」の松林にある。

和田町花園海岸の歌碑は、一九六六年に建てられ、歌碑建立の中心になった安田耕一のことばが、碑の裏面に刻まれている。次のような文面になる。

建碑の言葉
土用波が荒れる頃
磯辺の千鳥が月に消えて

海がめが卵を生みにくる
此の土地は
鳴秋が人情の素朴を愛した
たった一人の娘　昌子さんが
若くして和田浦で逝った
それ以来　彼の切々たる
傷心から「浜ちどり」や
「夜の貝」等の歌詩が
此の海岸の街で生れた
父と娘だけのつながりの
世界に　此の碑を建立して
霊を慰めたい。
　終わりに多くの人々の心からの
　喜捨を感謝　　合掌
昭和四十年十二月　　安田誌

ここには、ふたつのまちがいがある。ひとつは、冒頭の「土用波が荒れる頃」という部分。千鳥は冬の季語で、俳句をやっていた鹿島は、冬のつもりでこの童謡を作った。が、なぜか「夏の童謡」として一部に流布してしまっている。もうひとつは、「たった一人の娘　昌子さんが若くして和田浦で逝った」のを悲しみこの歌が生まれたとしている点。昌子が亡くなったのは昭和七年（一九三二年）で、「浜千鳥」が『少女号』大正九年（一九二〇年）新年号に発表されたのは、それ以前になる。わが娘の死を悲しんでつくることはとうていできないことになる。

一方、柏崎市の歌碑については、つぎのようないきさつが書かれている。

「桑山太市さんは大体次のような話をして下さった。・・・それは大正八年六月頃の話であった。桑山さんと文学友達で雑誌『少女号』の編集局長をしていた鹿島鳴秋氏が柏崎の桑山さんのところへブラリと遊びにやってきた。越後タイムス社の中村葉月さんも一緒であった。若い三人は裏浜から番神海岸をあてどもなく歩いた。貝がらを拾ったり海藻をとったりして遊んだ。きれいに晴れわたってはいるが、どこかメランコリックな日本海の色は、若い鹿島氏の詩情をかきたてた。番神海岸で彼はポケットから小さな手帖を取り出しエンピツでしきりに何か書きつけていた。桑山さんは『何か出来たら見せて下さい』とせがんだ。すると書き終わった鹿島さんが笑いながら『こんな童謡ができたよ』と手帖をみせてくれた。それには『青い月夜の浜辺には・・・』というあの浜千鳥の詩が書かれていた。・・・鹿島氏は数年して又柏崎の桑山さんを訪ねて来た。その時はすでに浜千鳥の歌が一世を風靡していた。この詩を一メートル半ぐらいの紙に書いた。そこへ桑山さんが波と千鳥の絵を書き込んだ合作を桑山さんの手もとへ残して行った。桑山さんはそれを数年前に柏崎市中通り中学の音楽教師、須田七郎さんにゆずったというのである。私は早速須田先生の家を訪ねて、鹿島さんの直筆の詩を見せてもらい写真を撮った。桑山さんが書いたという波の絵はすでに数十年の歳月によって消されていた。・・・」（越後タイムス掲載　川崎吉近著「浜千鳥のふる里（上）」昭和

35年8月7日より)。

引用はWeb『池田小百合なっとく童謡・唱歌』からのもので、池田は「これは桑山太市さんから直接聞いた話を、新潟日報柏崎支局長・川崎吉近が物語風に書いたもので、その場にいたわけではない。」とただし書きをつけている。このいきさつが、碑建立のきっかけになり、昭和三六年(一九六一年)七月二二日に鳴秋未亡人を招いて除幕式が行われている。どちらの詩碑も、鳴秋の死後の建立になるが、誕生の地という意味では柏崎市の歌碑の方が正しく、和田町花園海岸の方がまちがいということになる。

なぜ、「夏の童謡」「娘の死を悲しむ」というふたつのまちがいが流布してしまったのか。

いちばんの理由は、鳴秋自身が晩年に、そう思いこんで語っていたという事実にあるのだろうが、それが「夏の歌」とセットで全国的にひろまったのは、NHKが夏の歌としてこれを流し、その際に、「わが娘の死」というエピソードを語ったのが大きいと思う。

そのとき、NHKが種本として使ったのが、上笙一郎『童謡のふるさと』(理論社　一九六二年七月)で、上下二巻「上・春と夏」「下・秋と冬」の上巻に「浜千鳥」は載っていた。

上は、そこで「『浜千鳥』の秘密」と題して、斎藤了一からきいたというエピソードを紹介している。斎藤了一は、幕末のアイヌが武士に抵抗する物語『荒野の魂』(理論社　一九五九年)の作者で、ぼくが群馬から上京して東京で仕事を始めたばかりのころ、当時児童文学者協会の研究部にいたのだろう。研究会でよく顔をあわせた。ことばも少しだけど交わしたことがある。実直な好印象の人だった。

上は、斎藤から送られてきた手紙をそのまま引用する形で、「娘の死」に関わるエピソードを語っている。かなり長い手紙なので、端折りながら、ここにあげる。昭和二九年一月一〇日、日本童話会の新年会のおり、遅参した鳴秋が、盃攻めにあったというところから、話ははじまる。

ほどなく、鹿島先生は、顔をまっ赤にされて、

「おい、おどろうや。ダンスだ、ダンスだ」

と、叫ぶが早いか、やにわに、隣にかしこまっていた私の腕をかかえられ、舞台の上に誘い出されました。

不調法な私は、ダンスのダの字も踊れませんので、まごまごしておりました。

すると、さいわい、アコーディオンをひいておったのが、親友の牧ひでお君でしたので、私は、思わず、

「浜千鳥！　浜千鳥！」

と、叫びました。

……作者とともに、その詩につれて踊る！　私は、酒のせいもあってか、すこしばかりうきうきしておりました。

ところが、メロディの進むにつれて、鹿島先生の体の動きが、にぶくなってきたように、感じられてきました。

私は、酔いが廻られたのかと思い、鹿島先生の顔をのぞいて、びっくりしました。

いつもは、きびしい光をたたえていらっしゃる鹿島先生の両眼が、しっとりと、うるんでおられるのです。と、たちまち、目ばたきをなすった瞼の間から、キラキラと、涙がしたたりおちました。

「先生、お気分でも……?」

たずねた私に、先生は、意外にもあっさりと、胸を開いて、話をしてくださいました。

「あの『浜千鳥』はね、子どもを亡くしたときに書いたものなんだ。そうだな、生きていたら、君くらいかなあ。あのとき、ぼくは、『おれをおいて、どこへ行っちまったんだ!』と、腹立ってたな。机に向かってても、何かにおこってみたくなる。そこで、散歩にいったんだ。ポツリ、ポツリ、歩いているうちに、『いや、おれをおいて行ったんじゃない。ただ、遠くへ行って、おれを探してるんじゃないのかな』って、思うようになったんだ。そう思ったら、すらすらと、一番の詩がでてきた。と思ううちに、子どものやつ、だんだん、おれのいる反対の方へ行っちまった。それが、二番目だ」

語る先生の目は、いつしか、閉じられていました。

私は、そうした思いと機縁があったとは、知らなかったものですから、「浜千鳥!」と叫んでしまったのですが、この日のことを思うと、今でも、胸が熱くなって、たまらなくなります……

さて、「見つめあう」を書くにあたって、「浜千鳥」にまつわる不可思議なエピソードをとりあげたわけは、この斎藤了一と鹿島鳴秋とのやりとりを見たかったからだ。

斎藤と鳴秋とが、このやりとりをしていたときに、見つめあったときがあったかどうか、ぼくにはわからない。しかし、鳴秋の話の内容におどろいた斉藤が、鳴秋の目をよく見ていたことだけは確かだ。

「両眼が、しっとりと、うるんで」「目ばたきをなすった瞼の間から、キラキラと、涙がしたたりおち」「目は、いつしか、閉じられ」と、顔の中でも、目に関する描写がつづいている。

斎藤は目を見て真剣に話を聞いている。鳴秋もおそらく真剣に話をしているにちがいない。斎藤の手紙を読んだ上笙一郎も、この手紙の中身を「ほんとうのことだ」と確信してしまった。

「娘の死」を悲しんで作った童謡だという話がまちがいであることは、この童謡の発表年の方が、娘の死んだ年よりも前だという事実をみれば、すぐにわかることだ。しかし、作者である鳴秋自身が語っている。目に涙をため、真剣に話している。聞く方も、おどろきのために目を見つめて真剣に聞き入っている。それが、この「まちがい」を「正しいこと」のように思わせ、また確信をもたせてしまったのだ。

「見つめあう」というと、人と人とが信じ合い、心を通じあわせる「感動的な場面」として考えられることが多いように思う。しかし、ほんとうにそうなのだろうか。斎藤と鳴秋のエピソードは、感動的な場面にひそむ危うさを語っているとはいえないか。「見つめあう」ことの不確かさを語っていると、ぼくは思う。

＊見つめあう2（『あたしたちのサバイバル教室』の場合）

高橋桐矢『あたしたちのサバイバル教室』（ポプラ社　二〇一四年八月）の中に、つぎのような描写がある。

真名子先生はじっと見返してきて、ニコッと笑った。
「いい目だ。闘争心がある」
先生は目をそらさなかった。
お母さんもお父さんも、担任の氷川先生も、カウンセラーの先生も、みんな目をそらしたのに。

あきれたような、こまったような、どうしたらいいかわからないって顔で。

真名子先生なら、答えてくれるかもしれない……。と、思った一瞬にジャージをおしつけられた。

（p.22）

五年の途中から学校へ行けなくなった、現在六年生の春野未来は、クラスメートからの『早く死んでよ』というメールを見つつ、『小学生夏期特別アシストクラス』にむかい、そこでひげぼうぼうのクマひげ男＝真名子先生に出会う。自己紹介でだんだんと自分の番が近づいてきた未来は、思い切り吐いて、床や服までも汚してしまう。

真名子先生は少しもさわがず「全員手伝え」と言って、床を掃除しはじめる。と、同時に「服にもついちゃってるな。すぐ洗ったほうがいい。とりあえずこれを着ておけ」と、ジャージを脱いでおしつける。未来は「イヤ。そんなの着たくない」とやけくそでつきかえす。「じゃ、こっちのTシャツ貸してやろうか」「もっとやだ！」「バカやろう。なに格好つけてんだ」のやりとりのあと、ふたりは、にらみあう。

この章の最初にあげた文章は、そのにらみあいのあとにつづく描写になる。

ぼくは、ここの〈目をそらさなかった〉につづく部分に、かなりひっかかってしまったことになる。父親、母親、学校の先生、カウンセラーの先生、みんなが目をそらす。しかし、真名子先生だけは目をそらさない。主人公の少女は、ここで、「もしかしたら、この人なら正しい答えをみちびいてくれるかもしれない」と考える。

ぼくがなぜこの部分にひっかかってしまったのか。この描写を読んだとき、ぼくは、これは詐欺の手口だな、と思ったからだ。詐欺師の鉄則、その第一は《相手の目を見つめて、自信を持って話をすること》にちがいない。

初対面の真名子先生に対する、少女の（この人なら……）という信頼への思い込みは、本のタイトルにもなっているサバイバルとは正反対の、容易に詐欺に引っかかってしまう方にあるといっていい。主人公の少女は、そのことに気づいてさえいないのだ。ここにも、じっと目と目とを合わせる＝信頼の証という、危険な思い込みが感じられる。見つめあうことへの感動の思い込みを、ぼくは排除したいだけなのだ。

ほとんど同じような場面が、少しあとにも出てくる。自己紹介で一番たのしかったことをみんなに話をさせたあとで、真名子先生はいう。「もっともっとどっかーんと体がはじけてしまうくらい楽しいことがいっぱいあるぜ！　楽しいことは過去じゃない、未来にあるんだ！」「だから生きろ！『サバイバル作戦その一』、ゲロしてももらしても、どんなことがあっても生きぬけ！　一番だいじなのはとにかく生きることだ！」

ゲロゲロとくりかえす真名子先生に、未来は怒って「先生。楽しいことが未来にあるってどうしてわかるんですか？」と、つっかかる。そのあとのやりとりに、目と目を合わせることに関する同じような描写が出てくる。


「そりゃ、わかるさ」

真名子先生は、さも当然のように答えた。

「どうしてですか？」

一歩もゆずらない気合いで、未来は先生の目をにらみかえした。目をそらしたら、真名子先生も、みんなと同じだ。

どうして人は生きていなくちゃならないの？　って聞いたとき、お母さんもお父さんも、担任の氷川先生も、カウンセラーの先生も、みんながだまって目をそらした。

「春野未来か……いい名前だな」

真名子先生の目に、笑みが浮かぶ。

「話をそらさないでください！」

でも、目はそらさなかった。（p.28～29）

話はそらしたが、目はそらさなかったというギャグのような展開だ。さらに、「どうしてわかるか。それはな……おれが未来人だからだ」という答えに、未来はがっくりする。しかし、ここでも、両親や今までの先生たちが目をそらしたのに対して、真名子先生が目をそらさなかったことが強調されている。目をそらすこと＝後ろめたいこと、目をそらさないで見ること＝正しいことという思い込みが、やっぱりここでも生きていることになる。結局、アシストクラス卒業の日に答えを教えてやるといわれ、卒業までつき合うことになってしまうのだから、真名子先生が詐欺師だったら、詐偽は見事に成功したことになるのだろう。

さて、少女が思いこんでいるとして、書いている作者の方はどうなのか。ぼくは最初は、この作者もそう思いこんで書いているのかと思っていた。しかし、じつはそうではなかったことが、この本の続編『イジメ・サバイバル　あたしたちの居場所』（ポプラ社　二〇一六年八月）のつぎの場面をみたときにわかった。

「あの」と口を開いたのは、秋山くんだった。

「……ムリです。うまく、話せないんです」

「お前、話すときに相手のどこを見てる?」

先生に聞かれて、秋山くんは、え? と口ごもった。

先生が秋山くんをまっすぐに見つめた。

「話すとき、相手の目を見て話そうって思ってないか? あのな。相手の目を見つめるのって、じつは攻撃行動なんだ。野生のサルなんて、目をじっと見たりしたら、怒って歯をむいて飛びかかってくるぞ」(p.84〜85)

これは、真名子先生が、イジメ・サバイバルを生きぬくためのひとつとして〈会話のキャッチボール作戦〉を話していたときのことだ。

人はいろいろな情報を、相手と会話する中で読み取っていくと、真名子先生は言う。知りたいことがあったら、「そんなめんどくさいことしないで直接聞けばいいじゃん。人間は会話できるんだから」「なぜそうしないと思う?」ときく真名子先生。「ウソをつくから?」と答える市ノ瀬じゅら。ちなみに、市ノ瀬じゅらは、駄菓子屋で万引きしようとして見つかったのが縁で、真名子先生のいる『夏期アシストクラス』に通うようになった六年生で、続編の主人公になる。そのじゅらに「そうだ」と答えてから真名子先生は「言葉はウソをつく。けれど口調や顔つきや雰囲気はウソをつかない。見ればわかる。わかるようになる。会話の練習をしてるのは、ウソを見抜く力をつけるためでもあるんだ。会話力を高めれば、本当の会話ができるようになる。」とつけ加える。

先にあげた部分は、このあとにつづくもので、会話するのはとてもムリだという少年に対する真名子先生のことばになる。

「言葉はウソをつく。けれど口調や顔つきや雰囲気はウソをつかない。」と真名子先生はいった。ぼくはこの「言葉はウソをつく」という指摘には賛成だ。が、「口調や顔つきや雰囲気はウソをつかない」という方には反対だ。正解は「どちらも同じようにウソをつくことがある」ということだと、ぼくは思っている。

見つめあうということに関していえば、話すときに相手を見つめるのは《攻撃行動》だという指摘は、なかなか興味深い。しかし、そう語りながら、真名子先生自身は、秋山くんをまっすぐに見つめている。これは、相手の目を見つめるのは攻撃行動だとわかったうえでやっていることになる。そう考えると、真名子先生が、未来がにらみつけてくるのに対して、目をそらさなかった本当の理由は、信頼ではなく、相手の攻撃行動に対して負けないために、見つめあったことがわかる。信頼ではなく勝ち負けだという身も蓋もないが、真名子先生は初対面の生徒に負けないことが、まずもってこれからの「サバイバル教室」をやっていく上で必須なことだったから、目をそらさなかったのだ。

子どもたちには、相手の目を見つめるのは攻撃行動だと言い切りながら、真名子先生自身を見ると、いつもまっすぐに子どもたちを見つづける。目をそらさないだけでなく、その一挙手一投足はみごとなまでに能動的だ。

初登場からのその言動を、ちょっとピックアップしてみよう。

「みんな！　生きてるな⁉」
クマひげ男が声をはりあげた。（p.11）
「おまえらが野生動物だったら」クマひげ男の目がぎらりと光った。
「とっくに死んでる」（p.13）
「一番いいのは逃げることだ。いじめっ子がいる学校なんてさっさと転校しちまえばいい。だけどそれができない場合はどうする？」
クマひげ男がほえる。（p.13）
「生きたい！　死にたくない！　って声が聞こえるぞ！」
クマひげ男がこぶしをふりあげた。（p.14）

クマひげ男と書かれているのは、突然教室に入ってきた男の名前を、この物語の視点人物、春野未来がまだ知らないからだ。男は、声をはりあげる。目をぎらりと光らせる。ほえる。こぶしをふりあげる。そして自己紹介を始める。未来が吐き、見つめあい＝にらみ合いになる描写は、このあとになる。そこで、ぼくは違和感を感じたことになる。

真名子先生は、目をそらさずに、ジャージをおしつけている。未来が「楽しいことが未来にあるって、どうしてわかるんですか？」という追及にも、当然のように「未来人だからだ」と話はそらすが、目はそらさない。ぼくとしては、目をそらさないことよりも、話をそらすことの方が重要だと思うのだが、ここはギャグとして受けとることにして、未来は《目をそらさない》ことの方を重要視する。結局、真名子先生は、アシストクラス卒業の日に教えてやるという言葉で、未来をクラスに引きずり込むことに成功するのだ。

物語は、このあと、生き残るためのサバイバル作戦をいくつも紹介しながらすすみ、ラストは当然のことながら、夏期アシストクラス卒業になる。ちょっと見てみよう。

わたしたちは生きているかぎりサバイバルするんだ！

未来は、笑いながら空を見上げた。

どこまでも高く青く抜けるような空が、広がっている。

その瞬間、全身がふるえた。おなかのそこからわきあがってくる、はじけるような喜び。

今、生きてる。

楽しかったことをひとつも考えられなかった二か月前には、未来にこんな日が来るなんて信じられなかった。先生の言ったとおりだった！　これから先の未来には、もっともっとすごいことがあるって、今なら信じられる！

「ねえ先生！」

真名子先生がふりむいた。

「ん？」

「先生って本当に未来人だったんだ！」

「だから、言ったろ」

先生がウインクした。（p.204〜205）

物語の最初にいったギャグが、物語の最後で完結する。なかなか壮大なギャグ計画だ。ここまで大きく開き直って、明るく元気にサバイバルを提唱するなら、これもありかなと、ふと思ってしまう自分がいる。が、ちょっとだけふみとどまって、ここから、こぼれ落ちてしまうものをひろってみようと思うのだ。

巻末に「真名子先生のサバイバル作戦ノート」と題して、真名子先生がやってきた作戦が、すべて本文中のページ付きで書かれている。サブタイトル風に〈どんなことがあっても生きぬけ！　一番だいじなのはとにかく生きることだ！〉と書かれている。これがこの作者の一番のメッセージで、作戦はそのための方法ということになる。全部で十三個の作戦名を列挙すると、つぎのようになる。『マッスル作戦』『あだな作戦』『ロックオン作戦』『擬態作戦』『さけんでスッキリ作戦』『大好きアピール作戦』『SOS作戦』『観察日記作戦』『イエスでもノーでもない作戦』『順番がだいじ作戦』『ハムちゃん作戦』『職員室に近いトイレ作戦』『先生よびかけ作戦』。

簡単に内容を書くと、『マッスル作戦』は体力作り、『あだな作戦』はいじめっ子にまぬけなあだなをつける、『ロックオン作戦』は助けてもらいたいときは名前を呼ぶか、目を合わせて手招きする、『擬態作戦』は地味なかっこうをする、『SOS作戦』はプライドは捨てて困ったときは助けを呼べ、『イエスでもノーでもない作戦』はこまったときこそ落ち着いてイエスでもノーでもない三番目の答えを探そう、といった具合になる。

真名子先生が最初にやったのが『マッスル作戦』になる。〈サバイバルに必要なのはまず体力。いっぱい食べて運動して体力をつけよう！〉というものだ。サバイバルに〈一番大事〉だという真名子先生の言葉を見てみよう。

「さっきから見てるとみんな、体が固い。がちがちだ。いじめられるのに理由はないが、いじめられ続けるのには、いくつか理由がある。一番は『弱いから』だ。強いとこ見せときゃ、つぎはやられなくてすむだろう？」（p.43～44）

これは確かに正論だ。弱いよりも強い方がいい。しかし、本当にそうなのだろうか。強くならなくても、弱いままでも生き残ることができるスキルをこそ、学ぶべきではないだろうか。ぼくらは、真名子先生のように、いつも負けないように相手をまっすぐに見つめ続けるわけにはいかないのだから。相手との関係性の中で、少しでも相手より体力的に《より強く》なることが、いじめに対する一番の対策だとしたら、ぼくはとてもかなしい気持ちになる。体力はないよりはある方がいい。しかし、それをイジメ・サバイバルの第一にあげることは、ぼくにはできない。

ほかの作戦も、よくみると、他の人と関係する中で発揮されるスキルが多いように、ぼくには思える。いい意味で「見つめあう」のは大事なことかも知れないが、ぼくとしては、人の目を見ないですむスキルがほしい。ふりかえって、本のタイトルを見ると『あたしたちのサバイバル教室』『あたしたちの居場所』とある。ぼくとしては、やはり「あたしのサバイバル教室」「あたしの居場所」が、とりあえずほしいところだ。最終的に、学校に行けるようになって、「めでたしめでたし」でなく、ひとりでいても「めでたしめでたし」みたいな結末、あるいはスキルがあったらいいなと、思う。

ここまで読んだときに、本の最後に、おまけのように「アシストクラス冬休みまでの宿題」が書いてあった。その一番目に「一人で楽しめる趣味を見つけよう。」というのがあった。そうだ。これが、ほしかったんだと、ぼくは思った。

＊石っこけんさん

小学五年のとき、理科の勉強で、利根川の河原に行って、石を拾い、その名前を先生に教わったりしたことがあった。たった一度だけの校外授業だったが、それがきっかけで、ぼくは石ころに夢中になった。毎日のように、河原に遊びに行った。石をひろったり、たたいたり、割ったりした。割った石ころの中にある小さな水晶さがしを一日中やった日もあった。

なぜ、石に興味を持ったのか、今となってはわからない。もちろん、他に石に興味を持つような変わり者はいなかったから、ぼくは毎日、一人で河原に行って時間を過ごしていた。中学に行って、生物部というものにはいったので、友だちとチョウを追いかけまわすという生活が加わったが、石が好きだという変わり者はいなかったので、一人で河原に行って時間を過ごすことに変わりはなかった。

大人になって、宮沢賢治記念館に行ったときに、宮沢賢治が子どものころから石が好きで「石っこけんさん」と呼ばれていたと書いてあるのを見て、ちょっと複雑な気持ちになった。どう複雑かというと、ぼくはそのとき（ぼくには「石っこけんさん」なんて言ってくれる人はいなかったなぁ）と思ったからだ。宮沢賢治と同じ趣味だったからちょっとうれしいという気持ちよりも、「石っこけんさん」と呼んでくれるような友だちはいなかったなぁと、ヘンに納得した気持ちになっていた。

体力はないよりは、あった方がときに便利だと思う。「あたしたち」の居場所もあると便利だと思う。でも、そのまえに、ぼくはやっぱり「あたし」の居場所を確保したいと思う自分がいることに気づいてしまうのだ。ぼくは、子どものころ、石ころばかりを見つめている少年だった。

＊見つめあう3（『オオカミ族の少年』の場合）

ミシェル・ペイヴァー作・さくまゆみこ訳『クロニクル　千古の闇1　オオカミ族の少年』（評論社二〇〇五年六月二〇日）の中に、ぼくの好きな「目をそらす」描写がある。

オオカミの子は、耳をぐるっと回してトラクを見たが、まもなく礼儀正しく目をそらした。オオカミの流儀では、じっとにらむのは脅しになるからだ。それからオオカミの子は立ち上がり、のびをし、おざなりに尻尾をふった。

そのしぐさから見るかぎり、トラクの質問を理解したとは思えなかった。ふつうのオオカミの子にもどっていた。

それとも？

さっきの目つきは、はたしてトラクの想像の中に存在していただけなのだろうか？（p.65）

『クロニクル千古の闇』は、まだ農耕の始まっていない石器時代を生きる少年とオオカミの物語だ。『オオカミ族の少年』はその第一巻にあたる。シリーズは全六巻で構成されている。全体としては、オオカミ族の少年トラクが、〈魂食らい〉という悪霊をあやつる魔導師たちと戦っていく物語になっている。まだ農耕がない時代の北欧を舞台としているので、寒さも厳しく、当然食べものも少ない。ストーリーの展開以前に、なかなかサバイバルな状態を生きぬいていくことになる。

ただでさえ生きていくのが困難な時代の中で、トラクは父親をクマに殺される。たった一人になってしまう。物語はそんな過酷さのなかではじまっている。トラクは父をうしなっただけでなく、襲ってきた巨大クマに悪霊がついていて、追われつづけるという絶望的な状況を背負うことになる。

父親は死の間際に言い残す。「北へ向かえ。何日も歩け。そして……山を見つけるんだ……〈天地万物の精霊〉が宿る山だ」と。

どうやってその山を見つけるのか、と問うトラクに、父親は「〈案内役〉が……おまえを見つける」という。

章の最初にあげた引用は、トラクがオオカミの子を〈案内役〉ではないかと考え、山を知っているかとたずねたあとの文章になる。これから長いつきあいになるウルフとの、出会いの場面でもある。たずねられたオオカミの子は、耳をぐるっと回してトラクを見るが、そのあと礼儀正しく目をそらす。この、《礼儀正しく目をそらす》という描写が、ぼくは好きだ。

石器時代は、真名子先生のように目をしっかりと見つめて話すばかりでは、サバイバルを生きていけない。見つめあうことが、礼儀正しいわけではないのだ。生きぬくためには、ときに目をそらしたり、ときに相手をにらみつけたりという臨機応変な行動が必要になってくる。一人になってからのトラクの様子を、ちょっと見てみよう。

イノシシイモを掘り返している若いイノシシにぶつかりそうになったときは、攻撃されないようにあわてて低い声であやまった。イノシシは、怒ったように鼻を鳴らしただけでトラクを通してくれた。

クズリが、近づくな、と歯をむきだしてうなったときは、トラクも精一杯たけだけしくうなり返した。クズリは、脅すしかないからだ。トラクが本気なのを見てとると、クズリは木の上にかけあがった。(p.23)

ときにへりくだり、ときにおどし、トラブルを避けつつ進むなかで、トラクは、鉄砲水で親兄弟を失ったオオカミの子に出会う。ミューミューと鳴くあわれなオオカミの子を横目に見つつ、トラクは食べ物をさがす。

とうとう、ひとつかみほどのガンコウランの実が見つかり、それをむさぼるように食べる。それからおそらく実ったコケモモと、二匹のカタツムリと、わずかばかりの黄色いサワタケが見つかった。サワタケは、ちょっとぬめっとしていたが、食べられないほどではなかった。

運が向いてきてイノシシイモのかたまりを見つけたときは、もう夕暮れが迫っていた。(p.42)

このあと、トラクは巨大クマに襲われたときのケガが化膿し、高熱を出す。せっかく食べたものを全部吐き出してしまう。それを近くにいたオオカミの子が喜びの声を上げて食べるという場面を経て、トラクは、とにかく父の言いつけどおりに〈北へ向かう〉ことになる。そこで、父親が〈オオカミの目は、ほかの生き物の目とはちがう。〉と言っていた記憶がよみがえる。ふと見ると、オオカミの子の目が、いつもとちがうようにみえる。

その目。泉の水に映る日の光のように澄んでいる……。（p.64）

トラクは、もしかしたら、自分が考えていることをオオカミが知っているのではないか、〈天地万物の精霊の山〉への〈案内役〉はこのオオカミの子ではないのかと、考える。そして、四つんばいになり、オオカミ語で「山」を何というかはよくわからないままに、たずねる。道を知っているか、と。

オオカミの子は、耳をぐるっと回してトラクを見るが、礼儀正しく目をそらすだけで、あとはおざなりに尻尾をふる。〈案内役〉のそぶりも見せない。トラクは、さっきの目つきは、自分の想像の中にだけあったのだろうかと、考える。

最終的には、このオオカミの子＝ウルフが〈案内役〉であり、全六巻におよぶこの物語の大切な相棒になるのだが、ここでは、まだそこまではわからない。ぼくらは、数少ない言葉と饒舌に語っている目のしぐさから、これからの物語の先行きを読みとることになる。

とにもかくにも、トラクは、ウルフのあとをついていく。そこで、願ってもない獲物、ノロジカを仕留めることに成功する。まる二日をかけてノロジカをさばき、敬意をはらう。おなかいっぱいで、ついうっかり用心を忘れたところで、トラクは三人組の狩人に襲われる。

とらわれたトラクは、ワタリガラス族の族長のまえに引き出される。レンとホードとオスラクの三人がワタリガラス族の狩人で、かれらが報告している火のそばにいる男がワタリガラス族の族長になる。

レンは、トラクと視線を合わせると、にやりと笑った。
トラクはレンをにらみつけたが、心の中は恐怖におしつぶされそうだった。
ホードは報告を終えていた。火のそばにいる男は一度うなずき、オスラクがトラクをおし出すのを待っていた。この男の顔は、心のうちを見せていなかった。しかし、まばたきもしない強いまなざしを放つ男の青い目は、生気に満ちていた。その目を長いこと見ているのはむずかしい。目をそらすのは、さらにむずかしかった。（p.99）

『クロニクル千古の闇』のシリーズで、この先一番頼りになることになるワタリガラス族の族長フィン＝ケディンとの最初の出会いである。

《目を長いこと見ているのはむずかしいが、そらすのはさらにむずかしい》という表現がいい。目は口ほどに物を言うというが、長いこと目を合わすのはむずかしい、そらすのはさらにむずかしいというだけで、初対面のその人物の重厚さををあらわすのは、おもしろい。目は人を値踏みする。ワタリガラス族の族長フィンの人柄を、目の表現であらわす描写は、言葉以上に石器時代を生きぬくすべを感じさせる。

トラクがとらわれたわけは、ノロジカをとったからだ。ワタリガラス族の森の中で、それをとったから、盗んだのと同じことになる。そして、盗人は死罪と決まっている。フィン＝ケディンはいう。「この子の持ち物をみんなで分けなさい。この子は下流につれていって殺すのだ。」と。

トラクは一度は力なくくずおれる。が、生きるための決断をする。意識的に《目をそらさない》で言うトラクの主張を見てみよう。

「戦うほうを選んでもいいはずだ。そうでしょう?」トラクは、ワタリガラス族の族長から目をそらさないようにしながら、主張した。

「ぼくに罪があるかどうか、たしかではないでしょう。だって、ぼくはあのノロジカがあんたたちの物だなんて、知らなかったんだもの。だから、戦いで決着をつけましょう。あんたとぼくで」

トラクはつばを飲みこんでから、また言葉を続けた。

「もしぼくが勝ったら、ぼくは無罪だ。あんたはぼくの命を奪えない。ウルフの命もってことですけど。もしぼくが負けたら、ぼくたちは死ぬ」（p.104〜105）

やっと仕留めたノロジカは、ワタリガラス族のもので、掟によって殺すと、族長は言う。トラクは、生きのびるために、戦いを主張する。〈目をそらさない〉でいうトラクは、挑戦的だ。果敢な攻撃的姿勢を示している。それが、族長を動かしたのか、トラクは、ホードとの決闘を許可されることになる。

火を使ってはいけないというルールの中で、トラクは、煮立ったスープを、白熱したおき火の上に、ひっくり返す。わっと蒸気が上がり、ホードの顔をおそう。トラクはホードに飛びかかり、胸にまたがる。火を使ったという抗議に対して、トラクは、火ではなく湯気を使ったと主張する。

魔導師の老女=セイアンはいう。

「一つの影が森を襲う。その影に立ち向かえる者はいない。」

「そこへ〈聞く耳〉がやってきて、空気で戦い、沈黙で語る」

「そして〈聞く耳〉は、心の血を山にささげ、影はくだかれる」

〈聞く耳〉とは、オオカミの言葉を理解できるトラクのことだ。そのトラクは、湯気＝空気を使って戦った。しかも、トラクは、ライチョウの骨でつくった小さな呼び子笛をもっていた。音がしない沈黙の笛は、オオカミの子をよぶことができる。

三拍子そろったトラクは、影＝悪霊で巨大化したクマと戦うことが運命づけられることになる。が、最後の〈心の血を山にささげ〉というところで、ワタリガラス族は、トラク本人に立ち向かわせるか、それとも生け贄とすべきかを議論し始める。

生け贄にされてはかなわない。トラクは縛られていた革ひもをほどいて、脱出する。そして、精霊の山に向かうことになる。物語は、多くの困難を乗り越えて、精霊の山にたどりついたトラクが、巨大グマとの最後の戦いにいどみ、クマは雪崩の中に消えていくという結末になる。

ひるがえって、ワタリガラス族の族長フィンとの最初の出会いのときに、目をそらしていたら、どうなっていたか。おそらくトラクの主張は、フィン＝ケディンに受け入れられることはなく、死をむかえたにちがいない。

オオカミの子のウルフは、礼儀正しく目をそらしたことで、トラクの同伴者としての位置を確保することができた。その反対に、トラクは、目をそらさないことで、生きのびる可能性を得た。目は変幻自在な表情を、ぼくらの前に見せてくれる。だから、おもしろい。

＊見つめあう4（『闇の守り人』の場合）

上橋菜穂子『闇の守り人』（偕成社　一九九九年二月）は『守り人シリーズ』第二巻にあたる。第一巻『精霊の守り人』（偕成社　一九九六年七月）で新ヨゴ皇国の皇太子チャグムの用心棒をした女用心棒バルサは、この巻では、カンバル王国の少年カッサを守って、地の底へと向かっている。作品の舞台はカンバル王国。バルサと、バルサを助けて刺客からの逃亡と戦いでその生を終えたジグロのふるさとである。自分のルーツを求めてカンバルに足をふみいれたバルサは、そこでジグロが盗人の汚名をきせられ、自分はすでに死んだものとされていたことを知る。

ジグロに盗人の汚名をきせたのは、ジグロの弟で最後の刺客でもあったユグロ。ユグロはたたかうことなく、ことばたくみに、ジグロの短槍についている金の輪をゆずりうけ、ジグロをたおしたと凱旋帰国する。そして、現在〈王の槍〉の頂点に君臨している。

カンバル王国はまずしい国だ。数十年に一度おとずれる〈ルイシャ贈りの儀式〉で、〈山の王〉からルイシャ〈青光石〉という非常に高価な宝石をゆずりうけることができる。それを他国に売り、そのうるおいで、カンバルの民は日々をすごす。

ユグロは、ことばたくみに、人の心をつかむすべに長けている。〈山の王〉からルイシャをゆずりうけるのではなく、そのすべてをたたかいとり、富を得ようと考える。

〈ルイシャ贈りの儀式〉の日が近づく。ユグロの企みに、小心者の王はおびえる。それを、ユグロがことばたくみに、元気づける。

ユグロは、まっすぐに王の目をみていた。嘘をつくときほど、人の目をまっすぐにみたほうがよいことを、ユグロはよく知っていた。そして、嘘は、真実のあいだに、ほどよくはさめば、より真実味がます。

人には信じたいことがある……と、ユグロは、おさないころからさとっていた。その人が信じたがっていることをいってやれば、たとえ嘘でも、人は、じつにかんたんに信じこむものなのだ。王はいま、おびえている。ぜったいにだいじょうぶだと確信できる言葉がほしいのだ。（p.290）

上橋は、目の表情で、人の心の動きを描くのがたくみな作家だ。バルサが二十五年ぶりに叔母ユーカをたずねたときも、そうだ。「バルサはすでに死んでいる」というユーカに、バルサは、目を見つめながら、おだやかに話している。


「わたし、バルサです。カルナの娘の。」

なにをいわれているのか、わからない、というふしぎそうな表情が、一瞬叔母の顔にうかび、それから、すっと表情がけわしくなった。

「あなた、なんのために、わたしの姪の名をかたるの。」

しずかだが、迫力のある声だった。叔母は六歳までのバルサしか知らない。世間の荒波をのりこえてきた、三十すぎの、いまのバルサの顔に、かっての少女の面影をみつけることは、むりだろう。

バルサにできるのは、目をそらさずに、おだやかに話すことだけだった。

「わたしは、だれの名もかたってはいません。わたしは、ほんとうにバルサなんです。」

叔母の目がかすかにゆれた。（p.65）

目をそらさずにおだやかに話すバルサに対して、ユーカは、「あなたがバルサであるはずがない。――バルサは、かわいそうに六つのときに死んだのだから。」と応答する。バルサは、かたい物で胸をつかれたような気をおぼえる。が、持ち直して、ユッカの枝からおちて腕の骨を折ったときのことを語る。叔母との二十五年ぶりの再会に際して、バルサは、目をそらさずに、しかしおだやかに話す。意識的にそうしている。相手に対して、目をそらさずに話すということは、たとえそれが嘘であれ、ほんとうのことであれ、自分の話していることを信じてもらうためには大切なことらしい。しかし、相手の目を見つめることは、オオカミ族の少年トラクの例を見てもわかるように、容易に攻撃的、挑戦的だと思われることになる。だから、バルサは、おだやかに話すのだ。

目をそらさないということと、おだやかに話すということは、実際にはなかなか両立しにくいものにちがいない。そんな人の気持ちの機微を、ごく当たり前のように書いていく。守り人のシリーズは「大きな物語」のようにふつうには語られているが、じつは、このように登場人物のこころのさりげない揺れを、ごく自然に描き、それが積み重ねられていくことで、初めて可能になっているということがわかる。叔母のもとにいたバルサに追っ手があらわれる。バルサは二人の騎士にひきたてられていく。心配するユーカはバルサの目をみて、どきりとする。

なんといって力づけようか、と、それだけを考えていたユーカは、バルサの目をみて、どきりとした。うしろ手にしばられ、つれていかれようとしているのに、バルサの目にうかんでいたのは、まるで戦いの場にはなたれる寸前の闘鶏の瞳ににた、つよい光だったのだ。(p.146)

叔母との初対面のときには、目をそらさずに、しかしおだやかに話していたバルサが、つかまってひきたてられていくときには、闘鶏の目をしている。叔母を安心させるとともに、読者にもこのままでは終わらないことを示している。

ひるがえって、ユグロは王に向かって、まっすぐに目をみて話す。嘘と承知で話す。嘘だからこそ、まっすぐに目をみて話す。

『あたしたちのサバイバル教室』で、初対面の真名子先生が目をそらさなかった場面で、春野未来という少女が「真名子先生なら、答えてくれるかもしれない……。」と考えたとき、ぼくは、「これは詐欺の手口だな」といったのは、このユグロが王に対していう場面が、頭に浮かんだからだ。もう一度くりかえすと、詐欺師の鉄則、その第一は《相手の目を見つめて、自信を持って話をすること》にちがいない。

上橋の描く《目の変幻》は、人の心の、ことばではあらわしきれない部分を知るための、ひとつのよすがなのかもしれない、と、ぼくはふと思ったりする。

＊見つめあう5（『よるの美容院』の場合）

市川朔久子『よるの美容院』（講談社　二〇一二年五月二二日）は、幼馴染みでクラスメートのタケルという少年が交通事故に遭ったのを目撃したまゆ子が、ショックで声が出なくなり、ひるま美容院のおば（ナオコ先生）のところで世話になる話だ。

香ばしい香りが鼻から口に広がり、熱いコーヒーがのどを通っておなかに流れこむ。ほうっとため息をもらすと、向かいの席で、おばも同じように満足の吐息をついていた。ふたりで顔を見合わせて笑う。(p.9)

物語は、まゆ子とおば(ナオコ先生)とが、美容院の二階の広いダイニングテーブルで朝食をとるところからはじまる。「しっかり、たっぷり」という毎日繰り返される叔母の台詞と、たっぷりの朝食。パン、サラダ、ヨーグルト、くだもの。〈目顔で礼〉を言うまゆ子が、じつは声が出ないと言うことは、まだ、ここでは読み手にはわからない。

言葉をかわせないからかどうかはわからないが、このふたりは、けっこう目で語っている。〈顔を見合わせる〉ふたりの様子は、〈見つめあう〉とはまたべつのものだろう。こっちの方が、緊張がなく、日常の生活そのものといった感じの信頼感がある。

まゆ子が店の前をそうじしていると、猫が来る。その猫の視線もおもしろい。

おどろいて目をやると、大きなふさふさの毛をした赤茶色の猫が、気のなさそうな顔でまゆ子を見上げていた。猫はすぐに視線をそらすと、じゃまだと言わんばかりに体を押しつけながら、のっそりと店のなかに入っていった。(p.18)

このあと、掃除を終えたまゆ子は、ナオコ先生に〈書きつけ〉を見せる。そこで、この猫がジンジャーという名の飼い猫だとわかる。

『ナオコ先生、開店の準備ができました』

それからもう一枚。

『ジンジャーが、夜遊びから帰ってきました』(p.19)

ジンジャーは、口の形だけで「ニヤ」と鳴いたり、『アリス』のチェシャ猫を思わせる。が、問題は〈書きつけ〉の方だ。

第一章を〈書きつけ〉で終えた作者は、第二章のはじまりを、つぎのようにする。


まゆ子の声が出なくなったのは、夏休みの終わりごろ、塾の夏期講習を終えてほっとしたころだった。(p.20)

この作家は、けっこう〝あとだしで説明していくというスキル〟を得意技にしているようだ。店に入っていった猫の名をジンジャーだというのも、ちょっとだけあとだしの「書きつけ」で示される。なぜ〈書きつけ〉なのかという理由は、章をまたいでの、見事なあとだしになる。まゆ子の声が出ないということを、ここで知った読み手は、朝食のとき〈目顔〉で礼をしたり、〈書きつけ〉でそうじの終わりをつげるまゆ子の不自然さを思い出し、(ほぅーっ)と感心するところとなる。

母はしゃべるまゆ子の口もとを、じっと見つめてくる。気まずくなって目をそらしたのとほとん

ど同時に、母はふうっとため息をついた。(p.36)

時間は少しさかのぼって、まだ、まゆ子がおばの美容院にくるまえのはなしになる。ある日、まゆ子は母親から、学校でしゃべらないってほんとなの？　とたずねられる。担任から言われたのだ。まゆ子は、とうとう来たかと思いながらも、「べつに、そんなことないよ、ふつうだよ」と話す。その口もとを、母親はじっと見つめる。まゆ子は目をそらす。母親はため息をつく。

《見つめあう》ふたりとふたりの感動的場面は、ここにはない。あるのは《見つめられる→目をそらす》という流れだ。しかし、ぼくは、人と人との目の動きの流れとしては、むしろこの方が自然だと思う。《見つめられる→見つめ返す》というのは、《見つめあう》というよりも、むしろ《にらみあう》といった方が多い行動ではないのか。そうした意味で、ここでのまゆ子と母親の目の動きは、納得できる描き方だと、ぼくは思う。

この、《じっと見つめる→目をそらす》のやりとりのあとに、市川という作家の得意スキルといっていい《指示語であらわし中身を先送りにするスキル》がやってくる。

「そうよねえ。うちではふだんどおりおしゃべりだものねえ。なんであんなことおっしゃるのかしら」

「あんなことって？」

「たいしたことじゃないわ」(p.36)

ここにでてくる〈あんなこと〉が、このあと説明されることはない。しいてあげれば、これ以前に母親がまゆ子にたずねている、学校でしゃべらないってほんとなの？　というあたりが該当するのだろうが、それよりも、これからおこる「事件」を前ぶれしているような指示語になる。「事件」というのは、保護者参観日での、自由研究発表をきっかけに、まゆ子が声を出せなくなったことだ。

それから、母親とまゆ子は、声を出せない状態を、思い悩み苦しむことになる。

送り主は夢にも思わなかっただろう。自分たちの「しんせつ」が、母とまゆ子をあれほどまでに追いつめてしまうなんて。（p.81）

本や、新聞記事や、インターネットの情報から神社のお守りまで、一時、まゆ子の家はそんなものであふれかえっていた。

本だけでも、医学書、セラピー、児童心理、スピリチュアル、それから主人公が苦難を克服していくりっぱな物語まで、あらゆる種類のものがリビングに山積みになっていた。（p.81）

声が出なくなり、いろんな人がいろんな知恵をさずけようとしてくれた。人びとは、これらを「しんせつ」で送るのだが、送られたふたりは「追いつめ」られていく。この「しんせつ」が「追いつめる」という言い方が、ぼくは、おもしろいと思う。プラスイメージのことばがマイナスイメージの結果を生む。こうしたことばのゆらぎは、ふたりの不安定な心の状態を的確に示している。

そんな経過をへて、まゆ子はおばの美容院にやってくる。

……まばたきもせず、じいっとまゆ子を見つめてきた。

まゆ子は、たじたじとして、思わず身を引きそうになった。(p.72)

まゆ子の母親からの手紙を読んだナオコ先生は、黒縁眼鏡の奥から、まばたきもせず、まゆ子を見つめてくる。まゆ子はたじたじとする。目をそらす。そのあとで〈ちらりと上目づかいでうかがってみても〉(p.72)とあるから、おそらく、見つめられて、下を向いてしまったのだろう。やはり、見つめられたら、見つめあうよりも、たじたじとして下を向く方が自然なのかなといった気がする。これからおばの美容院で世話になるという日に、おばが母からの手紙を読む場面だ。最初で緊張しているから、作品冒頭での朝食風景みたいに、ふたりで顔を見あわせて笑うなんて、まだありえない目の動きだ。

「よるの美容院」という本のタイトルは、美容院が火曜休みなので、月曜日の夜に、ナオコ先生がまゆ子の髪をシャンプーしてくれるところからきている。髪をシャンプーされながら、だんだんと心がとかれほぐされていく様子を、ちょっとおってみよう。

初めてナオコ先生にシャンプーしてもらったのは、この家にやってきた日だった。

あのときのまゆ子は、だまりこくってうつむいて、かちかちの小さな石ころみたいだった。(p.87)

その後も、しばらくのあいだ、まゆ子は一日のほとんどを自分の部屋にこもって過ごした。だれとも口をきかず、目を合わせることさえしなかった。
それでもナオコ先生は、一週間の仕事を終えた月曜の夜ごとに、決まってまゆ子を呼んで、同じように髪を洗ってくれた。（p.87）
やがて、まゆ子はナオコ先生に髪を洗ってもらうことに慣れ、しだいに月曜日を心待ちにするようになっていた。（p.88〜89）
ナオコ先生の手は、とても温かい。ぽかぽかした指先でさわられていると、かちんとかじかんで冷たくなっていた頭の皮が、ふわっととけていく。（p.89）

なんど目のことだっただろう。

「お湯かげんはどうですか。熱くありませんか？」

いつものようにナオコ先生に問いかけられ、まゆ子の口からごく自然に言葉がもれた。

「……はい」

言ったあと、しばらくしてから気がついた。

「はい、それじゃあ流していきますね」

ナオコ先生はふだんと変わらない調子でそう言って、シャンプーの泡を流しはじめた。

……ああ、声が出た。

ぼんやりとそう思った。ずっとのどの奥にはりついていた言葉の残骸は、いつのまにかすっかり消えてなくなっていた。

わたしの声、ちゃんと出るんだ。まだ、ちゃんと残っていたんだ。

顔にかけた薄い布の下で、まゆ子の目からぽろぽろと涙のつぶが転がり落ちた。（p.90）

「ねえ、まゆ子。声が出ないのは、悪いことかしら」

ゆったりと、おだやかな声だった。

「そりゃあ、ちょっとは不便かも知れない。商店街のタイムサービスのときなんか、負けちゃうかもしれないわねえ」（p.90〜91）

「ちっとも、悪いことじゃない」

まゆ子が顔を上げると、鏡のなかのナオコ先生と目が合った。えんじ色の眼鏡をかけたナオコ先生は、くぼませたあまいお菓子のようなえくぼを見せてにっこり笑った。（p.91）

夜の美容院で、月曜日ごとに髪を洗ってもらっているうちに、まゆ子は徐々に心もほどけていく。声が出ないだけに、目のやりとりが、けっこう印象的だと、ぼくは思う。

最初は、〈だまりこくってうつむいて、かちかちの小さな石ころみたい〉で〈目を合わせることさえしなかった〉という状態。それが、だんだん慣れて、心待ちにするようになり、ある日、「……はい」と声が出る。その後、ナオコ先生は「声が出ないのは不便ではあるが、悪いことではない」という。顔を上げたまゆ子は、鏡のなかのナオコ先生と目が合う。そこで、ナオコ先生はにっこり笑う。

ぼくは、ここでの〈目が合った〉というのが、けっこう気に入っている。決して見つめあったり、にらみ合ったりするのではなく、顔を上げたときに、ふと目が合う。そして、にっこりと笑う。一瞬の目の動きが、じっと見つめあうよりも、ずっと心がふれあっているように思える。「声が出ないことは、不便かも知れないが悪いことではない」というナオコ先生もいい。

このあと、物語は、美容師見習いのサワちゃんやその弟の颯太も登場し、近所の商店街のおじさん、おばさんとのふれあいもでてくるのだが、目の表情に関することを少しあげる。

ひとつは、颯太のこと。

颯太はまゆ子と目を合わせようとはせず、かたくなにそっぽを向いている。

「ほら、颯太ったら」

とサワちゃんにわきをつつかれ、しぶしぶ口を開く。

「……悪かったよ」(p.119)

「ひるま美容院」を「ちぇ、シケた店」と言いすてて去って行った少年を、まゆ子は、翌日スーパーの前でみつけ、「ちょっと待ちなさいよ！」「あんたこそなんなのよ、なんでそんなこと言われなきゃならないの！　こそこそ人の店のぞきこんでいったいなんの用なの、うちの店になにか文句あるの?!」(p.110)と、おこる。ところが、それが弟の颯太だとわかり、サワちゃんが連れてくる。

ここで目を合わせない颯太は、当然のことながら、礼儀正しく目を合わせないわけではない。その逆で、意識的に敵愾心を感じさせるものだ。なぜか、まゆ子はおこると、颯太に対しては、声を出しておこることができる。

サワちゃんが連れてきたばかりの颯太は、目を合わせない。買い物の帰りのときも、目が合うとぷいと前を向いてそのまま歩いて行く。まだ、まゆ子と親しいというにはほど遠い関係だから。それを目の表現であらわしていく。そのあたり、おもしろい。が、作品の流れとしておもしろいのは、まゆ子が颯太に対してだけは、ふつうどころでなく大きな声を出している点だ。怒りが声を復活させたということになる。颯太がおもしろい狂言回しになっている。


「あれーっ？　おまえ、なんか今日……」

颯太がまゆ子の顔に目をとめて、しげしげと見つめてくる。今ごろ気づいたらしい。

「顔が変わった？」

「髪を切ったのよ！」

まゆ子がさけぶと、ふたたび「おお」と拍手が起きた。（p.167）

颯太は、しげしげと見つめてくるほどに、まゆ子と親しくなっている。見つめてくるといっても、颯太が見つめているのは、まゆ子の髪であって、目と目とで見つめあっているわけではない。「髪を切ったのよ！」と答えるまゆ子に、拍手が起こる。この拍手はまゆ子がみんなの前で声を出したことに対してだ。

これでめでたしめでたしかと思ったら、サワちゃんが颯太にお金を渡しているところを目撃してしまうというエピソードがはさまれる。颯太相手なら会話のできるまゆ子を気づかって、サワちゃんは颯太に手当をやって、店に来るように仕向けていたのだ。それを知ったまゆ子は、傷つき、外に飛び出す。

追いかけてきた颯太は『反せいのため、今日一日、口をききません』というメモを見せ、まゆ子は「なに言ってるの。あんたはわたしのリハビリ要員でしょ。せっせと口をきいてくれないと、困るのよ」と答える。そのあと、サワちゃんがひるま美容院へきたきっかけと夢を語る。

サワちゃんが、新しい母親になじめず、ぷらぷらと川沿いの道を歩いていたときに、ふと『ひるま美容院』が見える。すでにあたりは暗くなっている。それなのに店の名は『ひるま美容院』だ。なんとなくおかしくて店の前に来ていたサワちゃんは、出て来たナオコ先生に、店のなかに招き入れられる。

「知らない店でいきなり髪なんか洗われて、ふつうじゃないよね。でもね、そのときはもうどうでもよかったんだ。そしたら」

ああ、そうか。まゆ子には、わかった。

「『天使の手』だったんだね?」

かすれる声できく。うしろで颯太の自転車が、キッと小さく音をたてた。

「うん」

と照れくさそうにうなずいてから、ぶん、と音をたてそうな勢いでサワちゃんがまゆ子の方を向いた。その目は大きく見開かれ、ほおはみるみるピンク色に染まっていく。

その顔を見て、まゆ子もようやく気づいた。ほおがぽっと熱くなる。

サワちゃんがうるんだ目で見つめてくるのに、まゆ子のほうが照れてしまった。

「……それで?」

と、目をふせたまま言うと、サワちゃんはいそいで前を向いて話をつづけた。

「その場で弟子入りさせてくださいって言っちゃった」（p.176～177）

〈見つめあう〉のは、なかなかむずかしいようだ。まゆ子とサワちゃんの場合も、うるんだ目で見つめてくるサワちゃんに対して、まゆ子は照れてしまい、目をふせている。

目をふせるまゆ子が悪いわけではない。ふつう、人は見つめられたら、目をそらすものだ。それを、自分が正しいなら目をそらさない、目をそらしたのは相手がまちがっているからだと考える、その「考え方」にどこか欠陥があるのだろう。

その「考え方」は、どこから来るのだろうか。目と目をあわせ《見つめあう》ことへの感動の方程式みたいなものがあるのではなかろうか。その感動の方程式のこわいところは、その方程式からはみ出すもの＝感動を共有できないもの、この場合は目を合わせないものを悪いものとして排除するシステムがその内部にあるからではないだろうか。

そんな意味からも、この作品のように、自然に目をそらす描写に出会えると、ぼくはちょっとうれしくなる。

物語は、まゆ子がひとつの「秘密」をはなせるほどに、いやされたことを示していく。その「秘密」というのは、タケルの交通事故のときに、まゆ子が「ＵＦＯだ！」とさけんだことだ。まゆ子が叫び、タケルが横断歩道の途中で立ち止まる。空を見る。車が突っ込んでくる。タケルは宙にとぶ。

この作家は、〝後出し説明スキル〟みたいな書き方が好きなようだ。先に指示語を出し、あとから本体の説明をするという書き方も、よくやっている。交通事故の目撃で声が出なくなったのも、本当の原因はたんなる「目撃」ではなく、なにかあると、読み手に思わせながら、物語の最後まで引っぱってきて、ここで「ＵＦＯ」を出す。心の底にずっと引っかかっていたものを、まゆ子もはきだし、読み手もいっしょに、薄膜がはられていたような状態から脱することができる。それらのレトリックについて語るのも、おもしろそうだが、ここでは、もうひとつ、目の動きに関する描写をあげておくことにする。

鏡のなかの母と、まゆ子の目の表情だ。

……鏡のなかで母がわずかに目をみはっているのが見えた。

まゆ子が小さくうなずいてみせると、母は口をひきむすんで鏡にうつった自分の顔を見つめたまま、いつまでも目をはなそうとしなかった。

まゆ子がブラシを持って出ていこうとしたとき、背中を追いかけるように母の声がした。

「まゆ子」

ふりかえると、母がドアの枠に手をかけ、目をふせぎみに立っていた。

「明日の夜、なにがいい？　……ほら、明日は入学式のお祝いでしょう。まゆ子の食べたいもの。なに？」（p.227〜228）

まゆ子は、母の髪を、ナオコ先生にしてもらったように、整えていく。

ナオコ先生に「ありがとう」をいい、タケルに「ごめん」をいったまゆ子に残されたのは、母との和解になる。作者は、鏡に向かう母親の髪を整えるかたちで、その場面をこしらえる。鏡のなかの母は、最初は、おどろき、ついには目をみはり、鏡のなかの自分をみつめる。

ほとんどが、目の描写ですすむ。最後に、明日の夕食を聞く母親は、一回り成長した娘を認めた親の顔だ。そのとき〈目をふせぎみ〉に立っているところが、いい。和解のしるしが《目をふせている》なんて、じつにすばらしい描写ではないか、と、ぼくは思う。

*見つめあう6（『殺人犯はそこにいる』の場合）

清水潔『殺人犯はそこにいる――隠蔽された北関東連続幼女誘拐殺人事件』（新潮社　二〇一三年一二月二〇日）に、検察官と被告、菅家さんとの取り調べ時のやりとりが書かれている。

この本は、栃木県足利市と群馬県太田市でおきた五件の少女誘拐殺人行方不明事件を調べたドキュメントだが、そのうちの一件、いわゆる「足利事件」だけは、警察が菅家利和という男性を「誘拐殺人犯」として逮捕し、検察が起訴し、最高裁で無期懲役が確定している。五件のうち一件だけ、「犯人」が逮捕され刑も確定しているという不連続性を思わせる状況のなかで、清水は「ＤＮＡ型鑑定」の不備をつき、再審無罪を勝ちとり、五つの事件の連続性を裏付け、真犯人と思われる男＝ルパンを特定することになる。『殺人犯はそこにいる』という本のタイトルは、犯人を特定してもなお逮捕にふみきらない警察への怒りと、すぐ隣にまだ真犯人がいるという危機的現状の告発といっていい。

二〇一〇年、菅家さん再審裁判の五回目の法廷で、取り調べ時のやりとりが、音声テープで流される場面がある。本来なら有罪の証拠となるはずの、その菅家さん自白テープについて、清水は〈この音声記録は一八年の時空を越え、「密室での取り調べの実態」という恐ろしい一方通行路を蘇らせていた。〉（p.236）と語っている。

長くなるが、その音声テープの引用部分を以下にあげることにする。ＤＮＡ鑑定という〝科学的根拠〟をもって追い詰める検察官と、何も言えない被告という構図のなかで、検察官のいう〈さっきから君はぼくの目を一度もみてないよ？〉というところが、興味をひいたからだ。いわば、自白の強要としての見つめあいが、ここにはあるように思う。見つめあうことの最も悪しき例証のひとつになる。

音声テープのしゃべった声をあらわしているのであろう〈〉と、それに対する清水のコメントがときどき入っている。それを、そのままに、ここに書く。


〈今、起訴している真実ちゃんの事件、あれは、君がやったことに間違いないんじゃないかな〉

〈違います〉

菅家さんが、小さな声でそう答えている。

〈ええ？〉

〈違います〉

〈違う？〉

〈鑑定ですか、自分にはよくわかんないですけど、何鑑定っていいましたっけ？〉

〈DNA鑑定〉

〈そんなこと聞いたんですけど、でも自分じゃそれ全然覚えてないんですよ〉

〈だけど、DNA鑑定でね、君とね、君の体液と一致する体液があるんだよ〉

〈全然分かんないんですよ。本当に、絶対違うんです〉

〈違うんですって言ったってさ。君と同じ精液持っている人が何人いると思ってんの？〉

〈……〉

検事はやはりDNA型鑑定を武器に自供を迫っていた。それにしても、「同じ精液」とは。DNA型鑑定をいったいどこまで理解していたのか？

〈いろんな意味で一致してるんだけどね。じゃあ今までね、認めていたのがね、何で最近になって急に否定する気持になったの？〉

〈……〉

〈君が認めたということだけじゃなくて、ほかに証拠があるからだよ？　どうなんだい。ずるいじゃないか君。何でぼくの目を見て言わないのそういうこと。さっきから君はぼくの目を一度も見てないよ？〉

〈ごめんなさい。すみません〉

次第に涙声となっていく菅家さんに対し、検察官は責め続ける。

〈ウソだったの？　そうだね？〉

〈ごめんなさい。勘弁してください。勘弁してくださいよお〉

泣きながら涙声で鼻をすする菅家さん。検察官は更に追い込む。

〈ぼくはね、人を殺めたんだったらね、そのことを本当に反省してもらいたいと思うわけ。殺めてないんだったらさ、そんなことを認める必要はないわけで〉

〈……〉

そして自供へと誘導される。

〈間違いないんだな？　真実ちゃんの事件は間違いないんだね？〉

〈はい〉

〈やったの？　真実ちゃんのは間違いない？〉
〈はい。すみません〉
勇気を振り絞った否認は、こうしてまたも自供へと転じさせられていた。（p.236～237）

おもしろいのは、当時取り調べをした森川という元検事が、出廷して、菅家さんの追及を受けたとき、一度も菅家さんと顔を合わせずに、真正面を向いたまま話していることだ。元検事はそこで次のようにいっている。「主任検察官として証拠を検討し、その結果菅家氏が、真実ちゃん殺害事件の犯人と間違いないと起訴し、公判に臨んだわけです。今回新たにＤＮＡ型鑑定で、犯人でないと分かって非常に深刻に思っているところです」と。

それ以降、菅家さんに追及されても「いま申し上げたとおりです」をくりかえす。「森川さん、あなたは反省しないんですか？」の質問にも、裁判官が「質問を認めます。反省をしていないのですか？という質問です。答えて下さい」にも、「申したとおりです」と、顔を合わすことなく、頭も下げず、同じ言葉を繰り返す。

この辺、まるでテレビドラマの再現みたいで、むしろ、ドラマよりもおもしろい。事実は小説より奇なりというけど、ほんとうだ。

検察が、同じ言葉を繰り返し、必要以上の深入りをしない理由は、以前おこなったＤＮＡ型鑑定の不手際を、必要以上の表沙汰にしたくないからだと、清水は言っている。同じＤＮＡ型鑑定を証拠として、すでに死刑に処されてしまっている死刑囚がいるから、ことを大きくしたくないという理由になる。この本の後半で語られる「飯塚事件」のことや、返すと言っていた証拠品のＴシャツを急に返さないことになったり、いろいろ不透明なことが多い。警察、検察の姿勢が〝藪の中〟で、おもしろいドキュメントになっている。

そのなかで、検察官が、容疑者である菅家さんを追いつめていくときに発せられた「さっきから君はぼくの目を一度も見てないよ」ということばが、やはり気になっている。この台詞は、教師や親がわるさをした子どもをしかるときにも、よく使われることばになる。「目をしっかり見て、きちんと答えなさい」

ひるがえって、子どもの側からみても、『あたしたちのサバイバル教室』の春野未来は、親や教師が、自分の問いに、目をそらすことを、いきどおっている。そして、目をそらさない真名子先生を安易に信じてしまったりもする。

『闇の守り人』のユグロがここにいたら、「まっすぐに目をみて話す人間は《嘘》をついているかもしれない。おれなら、そうするよ」と、春野未来に注意をしてくれるかもしれない。

菅家さんは、検察官の「目をみてはなしなさい」ということばに、「目をそらす」自分は悪い人間のように思いこまされ、ついにはやってもいない犯罪の自供においこまれてしまったのだろう。

「見つめあう」というタイトルではじめた文章だが、どうやらぼくは《目の変幻》をおってきたような気がする。

見つめることが攻撃的な場合が多いのだから、おたがいに見つめることは「見つめあう」よりも、多くは「にらみあう」ことになってしまうのだろう。見つめられたら、目をそらす。あるいは、見つめつつおだやかに話す。ときに、嘘をほんとうらしく語るために、人はまっすぐに目を見つめる。

目の変幻は、人のこころのはかりしれなさを語っている。〈見つめあう〉という感動の方程式にこころを動かされる以前に、ぼくらは、その感動を信じるか、それとも信じない方がいいのか。すべてを〝藪の中〟にしないためにも、かたつむりくんのようにゆっくりと考えた方がいい。ぼくは、もっと豊かな《目の変幻》に、一喜一憂したいと思うのだ。

（『童話ノート』復刊七号　二〇一七年六月）

疑問符の向こうがわへ

＊伊藤遊『えんの松原』

伊藤遊『えんの松原』（福音館書店　二〇〇一年五月一日）は、時代を上代において、女装を余儀なくさせられている少年、音羽を主人公に、ほんとうはありえないであろう東宮憲平との交流を描いている作品だ。

その中に、ひとつ、印象に残ったことばがあった。物語も最後に近く、ふたりでえんの松原に行ったときの会話だ。

怨霊にたたられ続けた憲平が「いつか、怨霊のいなくなる日が来るのかな。そうなればいいよね」（p.380）という。その憲平に対して、音羽がいった疑問形だ。

「怨霊のいない世の中というのは、ほんとうにいい世の中なんだろうか」（p.381）

憲平はびっくりして「怨霊がいたほうがいいの？」と問い、音羽は答える。

「うまくやるやつがいて、そのあおりを食う者がいる。そのしくみが変わらない限り、この世から怨霊がいなくなるとは思えない。それなのに、怨霊がいなくなったとしたら……、それはいないのではなくて、だれにも見えなくなっただけじゃないか、という気がするんだ。だれも怨霊のことなんか思い出しもしないし、いるとさえ思わない……。忘れてしまうんだ、悲しい思いをしたまま死んでしまった人間のことなんか。それはもしかすると、今よりずっと恐ろしい世の中なのかもしれないぞ」（p.381）

音羽のいう〈怨霊のいない世の中〉が、ぼくらが住んでいる「いま」という時代であることは、まちがいのないところだ。もし、そうだとしたら、音羽の生きた時代よりも、ずっと恐ろしい世の中に生きてしまっていることになる。ぼくらは、音羽の発した疑問の向こうがわへと旅立つ必要があるのだろう。見えなくなってしまったものをさがしだし、悲しい思いをしたまま死んでいった人たちのことを思い出さなければいけないのだろう。

きどのりこは『ともに明日を見る窓　児童文学の中の子どもと大人』（本の泉社　二〇一七年一月二一日）の最後を、「ピーター・パンシンドローム」（PPS、いつまでも子どもっぽさから抜けきれない大人に対する病理学的名称）についてふれ、〈私は、社会に適応できないPPSと診断された人びとを、いつまでもネヴァーランドを忘れない人びととして復権したいとひそかに思っています。〉（p.205）とむすんでいる。

何が出てくるかはわからないが、ぼくは、忘れてしまったものがあるなら、それを思い出すために、見えなくなってしまったものがあるなら、それをさがしだすために、疑問符の向こうがわへとむかってみようと思うのだ。

＊新美南吉『手袋を買ひに』

新美南吉『手袋を買ひに』のラストは、母狐の疑問で終わっている。

この作品の発表は、南吉の死の半年後に、日本少国民文学新鋭叢書の一冊として出版された短編集『牛をつないだ椿の木』（大和書店　一九四三年九月）だが、書かれたのはその十年前、南吉二十歳のときになる。大日本図書版『校定全集』も「南吉の自筆原稿」（一九三三年一二月二六日）を底本にしている。ここでも、それにしたがって、論をすすめたい。

雪のふった朝、巣穴から出た子狐は、「眼に何か刺さつた」といって母狐を呼ぶ。おどろいた母狐は、雪の光のまぶしさに、子狐がそういったことを知る。子狐は雪の中で遊ぶが「お手々がちんちんする」といって戻ってくる。手が冷たいからだ。親子の狐は、手袋を買いに、森を出る。やがて、町の灯が見える。

町の灯を見たとき、母狐は足がすくむ。動けなくなる。まえに、友だち狐と出かけて、ひどい目にあい、命からがら逃げたことを思い出したからだ。母狐は、子狐の片方の手を、人間の子どもの手にかえる。そして、子狐だけを町へやる。

子狐は、間違える。町の帽子屋で、狐の方の手を出す。帽子屋は、子狐のにぎっていた白銅貨をチンチンとかち合わせる。本物とわかり、毛糸の手袋を子狐に持たせる。母狐のところにもどった子狐は、「母ちゃん、人間ってちつとも恐かないや」という。「どうして？」と問う母狐に、子狐はいう。「坊、間違へてほんたうのお手々だしちやつたの。でも帽子屋さん、摑まへやしなかつたもの。ちやんとこんないい暖い手袋くれたもの」と。

母狐は「まあ！」とあきれたあと、疑問形のつぶやきをする。

お母さん狐は、

「まあ！」とあきれましたが、「ほんとうに人間はいいものかしら。ほんとうに人間はいいものかしら。」とつぶやきました。（p.267、『校定　新美南吉全集第二巻』大日本図書　一九八〇年六月三〇日）

この「ほんとうに人間はいいものかしら。」という疑問形には、じつは、削除された幻の《六十余字》がある。それを復元して書くと、次のようなラストになる。

お母さん狐は、

「まあっ」とあきれましたが、「ほんとうに人間はいいものかしら。ほんとうに人間がいいものなら、その人間を騙そうとした私は、とんだ悪いことをしたことになるのね。」とつぶやいて神さまのゐられる星の空をすんだ眼で見あげました。（p.275、前掲書、【推敲】より）

ふたつを比べてみると、前者が簡潔な疑問形で余韻を残しているのに対して、後者は、母狐が「人間がいいものなら私はとんだ悪いことをした」と反省してしまい、おもしろみのない終わりになっている。

では、なぜ、南吉は、後者を削除して、前者の終わり方を選んだのか。少なくとも、最初は、後者のラストをよしとして書いていたのだから。それを時を経て推敲し、母親の反省部分を削除して、「ほんとうに人間はいいものかしら。」という疑問形を二度重ねる終わり方にしている。

ふたつの終わり方で、一番ちがうところは、前者が「にんげんがいいもの」というのを疑問形にしているのに対して、後者は「にんげんがいいもの」なら「私＝母狐はとんだ悪いことをした」と、人間の善意を前面に出しているところだ。

『ごん狐』もそうだが、初期の南吉作品は、人間を「いいもの」としていない。兵十は善意で栗松茸を運んできたごん狐をうちころしている。その最後も、兵十の疑問形だ。

「おや。」と兵十は、びつくりしてごんに目を落としました。

「ごん、お前だつたのか。いつも栗をくれたのは。」

ごんは、ぐつたりと目をつぶつたまゝ、うなづきました。

兵十は、火縄銃をばたりと、とり落しました。青い煙が、まだ筒口から細く出てゐました。（p.15、前掲書第三巻）

「ごん狐」のラストは、こころとこころとは簡単には通じ合わないことをしめし、それを描いている。兵十の疑問は、もはやとりかえしがつかないものだ。

「手袋を買ひに」の改稿で、後者のラストを捨て、疑問形のラストを選んだ理由も、南吉が、人間の善意に対して疑いをもっていたからだ、と、ぼくは考えている。

しかし、ことはそう単純ではない。改稿された時期が、かなりあとで、おそらく二十代後半、一九四二年頃ではないかと、思われるからだ。そして、そのころの南吉の代表作である「花のき村と盗人たち」や「和太郎さんと牛」では、人間の善意が前面に出ている。

「花のき村と盗人たち」は、花のき村にやってきた五人組の盗人が、それぞれ盗みを働きに村へ出かけるが、みなお人好しで、最後には、かしらまでが、子どもに牛をあずけられたのを機に、改心してしまうという話になっている。

ラストは、かしらを改心させたのは、じつは橋のたもとにある小さな地蔵さんだろうということから、次のようにまとめられている。

　これがもしほんたうだつたとすれば、花のき村の人々がみな心の善い人々だつたので、地蔵さんが盗人から救つてくれたのです。さうならば、また、村といふものは、心のよい人々が住まねばならぬといふことにもなるのであります。（p.115、前掲書第三巻）

「手袋を買ひに」のラストでは疑問形であった「いいもの」が、ここでは〈村といふものは、心のよい人々が住まねばならぬといふことにもなるのであります。〉と、明快に善意共同体としての村のイメージを提出しているのが、わかる。

じつは、南吉は、ラストの「反省のつぶやき」を削除しただけでなく、もう一つ大きな改稿をしている。それは、作中の〈村〉をすべて〈町〉に変えていることだ。改稿した時期の南吉にとって、〈村〉はすでに〈心の善い人〉だけが住む善意共同体だったのだ。母狐が足をすくませ、行くことのできない場所は、〈村〉ではなく〈町〉である必要があった。帽子屋が、子狐に手袋をわたすまえに、白銅貨をカチカチとかち合わせて、本物だとたしかめてから、わたしている。ぼくには、これは、善意の人というより、近代の商人を思わせる。帽子屋は、手渡されたお金が本物だったから、その対価として子狐に、帽子をわたしたにすぎないのだ。帽子屋が住んでいるところが〈町〉である以上、たとえ子狐が無事に手袋を得て帰ってきても、人間に対する懐疑の心はぬぐい去ることはできない。手袋を買いに行った先を、〈村〉から〈町〉へと改変したのは、おそらくそのためだろう。

初期の南吉作品がもつ人間への懐疑心をそのままに、しかし、その懐疑的な場所を〈村〉から〈町〉へとうつしかえていく。母狐が、最後に疑問形を二度くりかえした背景には、そんなことがあったのではないかと、ぼくはいま考えている。

この善意共同体のイメージは、太平洋戦争が激しくなると、「ごんごろ鐘」のラストのように、供出した寺の鐘が〈爆弾〉にかわって、世の中の役に立つというふうになってしまう。

牧書店版南吉全集第三巻（一九六五年一〇月）の「ごんごろ鐘」は、その部分が削除されている。ラストは次のようなものだ。

ぼくはまたしても思い出した。吉彦さんが鐘をつくときいったことばを――「西の谷も東の谷も、北の谷も南の谷もなるぞや。ほれ、あそこの村も、あそこの村も、鳴るぞや。」

今はもうない、鐘のひびきがした。（p.17）

「ごんごろ鐘」は、『おぢいさんのランプ』（有光社　一九四二年一〇月一〇日）に収められているので、正しいラストを見ることができる。

僕は又してもおもひ出した。吉彦さんが鐘をつくとき言つた言葉を――「西の谷も東の谷も、北の谷も南の谷も鳴るぞ。ほれ、あそこの村もここの村も鳴るぞ。」

ちやうどそのとき、ラジオのニュースで、けふも我が荒鷲が敵の○○飛行場を猛爆して多大の戦果を収めたことを報じた。

僕の眼には、爆撃機の底から、ばらばらと落ちてゆく爆弾のすがたがうつつた。

「ごんごろ鐘もあの爆弾になるんだねえ。あの古ぼけた鐘が、むくりむくりとした、ぴかぴかひかつた、新しい爆弾になるんだね。」

と僕がいふと、休暇で帰つて来てゐる兄さんが、

「うん、さうだ。何でもさうだよ。古いものはむくりむくりと新しいものに生れかはつて、はじめて活動するのだ。」

といつた。兄さんはいつもむつかしいことをいふので、たいてい僕にはよくわからないのだが、この言葉は半分ぐらゐはわかるやうな気がした。古いものは新しいものに生まれかはつて、はじめて役立つといふことに違ひない。（p.99、『校定全集第二巻』）

むかし、ぼくがまだ大学生だったころに、牧書店版の全集が出た。ラストの〈今はもうない、鐘のひびきがした〉という余韻の残る一文に、南吉の反戦意識を読み取っていた女子学生がいた。彼女は、その一文が巽聖歌によってつけくわえられたもので、ほんとうは《古いもの＝ごんごろ鐘→新しいもの＝爆弾》という内容の長い文章が削除されていたことを知ったとき、かなりのショックを受けていた。反戦作家の新美南吉というイメージが、もろくもくずれさってしまったからだ。

削除されるまえの文章を読むと、ごんごろ鐘が生まれ変わって役に立つというテーマが前面にでてい

ることがよくわかる。ぼくとしては、そのまえの、「花のき村と盗人たち」のような〈村〉のイメージが好きだ。

母狐がつぶやいた疑問形の向こうがわには、善意共同体の村のイメージがあり、さらにその先には、お寺の古い鐘が新しい爆弾になって落ちていくすがたがある。ぼくは、それらを見定めた上で、もう一度、母狐のつぶやきを、しっかりと聞こうと思っている。疑問符の向こうがわへと思いをはせると、いろんなものが見えてくる。

＊ミシェル・ペイヴァー『オオカミ族の少年』

ミシェル・ペイヴァー『クロニクル　千古の闇1　オオカミ族の少年』（評論社　二〇〇五年六月二〇日）は、まだ農耕を知らない石器時代の北欧を舞台にした物語だ。主人公の少年トラクは、巨大なクマにおそわれ、父をうしなう。

父は、死の間際に言い残す。「北へ向かえ。何日も歩け。そして……山を見つけるんだ……〈天地万物の精霊〉が宿る山だ」と。

トラクはいう。

「だけど……その山って、見た人は、だれもいないんでしょ。できないよ」

「おまえなら、さがせる」

「どうやって？　ぼくには……」

「〈案内役〉が……おまえを見つける」（p.12～13）

トラクはうろたえる。「何を言っているのか、全然わからないよ！」と叫ぶ。「〈案内役〉って？　どうしてぼくがその山を見つけなくちゃいけないの？」と問う。が、父は答えることなく、息絶える。トラクの疑問に答える者は、だれもいない。

農耕を知らない時代に、北へ向かうことを義務づけられたこの物語は、このあと、やはり鉄砲水で親兄弟をうしなったオオカミの子、ウルフを仲間として、旅に出ることになるのだが、物語の最初は、トラクの疑問形からはじまっているといっていい。

トラクの疑問を解きほぐすかたちで物語は展開していく。クマについた悪霊のことが語られる。全体としては、〈魂食らい〉という悪霊をあやつる魔導師たちとのたたかいとして、全六巻におよぶ物語の中を、戦い抜き、生き抜くことになる。

戦い終わった第六巻『クロニクル　千古の闇6　決戦のとき』（評論社　二〇一〇年四月一日）のラストは、命がけの冒険をした北欧の地を捨て、未知の森へと向かう場面だ。

ぼくは、ここで、父親が最初に「おまえなら、さがせる」といったことばを思い出す。父親はじっさいには〈天地万物の精霊の宿る山〉を見つけろと、いったのだろう。が、ぼくには、そのもう一つ先の森から大地へと向かうトラクのことを、夢みていたのではないかと、思ったりしてしまうのだ。「どうやって？　どうしてぼくがその山を見つけなくちゃいけないの？」という疑問符の向こうがわに、第六巻のラストシーンを思い浮かべてしまうのは、ぼくだけだろうか。

物語のラスト。トラクは、ワタリガラス族の野営地を去って、旅に出る。〈魂食らい〉たちをやっつけたトラクを、人びとはありがたいとは思っても、同時におそれてもいる。それを察したトラクは、ここは自分のいるべき場所ではないとさとり、未知の森へと旅立つことを決意する。レンはトラクに「あんたは、わたしにいっしょに来てほしい？　どうなの？」と、問いかける。

「……うん。いっしょに来てほしいよ」

レンの顔がほころんだ。

「もちろんだよ！」トラクは大声でそう叫ぶと、両腕でレンを抱きかかえて、ぐるぐると回った。レンの赤い髪がなびく。ワタリガラスたちが、翼をバタバタいわせて舞い上がる。オオカミたちが尻尾をふりながら、吠える。

下の谷では、フィン＝ケディンがその声を聞いて立ち上がり、杖を高くかかげて、別れのあいさつを送った。

トラクとレンは、フィン＝ケディンによく見えるように岩の上にとびのり、それぞれの弓を高く上げてふった。

それからレンの持ち物を取り上げると、二人は朝の光の中へと入っていった。その後ろをオオカミたちが小走りで追い、頭上の空ではワタリガラスたちが踊っていた。（p.408～409）

疑問符の向こうがわへの旅立ちだ。トラクはあまたの命がけの冒険をくぐり抜け、いま、新しい未来をつくるために、レンやウルフたちといっしょに、谷の向こうへと消えていく。谷の向こうには、未知の森がどこまでも広がっている。さらに、その向こうには、きっと新しい大地があるだろう。

人類の誕生は、二〇万年前のアフリカだといわれている。それが一〇万年前に全世界への移動が始まる。シベリアを経由して北アジアから、北アメリカへと移動していった。シベリアには二万五千年前の人類の遺跡もあるという。トラクが活躍していたのは、いまから六千年前だから、最初の人類がヨーロッパの北からシベリアに入ったのは、それよりずいぶんと前になる。しかし、そうとわかっていても、このトラクたちご一行が、アジアへと足を踏み入れた最初の人類だったのではないかと、ぼくはふと思ったりもしてしまう。千古の闇の、疑問符のもう一つ向こう側に、新しい未来の光が灯っているように見えるのだ。

＊東野司『何かが来た』

東野司『何かが来た』（岩崎書店　二〇一三年七月三一日）は、「21世紀空想科学小説」シリーズの一冊として刊行されている。

物語の冒頭は、町外れの坂道。百メートル続くまっすぐな道のてっぺん近くになる。町の東側は工場や農場ではたらく人たちが住んでいる。西側は評議会を中心としたエリート地域だ。

その西側に住む子どもたちが、最近、東側までやってくる。そして「自転車滑降ぎりぎり勝負」をすることになる。一直線の坂道を、どちらがぎりぎりまでブレーキをかけないで走ることができるかを競うのだ。まるで、皆川博子の初期短編「トマトゲーム」（『トマトゲーム』講談社　一九七四年三月所収）みたいだなと思いながら読みすすめると、東側の子、タクマはぎりぎりでブレーキをかける。が、西側の子、モモカは、ブレーキが切れ、崖の下まで落下する。モモカが落ちたところは古い建物の大きな水槽の中で、一命はとりとめる。

さて、事件の方は、子どもたちが家に帰ったら、おきていたことになる。幼い子をのぞいて、町の人間がみな、まるでロボットかゾンビのようになってしまうのだ。町の西側もおなじ状態で、子どもたちは、マサ兄いに助けを求めることになる。マサ兄いは、町から少し離れたところに住んでいる。マサ兄いの父親は、もとは評議会のメンバーで、戦争で人がいなくなった町を作り直すために、いろいろなことをした人だったと説明されている。

「戦争で人がいなくなった町」とあるように、これは「世界中を巻き込んだ大戦争」の戦争後の物語なのだ。

子どもたちは、いくつもの疑問符をならべる。「大人たちはなぜゾンビのようになってしまったのか?」「なぜ幼い子どもや自分たちは平気なのか?」「なぜ水槽に落ちたモモカの具合が悪くなる一方なのか?」と。

さすが、子ども向けエンターテインメントのＳＦらしく、これらの疑問は、マサ兄いによって、次々に回答が出されていく。疑問符の向こうがわへ行くヒマもない、的確さだ。

マサ兄いはいう。

「こいつは生物兵器だ。正確にいうと、軌道展開微生物強襲炸裂体」(p.131)「人の体に入ると、血管をとおって脳を目指す。で、脳に入ったら今度は記憶を担当している部分に侵入して、そこで猛烈に増え始める」(p.135)「増えたウイルスは人の記憶を制御して、新たな記憶を作り出す」(p.135)

マサ兄いの話では、幼い子は奴隷にする価値もないから、感染しても発症せず、「自転車滑降ぎりぎり勝負」をしていた子どもたちは、たまたま町外れにいたので感染しなかったことになる。

モモカが落ちた水槽は、ウイルスに対する抗体をつくる水槽で、モモカの具合が悪いのは「変身」して抗体になる途中だということがあきらかにされる。

おもしろいのは、この生物兵器が、《敵》ではなく、自分の父親たちが、まえの大戦のときにつくって、衛星軌道に打ち上げたものだというところだ。戦争はすでに終わり、《敵》は存在しない。忘れられたほどの時を経てから、生物兵器は、故郷にもどってきた。負の遺産の、見事なしっぺ返しといっていい。

さて、物語は、モモカという一人の少女を犠牲にした上で、成り立っていく。ウイルス抗体も、もとは《敵》の体に植え付けて使うつもりのものだった。ウイルスもその抗体も《敵》の体を使用するという〈一石二鳥作戦〉(p.193)だったと、マサ兄いから説明される。モモカに、自分を描いてほしいと頼まれた、ユウセイは、ノートに変わりゆくモモカのすがたを写し取っていく。

体にかけた薄べりがいくつもの珠の形にふくらんでいく。顔もどんどんゴワゴワの木肌に変化していく。やがてそこが赤くふくれていき、球形に盛り上がっていく。そんな様子を、ぼくは、ノートの後ろから順にページを使って書いていった。(p.195)

ウイルス抗体となってしまったモモカの、多くの球体を袋につめて、子どもたちは、農場にむかう。作業をしている大人たちを、おとりが建物の間に誘い込む。そこで、モモカの球体をなげつけるのだ。ユウセイは、建物の間に走り込む。そして、さけぶ。

「入った」

無線機に叫ぶ。

両方の建物の二階の窓が開く。

ゆらゆらとぼくを追いかけてくる行列のちょうど上だ。

そこからいっせいにモモカの球体が投げられる。

追っ手の頭で、体で、球体がはじけ、つぶれる。中の汁が飛び出し、追っ手たちをぬらしていく。


（p.205）

作戦は成功し、物語はいちおう大団円をむかえる。が、大人たちが元に戻り、まるで何もなかったことのように、《何も変わらない》日常をおくりはじめたことに、子どもたちは違和感をおぼえる。西側に住む子どもたちのリーダー、リューキは「俺は考え続ける。」という。ユウセイは、このことをわすれないために、いまこの物語を書いている。


この本を読んでくれた人がいるとすれば、……それはぼくたちの勝ちだ。

そう。

ぼくたちは勝ったんだ。（p.236〜237）

多くの疑問が、マサ兄いの明快な答えによってあきらかにされ、物語はウイルスの撃破にむけて、一直線に突き進み、最終的に〈ぼくたちは勝ったんだ〉ということばでむすばれていくのだが、ぼくは、ひとつだけ気になったことがあった。それは、農場で大人たちが、畑の野菜をつぶして敷いていた鉄板の〈道〉のことだ。

戦い終わり、ユウセイたちは、町で一番高い星我山に登る。町を見下ろすと、その中にわずかな広がりが見える。


ぼくたちは町を見下ろした。地熱発電所までも小さく見えて、その下にある町はもっと小さかった。その中にわずかな広がりがある。農場だった。あそこに敷かれたまっすぐな『道』を思い出す。あれは何を迎え入れるための道だったのだろうか……。（p.230～231）

この道については、これ以前にも、何度か触れられている。子どもたちが、ゾンビ化した大人たちの様子を見に行ったときのことだ。大人たちはトラクターで、まだ収穫前のブロッコリーやキャベツの上をずんずんと走る。きゅうりやトマト、トウモロコシやナスの畑にも突っ込んでいく。それを見て、子どもたちはいう。


「あれ、何だ」

レンがタクマにたずねる。

「わからない。でも……」

タクマが畑のほうをじっと見ながら、

「気持ち悪いな」

ぽつりという。ああ、そうだと、ぼくは思った。それは『変なもの』というより、『気持ち悪いもの』というのが、ぴったりだった。

「たしかに気持ち悪い」

レンもそういってから続けて、

「でも、何をしてるんだ?」(p.75〜76)

大人たちの、農場での作業をみて、「ぼく」=ユウセイは、最初『変なもの』だと思う。それから、タクマのことばにあわせて、『気持ち悪いもの』だと思い直す。そして、レンはいう。「何をしてるんだ?」と。

大人たちが、野菜をつぶしてつくっていたものは、あとで〈道〉だったことがわかる。レンの疑問に対する、直接の答えは「それは道だよ」ということになる。しかし、問題は、その向こうがわだ。その〈道〉は何のためにあるのか。

この〈道〉については、物語の後半に、もう一度出てくる。モモカがすでにウイルス抗体の球体に変わってしまい、子どもたちがモモカの球体をもって、おとなたちを助ける作戦計画を考えているときのことだ。偵察に行った農場の様子は、つぎのように語られる。

リューキたちは農場に偵察に行っていた。畑はすっかり掘り起こされ、姿を変え、工場から運び込まれた鉄板や板が直線状に敷きつめられているという。いったい何を作っているかはわからない。でも、戦争が終わっているのに、それがホントに無駄な作業だということはわかっていた。だから、何を作っているかは、気にならなかった。(p.194)

ユウセイは、ここでは〈気にならなかった〉といっている。が、最後に星我山の山頂からながめたとき、もう一度〈道〉のことを思い出し、〈あれは何を迎え入れるための道だったのだろうか……。〉と考えることになる。

そして、ぼくも、最後のユウセイと同じなのだ。やっぱり《道》の向こうがわから来るものが、気にかかってしまうのだ。もう戦争が終わっているから、それは無駄なもので、気にならなかったと、最初ユウセイは考える。しかし、全てが終わったあと、ユウセイは、今度は、この《道》はいったい何を迎え入れるための道だったのか、と、考えている。

事件の前と後とで、ユウセイの世界観が変わったのだ、と、ぼくは思う。一つの生物兵器の「誤爆」を通して、大人たちがいつもと変わらずに過ごしている日常の、その向こうがわにひそむ「こわさ」を垣間見てしまったのだ。いまある「平和な日常」は、モモカという少女の犠牲の上に成り立っているということを、ユウセイとその仲間たちは知っている。だから、かれらは、いままでと変わらない日常を営み続ける大人たちへの違和感を忘れずに、疑問形のもうひとつ向こうがわへと旅立つのだ。

＊古田足日『モグラ原っぱのなかまたち』

古田足日『モグラ原っぱのなかまたち』（あかね書房　一九六八年一二月一〇日）は、東京の郊外にあるフクロウ森やモグラ原っぱで遊ぶ子どもたちを描いたものだ。子どもたちは、展覧会に出すために、ものすごく長くコードをつなげて、掃除機で秋の虫を全部つかまえようとする。ドーナツ池で二本丸太につけたたらいの船＝ドーナツ丸をつくって遊んだりする。

最後の話は、モグラ原っぱが、市営住宅ができるので、こわされる話だ。ダンプカーやブルドーザーが動くモグラ原っぱをみて、子どもたちは市役所へ行く。市長に会いたいという。しかし、大人たちは取り合わない。

四人の子どもたちは、フクロウ森の木に登り、「市長さんがくるまでおりません」という。水や食べ物を持って上がったので、三日ぐらいならがんばれる。夕方を過ぎ、夜十時になってやってきた市長は、「工事を中止することはできないけど、住宅の中に遊び場をつくる」と約束をする。

ラストは、それから一年後だ。モグラ原っぱもフクロウ森もない〝モグラ公園〟で、あきらは「これが山か！　これが森か！」と、どなり、ひろ子は「でも、ないよりはずっとましよ。」と、いう。となりで、なおゆきとかずおはだまっているが、両方ともほんとうだ、と思う。古田足日の描く子どもたちは、まるでパネルディスカッションのパネラーのように、見事に配置され、読み手が自らの力でその先を考えていくように仕向けられている。

四人の頭の中には、週刊誌で見た《未来の世界》が浮かび上がる。

> 三十かいだてのビルのむれ、新幹線よりはやいモノレールだが、その世界にほんとうの森があるでしょうか。四人とも、そううたがいはじめ、のどがかわくほど、ほんとうの森のある世界がほしいと思いはじめていました。（p.166）（『全集　古田足日子どもの本　第3巻』童心社　一九九三年一一月二五日　p.136）

雑誌の口絵にあった未来の世界は、〝三十年後の世界〟のことだ。最後の話「モグラ原っぱさようなら」が『月刊ほるぷ』（図書月販　一九六八年九月号）に載ってから、「いま」（二〇一七年六月）までに、もう四八年と九ヶ月たっている。四人の子どもたちが考えた近未来の世界を、はるかに越えるかたちで、東京多摩地区の都市化は進んだといっていい。

高畑勲監督のスタジオジブリ作品『平成狸合戦ぽんぽこ』（一九九四年七月一六日公開）の狸たちが、多摩ニュータウンの建設、開発に抵抗して、化学（ばけがく）を駆使して立ち上がり、敗北してからも、もうずいぶんとときが流れている。

〈新幹線よりはやいモノレール〉は、まだできていないが、それは、きっと効率の問題なのだ。〈三十かいだてのビルのむれ〉ならば、もう、ずいぶんとむかしから、ぼくらのまえに林立している。〈その世界にほんとうの森があるでしょうか〉と、モグラ原っぱの子どもたちは、いっているが、いま「この世界」に、ほんとうの森はあるのだろうか。

子どもたちの疑問形の向こうがわである〝三十年後の世界〟よりさらにつきすすんだ〝四八年後の世界〟である、いまを生活している、ぼくらは、この子どもたちに、どう答えればいいのだろうか。

古田足日自身のことばから、少し考えてみよう。

> 急速に住宅地化していくなかでなお群れて遊ぼうとしている子どもたちと、ぼくのあいだにはやはり共通のものがあった。だが、今ぼくは子どもたちの多くと、ぼくを含む大人の多くとが原風景を共有しているとは思えない。〉（p.47、『子どもと文化』久山社　一九九七年二月五日、もともとは『講座 現代教育学の理論 第二巻』青木書店　一九八二年四月収録）

急速に住宅地化していくなかでなおも群れて遊ぶ子どもたちというのは『モグラ原っぱのなかまたち』に出てくる子どもたちそのものだといっていい。古田は、それについては〈『モグラ原っぱのなかまたち』の時、その原っぱの風景はぼくの子どもの時の風景とあまりかわらない、共通のものでした。その原っぱがなくなったあと、子どもたちはどういう風景の中に生きているかという問題です。〉（p.193〜194、『子どもを見る目を問い直す』童心社　一九八七年一〇月一〇日）と、語っている。

古田は、モグラ原っぱの子どもたちとは、原風景を共有していたが、今の子どもたちとは、共有しているとは思えない、といっている。古田のいっている原風景が、森や小川を背景にした農村風景であるとするならば、《ほんとうの森》を失った今の子どもたちとは、原風景を共有できないわけである。では、今の子どもたちは、森のイメージをもっていないのか。ぼくは、今までとはちがうかたちで、森のイメージをもっていると思う。

古田は、今の子どもは農村風景を失う一方、〈今はテレビを通じてアフリカの情報も流れこんでくる。〉（p.194、『子どもを見る目を問い直す』）と語っている。

古田のことばをききながら、ぼくは思う。古田が『モグラ原っぱのなかまたち』のラストでいったような〈ほんとうの森〉は、たしかに多摩丘陵からは失われ、今の子どもたちは知らないで、育っていくにちがいない。しかし、その一方で、アフリカや中南米、東南アジアの森のイメージを、子どもたちは、テレビやネットをつかって、何の苦もなく手に入れて、頭の中に思い描くことができる。これは、よしあしではなく、イメージがそのように多層的につくられていくと、考えた方がいいだろう。

ひとつの《ほんとうの森》ではなく、何重にも積み重ねられた《多層の森》を、今の子どもたちは獲得しているのだと、ぼくは思う。モグラ原っぱの子どもたちが提出した疑問に、ぼくは、こう答えたい。

ぼくらは確かにフクロウの住む森は失った。しかし、そこにむかしフクロウたちが住んでいたことはわすれないでいよう。そして、今のこの世界も、けっこう住みやすいよと、答えられるようにしたい。
これは、一つの願望かも知れない。しかし、戦争になったら核爆弾を使うかも知れないと断言するアメリカ大統領が選ばれている。原子力発電所が修復不可能な事故をおこしても、なお、原発再稼働にはしる政府が日本という国で選ばれ続けている。そういう今という時代だからこそ、ぼくは、世の中、そう捨てたもんじゃないぜ、と、モグラ原っぱの子どもたちの未来に対する疑問形に、答えていきたいのだ。

＊次良丸忍『銀色の日々』

次良丸忍『銀色の日々』（小峰書店　一九九五年一一月二四日）には、四つの短編が収められている。目次よりもまえに、作者の、この作品たちへの思いといっていい短文が置かれている。その短文から、みてみよう。

なぜここにいるのか
どうしてこんなことをしているのか
答えはわからない
わかるのは
ここにいるということだけ
ただそれだけのことも
無数のパターンから選び出されたひとつの事実

偶然というより奇跡かもしれない
なんでもない路上に光る一瞬の奇跡を
今日もだれもが体験している
よくあることさ
という言葉とともに

〈なぜここにいるのか、どうしてこんなことをしているのか〉という、考えようによっては、壮大な疑問形から、短文ははじまっている。が、次良丸の作品に登場する少年たちの方は、およそ壮大とは縁のない、冴えない、取り柄のない子どもたちがそろっている。

「銀色の手錠」の三上邦夫をみてみよう。これは、誕生日プレゼントで買ってもらったお気に入りの高級時計＝クロノグラフを、ネズミと呼ばれているさらに冴えない級友に持ち去られてしまい、思い悩む少年の話だ。

邦夫の優柔不断さは、冒頭からあらわれる。

にやにや笑ってネズミがいった。
「悪人だな三上、どっからとって来たんだよ」
「え」
ぼくは、ネズミが何をいっているのか、わからなかった。(p.6)

「どっからとって来たんだよ」「買ってもらったんだ」のやりとりのあと、ネズミは、「ちょっとだけでいいから、かしてくれよ」という。その誘いを、邦夫は、ことわりきれない。クロノグラフを手からはずして、ネズミの手にのせる。「はめていい。ちょっとだけ、な」ということばも拒否できない。結局、ネズミに持ち逃げをゆるしてしまう。


ぼくがうんとうなずくまえに、ネズミはもう自分の時計をはずすと、ぼくのクロノグラフをはめてしまった。

「おおっ、ぴったり」

へへへへと、ネズミはほっぺたをゆるませ、ぼくを見た。

背の高さも体重も、ぼくとネズミは、ほとんど変わらない。腕時計がぴったりあっても、不思議じゃない。

何をそんなに喜んでいるのかと思ったが、それはぼくのかんちがいだった。ネズミは、バンドがぴったりだったから、笑ったのではなかった。

「ちょっとだけ、ちょっとだけ、な、取りかえっこしようぜ」

いうが早いかネズミは、ぽいっとぼくにむけて、自分のデジタル時計を投げると、道路のむこうにかけだしたのだ。

「あっ、このやろ」(p.10)

邦夫は、腕時計をもっていかれたことで、〈情けないのと、腹が立つのの両方で、塾では勉強どころじゃなかった。〉（p.11）という状態になる。しかし、そのことを友達にも両親にも話せない。なかなかの優柔不断さだ。

その優柔不断さを、本文からとると、こんな感じになる。

本当のことは話したくない。めんどうくさいというのもあるし、話せば助けてというみたいで、かっこわるい気もする。ネズミのことぐらい、自分でなんとかしたい。

自分の部屋に入ると、ぼくは手さげかばんを机に放り投げ、ごろんと横になった。

これというのも、みんなネズミが悪いのだ。さっきから、いやになるほど思いかえしているネズミの顔が、またしても頭にうかんできた。（p.13）

それでも、邦夫は、ネズミの家に電話をかける。「ぜったい明日持ってこい」「わかってるよ」という約束をとりつける。おもしろいのは、その先の展開だ。

次の日、ネズミはクロノグラフを持ってこない。この辺は、予想通りだ。ところが、ネズミのランドセルから「チャン」と、聞きおぼえのある音がする。邦夫は、三時間目、音楽室への移動のときに、忘れ物をよそおい、教室に戻る。ネズミのランドセルから、自分のクロノグラフを見つけ出す。自分の手にはめて、その感触を確かめてから、自分のランドセルの奥にかくす。それで、めでたしめでたしかと思うと、けっこうそうでもない描写がつづく。

ネズミのランドセルは、さわったことがばれないように、最初と同じ位置にしてロッカーにもどした。

手のあせをズボンでぬぐいながら、笑おうとした。でも、口のまわりがこわばってて、うまく笑えなかった。

ふと、だれかにうしろから見られているような気がしてふりかえったが、だれもいなかった。

自分のものを、自分がとりかえして、何が悪い。

もう一度そう思うと、ぼくは小走りに音楽室へむかった。(p28)

自分のクロノグラフをとりかえしても、邦夫は、ホッとするよりも、ネズミのランドセルからだまってとった方を気にしている。笑おうとしても笑えない。だれかに見られているような気がして、ふりかえる。ネズミが気づいたときに「おまえとったんじゃないか」とうたがわれるのを、おそれ、「やっぱりやめとけばよかった」と思ったりもする。

ところが、なくなったことに気づいたネズミは、ロッカーの中をのぞいたり、机をがたがたゆすってみたりと、ほとんどパニック状態になる。見かねて、近くの女子が声をかけて、ネズミは口をひらきかけるが、横目で邦夫を見てから「なんでもない」という。

はらはらしていた邦夫は、矛先が自分の方に来ないとわかったとたんに、今度は、ネズミを「ざまーみろ」と思う。この〈はらはら〉から〈ざまーみろ〉への心の変わり方も、ぼくはおもしろいと思う。

そうだろう。クロノグラフがなくなったなんて、ぼくの前でいえるわけがない。いえるもんか。ざまーみろ、ネズミ、人のもの返さないからだ。もっとはらはらしろ。もっと困って青くなれ。

（p35）

自分のものを取り戻しただけなのに、矛先が自分に向けられたらどうしようと内心びくびくしていた小心者が、向けられないとわかった途端に、今度はおどかしにかかる。ネズミに向かって「八千円の弁償だ」ともいう。この「八千円」も、本当は四千五百円だったのだが、うらやましがらそうと思って、ちょっとうそをついていった金額だ。その嘘の金額の方を、きちんというあたり、しっかりしているというか、それなりにしたたかな小心者だ。

作品の最後は、ネズミが、なくしたと言ってあやまりに来る場面になる。

ネズミは「ごめん」とあやまり、ポケットからくしゃくしゃのお札をつかみだす。なくしたので、弁償するという。とりあえず姉ちゃんに三千円を借りてきたという。

邦夫は、「お金、いいよ。ほらこれ」といいながら、うでのクロノグラフをみせる。おどろくネズミに「実は……」と、わけを話すヒマもなく、ネズミはいう。

「お前が、ひろってくれたのか」（p.43）

ラスト少し前に発せられる、ネズミのこのことばを、ぼくはけっこう気に入っている。

冒頭ではにやにや笑いをして、「どっからとって来たんだよ」なんて悪ぶっていたネズミ。邦夫の優柔不断さにつけこんでクロノグラフを持って行ってしまったネズミ。そのネズミが、まったく疑うことなく邦夫の手に戻ったその時計を、よろこんでいる。

大声で笑い、帰って行くネズミのすがたは、すがすがしささえ感じられる。あっけにとられた邦夫は、わけをいうどころか、じゃあなの一言もいえない。読み手のぼくたちも、ここで、今までのネズミに対するイメージが、ちょこっとずれて、ゆらぐ。そのゆらぎをひきおこすきっかけになった「お前が、ひろってくれたのか」ということばを、ぼくは気に入っていることになる。

ラストは、ネズミのデジタル時計を、手のひらではずませる邦夫になる。

チャンチャンという金属音が、夜の道に響いた。

それは、ひどく安っぽい音だった。

だが、ぼくのクロノグラフの音にも、似ていると思った。(p.44)

自分をまったく疑うこともなくあざやかに去って行ったネズミのイメージが、邦夫の頭の中にはまだ残っている。ネズミの時計の音は〈安っぽい音〉だった。が、それは自分のクロノグラフの音にも〈似ている〉と、次良丸は書く。時計を持ち逃げされて、頭にきて、ざまーみろと思っていた相手が、自分のことを疑うこともなく、時計がもどったことを本気で喜んで、すがすがしく帰って行く。邦夫は、ひろったのではなく、自分がカバンからとったのだということもできずに終わった。この複雑な思いが、二つの時計の音が〈似ている〉というかたちで描かれ、物語はとじられる。

ネズミと自分とがちょっと似ていると思ったのか。それとも、自分のクロノグラフも、同じように安っぽいと思ったのか。それは、ぼくにはわからない。きっと、邦夫自身にもわからないことなのだろう。

二日間の《クロノグラフとりもどし事件》の真実は、邦夫以外はだれもしらない。

しかし、当事者の邦夫にとって、自分の時計をとりかえすためだったとはいえ、他人のカバンの中からだまってものをとりだすなんて経験は、はらはらどきどきだったにちがいない。次良丸が冒頭で書いた短文の《なぜこんなことをしているのか、どうしてこんなことになってしまったのか》という思いは、邦夫のものだ。目立たない少年だって、彼なりの一大事をかかえているのだ。それは《よくあること》かもしれない。それを、偶然というよりは《路上に光る一瞬の奇跡》だという、次良丸のしなやかなまなざしが、いい。

ぼくは、次良丸の描く少年たちが、特別の疑問＝問題意識を持っているとは思わない。邦夫がそうだったように、自分の優柔不断さが、いつの間にか〝なんでこうなるんだよぉー〟というような事態を招いてしまうだけだと思う。ぼくは、この少年たちを、《いつのまにか疑問符》の子どもたちと名づけたい。

エリートでもない。何か特別の取り柄をもっているわけでもない。クラスのなかでも、目立たない、忘れられたような少年たちだ。物語の主役に抜擢されることはぜったいないし、脇役もまわってくることはほとんどない。あるとすれば、舞台に上がることのない道具づくりぐらいになる。

でも、そんな少年たちも、毎日ここにいるし、息もしているし、生きてもいるし、ひょんなことで思い悩むこともある。自分にとっての大事件に、一喜一憂している。特別な問題意識をもっていなくても、気がついたら、〈なぜここにいるのか、どうしてこんなことをしているのか、答えはわからない〉という《いつのまにか疑問符》の状態におちいり、あせっている。次良丸は、そんなフツーの少年たちの疑問形を、〈路上に光る一瞬の奇跡〉と呼んだ。子どもらを「いじめ」ということばからばかり見たがるいまという時代だからこそ、ぼくは、次良丸の描く少年たちをもう一度あらためて読み直してみたいと思うのだ。

＊おわりに、手錠のことをちょっと

「銀色の手錠」には、本物の手錠は出てこない。邦夫にとってもネズミにとっても、銀色のクロノグラフは、二日のあいだ、二人の手ではなく心をしばった〈手錠〉のようなものだったのだろう。

「手錠」つながりで、最後に余談にはしって終わりにしたい。

むかし、ぼくのクラスの五年生が、六年の男の子に、手錠をかけられ、自転車のうしろにつながれ、走らされたことがあった。

ぼくの受け持っていた子は「盗み」の常習犯だった。家のお金はもちろん、友だちのところへ遊びに行ったときも盗り、止まっている車に運転手がいなければ、その車の中からも盗った。

その子だけでなく、学区によく一万円札の落とし物がある学校だった。盗った一万円札を、一度どこかにかくし、それを目撃者つきでひろうと、盗品が「落とし物」にかわり、そのうちに「拾得物」として自分の手にもどってくるというしかけになっている。

その子は、一万円札の落とし物をひろったことは、なかった。盗った金額のケタが二つぐらいちがっていたから、そんな小細工をしても、意味がなかったからだ。きちんと「秘密のかくし場所」にしまっておいた。

さて、手錠の話にもどると、うわさを聞きつけた上級生が、その子を問いつめて、「かくし場所」を聞きだし、手錠をはめ、自転車の後ろにつなぎ、「かくし場所」まで案内させたことになる。上級生は、当然自転車に乗って移動する。手錠につながれた彼は、そのうしろを手錠をしたまま走らされたことになる。いくら盗みばたらきをつねとしている子だからといって、ちょっとかわいそうになるのが、人情というものだろう。

しかし、ことはそう単純には運ばない。彼がつれていった先は、うその「秘密のかくし場所」になる。「あれ、へんだな。だれかに、とられちゃった……」と、彼はいう。おどらされていたのは、じつは、上級生の方だったと、ぼくらは気づくことになる。

手錠をかけられ、自転車の後ろを走りながら、彼にとって「銀色の手錠」は、どれほどの意味があったのかな、と、ぼくは思うことがある。

疑問符の向こう側へ。ぼくは、いまどんな疑問符を持って、この時代の日々を送ろうとしているのだろうか。

ゆっくりと、のんびりと、かたつむりくんのように歩めるしあわせを、ぼくは、いつまで味わうことができるのだろうか。（第5回がっぴょうけん　２０１７年７月２２日（土）「ノンフィクション・評論」分科会提出作品）

＊がっぴょうけんを終えて

がっぴょうけんを終えての感想をかく。

会のなかでいわれた評を、大きくまとめてしまうと、「疑問符のひとつひとつはそれなりにおもしろく読めたが、全体としての統一性、まとまりに欠ける。それぞれの疑問符について、もっと深く掘り下げて取り上げる方がいい。」というものであった。

「疑問符」については、芹沢清美の「疑問符ということばがいろいろな意味で使われていて、よくわからん」といいつつ、それぞれの疑問符をきちんと位置づけてくれたのが、おもしろかった。

芹沢は、『えんの松原』『手袋を買ひに』の疑問は文明論的なものだといった。つづけて『オオカミ族の少年』の場合、疑問というより、物語をすすめていくための状況をしめしている、『何かが来た』は方便としての疑問形、『モグラ原っぱのなかまたち』は疑問というより反語で、次良丸忍のものは疑問符を問題意識と置き換えることができる。つまり、疑問符という言葉のレベルがいろいろなので「よくわからん」「ひとつひとつをもっと掘り下げて語れ」ということになる。

最初の文明論的なものというのは、「怨霊のいない世の中というのは、ほんとうにいい世の中なんだろうか」にはじまり「怨霊がいなくなったとしたら……、それはいないのではなくて、だれにも見えなくなっただけじゃないか」を経由して「それはもしかすると、今よりずっと恐ろしい世の中なのかもしれない」にいたる音羽のことばで、これは、母狐の「ほんとうに人間はいいものかしら。ほんとうに人間はいいものかしら。」にもつながるし、怨霊がいなくなった今という時代にストレートにつながってくることになる。

怨霊がいなくなった世の中はもっとおそろしいという音羽のことばを、芹沢は疑問ではなく〝確信〟だといった。この二つに比して、三章から以降で語られるものは、つながってこない。ここの文明論的なところをきちんと語れと、芹沢は言いたかったにちがいない。

確かに、ここは、書いたぼく自身も、気になるところではあった。

じつは、この「疑問符の向こうがわへ」というタイトルの評論を書きたいと思ったのは、『えんの松原』の後半に出てくる音羽の疑問形のことばをきいたときだった。

怨霊のいない世の中はほんとうにいい世の中なのか、それはわすれられただけで、もっとひどい世の中じゃないのかという音羽のことばをみたとき、ぼくは、『手袋を買ひに』の母狐のつぶやきを思い出した。そして、「疑問符の向こうがわへ」という評論を書きたいと思った。

『えんの松原』が出て、しばらくして読んだわけだから、このタイトルの評論を書きたいと思ってから、すでに十五年ぐらいはたっていることになる。

十五年ものあいだ、書かなかった、書けなかった。一番大きい理由は、ただぼくがサボっていたからだ。そこで、二番目の理由を考えると、音羽と母狐の疑問があまりに大きすぎて、取りかかるのが大変だったからだということになる。

妖怪がいて力を持っていた時代があって、妖怪が見えなくなる時代というのがある。

考え方として、魔力がだんだんと衰退してきたという視点がある。人間の文明の傲慢さが、魔力を持つものを借りぐらしの位置へと追いやっていく。むかしは大きな魔力を持っていたおそろしい魔法使いや小人たちも、だんだんと魔力をうしなって、こわいというよりは、かわいい存在として描かれるようになる。スタジオジブリの魔女たちなどは、この流れからきているもので、これについては、作品も評論もけっこういっぱい書かれているように思う。

もう一つの視点は、見えなくなってはいるが、べつの時間として存在しているという考え方がある。朽木祥『かはたれ――散在ガ池の河童猫』（福音館書店　二〇〇五年一〇月三一日）は人と河童と猫と、それぞれちがう速さの時間を生きているという物語だ。ちがう時間を生きてはいるが、姿は見られてしまうので、河童たちはいつも人間に見られないように注意をはらっている。むかしと比べて霊力は衰退しているという状況設定なので、最初にあげた魔力衰退の視点も同時に含まれている。

緑川ゆき『夏目友人帳』（初出は『LaLa DX』（白泉社）二〇〇三年七月号。二〇〇五年一月号から読み切りのシリーズとして隔月連載。二〇〇七年九月号から『LaLa』で連載中。二〇一七年五月時点で単行本は第21巻まで刊行。アニメシリーズは二〇〇八年から6作が放送されている。）の中にも、〝人と妖（あやかし）はちがう時間を生きている〟というせりふがあったりして、『かはたれ』と似ている。が、これは、妖《あやかし》はふつうの人間には見えないという設定になっている。見えている主人公ばかりが右往左往することになるが、全体としてゆるい流れになっていて、そこが、ぼくの好きなところだ。

いずれにせよ、それら衰退した、あるいは見えなくなった妖たちを、ひとつの鏡として〝人間が支配しているこの世の中〟をどうみていくのかということが、芹沢が文明論的なものといった疑問符の課題になってくる。

そういう意味でいうと、ぼくは、十五年前に無意識のうちにかかげたこの課題を、今回の評論では、切り捨てたことになる。

音羽の疑問は、出されてはいるが、何の解決も示されていない。ひとつの〝まえふり〟として置かれているだけで、置き去りにしたまま、先に進んでしまっている。

母狐の疑問形も、南吉作品の原稿の推敲過程（削除とか改稿、あるいは村から町への書き換え）にスポットをあて、善意共同体としての村のイメージは書いているが、その先の「町」に住む人間たちがどんなものかというところまでは、まったく踏みこんでいない。手がかりとして、ぼくは、子狐に手袋を渡すときに、帽子屋が白銅貨をならしたチンチンという音を考えている。が、南吉における「近代」についてつきつめて考えるのは、ここではあまりに重い。

十五年のときがぼくを変えたというよりも、音羽の発した疑問があまりに大きすぎるので、とりあえず横に置いたというのが、正直なところになる。

そう思うのは、ぼくとしてはめずらしく、途中から書きはじめた文章だからだ。

この文章を書くきっかけになった音羽の、疑問符の向こう側について書くことができないというと、ちょっとヘンなのだが、実際に書けないという感じがあった。そこで、三章から書きはじめることになった。途中で、二章の南吉にもどり、最終章の『銀色の日々』の《いつのまにか疑問符》と、ついでに手錠の話を書いてから、最後に〝まえふり〟のようなかたちで、『えんの松原』の疑問を付け加えて終わった。

だから、最初に『えんの松原』と「手袋を買ひに」でとりあげた疑問とは、章がすすむごとに、それぞれずれていくのは、自分でもわかりつつやっていて、それはそれでいいのかなという思いがあった。

この文章は、一つの疑問形から出された課題をつきつめて、できるだけ確かな答えやラインを見いだそうという方向にはいっていない。むしろその逆で、いくつもの疑問を重ね合わせるなかで、何か見えてくるものがあったら、おもしろいのではないか、という考えで書いている。

その点では、濱崎桂子が『何かが来た』のモモカの存在が、犠牲者になってしまい、なかったことにされてしまう存在として、音羽のいう見えなくなった怨霊のありかたとつながるものがあると思ったという読み方は、ぼくにとっては、うれしいことになる。

ヘンな言い方になるが、『何かが来た』のモモカと、『えんの松原』の怨霊たちは、ふたつとも単独で読んだら、とてもつながる作品、つながるキャラとは思えない。それが、「なかったことにされてしまう存在」として読む＝つながるきっかけを、ぼくの文章が、触媒みたいに作用したとすれば、もうそれだけで、ぼくは満足したくなる。

そこから、おそらく「なかったことにされてしまう存在」としての批評が、また立ち上がってくるだろうし、ぼくがここでは書ききれなかった音羽の疑問符に答える道筋も見えてくるかも知れない。

いろいろな疑問形を重ね合わせることで、今まで見えなかったものが見えてくるみたいな批評をこれからも書きたいと思っている。濱崎の読みは、ぼくにその先＝「なかったことにされてしまう存在」を考えるきっかけをあたえてくれた。

もうひとつ、これは、文章表現として、考えさせられたのが、『モグラ原っぱのなかまたち』について書いたラストの方で､ぼくが《ほんとうの森》ということばを使っていることに対して、芹沢が、「これは、ほんとうの森ではない」といったことについて。

後で確かめたわけではないので、ぼくの誤解でなければ、芹沢は、多摩丘陵の森は〝ほんとうの森〟ではない、という意味あいで、言ったのだと思う。たしかに、多摩丘陵の雑木林は、人間が薪をとるためにつくった人工林だから、原生林をほんとうの森だとすれば、モグラ原っぱの子どもたちが遊んだ森は、ほんとうの森ではない。

その点でいうと、ぼくは、『モグラ原っぱのなかまたち』のラストで、〝未来の世界にほんとうの森はあるでしょうか〟という子どもたちの作品中のことばを、無批判につかってしまったことになる。不注意だったかも知れない。

ただ、芹沢が、子どもたちがテレビなどで見る森のイメージは体験ではない。「非体験的情報」だ、といったことに関しては、どういう意味あいでそういったのか、その先をもう少しつめて聞きたかったという思いが残っている。

ぼくとしては、（あるいは古田の原風景論自体が）直接体験することによって獲得されるイメージだけでなく、虚構も含めた「疑似体験」に大きく左右されて、イメージが形成される世の中になってきたということを、いいたかったわけで、それを「ひとつの《ほんとうの森》ではなく、何重にも積み重ねられた《多層の森》を、今の子どもたちは獲得している」と書いたことになる。

古田の本文をうけての「ほんとうの森」という言い方だったが、その不用意な使い方が、誤解や混乱をあたえてしまったのなら、自らの浅慮を肝に銘じるしかない。

同じような意味あいで、ぼくが「今のこの世界も、けっこう住みやすいよ」「世の中、そう捨てたもんじゃないぜ」といっている言い方についても、「はたして、そうなのか」「そこまで言ってしまっていいのか」という疑問が出された。

この点についても、言い方が、いかにも日常茶飯的なものいいで、まったく「批評」らしくないことばづかいだなと、自分でも思う。が、最近、歳をとるにしたがって、ますますいまの自分の〝しあわせさ〟を身に沁みて感じるようになっている。

世界が平和でないときに、無頓着に自分の〝しあわせ〟を感じていて、いいのかぁという批判もありそうなぐらいに、〝しあわせさ〟を感じている。そして、ぼくは、それでいいと思っている。というより、世界中のみんながそれぞれ〝しあわせな気持ち〟になれたらいいなというのが、ぼくの理想になる。

ぼくは、なぜ戦争に反対するのか。それは、ぼくのこの〝しあわせさ〟を暴力的に奪い去るのが戦争であって、ぼくはそうなる可能性を、極力少なくしたいという考えを、一応もっている。そのためにも、いまの自分がもっている「しあわせだなーぁ」という気持ちは、むしろ保っていきたいと考えているわけになる。そんなぼくのしあわせ気分がつい「今のこの世界も、けっこう住みやすいよ」とか「世の中、そう捨てたもんじゃないぜ」なんていう、不用意な発言を誘発してしまうことになる。

司会をしていた、奥山恵は、「内容さえよければ、ことばはどうでもいいのか。慣用句みたいなのは、つかわないでほしい。手垢のついた表現をつかわずに、もっと表現を研ぎすませてほしい」と、いった。ぼくの『モグラ原っぱのなかまたち』の章のラストなどは、まさにこの「手垢のついた表現」になってしまっていたのかもしれない。

「ほんとうの森」「世の中、そう捨てたもんじゃないぜ」という言い方、たしかに手垢のついた慣用句的な表現になってしまっている。慣用句的な言い方ですませてしまうと、わかった気分になってしまって、その先には、なかなかすすめなくなる。

疑問符の向こう側へとむかうためにも、ぼくは、もっともっと表現を研ぎすませていかなければいけない。と、あらためて気づかされたことになる。

来年も、がっぴょうけんという空気にふれてみたい。

（『童話ノート』復刊八号二〇一七年七月）

《いつのまにか疑問符》の子どもたち

──「疑問符の向こうがわへ」補遺・あるいは『銀色の日々』の少年たちについて

＊まえふり

「疑問符の向こうがわへ」のなかで、ぼくは、次良丸忍『銀色の日々』（小峰書店　一九九五年一一月二四日）に描かれた少年たちを《いつのまにか疑問符》の子どもたちと名づけた。『銀色の日々』には、四つの短編が収められているが、そのどれもが、目立つということのない少年たちを一人称の主人公としている。とくに問題意識をもって行動しているわけではない。能動的に動いているわけでもない。どちらかというと、何の変哲もない日常をのんびりと過ごしている子どもたちということになる。

そんな子どもたちが、ちょっとしたきっかけで、だらだらした日常から、突然に思い悩む日常に変わってしまう。本人がそう望んでそうなったわけではない。が、彼らは彼らなりに、精一杯腹を立てたり、落ち込んだり、ぐだぐだと思い悩む。

例えば、「銀色の手錠」の邦夫は、お気に入りのクロノグラフをネズミというクラスメートにかすめ取られる。どう取り返そうかと思い悩む。「くろいとりとんだ」の大山順は、あこがれの姫川真弓に学芸会で大道具係に推薦され、がんばる。が、じつは真弓が自分を遠ざけるための策だったことを知る。腹を立て、完成間近の背景画に大きな黒のばつ印をつけてしまう。「日曜日のバス停で」は、友人とバス停で待ち合わせて映画に行くはずが、その友人が中学生にからまれているのをみる。つい電柱の影に隠れてしまった黒崎少年は、その後友だちを見捨てた卑怯者だと、せめられる。「りすのえさの花咲く日」は、友人に突然リスのかごをおしつけられ、愛着を持ったあたりで、また持って行かれてしまう少年、藤本春雄が描かれる。

次良丸は、そんな彼らのありようを

　なぜここにいるのか
　どうしてこんなことをしているのか
　答えはわからない

と、書いた。

彼らは、おそらく心の中で、〝何で、こうなっちまったんだぁー！〟と自分が置かれてしまった状況について、さけんでいることだろう。

次良丸は、それを

　なんでもない路上に光る一瞬の奇跡

とも呼んだ。

ぼくは、そんな彼らが、いつの間にか背負ってしまった状況を、《いつのまにか疑問符》の子どもたちと名づけ、「疑問符の向こうがわへ」のなかで考えてみた。しかし、そこでは、四つの短編のうち「銀色の手錠」についてしか語れなかった。それが、ちょっとだけ心残りだった。

児童文学によく登場する能動的な子どもたちではなく、おそらくその他大勢のひとりとして、特別、日の目も見ずに終わるであろう少年たち。彼らが、作中では、ひょんなことでかかえこんでしまった問題が、彼らをどう悩ませ、また彼らはそれとどうつきあっていったのか。のりこえていくというより、つきあっていくといった方がいいかと思う。そんなかれらのありようを、もう少し見てみたくなった。

この補遺の目的は、残った三つの作品に描かれた少年たちが、いつの間にか背負いこんでしまった問題=《いつのまにか疑問符》と、どのようにつきあっていったのかを見ていくことになる。

＊「くろいとりとんだ」

「くろいとりとんだ」は、あこがれの姫川真弓という少女に、学芸会の大道具係を指名され、がんばる少年、大山順という構図の物語だ。

まずは、冒頭から見てみよう。

　姫川真弓さんが、ゆっくりと手を上げた。
　ざわついていた教室は、たちまちしんと静かになった。
　ぐうぜんのことではない。

姫川さんが手を上げると、いつもそうなのだ。クラスのだれもがすこしいきを飲みこみ、しばらく動きを止めてしまう。（p.46）

姫川真弓のイメージが、最初に紹介される。それは、手を上げたところから始まる。手のあげ方を、「ぼく」＝大山順は、家でこっそり、まねしたりもする。しかし、どんなに同じにしているつもりでも、姫川さんはクラシックバレエの白鳥だが、〈ぼくがやると白鳥ではなく、象が鼻を巻き上げて、ぷぉーっと鳴いているようにしか見えない〉しろものになってしまう。

姫川真弓へのあこがれは、「ぼく」のひそやかな〝マネ〟から語られ、その動作を〈芸術〉にまで高めている。

ぼくはその芸術を思う存分見つめることのできる、ななめうしろのこの席にすわっていられることを、どれだけ幸福に感じていることか。

そして今また、姫川さんは手を上げた。（p.47〜48）

そう、いまは、姫川さんが手を上げている場面なのだ。これは冒頭の〈姫川真弓さんが、ゆっくりと手を上げた。〉につづく、「ぼく」の妄想にすぎないのだ。

手を上げるさまにほれぼれし、母親の三面鏡の前で手を上げるマネをし、白鳥にならず象の鼻を振り上げてぱぉーっと鳴いているのは、みな、姫川さんにあこがれている「ぼく」の勝手なひとりしあわせなのだ。

この「ぼく」の勝手なひとりしあわせが、冒頭からえんえんと四ページにわたって語られるかたちで、この物語ははじまっている。

このひとりしあわせは、のちに姫川と猫島の会話のなかで、「あの目つきこわいんだもん」というかたちで、とんだしっぺがえしになってでてくることになる。その意味で、この冒頭はいい伏線にもなっている。とにもかくにも、姫川が挙手をするという瞬間だけの場面に、次良丸は、四ページにわたるひとりしあわせの「妄想」を語らせている。

大山順のひとりしあわせは、姫川真弓の発言によって断ち切られる。

姫川はいう。「大道具係のリーダー、つまりアートディレクターですが、わたしは、大山君がいいと思います。」と。教室は一瞬しんとして、つづいてどよめきにつつまれる。

ぼくはぽかんとしてしまって、何がなんだかわからなくなった。（p.49）

大山順は、一瞬ぽかんとして、なんだかわからない状態になる。ふつう、そんなものだろう。突然あらわれた問題を、瞬時に的確に判断し、正しいと思われる答えをみちびきだし、それを発言できる人間なんて、そうはいないものだ。それでも、ある種の勘で、判断し、発言できる人間はいる。理屈は後からついてくればいいというやつだ。人の前に立ち、目立つリーダー的存在というのは、そういう人たちなのかも知れない。

残念ながら、この物語の主人公、大山順には、突然の災難に的確に対処する能力などあるはずもない。ただ、ぽかんとするだけだ。そのあいだに、ことはすすんでいく。みな一瞬のことなのだ。

「大山は、アートディレクターに決定」

「がんばって、大山ディレクター」

「アートディレクター大山順」

「ふさわしいぞ」

ちょっ、ちょっと待ってよ。

ぼくがアートディレクター。

そんなこと。

ちょっと待ってよ。

ぽかんとしている視線の先で、姫川さんがにこりとほほえんだような気がした。（p.50）

本人がひとりしあわせに酔っていたら、とつぜん落雷のように、アートディレクター指名におそわれる。ぽかんとしているあいだに、すべてがすすんでしまう。

物語は、この先「アートディレクター大山順」の登場になるが、自ら進んでなったわけではないので、やはり、自らが「決める」ことのないうちに、ことはどんどんとすすんでいく。

例えば、大道具係の初会合の日は、井立弘の「さっさと決めようぜ」というせりふからはじまる。

教室の窓からそよぐ午後の風が、ベージュのカーテンを、ゆらゆらゆらしていた。

それをサンドバッグに見立てたのか、井立弘はパンチをひとつくりだすと、くるりと振り返った。

「さっさと決めようぜ」（p.51）

放課後の教室で、これからの係の進め方と仕事分担を決める。しょっぱな、井立弘は「さっさと決めようぜ」という。伊守裕美も「今日は塾があるから、早く帰りたい」という。猫島麻理も「わたしも、月水金は急いで帰りたいから、それでできるような仕事にしてほしい」という。

三人とも、自分の主張をはっきりとできる子たちだ。トイレに行ったきりもどってこない比良優一が、どんな子かまだわからない。が、この三人は、大道具係以外に、チルチルのおやじ、妖精、夜の国の女王という役をもっている。大山順とちがって、舞台での〝役〟をもっている。ある意味目立つ存在だといっていいだろう。

背景だとか、木だとか、青い鳥を作らなくちゃ、と話しだす三人に対して、大山順のことばだけを抜き出すと、およそ、こんなふうになる。

「それは」
「ああ、そうか」
「あ、うん」
「うん」
「え、そうかな」
「あ、う、うん、でもまだ比良が」

「だけど」

抜き出してみると、なかなかおもしろい。三人がいろいろしゃべっているなかで、大山順は、ただ相づちをうつだけだ。そして、アートディレクターにまかせるということばを残して、三人は去って行く。三人と入れちがいにもどってきた比良優一をみて、大山順は思う。

やらなくちゃいけないことは山ほどあるのに、こんなやつしか、あてにできないのか。
これからいったい、どうなるんだろうか。ぼくは、ためいきさえつけなかった。（p.57）

大山順にとっての比良優一のイメージは〈こんなやつ〉になる。これは「銀色の手錠」で、三上邦夫がネズミをさげすんでいたのと、よく似ている。「銀色の手錠」のラストで、邦夫が自分とネズミに同じものを認めたように、この物語も、舞台背景の絵づくりをとおして、大山順は比良を認めるようになっていく。

それはともかくとして、いまはまだ、大山順は比良優一のことを下に見ている。その〈こんなやつ〉とふたりだけで学芸会の大道具作りをしなければならない。これからいったい、どうなるのか。大山順のうえに《いつのまにか疑問符》が降り立った瞬間になる。大山順をささえるのは、自分を推薦した姫川真弓へのあこがれだけだ。

ああ姫川さん、どうしてぼくを、アートディレクターなんかに、推薦したのですか。（p.62）

作業が始まる。初日だけ参加した三人は、思ったとおり一度も姿を見せない。比良の絵が自分より上手なことを知って、どきりとする。虫田という少年が、姫川さんをミチルに推薦して、自分はチルチルに立候補しておさまった〈みえみえ〉の行為を信じられないと語られたり、その虫田に「役なしコンビか」とさげすまれたり、姫川さんに「大山君の鳥の方が上手」なんていわれてよろこんだりする経過が語られる。学芸会も間近にせまり、ことはどうにかこうにか順調にすすんでいるようにみえる。と、そこで、事件は起こる。

事件は、学芸会も間近にせまったある日の放課後に、たかってやってくる。さあできあがったぞと床に広げた背景の絵に、忘れ物を取りにもどった姫川さんが、筆洗いの水をひっくりかえす。紙はぶよぶよ、絵の具はにじむ。姫川さんは目になみだをうかべる。

比良と大山順は、書き直す決心をかため、下書きから書きはじめる。下書きだけで終わりかなと思っているところに、比良は、青い絵の具をパレットにおしだしはじめる。ぼくも、筆洗いの水をくもうと、教室を出る。

学芸会が近いのでどこのクラスも、下校時刻間近なのににぎやかだ。二人しか教室に残っていないのは、ぼくたちのクラスだけみたいだと思いながら、大山順は手洗い場で水をくむ。そのとき、「ええ！」と叫び声のような大声がする。みると、姫川さんと猫島が話している。ぼくはそのまま二人の会話に耳をそばだてる。

「そこまで考えるか」

「だって、あの目つきこわいんだもん」

「うーん、まあたしかに、真弓を見つめる時の目は、変に熱っぽくて、ちょっとあぶないよね」

「でしょう。ひょっとしてチルチルなんかに立候補されたらいやだもん。アートディレクターなら、それほど悪くないでしょ。あいつ絵とか上手だし」

「真弓に推薦されたら、大山、ブタでもゲジゲジでも喜んでするよ」

「まさか」

笑いながら前髪に手をやった猫島が、ちらりと目を上に向けた。視線がぶつかった。

「あっ、やばい」

猫島は小さく叫び、ふりかえった姫川さんは、無表情のままぼくを見上げた。

ぼくは、声を出すことも、身動きすることもできなかった。

一瞬のあと、悲鳴にも笑い声にも聞こえる声をあげ、二人は階段をかけおりていった。（p.85～86）

にらみあったのでもなく、見つめあったわけでもない。まさに、接近遭遇の事故のような、視線のぶつかりあいだ。もはや、何の説明もいらないだろう。

「あっ、やばい」につづく、女子二人の反応がいい。

＊ちょっと、ぼく自身へ

小学生女子の〈悲鳴にも笑い声にも聞こえる声〉のことなら、ぼくも、よく知っている。

ぼくは、子どものころからわがままで、ひどい偏食の子だった。それがたたったのだろう。小学三年生の夏休みに、からだじゅうに汗疹ができ、そのあとが紫斑として残った。

二学期のはじめ、一目で気持ちが悪いとわかる相貌のぼくをみて、女の子たちは逃げまどった。男たちはそれほど露骨ではなかった。が、もともと人づきあいが悪く、つむじ曲がり、へそまがりでわがままだったぼくは、その日から、女の子たちが逃げまどう存在になった。

遠目に見られるだけで、避けて通られる。まちがって近くにいたりすると、女の子たちは、決まって悲鳴にも笑い声にも聞こえる声をあげて、とびすさった。

紫斑自体は一年半ほどで目立たなくなったが、女の子たちが逃げまどい、とびすさむ生活の方は、小学五年の中ごろまで、足かけ三年間ほどつづいたことになる。

「学校に来たくない」と考えたことはなかった。ただ、子どもごころに〝気どってきゃあとかいって避ける女〟をいやなやつだと思っていただけだった。もちろん、それを声に出していったことはない。

その女性観は、大人になりもはや老年にはいった今でも変わらないようで、ぼくは、ある種の〝女性〟を苦手にしているように思う。だから、ぼくなら、姫川真弓や猫島にあこがれることは、まずないだろう。

幸か不幸か、大山順は、女達の嬌声とも叫声ともつかぬ声とともに、姫川真弓の本心を知ってしまったことになる。完成した絵に水をかけられ、自分自身ののぼせあがっていたノーミソにも冷水をあびせかけられる。事件は、たかってやってくる。

＊ふたたび、大山順へ

姫川真弓の本心を知ったあとの、大山順の反応は、とりあえず大山順らしい反応になる。「ためいきがもれた」「なんなんだとつぶやいてみた」「おかしな笑い顔をしている自分に気づいた」「もう一度、ためいきをついてみた」

つまり、なにもしない自分が、ただそこにいる。

これが、反応その一だとすると、教室にもどってからの大山順は、反応その二に、直面することになる。

教室には、姫川が水をこぼしてふやけた絵と、かきかけの新しい絵とがならべて広げてある。それを見た大山順は、〈気が遠くなるような感じ〉（p.88）をおぼえ、筆をとる。

ふと、自分が何をしているのか、わからなくなった。

ゆっくり立ちあがった時、絵の上には、太くて大きいまっ黒なばつ印が書きこまれていた。（p.88）

学芸会を間近にひかえた日の放課後、大山順の《いつのまにか疑問符》は、最高潮に達する。疑問に思いながらも、あこがれの姫川さんに推薦されたということをばねに、大道具係を続けていた大山順は、〈いっしょに劇をするのがいやでアートディレクターに推薦した〉という姫川真弓の真意を知る。知っただけでなく、いきおいあまって、書きはじめたばかりの背景画に大きなばつ印までつけてしまう。

腹立ちは腹立ちとして、この大きなばつ印をどうしたらいいのか。学芸会本番はもう目の前にせまっている。何の決断もなく「ああ」とか「う、うん」とかいっている間に、いつのまにか、とんでもなく大きな問題が目の前に出現してしまった。

ぼうぜんとする大山順は、《いつのまにか疑問符》のまえに立たされた少年そのものだ。

それから後の展開が、大山順と比良に対する、次良丸忍のまなざしのしなやかさを思わせて、ぼくは好きだ。

大山順は、翌朝早くに教室に行って、ばつ印をながめる。そこに〈大きく翼を広げた黒い鳥〉(p.92)を見る。大きな黒いばつ印に大きな黒い鳥が重なって見える。こんなイメージの重なり、ことばのゆらぎを、ぼくは好きなのだ。

ばつ印にむかいあう大山順は、もう姫川真弓のためにうごいているわけではない。ひたすら、ばつ印をつけられてしまった絵のために、修復＝完成をめざしている。「その鳥はまかせたよ」とだけいう比良もいい。最初は〈こんなやつ〉としか思われていなかった比良が、いつもとかわらぬ様子で、筆を走らす。

目立たない存在の二人が、一瞬かがやいてみえる。次良丸は、無題の前書きのなかで〈なんでもない路上に光る一瞬の奇跡〉といったが、この場面が、ちょうどそんな時間の流れの中の〝一瞬のいま〟にちがいない。そんな風に、ぼくは思った。

大山順の人のよさは、劇の終了後にもあらわれる。

劇が終わって、うれし泣きして喜び合う猫島、伊守を見ながら、大山順は思う。

　こんなことなんでもないって顔、いつもしてたのに、本当は心配だったのかな。
　最後まで大道具係の仕事してくれなかったのにはあきれたけど、そんなに大変だったのなら、まあしかたないか。(p.95)

井立も虫田も、姫川さんも、みんな真剣で気合いが入っていた。これで全てが終わったのだと、大山順は思う。その横で、比良が「どうしてあの絵に、ばつつけたんだ」（p.95）ときく。「おまえの絵が、見かけによらずあんまりうまかったから、くやしかったんだ」（p.96）と大山順。比良は「おれは、あんなに思い切りよく、ばつなんてかけないよ」という。二人が、はっきりとお互いを認め合った瞬間だ。

ぼくは、ここで「銀色の手錠」のラストで、ネズミが「お前がひろってくれたのか」といったことばを思い出す。時計が見つかった経緯を詮索することなく、ネズミは素直によろこぶ。比良も、大山順のばつ印を、深入りすることもなく受け入れて、その思い切りのよさを、高く評価する。

この二人のやりとりは、舞台裏でのふたりだけのやりとりだ。舞台上でスポットライトをあびることはない。だれもしらない。そこらへんにころがっている日常のひとこまにすぎないものだ。

しかし、大山順の心の中から、一羽の黒い鳥がとびたった瞬間、彼は、そしておそらく比良も、彼らに課せられた《いつのまにか疑問符》をどうにかのりきった奇跡に、よろこびふるえていることだろう。ぼくらのこの世の中は、だれも知らないところでくりかえされているいくつもの〝よろこび〟のつみかさねなのかも知れない、と、ぼくは思う。

＊「日曜日のバス停で」

「日曜日のバス停で」は、映画を見に行く約束をして、待ち合わせていたバス停で、先に来ていた友だちが中学生にからまれているのを見て、つい電柱のかげにかくれてしまった、黒崎少年の一人称で語られる物語だ。

からまれていた少年、青木洋一ををみて、後から来た金子達也は臆することなくバス停に行き、そのままバスに乗って行ってしまう。

置き去りにされた黒崎少年は、次の日、学校で友だちを見捨てた卑怯者だと責められる。「なんで逃げた」「隠れていたんだろ」「にやにや笑って見物してたんだ」とまでいわれる。

なりゆきで、物陰に隠れてしまった少年が、卑怯者とののしられ、やってはいない「にやにや笑って見物」まで付け加えられ、「あやまれ」といわれる。物陰に隠れてしまったのは事実だが、それは糾弾されるほどに悪いことなのか、あやまれといわれても、あやまる気になれない。もんもんとする少年の心の揺れ動きを描く。

発端の、バス停でのできごとを見てみよう。バス停で中学生に囲まれている青木洋一をみて、電柱のかげに身を隠す場面だ。


ところがだ。なんとなく様子が変なのだ。ふつうバスを待っているのなら、一列に並んでいるとか、バスが来る方を、今か今かとうかがっているものなのに、みんな何かを囲むように背中をむけている。

額のあせをぬぐいながら、ぼくは、目をこらした。

背中をむけているのは中学生ぐらいの五人の男子で、その中のだれかが、何やら大声をはりあげている。

けんかでもしているのだろうか。近よるのいやだなと、思った時だ。グループの囲む中に、ちらりともう一人の顔がのぞいた。

あれっ、青木洋一じゃないか。

一瞬だったが、間違いない。まゆの上で、直線に切りそろえられた前髪。細いたれ目の下の、ぽっちゃりしたほっぺた。どう見ても、青木しかない。

いやな予感がした。これ以上行かない方がいい気がする。ぼくは電柱のかげに身を隠した。（p.99〜100）

バス停で待ち合わせて、友だちと映画を見に行く約束をしていた、黒崎少年は、時間に遅れ汗をふきふきバス停までやってくる。と、そこでバス停の異常さに気づく。バス停なのに、人が並んでいない。だれかを囲むようにしている。囲んでいる中学生の輪の中に、黒崎少年は、待ち合わせた友だちの顔を見つける。中学生は何やら大声を出している。一瞬いやな予感がした黒崎少年は、電柱のかげに身を隠す。

とくに何かを考えてということなく、いやな予感で身を隠した黒崎少年は、このあと、《友だちの危機を救うことなく物陰からにやにや笑って見物していた卑怯者》というレッテルを貼られ、糾弾されることになる。

電柱のかげに身を隠したのは事実だが、それはそんなに糾弾されるほどの悪いことなのか。「あやまれ、あやまれ」と責め立てられる黒崎少年のもとに《いつのまにか疑問符》が降り立つことになる。これは、その発端場面になる。

金子達也がおくれてやってきて、「なにやってんだよ」と声をかける。黒崎少年は、バス停の方に視線をうながす。

「理由はわからないけど、ぼくが来た時、もうあんなふうだったんだ。あいつ、なぐられてるかもしれない。どうしよう」

「どうしようって、決まってるだろ」


電柱のかげに身を隠していた黒崎少年と比べると、金子達也はいさぎよい。おどおどする黒崎少年をそこにおいたまま、バス停へと向かう。彼は即断即決行動型の少年のようだ。そのとき、遅れていたバスが来る。人々はみなバスに乗り込み、七分遅れのバスは、黒崎少年のまえを、ゆうゆうと通りすぎていく。

黒崎少年がおろおろとしている間に、事態は何事もなかったように進行する。改めていうまでもないが、黒崎少年が自分から積極的に考えて行動したものは、ひとつもない。残るのは、つい、電柱のかげに身を隠してしまったという事実だけになる。そして、翌日からの糾弾がはじまる。


「きのう、どうだった。あれから、だいじょうぶだったのか」

金子はさすような目を返し、青木は口だけでうっすら笑ってる。

「なあ、バス乗って、それからどうなったんだよ」

もう一度聞くと、

「おい、黒崎。なんできのう、一人だけ、逃げたんだよ」（p.103〜104）

黒崎少年は、二回くりかえして、きのうどうなったのかを、ふつうにたずねている。きのうのことを心配はしていても、自分がものかげに隠れたことに対する罪の意識は、あまりもっていないことがわかる。

しかし、それに対する、金子の答えは、黒崎少年の予想をこえる。何で逃げたのかと、金子はいう。


「おい、答えろよ」

「べつにぼく、逃げてなんか」

「じゃあなんなんだよ、きのうのあれは。お前、青木が中学生にからまれてるって思って、ずっと見てたんだろ」

「ずっとってわけじゃ」

「でも隠れてたんだろ」

「……」

「ほらみろ、やっぱりそうじゃんか。お前は、友だちを見捨てて、自分ばっかり安全なところから、にやにや笑って見物してたんだ。」

金子は、決めつけるようにいった。

「にやにやなんか、してないよ」(p.104)

金子の追及に、黒崎少年は、うろたえ、ときに黙るだけである。金子は図に乗って「にやにや笑って見物してた」とまで、言い出す。そばにいた女子、桃井さおりと緑川愛子にまで、「にやにや笑ってながめてた」といい、ふたりは「えー」と声をそろえていう。

緑川愛子が「黒崎君って、冷たい人なんだ」といい、金子はまっすぐに指をさして、追いうちをかける。黒崎少年はその指をはらう。「いってーっ」と指をおさえる金子。「だいじょうぶ、金子君」という桃井さおり。金子の手をのぞいた黒崎少年は、突然、金子にヘッドロックされる。「あやまれ」と言いつづける金子。あやまらずに頭をふりつづける黒崎少年。事態はもはやめちゃくちゃの《いつのまにか疑問符》である。

帰宅後、黒崎少年は、考える。

> だけど、なぜぼくは、バス停での騒ぎに気づいたとたん、電柱のうしろに隠れてしまったんだろう。金子が走って行った時、なぜいっしょに行かなかったんだろう。（p.110〜112）

> いまさら何をいっても、全部いいわけにしかならないのだ。（p.112）

ここには《後ろめたさ vs. 正しい追及》という構図があるように、ぼくは思う。追及が正しければ、にやにや笑っていたとか、なぐられればいいと思っていたと事実に反することまで織りまぜていわれても、なぜか反論をしにくくなる。これは、おもしろいことだ。

そんなことを考えていたら、青木からの電話がある。おれはおこっていない。金子にはあやまれ、という内容だ。同じような電話が、もっとあとになるが、金子からも来ることになる。おれはゆるすけど、青木にはちゃんとあやまれというものだ。この二人の心情をさぐるのも、かなりおもしろそうだが、今回は、糾弾されて悶々としている黒崎少年の方を見つづけることにする。黒崎少年にとって、ふたつの電話は、心の中のもやもやをさらに混迷させるだけの働きのようだ。暗雲はさらにたちこめることになる。

次良丸は、暗雲として、ほかにふたつの出来事を置いている。ひとつは消しゴム事件。消しゴムを忘れた桃井のために、黒崎少年は消しゴムをふたつに割ってわたす。「やめてよ。そんなことしなくたって、わたし、自分のシャープペンシルの消しゴムつかうつもりだから、いいよ」と、桃井。もやもやは、さらにひろがることになる。

もうひとつの事件は、音楽の小宮山先生が階段でころんだことだ。

「うわっ」

ぼくの横を歩いていた小宮山先生の姿が、短い悲鳴とともに、すっと消えてしまった。（p.119）

休み時間。いつもなら青木や金子と話したりするのだが、それもできずに教室を出てぶらぶらしていた黒崎少年は、音楽の小宮山先生の災難に遭遇する。

となりを歩いていたはずの先生が、階段でころぶ。ころげ落ちることはなかったが、手に持っていたチョーク入れや教科書が階段中に散らばる。クラスの谷川英一と宇佐見博之が「なさけねー、ころんでやんの」とわらい、黒崎少年もつい笑い出しそうになる。が、ごまかすつもりで、うつむきチョークをひろう。

その善行を、授業中に、小宮山先生が話しだす。黒崎少年は「いいこぶりやがって」と、あざけり笑う友だちの姿を想像して、さらに落ち込む。

クラス中の視線が、たちまちぼくに集中した。

どうしてそんなこと、いうんだよ。

これではぼくは、うつむいて、肩をすぼめて小さくなるしかないじゃないか。(p.121)

もともと目立つ存在ではない黒崎少年は、友だちを見捨てて逃げた卑怯者として、いまある意味目立つ存在としてのレッテルを貼られてしまっている。そんな負い目を感じているときに、クラス全員のまえで、名指しで、先生から善行をたたえられる。これは、どう考えても、逆効果だ。もともと優柔不断な黒崎少年は、これで立ち直るどころか、さらに落ち込むことになる。

この辺は、目立つことが苦手な少年のサガとでもいうべきだろうか。教師がいった善行をプラス思考にして切り替えていくという発想は、まるでない。我が身におおいかぶさってきた《いつのまにか疑問符》のまえに、ただ悶々とするのみである。彼は、もともと善行をたたえられたいわけではないのだ。ただ、のんびりとひとりしあわせでいられれば、それでよかったのである。

事態は、妹の恵美と、映画に行くなかで、進展することになる。

妹と行くのは面倒だが、もともと青木や金子と行こうと思っていた映画だから、前売り券はもっている。入場料金分が自分のこづかいになる。そんな打算から、黒崎少年は、妹の恵美とその友だち花井由紀ちゃんをつれて、映画館まで足を運ぶ。

事件は映画館でやってくる。

映画のさいちゅう、後ろの席の三人組の中学生が、さわぐのだ。椅子をドスンと蹴ったりもする。まわりを見ても、だれも注意をしない。となりに座っているおじさんも、前に座っている家族づれも、みな知らん顔だ。

——ドスン

恵美が、ぼくの腕を引っぱった。なんとかしてほしいとうったえるような目で、ぼくを見上げてた。花井由紀ちゃんも、そのとなりで、ぼくをじっと見つめていた。さっきまでの楽しそうな笑顔はどこにもなく、メロンジュースを持つ手が、ちいさくふるえていた。

どうしよう。

『またためらうのか』

え。

『あとでいいわけ考えるのか』

そんなこと。

——ドスン

いすがけとばされたその瞬間、ぼくは反射的に立ち上がっていた。そして、ふりかえると、騒ぐ三人にむかっていったのだ。

「静かにしてください」(p.141~142)

中学生は、はっとして、静かになる。恵美は「早く座ってよ」と腕を引っぱる。

黒崎少年にとっては、おそらく千尋の谷を飛び越えるぐらいの決断だったにちがいない。そして、相手はあっけないほど素直に注意を聞き入れる。気が抜けたほどの余韻でぼーっとしている兄を、妹は「座れ」と腕を引く。問題が解決した以上、妹にとって、もはや映画を鑑賞するほかに、注意をはらうものはない。黒崎少年の、一瞬の冒険＝〝一瞬のいま〟は、またたく間にすぎていく。

ここで、主格不明の声が、耳もとでささやいた方がいいのか、悪いのか。ぼくにはちょっとはかりかねるところだが、ともかくも、黒崎少年は、二度目の事件は、逃げずに解決できたことになる。その報酬は、妹の「早く座ってよ」ということばだ。黒崎少年にとっては千尋の谷をとびこえることだったが、恵美にとっては、解決した以上、さっさと映画鑑賞にもどってほしい。そのまま立っていたら、今度は黒崎少年本人が、映画鑑賞をさまたげることになる。

本人にとっては大問題でも、まわりの人間はその大問題を、だれもしらない。《いつのまにか疑問符》は、そんな風に降り立ってくるのかもしれない。

ともかくも、日曜日の映画館での出来事を経て、黒崎少年の《いつのまにか疑問符》は着地点へとむかうことになる。月曜日。登校時、青木が突然話しかける「ぼくたちもまずかったと思うよ」。黒崎少年も「悪かった。ごめんよ」という。花井由紀ちゃんが、おしりをぽんとたたいて、通りすぎていく。歩道橋の向こうに、白い校舎が見える。あそこに金子がいる。『もうためらうな』と、思わず自分につぶやく。映画館の声は、もしかして……と思う。

大団円である。

＊「リスのえさの花咲く日」

「リスのエサの花咲く日」は、友だちに、とつぜん「リス」をおしつけられ、飼いはじめて慣れたら、今度は「もってこい」といわれる藤本春雄少年の物語になる。

リスはもともと転校した小林みさとという少女が、相田という少年にあずけていったもので、飼うのが面倒な相田が、春雄におしつける。

それが、やっぱり飼いたいといってきた小林みさとのために、相田が、今度は持ってこいという。二人が待ち合わせた駅前に、ただリスを持って行っただけの春雄少年。「どうして、藤本君がここにいるの」と小林。「ああ、そこで会ったから、それだけ」と相田。ぼくは「こんなもの」といって、ぼくにはもう必要のないヒマワリの種を窓の外に投げ捨てる。しばらくして、小林みさとから、お詫びの手紙が来るが、中身は相田のことばかりで、〈勝手なことばかり〉（p.181）と思う。ラストは、ヒマワリが発芽しているところで終わる。

ひとことでいってしまえば、相田のわがままに翻弄される藤本少年ということになるのだが、リスをもらうときの、優柔不断さなど、まえの三つの短編の少年たちとよく似ている。

リスをもらうところから、見てみよう。

「おう、春雄か、おれだ。リスやるから、取りにこいよ」

思いがけない言葉に、ぼくは返事につまった。（p.148）

それほど仲がよいわけでもないクラスメートの相田幸一から電話がある。リスをやるという。返事につまった藤本春雄に、相田はじぶんがいいたいことだけいって電話を切る。

「あっ、あの」

がちゃんと電話は切られ、ぼくは受話器を持ったまま立ちつくしてしまった。

(p.149)

どうしてぼくが、相田からリスをもらわなければいけないのだろう。いったい、そのリスって。


相田の家は、通っている塾の真ん前のマンションの二階だ。階段を上りながら、春雄は〈リスをくれるわけをちゃんと聞いて、もし断れるものならきっぱり断ろう。〉(p.151)と考える。

しかし、考えるだけで、それは実行されることはない。相田のペースにはまり、春雄はリスを押しつけられ、追い出されるようにドアは閉められる。

こんなあんばいだ。


「おっ、待ってたぞ」

「入れよ。いますぐ持ってくるからな」

「あっ、う、うん」(p.152)

「今からあいつが飼い主だ。しっかりかわいがってもらうんだぞ」

「あのさ」

「えーと、えさはヒマワリの種をやっておけばいいから。水は新鮮なやつを、きらさないようにな」

「あのさ、相田」

「かごのそうじは」

「相田ったら」

「なんだよ」

笑っていた相田の顔が、急に不愉快そうに変わった。

ぼくは、どきりとした。

でも、聞くことは、聞かなければいけない。

「そのリス、なぜくれるの」

「ああ、そのことか」

相田は小さくうなずいた。

「飼うの飽きたから。春雄だったら、犬も飼ってるし、動物好きだろうって思ってさ」

「それだけ」

「そうだよ。ほかになんかあるとでも思ったのか」（p.153〜p.154）

相田は、「だいたい小林が悪いんだ」といいはじめ、春雄は押しつけられ、ドアを閉められる。最初の、きっぱり断ろうという決意は、実行されることはない。「あっ、う、うん」「あのさ」「……」という優柔不断さのなかで、リスは、春雄の手元に残ることになる。

この優柔不断さは、時計をネズミにとられてしまう「銀色の手錠」の邦夫、いつのまにかアートディレクターにされて四苦八苦する「くろいとりとんだ」の大山順、友だちが中学生にからまれているのについ電柱のかげにかくれ、そのことであとから糾弾される「日曜日のバス停で」の黒崎少年と、みな同じだ。

その優柔不断さが、《いつのまにか疑問符》を誘発する。のんびりとかめのように歩む目立たない少年たちは、そののんびりさゆえに、ときに思わぬ予期せぬ大問題を、背負い込むことになってしまうのだ。だが、その「大問題」は、彼にとっては大問題だが、彼以外は、だれも知らない。その落差も、《いつのまにか疑問符》の特徴だといっていいだろう。そんな一瞬のかがやきなのだ。

＊一瞬のかがやき

藤本春雄の場合、ただ翻弄されるだけで、何かの解決をするというわけではない。手紙をくれた小林にしても、リスの面倒を見ていたのが春雄だと、わかっただけで、書いているのは、相田のことばかりになる。

しかし、腹立ちまぎれに投げ捨てたヒマワリが芽を出している。それに気づき、ふと心がなごむ。そんな一瞬のかがやきに目をむける次良丸の目が、ぼくは好きだ。

このヒマワリは、相田がリスを自分に押しつけなければ、なかったことになる。なけなしの千円札一枚をはたいて、自動給水機とともに買ったものだ。

肝心のリスはいなくなってしまったが、窓からほうりなげたエサの方は、そんなこと意も介さずに芽をつけている。物語は、春雄が、のびる緑の茎、燃えるように咲くヒマワリの黄色い花を想像するところで終わっている。

じつをいうと、ヒマワリというやつは、上にはよくのびるのだが、根はひげ根で、風にはけっこう弱い。一年生がアサガオ、二年生がヒマワリと決まっているので、つとめていたときに、ヒマワリはよく育てていた。風の強い日の翌日は、よくたおれているので、まえもって、支柱をたてたりと、それなりにそなえた記憶がある。このラストを読みながら、そんなことを思い出した。発芽したヒマワリが無事に育って、立派な花を咲かせるよう祈るしかない。

春雄もそうだが、『銀色の日々』の少年たちは、みな優柔不断だ。あいまいな応答をしているうちに〝なんで、こうなんだぁ〟という状態に直面する。それは、本人にとって直面するというしかないぐらいの大問題なのだが、まわりの人はだれも知らない。そんな不思議な落差をもつ、ひそやかな大問題への直面を、ぼくは《いつのまにか疑問符》と名づけて、次良丸忍の描く少年たちの姿をおってみた。そして、そこには、生きているだれもがもち得る〝一瞬のかがやき〟があった。

「いじめ」や「スクールカースト」という、ある種センセーショナルなことばに意識がいきそうな、いまという時代だからこそ、ぼくは、次良丸忍の描く少年たちの、一瞬のかがやきに、目をむけていきたいと思うのだ。

（『童話ノート』復刊八号二〇一七年七月）

とびたちかねつ

＊鳥にしあらねば

世間を　憂しとやさしと　思へども　飛び立ちかねつ鳥にしあらねば　山上憶良

（『万葉集』巻五）

＊おばあさんのひこうき

佐藤さとる『おばあさんのひこうき』（小峰書店　一九六六年、『佐藤さとる全集1』講談社収録一九七二年一一月二八日、以下、引用は『全集』による）は、編みもの上手なおばあさんが、チョウの羽もようをヒントに、空飛ぶ編みものを見つけ出し、飛行機をつくり、孫の住む都会の団地まで飛んでいく話だ。

物語は、おばあさんが、小さな町外れにある小さな家に〈ひとりぼっち〉（p.84）でくらしているところからはじまる。〈ひとりぼっち〉といっても、おばあさんは、さみしいわけではない。好きな編みものを自由に思う存分楽しんでいる。山の向こうの大きな港町には、お嫁にいったむすめさんとその子ども（つまり、おばあさんからみたら孫）のタツオもいる。

むすめさんは、そろそろいっしょに住まないかという手紙をよこすが、おばあさんは「しんぱいしてくれるのはとてもありがたいけど、わたしもまだげんきだし、このうちにひとりでいれば、すきなだけあみものをしていられる。」（p.91）と考えている。ひとりぼっちを〝さみしい〟ではなく〝たのしい〟と考える。こんなキャラクターを登場させるあたり、いかにも佐藤さとるらしいという気がする。

そのおばあさんが、ふと迷い込んできた黒いチョウの羽もようを、肩掛けに編み込もうと考えるのだ。

おばあさんは、そのむしめがねで、ちょうちょのはねを、ながいことみつめていました。とてもいいかんがえを、おもいついたからでした。「このちょうちょのはねとおなじもようで、あみものをあんでみたら、きっとすてきなかたかけができるねえ。」

そうおもったものですから、わすれないようによくながめたのでした。

さすがは、あみもののめいじんです。しばらくむしめがねでのぞいているうちに、どうやら、あみもののもようにできそうなきがしてきました。

あとは、ためしてみるだけです。

「ほれ、しっかりとんでいくんだよ。」

おばあさんはにこにこして、ちょうちょを、まどからはなしてやりました。（p.95〜96）

おばあさんは、迷い込んできたチョウの羽もようをおぼえたら、さっさとチョウを窓から放してしまう。チョウのもようをメモして図面にしたりしないで、頭に編みものとして覚え込むあたり、さすがに名人はちがうなと、ヘンなところに感心するのは、ぼくだけだろうか。

編みはじめたからといって、すぐにできるわけではない。これもまた、佐藤さとるのリアルなファンタジーらしい。おばあさんは編んではほどき、編んではほどきをくりかえす。四回、五回、六回、七回。編みなおしているうちに、日が暮れる。それでも、たった一センチしかできあがらない。

おばあさんがこの大変さを、いやがっていないところもいい。むしろ、編みものを始めたばかりのおもしろさを思い出し、よろこんでいる。まだ自分が知らなかった編み方があると思っただけで〈ぞくぞくしてきました〉(p.100)と、佐藤は書いている。


むかし、おばあさんが、まだ、まごのタツオぐらいの小さなおんなの子だったころ、おぼえたばかりのあみものが、おもしろくておもしろくて、一日じゅうあんだことがあります。そのときも、まちがえてはほどき、まちがえてはほどいていたら、一日たっても一センチもあめませんでした。

「あのころとおなじだねえ、まったく」

おばあさんは、そうおもうとうれしかったのです。まだまだ、じぶんのしらなかったあみかたがあるとおもっただけで、ぞくぞくしてきました。(p.100)

チョウの羽もようを編み込んでいくおばあさんのぞくぞく感は、まるでせいたかさんが鬼門山の三角平地を見つけ、コロボックルたちと出会うまでの不思議にリアルな緊張感みたいだと、ぼくは思ったりもする。

さて、やっとのことで編み方を覚えたおばあさんは、編みすすめるうちに、不思議なことに気づく。この編みものは《空を飛ぶ》のだ。ぼくがおもしろいと思うのは、この不思議さを、おばあさんが〈だれにもいうまい〉と思うくだりだ。

「どうやら、わたしは、たいへんなことをはつめいしてしまったらしいよ。」

おばあさんは、わくわくするむねをおさえて、つぶやきました。このことがみんなにわかったら、びっくりするにちがいありません。

でもおばあさんは、だれにもいうまいと、すぐにきめました。みんなからわいわいさわがれるのが、いやだったからです。(p.106)

このあたりも、〝この世にたったひとりなるべきこと〟というルールをもつコロボックルと人間との出会い、そして関係とよく似ていると、ぼくは思う。

佐藤は、他とむすびつくよりも、まず自分をしっかりもつことの方を選ぶ人間なのだ。だから、このおばあさんも、空飛ぶ編みものの発明を、他の人間に喧伝するよりも、だれにもいうまいと、自分のうちにしまいこむ道を選ぶのだ。そして、おばあさんは、空飛ぶ編みものを使って、飛行機をつくることになる。

飛行機をつくるまでの過程や、空を飛ぶ様子も、佐藤のリアルなファンタジーらしく、わかりやすく安心して読めるのだが、ぼくが一番おもしろいと思ったのは、飛べるけど降りられないとわかったときに、おばあさんが編みものをほどいたことだ。

ファンタジーは、いつまでも続いてはいけない。その役目が終わったら、いさぎよく閉じるのが大切なことだ。おばあさんは、飛ぶことの快感をおぼえたあと、地上のわが家へ降り立つために、何のてらいもなく飛行機をほどきはじめる。

ほどけばいいと思いついたときの、おばあさんの様子を、佐藤は次のように描いている。


しばらくすると、おばあさんは、たかいそらの上で、こえをたててわらいました。きがへんになったわけではありません。下におりるにはどうしたらいいか、やっとわかったのです。わかってみたら、あんまりやさしいことなので、おもわずじぶんでも、おかしくなってしまったのです。

「なんだ、しんぱいすることなんか、ちっともなかった。けいとであんだひこうきなんだから、けいとをほどいてしまえば、下におりられるじゃないの。ふっふっふ。ほっほっほ。」（p.130〜131）

せっかくつくった空飛ぶ飛行機を、ほどいてしまうときに、声をたてて笑う。このおばあさんを、ぼくはけっこう気に入っている。

おばあさんは、空を飛ぶのがきらいなわけではない。その反対だ。飛行機が見事に空に浮いたとき、「ほう、ほう、ほう」といって、思わず手をパチパチとたたいている。うれしくて、うれしくて、どうしようもないのだ。

タツオの住む団地をみつけたときも、「こうして、上からみると、しずかできれいにみえるねえ。こんなにきれいなところなら、わたしもみんなといっしょにくらしてみてもいいようなきがするねえ。」（p.123）と考えてみたりする。つまり、おばあさんは、空を飛ぶ快感をめいっぱいにたのしんだ上で、それでも声を立てて笑いながら、飛行機をほどく道を選ぶ。このいさぎよさが、ぼくは好きなのだ。

＊わんぱく天国

佐藤さとる『わんぱく天国』（講談社　一九七〇年、『佐藤さとる全集12』講談社収録　一九七四年六月二六日、以下、引用は『全集』による）にも、物語の最後で、人が乗った手作りの飛行機を飛ばす場面がある。


「いいか。」

一郎がどなった。

「いいぞ。」

いっせいに返事がかえってきた。

「カオルちゃん、いくぞ、いいか。」

カオルは、にやっとわらって、ちょっと右手をあげた。

「ようし、では、飛行用意！」

明の、大声がひびいた。

「いち、にい、さん！」

按針号はぐうっとすべりだし、がけの上から、予想よりもずっと力づよく、空中におどりでた。テストパイロットのカオルをのせて——。

按針号は、ぐぐっと機首をあげ、あやうくピッチングをおこしかけたが、そのままふわりと安定した。そして、かれたいもの葉っぱの上を、あっというまにとびこし、そのまま、はるか下のたけやぶにむかって、おおとりのように音もなく、風にのって消えていった。

ぼうぜんと、少年たちは、みごとな飛行をして消えていく按針号を見ていた。だれもなにもいわなかった。いわないだけでなく、からだも動かさなかった。ロープをひいていた少年たちは、ロープをにぎって、ふりかえったしせいのまま、一郎は、がけっぷちでころがり、かたひざ立てて立ちあがりかけたしせいのまま、明のほうは、がけの上に仁王立ちになったまま、じっとうごかなかった。(p.142〜143)

このあと、子どもたちは、いっせいにがけをかけおり、カオルの無事をたしかめるのだが、数か月かけてつくった按針号の方は、主翼はめちゃくちゃにひきさけ、胴体は二つに折れ、尾翼はふっとんでいる。『おばあさんのひこうき』の空飛ぶ編みものと同じように、子どもたちは壮大な遊びを満喫し、飛行機の方は見事にこわれるわけだ。

杉浦一郎は柿ノ谷の少年たちのガキ大将。石井明は西吉倉のガキ大将。カオルは、少年だったころの作者自身といった設定のこの物語は、子どもたちの〝遊び〟にみちている。

柿ノ谷と西吉倉の子どもたちは、ともに按針塚を遊び場としてはりあっていたが、ひょんなことをきっかけにして、いっしょに遊ぶようになる。最後には、本当に人が乗れる飛行機を作ってしまうことになる。引用した部分は、その飛行機を、がけから飛ばす場面になる。

ひょんなきっかけというのは、明たち西吉倉の子どもたちがやっていた〝斥候遊び〟の道案内に使う〈矢じるし〉を、一郎とカオルとでじゃましたからだ。じゃまといっても、ひきょうな手は使わない。注意深く進んでいれば気づくはずだと、最後に置き手紙まで残される。

めんつをつぶされた西吉倉の子どもたちは、柿ノ谷の子どもたちに〈めんこ〉の勝負をいどむ。とっくみあいのけんかではなく、〈めんこ〉というのが、おもしろい。この〈めんこ〉のエピソードを語るにあたって、作者は、横須賀の少年たちのあいだに伝わる〈いっぷうかわったふくざつなルール〉（p.49）をえんえん四ページにわたって、図解入りで説明している。そして、このめんこ勝負をきっかけにして、二つのグループの子どもたちはいっしょに遊ぶようになる。

『わんぱく天国』という作品には、このめんこ遊びだけでなく、たこあげ、こままわし、一銭飛行機の飛ばし勝負など、子どもたちの遊びが、細かくリアルに描かれている。一銭飛行機というのは、体長十五センチほどのグライダー型飛行機で、胴体の頭には鉛のおもりがついている。材料は厚紙ではなく、経木に紙を貼ったものだ。一銭で買えるから一銭飛行機と呼ばれていた。

この一銭飛行機の飛ばし勝負がキッカケで、明が一メートルの飛行機をつくるという。一郎がそれに応じる。最終的には、二つの子どもグループがいっしょになって、人が乗れる飛行機を作ってしまうことになる。飛行機の乗り手が、明と一郎どちらもゆずらず、めんつをつぶさないかたちで、カオルになってしまうのもおもしろい。

『おばあさんのひこうき』と『わんぱく天国』の飛行機飛ばしは、よく似ていると、ぼくは思う。一方がファンタジー作品、もう一方がリアルな子ども集団での遊びを描いた作品だが、両方ともに、飛行機をつくるまでのリアルさ＝本物らしさは共通している。佐藤は、幼年向きの物語だからといって、おばあさんの飛行機が空を飛ぶまでの描写で、手を抜くことはない。

佐藤のファンタジーは、読み手の想像できる余地をできるだけ少なくしようとしているのが特徴だ。最初に、おばあさんが編みもの名人であることがしっかりと語られる。そこに黒いチョウが迷い込む。チョウの羽もようを覚え込んだおばあさんが編みはじめても、そう簡単には編ませてくれない。何日も編んではほどく日が続く。ようやく編み方を覚えたら、今度はそれが浮き始める。編みものが空を飛ぶとわかって、飛行機にしようと思いついたおばあさんは、材料を集めはじめる。竹ざお、ロープ、いす……。飛行機をつくるときの様子は、まるで『わんぱく天国』の子どもたちとそっくりだ。

挿絵が同じ村上勉だから、そう感じるところもあるのだろうが、それだけではない。佐藤の文章づくりには、読み手のもつイメージを、できるだけせばめようという作者の思いが感じられるからだ。せばめようとしていると書くと、悪い意味にとられそうなので、言いかえるならば、できるだけ明確なまちがいのないイメージをつくりあげようとしているといっていい。作者の考えている世界を、できるだけそのままで読み手に伝えようというのが、佐藤のリアルなファンタジーなのだ。

ファンタジー作品である『おばあさんのひこうき』も、『わんぱく天国』の中で、按針塚の子どもたちが飛行機をつくる様子も、どちらも読み手に対して、まちがいのないリアルなイメージを与えようとしているという一点で、同じつくりになっている。

佐藤は『ファンタジーの世界』（講談社　一九七八年八月二〇日）の中で、「ファンタジーの創り方」にふれて、次のように語っている。

ようするに、読者の判断や好みにまかせる部分は、極力少なくなるよう、文章を機能的に用いるべきで、そのことによって作者が持っていた原イメージを、すべての読者に同じように伝えるのが理想である。（p.83）

＊赤んぼ大将とピーター・パン

『ファンタジーの世界』には、『海へいった赤んぼ大将』（あかね書房　一九六八年）とジェームズ・バリ

『ピーター・パン』との類似点を自ら語っている部分があっておもしろいので、それもちょっとみてみよう。

佐藤は類似点として、次の三つをあげている。

①赤ん坊が主人公であること。
②空を飛ぶこと
③ピーターが鳥の仲間に入って鳥と話をするのに対して、こちらは赤んぼ言葉で動物や機械と話をする。

①の、物語の主人公が「赤ん坊」であることは、「いまだ大人になりきらない存在」としての子どもと考えれば、宮沢賢治『雪渡り』の十一才以下の「子ども」を代表にいくらでも出てきそうだ。

「兄さんたちは十一歳以下ですか。」と紺三郎が又尋ねました。

「いや小兄《ちいにい》さんは四年生だからね、八つの四つで十二歳。」と四郎が云ひました。

すると紺三郎は尤らしく又おひげを一つひねって云ひました。

「それでは残念ですが兄さんたちはお断はりです。あなた方だけいらっしゃい。」(『校本宮澤賢治全集第十一巻』筑摩書房　一九七四年九月一五日、p.115)

さらに、大人になりきらない大人のピーターパンシンドロームのことなどを考えてもおもしろそうだが、深入りはやめよう。

ここでは、やはり、②の「空を飛ぶこと」を中心に考えよう。

佐藤のいう『ピーター・パン』は有名な『ピーター・パンとウェンディ』（一九一一年）ではなく『ケンジントン公園のピーター・パン』（一九〇六年）の方なのだが、そこでのピーター・パンは〈小鳥時代の赤ん坊〉（本多顕彰訳『ピータァ・パン』岩波文庫　一九三三年一〇月二五日、p.22）だから、鳥たちと話ができるし、空を飛べるのも〈がむしゃらに〉信じることで、飛んでいる。


ピータァは自分がまだ寝間着を着た赤ん坊であることをすつかり忘れてしまつて、家々の真上を、その公園に向つて飛び去りました。ピータァが翼なしで飛んだのは不思議ですが、あの肩のところが、とてもむづむづしたのです。ですから、あの夕方のピータァのやうに、飛ぶことがきつと出来るとがむしゃらに信じてしまへば、たぶん私たちだつて飛ぶことが出来るかもしれません。（p.22〜23、傍点は本文）

ピーター・パンは、小鳥時代の赤ん坊だから、鳥と話ができる。信じることで空を飛べる。これに対して、佐藤さとるは、赤んぼ大将＝タツオのために、もっと合理的な小道具を準備する。

佐藤は、タツオに、〈モモンガ服〉を着せる。モモンガ服は、その下側とからだの横腹のあいだが透きとおるような薄い布でつながっている。モモンガのように両手足をひらいて、飛び立てば、滑空できる仕組みになっている。もちろん、下から上に飛んでいくことはできないが、グライダー風に横滑りに空を飛ぶことはできる。ピーター・パンががむしゃらに信じることで飛ぶのと比べると、ずいぶんと機能的なものになっている。もっとも、ピーター・パンも『ピーターパンとウェンディ』になると、〝妖精の粉〟をふりまいたりするから、粉と服のちがいはあるが、ずいぶんと似たものになってくる。佐藤が、わざわざ『ケンジントン公園のピーター・パン』の方といったのも、うなずける。

③の、話をできるできないに関しても、ピーター・パンが小鳥時代の赤ん坊だから話せるというのと比べると、佐藤の場合は、ずいぶんと合理的だ。

むずかしくいうと、佐藤は、言語体系の問題として、つまり「○○語」が話せるか話せないかというかたちで、このことを描いている。佐藤はいう。——〈赤んぼコトバは、とてもべんりなことばで、ふつうは小鳥や動物と話ができます。なかには——風さえふいていれば——木や草とおしゃべりできる赤んぼもいます。〉(p.7)と。

佐藤の、できるだけまちがいのない明確なイメージをつくろうというファンタジーの文章作法が、〝赤んぼコトバ＝動物語を理解できる〟というわかりやすい明快なイメージをつくりだす。

そこで、赤んぼ大将＝タツオの登場になるのだが、タツオの赤んぼコトバは、動物語だけでなく、機械語も理解できるというめずらしいもので、なかよしは目覚まし時計という物語の出だしになる。

事件がおこる。動物語と機械語のふたつを理解できるタツオが呼ばれる。

大昔に生きていた恐竜のたましいがひとつ、現代のパワーショベルの中に、まちがえてはいってしまうのだ。恐竜はパワーショベルを自分のからだだと思いこんで、あばれだしかねない。

それをとめるために、動物語と機械語の両方を話せるタツオが呼び出されることになる。〈モモンガ服〉を着せられたタツオは、身のこなしも軽くなり、モモンガのモンザエモンといっしょに、パワーショベルの説得に向かう。

高いがけの上から、パワーショベルのいるところまで、滑空する場面をみてみよう。

タッチュンは、ぶるぶるっとふるえました。ふるえましたが、心にきめました。

（よーし。）

そして、五メートルほどうしろへ走りました。そこで、くるんとまわれ右をして、いきおいよく、がけにむかってかけだしたのです。

「えい！」

モモンガ・モンザエモンがしたように、りょう手をぐーんとよこにのばして、頭を下にして、空中にとびだしました。耳もとで、風がうなりました。地面がもりもりともりあがってきて、頭をぶつけそうになりました。

タッチュンは、はをくいしばって、ぐっと頭をあげました。よこはらについているぬのに、風をいっぱいうけたので、りょう手には、すごいちからがかかりました。ゆだんすると、うしろへねじまげられそうです。

（えい、えい、えい）

タッチュンは、がんばりました。大きなパワーショベルが、いきなり目にはいりました。タッチュンのおなかは、ほんのちょっぴりでしたが、地面にさわりました。あぶないところだったのです。頭をあげるのが、ちょっとおくれたのでした。

タッチュンは、ほんとうに地面をこすって、やっとからだを風にのせ、そこから、パワーショベルにむかって、フワーッとうきあがっていきました。（p.45～47）

モンザエモンのところに降り立ったタツオは、「どうだった？　ぼくのとびかた」と、思わずうれしくなってきく。モンザエモンは「すごかったよ！」「あんなすごいとびかた、おいらたちだって、なかなかできない」「きっと、きょくげいひこうもできるな」と答えて、にこにこと笑う。

編みもの名人のおばあさんがつくった飛行機も、按針塚の子どもたちの飛ばした飛行機も、そして、赤んぼ大将タツオのモモンガ服も、みんな、たのしさいっぱいで、佐藤は飛ばしている。佐藤は〝空を飛ぶ〟ことが好きな作家なのだ。

タツオは、もう一回、空を飛ぶことになるが、これは自分の意思ではなく、パワーショベルから振り落とされて、がけの上から海に落ちる場面になる。描写も〝飛ぶ〟というよりは〝落ちる〟に近いものになっている。これも、みてみよう。


ようやくからだをたてなおした空中のタッチュンは、下を見てぎょっとしました。

目の下には、青い海がひろがり、白い波がうねっていました！

（ありゃ、とんでもないことになってる！）

ふりかえってみると、がけは、もうずっとうしろにあって、じぶんの目よりも、わずか高いところにありました。とにかく、むりやりからだをひねって、がけのほうにもどりはじめました。

モモンガ服は、高いところから、ひくいほうへと、空をすべるようにして、とぶことができます。これは、ほんとうが、こまったことに、じぶんのちからでまいあがるわけにはいかないのです。これは、ほんもののモモンガでもおなじです。

だからタッチュンが、いくらじょうずに空をとぶといっても、がけの上には、もどれません。それどころか、がけにとどかないうちに、だんだんひくいところへおりてきて、とうとう波が、タッチュンのまるいおなかに、さわりはじめました。

（もうだめだ！）

あっというまに、タッチュンは水におちました。（p.112〜114）

落ちるといっても、さすがはモモンガ服だ。手足をバタバタさせて、がけの方へ懸命に行こうとするタツオの様子が、まるでアニメ映画の一場面のように、目に浮かぶ。

海面に落ちたタツオは、モモンガ服のおかげで、プカプカと浮いている。おぼれてはいない。が、いつまでも浮いていられるものでもない。さて、どうなるかというところで、パワーショベルがやってきて、タツオを救い出す。パワーショベルの方は、助けた瞬間に、エンジンに水がしみこんで、元の機械に戻ってしまう。恐竜のたましいも、無事に機械をこわすことなく、取りだすことに成功することとなる。大団円の結末だ。

ディズニー映画の『ピーター・パン』の子どもたちは、「You can fly!」と歌いながら、窓をとびだし、空を自由に飛んでいるが、よくみると、しっかりと〝妖精の粉〟をふりかけている。

ぼくとしては、赤んぼ大将のモモンガ服の方はともかくとして、『ピーター・パン』の方は、小道具なしのがむしゃらに信じる力だけで空を飛んでほしいと思うのだが、実際にはなかなかうまく飛べないのだろう。

空を飛ぶことはそうたやすいことではない。おばあさんもたった一度だけの夜間飛行で、きっぱりと編みものを止めている。そして、『わんぱく天国』には、最後に次のような章が加えられている。

それからもう三十年以上もたつ。

杉浦一郎は、横須賀中学から海軍兵学校に進み、航空隊を志願して沖縄で戦死した。二十さいになったばかりの中尉だった。

石井明は、高等小学校一年から乙種海軍飛行予科練習生を志願して合格し、一郎よりも一年半ほどまえ、硫黄島沖で戦死。十八さいの海軍上等飛行兵曹。

カオルこと加藤馨は、いま小さな出版社につとめている。


「加藤さんは、飛行機にのったことがありますか。」

そうきかれることがあると、きまって目をほそめてこうこたえる。

「あるとも、たったいちどだけだがね。」

だが、まだいちどだって、プロペラやジェットエンジンのついた飛行機には、のったことがないのである。（p.146）

三十年後、カオルは小さな出版社につとめている。が、ガキ大将だった一郎と明は、ともに戦死している。一郎が航空隊を志願して沖縄で戦死。明が硫黄島沖で戦死。海軍上等飛行兵曹。二人ともが空を飛ぶ道をえらんでいることが、救いになるのか。むしろ痛ましいのか。十八才と二十才という若さだ。

『わんぱく天国』という作品自体は、横須賀の按針塚あたりで遊ぶ子どもたちの姿を、しつこいほどに細かく描いただけの作品なのだが、その背景には、しっかりと戦争の時代がかぶさっていたことがわかる。佐藤は、そのことを作中の子どもたちの遊びの中では一言も触れずに、短い終章で、二人の若者の戦死という形で伝えている。子どもたちの遊びがリアルであればあるほどに、空を飛ぶことの現実は、ときに重い結末をともなうことになる。

「I can Fly!」と叫んで川に飛び込んで少年は転生する 映画では

奥山恵は、歌集『窓辺のふくろう』（コールサック社 二〇一七年一〇月一七日、p.53）の中で、こう詠っている。

「You can fly!」と窓の外へと飛び出していくのが、ディズニー映画の『ピーター・パン』なら、映画『ピンポン』の少年は「I can fly!」と叫んで、橋の上から川の中へと落下していく。

橋のらんかんにのぼっている少年。たまたま通りがかった巡査が、自転車を引きながらよびかける。振り向く少年。そのやりとりがおもしろい。

巡査はいう。

「少年！」

「なんだかわかんないけど、人生そうすてたもんじゃねえぞ」

「おじさんなんか、競馬で負けて、いま六十円しかもってないけど、がんばって生きてんだ」

「君が死んだら、お父さん、お母さん、どう思うかなぁ」

少年は「死ぐ?」とつぶやき、巡査は「死ぐ? あー、そうさ、死ぐ気になりゃ、なんだってできるさ」と答える。

「死がねーよ」

「そっか」

「空飛ぶんだ」

「ふふん、そいつぁよかった」

「月にタッチ！するなんてワケないさ」

「うんうん、その意気だ」

「I can fly!!」と、少年は右手を高く空に向ける。

「Yes, You can fly!!」と、巡査も応じる。

そして、少年は川に飛び込む。巡査は「えーっ、うそだろ、おれのせい……」と、川をのぞきこむ。落下した少年が水の中に沈みこんでいく。それがピンポン球まみれの中に横たわる映像へと変わる。ここでは、まだ生死のほどはわからない。しかし、そのあと、少年は復活する。猛練習のすえに、ライバルたちをたおし、最終的には世界的に有名な卓球選手にまでのぼりつめたところで、物語は閉じられる。

奥山の歌の最後の五字「映画では」が、逆に現実の重みを際立たせる。全体が説明になっているので、短歌の言葉として、これが秀歌になるのか、ぼくにはわからないが、最後の「映画では」にこめられた、作者の忸怩たる思いだけはつたわってくる。

空を飛ぶことは、そうたやすいことではないのだ。

＊小波お伽噺の場合

ロンドンのケンジントン公園でピーター・パンが空を飛ぶより少し前に、日本では、巌谷小波が、子どもの本の書き手として活躍している。小波お伽噺の中の〝空を飛ぶ話〟を少しみてみよう。

小波の作品は、初めのうちは、主人公が失敗するパターンのものが多く、途中から、主人公が冒険するものへと変わっている。したがって、初期のものは、空を飛ぶことに失敗し、後半は、空を飛ぶ冒険談になっている。

その失敗談からみていこう。

「鬼瓦」（『少年世界』博文館、第二巻第四号　一八九六年二月後号）は、お寺の屋根の上で、自分が一番高いと大得意でいる鬼瓦の話になる。鬼瓦は〈乃公が世界中で一番高いんだ。ソレよ！　乃公の上にはもう何にもありやしない。〉（p.3）と、いばっている。鬼瓦が、高いところから街を見下ろして、いい気分でいる描写を、ちょっとみてみよう。

（鬼）ヤァ見えるヮ〳〵。今日はお天気が好い故か、市街がすつかり見渡せらァ。——なんだ〳〵、向ふの方に大きな棒が突立つて、上から頻りに煙が出てるぜ。……は、ァ解つた、あれは煙筒だな。オャ此方の方には、長い階子がおッ立つて、何だな、小さい釣鐘がぶら下がつてるな。……成る程此奴は半鐘か。今に火事がおつ初まりやァ、直ぐジャーンとぶつけやうと云ふんだな。火事も遠くから見てるのは、綺麗で中々好いもんだけども、近所で行られちやァ熱くつて困る……（p.2）

ぼくは、あいにく高所恐怖症なもので、高いところからの景色を心地よいと感じたことはない。が、多くの人は、高所から俯瞰する心地よさというものをもっているようだ。編みものの飛行機に乗って、孫の住む団地までやってきたおばあさんは、マッチ箱のようにならぶ小さな建物に見とれて、こんなところなら自分もいっしょに住んでもいいと考えている。赤んぼ大将のたっちゅんも、モモンガ服の初飛行体験に興奮して、「どうだった？　ぼくのとびかた」とモンザエモンにたずねている。この鬼瓦も、高いところから見る心地よさを味わっているという点では、編みもの名人のおばあさんやたっちゅんたちと同じ所に立っているといってもいい。

ちがうのは、おばあさんが飛行機に乗って、夜間飛行を満喫し、たっちゅんが恐竜の魂の乗り移ったショベルカーをもとに戻すという冒険をやってのけたのに対して、小波の鬼瓦は、何の冒険もできなかったということだ。

鬼瓦は、高い所にいるがゆえに、風の神に吹きつけられる。雪にも降りつもられる。寒さにがまんできなくなった鬼瓦は、「天へ上がってしまえばいい」という一策を考え出す。

（鬼）まてよ、乃公は鬼瓦で、世界中一番高い處に居る者ぢやないか。乃公より上は天ばかりだ。其處であの風だつて雪だつて、元は天から来るもんだから、乃公が天へ上つてさへしまへば、彼奴等とおんなし處に居るんだから、こんな目に遭はずとも済む譯だ。さうだ〳〵。乃公は寧その事天へ上がつてやらう。なァに、一飛びに譯無しだ。

と、廃せばい可いのに鬼瓦は、寒いのを我慢して起き上がり、天の方へ向いて、

（鬼）一の、二の……三！

と、云ひながら飛びあがりますと、忽ち體は屋根を離れて、天へ上ると思ひの外、地面の上へ真逆様、粉微塵に成てしまひました。

縁の下の土台石は、今迄気楽に寝て居ましたが、此物音に目をさまして、

（石）なんだ今のは。……ヤァ鬼瓦が落ちやがつたんだな。……ハハ……、ざまを見ろ！（p.5〜6）

こうして、屋根から空へ飛びあがった鬼瓦は、たちまち地面に落ちて、粉みじんになってしまう。鬼瓦の空を飛ぼうという試みは、あっさりと失敗におわる。妖精の粉もなく、モモンガ服もなく、空飛ぶ編みものをもっているはずもない鬼瓦の試みは、最初から無謀だったというほかはない。縁の下の土台石の「ざまあみろ」という言葉で、物語は閉じられてしまう。

鬼瓦の行為は失敗に終わる。が、これは現実の厳しさの結果をあらわしているかというと、それほどのものでもない。空を飛べるはずのない鬼瓦が、空を飛ぼうと考えて屋根から飛び出すこと自体が〝身の程知らずの大たわけ〟なのであって、鬼瓦は現実の重みではなく、物語の寓意をあらわすために、冒険のひとつもなく自滅することになる。

「がんがらがんの雁」（『少年世界』博文館、第一巻第二二号　一八九五年一一月後号）は、わんぱく者の少年が、母親にうるさくいわれるのがいやで、どこかよその国に行きたいものだと考えて、雁をつかまえて空を飛ぼうとする話だ。

太郎は、空を飛んでいる雁を追いかけ、池の岸に上がったところに、話しかける。

（太）オイ雁公々々！

声をかけますと、雁は吃驚しながら、

（雁）へいへい、何か御用でございますか。

（太）用があるから呼んだんだ。どうだお前、これから乃公を載つけて、遠いお國へ連れてかないか。

（雁）ヘッ、お前さんを載つけて、遠い處へ行くんですか。私は車夫ぢやありませんから、そんな事は出来ませんよ。彼の鳥にお頼みなさい。

（太）そんな事があるものか。鶴なんぞはよく人をのつけて、飛んでくぢやないか。

（雁）それは鶴は私より大きな鳥ですもの。

（太）そんならあの蝶々を見な。お前よりはずつと小さいけども、矢張り人をのッけてく絵が、よく書いたるぢやないか。

（雁）それは絵ですもの、どんな物でもかけます。ほんとにそんな事ができてたまるものか。

（太）生意気な事を云ふな。愚図々々云はずに載せろッたら載せろ！（p.4〜5）


こうして、無理矢理に雁の背中に馬乗りになり、三頭だての馬車みたいにして、太郎は空を飛び始める。いい気持ちになって、歌をうたいだす。ムチでビシビシとうつ。「もうごめんだ」と雁が太郎を振り落とす。太郎は真っ逆様で、雁はそのまま、がんからがんのがんと飛んでいってしまうという結末になる。「鬼瓦」同様これも見事な失敗談だ。

太郎がうたった歌が、何ともおかしな歌なので、ちょっとあげておこう。引用の前半が歌の部分で、後半が、空を飛んでいる様子になる。

（太）さうだ、狆ワン猫ニヤンちう（鼠）の唄に、雁が三羽でがんがらがんの雁と云ふ處があるから、あれを唄いながら行てやらう……唄「狆ワン猫ニヤン鼠、金魚に放し龜牛モウ〳〵、猊狗に、鈴ガラリン、蛙が三ッで三ヒヨコ〳〵、雁が三羽でガンガラガンのガン……」

と、面白がつて跳りながら、手に持て居た石投器を、鞭の代りにして、雁の尻をビシビシ打ちながらどんどん空を飛ばしました。

（太）ヤァ面白いな〳〵。あのお池が、もうあんなに少さく成つちやつた。乃公の家は何處だらう。少さくなつてもう見えやしない。ヤァ向ふに大きなお山がある、あいつを越えなけれやならないぞ。しつかり〳〵、急げ〳〵！（p.5〜6）

前ふりからいって、こういった遊び歌が当時うたわれていたのだろうと思って、『日本伝承童謡集成』藪田義雄編（三省堂　一九七四年九月二五日〜一九七六年二月二五日　全六巻）で調べてみたら、似たものが三つ（富山、兵庫、東京）見つかった。地域もバラバラなので、けっこう全国的に流布していたのかも知れない。小波が東京麹町の生まれなので、東京のものを、ここにあげる。

ちんわん猫にゃあちゅう、
金魚に放し亀、牛もうもうに、
狛犬に鈴がらりん、
蛙が三つでみいひょこひょこ、

鳩ぽっぽに建石、石燈籠、
小僧がこけている櫂つく櫂つく、
布袋のどぶりに聾恵比寿、
雁が三羽で、鳥居におかめに般若に、
ひゅうどんちゃん、どっこいわいわい、
天王五重の塔、
お馬が三匹ひんひんひん。（『日本伝承童謡集成 第五巻 催事唄・雑謡篇』三省堂　一九七五年三月一日）

東京のものは「雑謡」に分類されていたが、富山のものは「手毬唄」、兵庫のものは「雑謡」の中の〈尻取り・早口唄〉に入っていた。第五巻は「雑謡」以下の区分がないので、わけるとしたら東京のものも〈早口唄〉にはいるのだろう。子どもたちが、ときに手毬をつきながら、口調のいい早口唄を遊びの中でうたっていたのであろう。

ムチでビシビシやられている雁から見たら、はた迷惑なことだろうが、母親の小言がうるさいから、いっそよその国まで空を飛んでいってやろうと考え、こんな歌をうたいながら、それを実行して、眼下に広がる風景をおもしろい、おもしろいとたのしんでいるあたりは、なかなかの腕白者にちがいない。これが、もし雁も同意の上でおこなわれた行為なら、立派な空飛ぶ冒険の物語になったと惜しまれる。池も家も小さくなり、自分の家がどこにあるかもわからないほどの高みにのぼってよろこぶさまには、やはり、俯瞰することの心地よさが見て取れる。のちのち、「わんぱく主義」を標榜することになる小波が、腕白な少年の空飛ぶ試みをこらしめているところも興味深い。話をおもしろくするために、流布していた遊び歌を援用しているあたりは、読み手を楽しませようと考えている小波の姿勢と工夫がうかがえる。

空を飛ぶことと、直接には関係ないが、この作品の中で、太郎の腕白ぶりを、小波がどのように書いているかも、みてみよう。


茲に、まづ或る所に、太郎と云ふ腕白者がありました。此児はまことに学校が嫌ひで、本などと云ふものは、何日が日にも読んだ事はありませんが、其の代り競走に角力取、木登りに石投げなどと云ふ、荒ッぽい遊戯は大好きで、日がな毎日戸外をあばれ廻って居りますので、阿母さんも持て余しまして、いくら小言を云つたか知れませんが、中々いふ事を聞きませんで、ます〳〵悪戯はつのるばかり。果は叱られるのを五月蝿がつて、こんな阿母さんの側に居るよりは、いつそ何處か遠くの國へ、自分一人で行てしまつた方が、どんなにか気楽でいいだらうと、飛んでもない考案を起こしました。(p.2〜3)

ここに書かれている太郎の腕白ぶりは、あとで、小波が「わんぱく主義」を唱えるときにいった「父兄がおとなしくさせんとする小供を、小生はわんぱくにさせ、学校で利巧にする少年を、此方は馬鹿にするようなものに御座候。」(「メルヘンに就いて」『太陽』一八九八年五月前号所収)といった腕白そのものに、ぼくには思える。その腕白者を失敗させているのだから、初期小波お伽噺の〈消極的諷誡〉が「わんぱく主義」とは、全く逆の趣向をもっていたことがわかる。

〈消極的諷誡〉という言葉は「臆病木兎」(『幼年雑誌』第三巻第十三号、一八九三年七月前)の末尾に付された、投稿読者の疑問に答えた小波の返事の中にある。主人公が失敗してしまったのでがっかりしたという読者に対して、小波はその作品は〈消極的諷誡の意を含ませたもので、積極的奨励の意を寓したものとは、自らべつでありますものを。〉と答えている。主人公を失敗させて寓意を語るという初期小波お伽噺のありようを、作者自身が端的に語った印象に残る言葉になる。

韻文などを挿入して、作品のおもしろみをはかったりしていくが、小波自身、主人公を失敗させる話の窮屈さにだんだんと限界を感じ、冒険談、腕白主義の方へと舵を取ったということなのだろう。

参考までに、〈消極的諷誡〉をいった小波の文章を、あげておく。こんなことをしながら、失敗談からだんだんと冒険談の方へいったのかな、と思ったりする。

序《ついで》に申《まを》す、第拾號《だいじうごう》の「稚兒《ちご》のはな」の中に、淵上高茂《ふちがみたかしげ》さんと云《い》ふ方《かた》が、私《わたし》の「カバン旅行《りよかう》」と「瓢《ひやう》簞船《たんぷね》」に就《つい》て、お小言《こごと》を陳《の》べられたやうです。御深切《ごしんせつ》の段《だん》は誠《まこと》に嬉《うれ》しく思《おも》ひます。然《しか》しながら、淵《ふち》上《がみ》さんとやら！、君《きみ》は安太郎と頑次とを大層御贔屓《たいさうごひいき》で、之《これ》に失敗《しつぱい》させた作者《さくしや》をお責《せ》めなさいますが。よく考《かんが》へても御覽《ごらん》なさい！根《ね》がカバンと瓢簞、なんぼ冒險《ぼうけん》が流行《はや》ると云《い》つて、まさか實地《じつち》にあんな馬鹿《ばか》な眞似《まね》をする奴《やつ》もありますまい。ですから之《これ》に失敗《しつぱい》させたは當然《あたりまえ》の話《はなし》で、もし之《これ》を成功《せいかう》した樣《やう》に書《か》いたならば、それこそ馬鹿氣《ばかげ》切《き》った話《はなし》だとのお小言《こごと》は、四方八方《しはうはつぱう》から出《で》て來《き》ましやう。お說《せつ》の通《とほ》り忍耐精勵奮發勉强《にんたいせいれいふんぱつべんきやう》、千折屈《せんせつくつ》せず萬挫撓《まんざたゆ》まざるの氣象《きしやう》を養成《やうせい》するのは、元《もと》より少年《せうねん》に必要《ひつよう》な事《こと》で、私《わたくし》も同意《どうい》でありますが。それも事《こと》と品《しな》に依《よ》ります。況《ま》してやあの二篇《へん》は、寧《むし》ろ消極的諷誡《しやうきよくてきふうかい》の意《い》を含ませたもので、積極的奬勵《せききよくてきしやうれい》の意《い》を寓《ぐう》したものとは、自《をのずか》ら別《べつ》でありますものを。願《ねがは》くは其邊《そのへん》を御《ご》諒察下《りやうさつくだ》さい。—云《い》はずもがなの事《こと》ですが、爲念《ねんのため》に一寸一言《ちよつとひとこと》

幻燈會主

空を飛ぶ冒険談の代表格は、「入道雲」（『少年世界』第三巻十九号〜二十五号、一八九七年九月前〜一二月前）だろう。雑誌連載時は「入道雲」という名前だが、『小波お伽全集』に収録する際には「風船玉旅行」とタイトルが変えられている。風船玉にぶら下がりながら冒険の旅をつづける物語としては、改題したタイトルの方がふさわしいものかも知れない。（『小波お伽全集 第六巻 少年小説集』吉田書店出版部 一九三三年八月五日所収）

この作品については、すでに「なぜ遠山の金さんは桜吹雪を見せるのか」（『童話ノート』復刊5号 二〇一六年一〇月六日）の中で、冒険談とそのエネルギー源としてのニッポンイデオロギーというかたちでとりあげたので、重複するところも出てくるかも知れない。が、ここではできるだけ〝空を飛ぶ〟ことにスポットをあてながら見ていきたいと思っている。

さて、大の風船好きで、〈如何かして一生に一度は、風船に乗つて天へ昇らう〉（p.1）と思っている少年、太郎が主人公。大切にしていた風船玉十個の中のひとつが、糸がゆるんで入道雲に呑みこまれてしまう。

悲しんでいる太郎に、ある日、のこった九個の風船玉がいう。みんなで飛んでいって、入道雲をひっ捕まえて、兄弟分の玉一のうらみをはらしてくれましょう、と。こうして、太郎は、九つの風船玉をからだに結びつけて、空へと飛びたつことになる。日頃から、天に昇りたいと思っていた太郎の、その飛んだときの様子をみてみよう。

（太）さア、よしか、一の二の、三ッ！　と云ひますと忽ちの中に太郎の身体は、フハ〱と浮きあがりました。

平常から風船好きで、是非一度は空中旅行をしたいと、夢に見る程に思つて居た太郎、今日図らずも風船玉の勧誘で、入道雲征伐に行くのですから、こんな嬉しい事はありません。こんな面白い事はありません。

今屋根の上に居たかと思ふと、もう森を越してしまひます。……此のお正月には紙鳶を引からめて、如何しても取れなかった銀杏の樹は、もう下の下の方に、まるで艸箒木を立てた様に成つてしまひ、……来年に成つたら登らうと思つてた、隣村の大山は、もう遠く〱の方に、まるで箱庭を置いた様に見えます。

（太）こいつは面白い〱。こんな面白いものならば、もつと早くから乗つて来たものを……（十九号 p.6～7）


ここには、日頃から空を飛びたいと思っていた少年が、初めて空に飛べたときのうれしい様子が、よくあらわれている。眼下に見える〝小さな風景〟は、失敗はしてしまったが「がんがらがんの雁」の中で太郎が見た景色と同じものだ。ちがうのは「入道雲」の太郎は、めいっぱい楽しみ、そのおもしろい冒険をやりぬいていることだ。

〈消極的諷誡〉から解放された主人公は、風船玉たちとともに、入道雲退治にでかける。雲男、雨龍、雷、雨師、風の神などに出会い、最後に、入道雲をやっつけて凱旋する。空を飛ぶ冒険の物語は大団円のうちに完結する。

太郎が出会った異形のものたちが、みな「日本の太郎」の威光をおそれ、道をゆずったり、手助けをしてしまうところが小波お伽噺の冒険談の特徴だ。失敗談では前面に出ていた《寓意》が、冒険談では、影を潜める。が、内在化して、ニッポンイデオロギーと呼ぶべきバックボーンとなって、登場人物たちを動かすことになる。

ぼくは、なぜ明治の小波お伽噺を引き合いに出しながら、空を飛ぶ物語について、語っているのか。

それは、「がんがらがんの雁」の太郎や「入道雲」の太郎が見ている箱庭のような眼下の風景が、佐藤さとるの編みもの名人のおばあさんが飛行機の上から見たタツオの団地の景色や、『わんぱく天国』の少年たちが夢みた空飛ぶことへのあこがれと、基本的に同じものだと考えているからだ。

もちろん、小波お伽噺には、佐藤のリアルなファンタジーのような散文性はない。一人の太郎は〈寓意〉の中で飛ぶことに失敗する。もう一人の太郎は、冒険のバックにニッポンイデオロギーという危い思想をもっている。しかし、それでもなお、二人の太郎たちが、空を飛んだときの、うれしくてうれしくて仕方のない様子は、ほんものだと、ぼくには思える。ぼくは、とりあえず〝封建道徳を軸にしてつまらない作品を書いた巌谷小波〟という虚像をこわしたいのだ。同じように《俯瞰する心地よさ》を描いた作品としての俎上にのせたいだけなのだ。

虚像を取りはらってみると、太郎たちが見ている眼下の風景や、空を飛びたいという思いは、『おばあさんのひこうき』のおばあさんや、人が乗れる飛行機をつくろうとがんばる子どもたちや、もしかしたら、ケンジントン公園のピーター・パンとも、つながっているのではないかと、ぼくには思えてくるのだ。

さらにいうならば、戦死した一郎と明という二人の若者は、子ども時代にめいっぱい楽しんだ〝飛行機遊び〟を、現実の中では、小波が冒険のバックボーンにしたニッポンイデオロギーの中に自分を置くかたちで、志願して航空兵をえらび、ともに死んでいったことになる。

『ピーター・パン』が「You can fly!」と叫ぼうと、現実には「I can fly!」と叫んで飛びたつことは、とてつもなくむずかしいことにちがいない。小波や佐藤さとるやジェームズ・バリが、たのしく空を飛べば飛ぶほどに、ぼくらは、実際に〝空を飛ぶ〟ことのむずかしさに、うろたえることになるのだろう。

空を飛ぶことはそうたやすいことではない。

＊獣の奏者

(――知りたくて、知りたくて……)

エリンは、心の中で、リランに言った。

おまえの思いを知りたくて、人と獣の狭間にある深い淵の縁にたち、竪琴の弦を一本一本はじいて音を確かめるように、おまえに語りかけてきた。

おまえもまた、竪琴の弦を一本一本はじくようにして、わたしに語りかけていた。

深い淵をはさみ、わからぬ互いの心を探りながら。

ときにはくいちがう木霊のように、不協和音を奏でながら。

それでも、ずっと奏で合ってきた音は、こんなふうに、思いがけぬときに、思いがけぬ調べを聞かせてくれる……。

つぶった目に涙がにじんでくるのを、エリンは感じた。

おまえにもらった命が続くかぎり、わたしは深い淵の岸辺に立って、竪琴を奏でつづけよう。天と地に満ちる獣に向かって、一本一本弦をはじき、語りかけていこう。

　未知の調べを、耳にするために。


目をあけ、首をねじって下を見ると、降臨の野《タハイ・アゼ》がはるかに広がっていた。

闘蛇も人も、もはや見分けはつかず、蜂の群れのように黒々とした点となり、天と地は光をたたえながら、どこまでも続いている。

　リランが、胸の奥で、力づけるような音をたてているのを聞きながら、エリンは眼下に広がる大地を、いつまでも見つめていた。（Ⅱ、p.409〜411）

上橋菜穂子『獣の奏者　Ⅰ闘蛇編　Ⅱ王獣編』（講談社　二〇〇六年一一月二一日）のラストシーンが、いまだに目に焼き付いていて、はなれない。

天空高く舞いあがった獣の奏者エリンと王獣リランを見ながら、ぼくは何を考えていたのだろうか。

大公《アルハン》の次男ヌガンが謀反をおこす。大公《アルハン》の命をとる。さらに長男シュナンの命をねらう。何千という闘蛇の大軍がせまる。絶体絶命だ。

そんな設定の中で、真王《ヨジェ》セィミヤの「シュナンを助けて」という懇願に、エリンはこたえる。

「お助けいたします」

セィミヤは誓う。

「頼みます。――わたしは、あなたに誓う。みごと、シュナンを助けたあかつきには、王獣を解き放ち、未来永劫王の武器には使わぬと」（Ⅱ、p.401）

衆目の前でエリンを飛ばしてしまえば、その誓いがいかに無意味であろうかをさとりながら、それでもエリンはリランにまたがる。空を飛ぶ道を選ぶ。エリンは心の中でリランに語りかける。――（リラン、わたしは結局あなたを武器として使う。）（Ⅱ、p.401）

「飛んで！」とさけぶエリン。翼の筋肉を躍動させるリラン。天をすべり一直線に、シュナンを取り囲む闘蛇の群れにせまる。天を駆る王獣は無敵だ。リランを前にして、闘蛇たちはいっせいに天に腹を向ける。仰向けにひっくりかえる。あらがうこともない。何千もの闘蛇が丸太のように倒れていく。リランは、それらを爪にかけ、引き裂き、ちぎり、屠っていく。

王獣の圧倒的な〝力〟は比類ないものだ。すでに圧倒的な〝力〟をほこっている闘蛇の、その大軍を前にしても、その〝力〟は群を抜いている。エリンは、シュナンを助け出す。リランの背に乗せて逃がすことに成功する。が、自らは背に矢をうけて、闘蛇の群れに取り囲まれてしまう。

闘蛇が輪をせばめる。エリンは死を覚悟する。今までの人生が走馬燈のように流れる。母とともに闘蛇の群れに食われるところだと思ったりもする。蜂飼いのジョウン、学舎仲間のユーヤン、トラム、堅《セ》き槍《ザン》イアルの顔が浮かぶ。唐突に（……まだ、死にたくない）という思いがこみ上げてくる。

そんな中に、リランがふたたび舞いもどる。降りそそぐ矢を翼で防ぐ。リランはその牙でエリンを軽くかんで、口の中に運ぶ。舌でやさしく包みこむ。闘蛇の血の臭いが残る唾液の中で、エリンはあたたかさにつつまれて、目を閉じる。リランは大地を蹴る。天に舞いあがる。

先に引用したのは、その天空高く舞いあがった場面、この物語のラストシーンになる。じつをいうと、ぼくは、このラストシーンを読み終えたとき、その〝力〟の強さに戸惑いを覚え、どうとらえたらいいのか、よくわからないでいたのだ。

天空で目をあけたエリンには、闘蛇の群れも人も、もはや蜂の群れのように黒々とした点にすぎないと、描かれる。そこには、さっきまであった殺戮の血なまぐささはない。エリンはリランの口の中で、確かに、俯瞰する心地よさに酔っていたのだ。

しかし、いかに天空高く舞いあがろうと、リランの口の中には、まだ屠られた闘蛇たちの血の臭いが残っている。黒々とした点にしか見えない大地に這いつくばうものたちも、近づけば血みどろの大殺戮の結果、そこかしこに散乱した肉塊の現場にちがいないのだ。

武器として使われたリランの〝力〟のとてつもない大きさに、ぼくは、天空で酔いしれるだけではすまされない危うさをおぼえ、危惧していた。

＊

『獣の奏者　Ⅰ闘蛇編　Ⅱ王獣編』（講談社　二〇〇六年一一月二一日）の三年後に『獣の奏者　Ⅲ探求編　Ⅳ完結編』（講談社　二〇〇九年八月一〇日）がでた。

本来二巻で完結だと思われたこの物語に、二巻が追加されたということは、作者もそして読者も、あのラストシーンに、ある種の危うさ、あるいは心残りを覚えていたのに違いない。口に出してしまえば「このままでは、終われない……」ということになる。

『獣の奏者』は、そのタイトルにもあるように、獣をあやつる人＝操者エリンの物語だ。

獣といっても、この物語に出てくる獣は、闘蛇と王獣という巨大な二つの獣になる。闘蛇は、ふだんは水の中にすむ。蛇のような体型をしている。しかし、四本の足をもつ。地を走れば、馬よりもはやい。戦士は闘蛇に乗って、敵陣を食いやぶる。強大な戦力になる。大公《アルハン》は、闘蛇をあやつる兵をもち、リョザ神国を守っている。もう一つの獣は王獣と呼ばれ、天を翔る。リョザ神国の王、真王《ヨジェ》の象徴的な存在だ。闘蛇も王獣も決して人になつくことはない。音なし笛というからだを硬直させる道具を使うことで、飼育を可能にしているにすぎない。

物語は、闘蛇と王獣という二つの獣と、それをめぐる謎めいた〈掟〉を軸にしながら進んで行く。

王獣は「王獣規範」にそって飼育される。闘蛇の中で最強の〈牙〉は〈特滋水〉を与えられて育てられる。どちらもきびしい管理下におかれている。これは、いってみれば、公の〈掟〉ということになる。

これに加えてもうひとつ、霧の民《アーリョ》の〈掟〉というのがある。エリンの母ソヨンは、霧の民《アーリョ》でありながら、掟をやぶり、闘蛇衆の男と結婚する。そして、エリンを産む。霧の民《アーリョ》は、他の人々との交流を自ら禁じて暮らす謎の人々だ。目が緑色をしているため、外見からひと目でそれとわかってしまう。霧の民《アーリョ》の外で生まれながら、緑色の目をもつエリンは、すでに存在自体が数奇な運命にとらわれていたのかもしれない。

霧の民《アーリョ》が、他の人たちとの交流を避けている理由は、彼等が〈操者の技〉という闘蛇をあやつる技をもっているからだ。あやつる技を伝承しつつ、同時にその技を決して人前で見せてはならぬという〈掟〉も伝承する。ならば、いっそのことその技自体の伝承を止めればいいのにと、ぼくなどは思ってしまいそうになるのだが、世の中そう単純ではないのだろう。

霧の民《アーリョ》の人々は、技を伝承しつつ、しかしその技は使うな見せるなという〈掟〉をいっしょに伝えるのだ。ぼくは、この掟に縛られた霧の民《アーリョ》を見ると、同じ上橋菜穂子が書いた『神の守り人』(偕成社　二〇〇三年一月)に出てくるタルの民を思い出してしまう。

タルの民は、いにしえのサーダ・タルハマヤによる大殺戮を二度と起こさないようにと誓いをたてて、自ら外界と隔絶する生き方を選んでいる。そのタルの民が〈掟〉をやぶることがないようにと、カシャル〈猟犬〉が見張っている。注意深く張りめぐらされた〈掟〉によって、大殺戮への道は閉ざされているのだ。

同じように、霧の民《アーリョ》は、むかし王獣と闘蛇をもちいた戦いの末に、幾万もの死者を出してしまった過去を、二度と繰り返さないために、獣をあやつる技を伝承しつつ、それを他に伝えることを固く禁じている。〈操者の技〉の伝承は、おそらく過去の記憶の伝承ということになるのだろう。過去を忘れないために、その技を伝え、いましめとして決して口外しないという〈掟〉をもちつづける。タルの民もカシャル〈猟犬〉も、霧の民《アーリョ》も、ともに平和を守りつづけるために、〈掟〉にしたがって生きている人々なのだ。

その〈掟〉にしたがって、カシャル〈猟犬〉の頭スファルは、サーダ・タルハマヤを召喚しようとするアスラを殺すべきだという。

その〈掟〉にしたがって、エリンの母ソヨンは、大量の闘蛇の死の責任を一身に背負い、自らの死を選ぶ。

スファルに対して、タンダはいう。あんたのいうことも、一つの言い伝えにすぎない。真実とは限らない。自分はアスラを守る、と。バルサも、アスラの召喚する強大な力をおそれつつ、それでもなお、一人の少女を殺すことで解決するという選択肢を拒否する。

エリンは、母ソヨンが〈掟〉を守って死を選んだことに疑問をもっている。霧の民《アーリョ》の男があらわれて、王獣を飼い慣らすな、操者の技を使うなといっても、その先に隠されている真実を探ろうとする。〈掟〉によって縛られるのではなく、その先のまだわからないことをつきとめ、知ることで、解決しようとする。

ぼくは、大殺戮をくりかえさないために、それを言い伝えとして記憶にとどめておくタルの民やカシャル〈猟犬〉、そして霧の民《アーリョ》のありようは、一つの象徴として、大切なものだと思っている。その上で、タンダとバルサが、言い伝えによる〈掟〉よりも、一人の少女の命の重さを選んだことの意味は、とてつもなく大きいと思う。

同じように、霧の民《アーリョ》が禁じた〈操者の技〉を、禁じるのではなく、どんどん明るみに出していってしまうエリンの行動も、死と代替できる〈掟〉＝秘密は存在しないという意味で理解できる。二巻のラストシーンで、図らずもエリンがいったように、エリンは（――知りたくて、知りたくて……）つきすすんだことになる。

ぼくは、〈掟〉というかたちで秘密裏にことをはこぶよりも、全てを白日の下にさらした上で、さあ、どうすると選択肢を選ぶことのできる世の中の方が、好きなのだ。その意味で、カザルム王獣保護場の学舎で教導師長を勤めるエサルに拍手喝采を送りたいとさえ思っている。


一生を王獣の保護に捧げている自分たちにさえ、知ることを許されぬ、なにかがある。それが、エサルは腹立たしかった。人を無知なままにして、何かを守ろうとする姿勢が、エサルは吐き気がするほどに嫌いだ。判断は、事実を知ったあとにするものだ。事実を知らせずにおくということは、判断をさせぬということでもある。（Ⅱ、p.94〜95）

三年後に出版された第三巻が『探求編』と名づけられたように、エリンは、「王獣規範」や〈特滋水〉

による飼育の裏に隠されていた秘密を、次々にあきらかにしていく。結果、今まで繁殖できなかった闘蛇を増やすことにも成功し、〈新生闘蛇軍〉がつくられていく。王獣も繁殖する術をみつける。

エリンは、おそらく母ソヨンを死に追いやることになった〈掟〉というものを憎んでいる。そして、〈掟〉の先にある秘密を明らかにすることで、母を死に追いやったものがいったい何であったのかという確かな答えを見つけ出そうとしていたにちがいない。母との壮絶な別れから始まったこの物語の、その答えを見いだしたときが、おそらく最終的な帰結だったはずだ。エリンの思いは、例えば次のようなところからも見てとることができる。


この二日、寝床に横になって考えているうちに、心に浮かびあがってきたのは、自分は母のように、闘蛇の秘密を守るために死を選ぶことなどできない、という思いだった。

たとえ、自分が解き明かしていくことが、闘蛇を増やし、闘蛇軍の増強につながっていくのだとしても、自分は、知りえたことを秘するために死んだりできない。

(知りえたことを秘することで……)

災厄を未然に防ごうとする霧の民《アーリョ》の思いは、わかる。——だが、なにかがちがうような気がしてならないのだ。なにがちがうのかは、まだわからない。けれど、彼らと同じ道をたどる気にはなれなかった。(Ⅲ、p.237)

しかし、現実もそうであるように、物語も一筋縄ではいかないようだ。隣国ラーザが闘蛇飼育の秘密を盗み出し、同じような〈新生闘蛇軍〉を率いて侵犯してくる。エリンは、王獣と闘蛇とを戦わせたときにおこると言い伝えられてきた〝災厄〟がどのようなものかを突き止める時間もないままに、訓練した王獣たちを飛ばせることになる。それはエリン自身が、「他国の闘蛇軍をやすやすと圧倒できる武器」(Ⅳ、p.23)として王獣を、知らしめてしまった結果でもある。

攻め寄せるラーザの闘蛇軍に対して、迎え撃った味方の闘蛇軍は全く役に立たなかった。闘蛇同士では戦わなかったからだ。それを知った、ラーザの新生闘蛇軍は、戦うことなく街にせまる。エリンは王獣を武器として使わざるをえなくなる。王獣たちを飛ばすまえに、エリンはセィミヤにいう。

「——約束を」

エリンは細い声で言った。雨が頬を伝っていく。

「どうか、約束してください。——これから起こることを見届け、なにがあっても、もう二度と隠すことはしないと。みんなが真実を知り、考えることができるように。もう二度と隠さないと、どうか……」(Ⅳ、p.383〜384)

エリン自身は、どこまでも真実を見つけようとして、突き進んでいったことになる。しかし、真王《ヨジェ》セィミヤが見届けることになった〈真実〉は凄惨なものになる。第二巻のラストでは、何千もの闘蛇は、ただ丸太のように倒れ、エリンとリランは天空高く舞いあがることができた。しかし、人間の養殖によって増やされた〈新生闘蛇〉は丸太のように倒れることはなかった。恐慌のあまり互いに身を押し付け合い、〈突如変形した〉(p.389)のだ。変形した幾千の闘蛇は、渦を巻き、そこから猛毒の体液を分泌し、霧のように大気へと拡散し始める。闘蛇も、それに乗っていた人間も、襲いかかる王獣も、みな死に絶える。勝者も敗者もない凄惨さを、エリンは、自分自身が作り出し、その記憶と記録を後生に残したことになる。

物語の最後は、エリンの息子ジェシの語る「エリンの物語」で閉じられる。エリンの灯した松明の火は確実に多くの人に手渡され、ひろげられている。

＊

ぼくは、この物語に、一つの大きな引っかかりをもっている。それは、なぜ、エリンの〈探求〉を最後まで貫徹させなかったのかということだ。

〈新生闘蛇〉が人を必要以上に苛立たせることは、物語の中でも語られている。いつもは冷静なイアルが、背後から襲ってきた闘蛇衆の男にあごの骨を砕くような一撃を与えている。男がすでに戦意をなくしていたにもかかわらずだ。襲った男にしても、ただ新生闘蛇の発する毒気にあてられたにすぎない。

新生闘蛇は、不自然なほどの毒気を発散する。その毒気は驚くほどに人を苛立たせる。その事実を知ったなら、エリンは、そこから先を探求しなければいけなかったのだと、ぼくは考える。そして、新生闘蛇がもたらす〈変形〉にも、戦わずして、気づいてほしかったと、ぼくは思う。

数万の闘蛇と数千の王獣の戦いで一つの国が滅んだのと比べれば、エリンがやった数頭の王獣と何千かの闘蛇の戦いで生じた犠牲者の数は、少ないかも知れない。しかし、これは五十歩百歩だ。〈掟〉より一人の少女の命の重さを選んだタンダやバルサの選択とは、ちょっとちがう。なによりも〈掟〉より人の命の重さをとったエリン自身の志向ともちがってしまったと、ぼくには思えるのだ。

ぼくがなぜ、エリンが〝厄災〟を避けずに突っ込んでいってしまったことに引っかかりをもっているかというと、人間が予想する＝考えることで災難を避け得る動物だという希望的観測をもっているからに違いない。が、もうひとつ、大きな理由として、エリンのもつ〈心地よさ〉にある。

第二巻の中ごろ、真王《ヨジェ》ハルミヤが闘蛇におそわれる場面がある。エリンは、ハルミヤを助けるため、リランの背にまたがり、空を飛ぶ。リランはくるったように闘蛇におそいかかる。鋭い爪で、そのからだを引き裂く。嚙み砕く。そのときのエリンの様子を、上橋は〈エリンは吐き気を覚えて、目をつぶった。なにもできず、ただ、リランにしがみついているだけで精一杯だった。〉（Ⅱ、p.196）と書いている。しかし、この少し後で、同じ場面について、上橋は次のようにも書いている。

リランが闘蛇に嚙みついた瞬間の、あの、牙が鱗をバリバリバリッとガラスのように砕いていく音が、耳の奥によみがえってきた。
とたんに、胸の底でなにかが疼き、背筋に鳥肌が立った。その疼きは、なんともいえぬ心地よさをともなっていた。
闘蛇を、もろい硝子細工のように嚙み砕いていく音を聞いていたあのとき──荒々しい血の臭いにくるっている王獣の背に乗って圧倒的な力をふるっていたあのとき──自分は、恐怖だけでなく、快さも感じていたのだと、エリンはふいに悟った。（Ⅱ、p.212）

ぼくらは、エリンの〈心地よさ〉に最も注意を払う必要があるだろう。圧倒的な力で敵をほふり、天空高く舞いあがったときの〈心地よさ〉を、最後の土壇場でも、エリンはどこかに持っていたのではなかったのか。そして、それが最後の〝災厄〟にむすびついたのではなかったのか、と。そのことについて、エリンの物語は、何も語っていない。してみると、この先の真実を解き明かすのは、読者であるぼく自身ということになるのだろうか。

空を飛ぶことは、やはり、そうたやすいことではないのだ。

＊翼もつ者

空を飛ぶことへのあこがれと、空を飛ぶ戦力の有効性とを、同時に描いたのは、みおちずる『翼もつ者』（新日本出版社　二〇一六年七月二五日）だ。

この作品は、日本児童文学者協会創立７０周年記念出版である〈文学のピースウォーク〉の一冊として刊行されている。末尾には「新しい戦争児童文学委員会」による次のような文章が付されている。

二〇〇三年の秋、日本政府が自衛隊のイラク派遣を決めた直後に、日本児童文学者協会は、「新しい戦争児童文学」委員会を発足させました。委員会では、作品の募集や合評研究会などを重ね、それらは短編アンソロジー〈おはなしのピースウォーク〉全六巻（二〇〇六〜二〇〇八年）として結実しました。その後、「新しい〈長編〉戦争児童文学」の募集を開始し、やはり合評を重ねこのたび完成したのが長編作品による〈文学のピースウォーク〉（全六巻）です。

委員会の中心であった古田足日氏（二〇一四年逝去）は〈おはなしのピースウォーク〉所収の「はじめの発言」で次のように書いています。

——この本がきみたちの疑問を引き出し、疑問に答えるきっかけとなり、戦争のことを考える材料となれば、実にうれしいです。

再び、この思いをこめて、〈文学のピースウォーク〉を刊行します。

この物語が「戦争と平和」について考えるために、書かれ出版された作品であるということを、心にとめておくことにしよう。

さて、この本は、物語が始められる前に、一ページ、この世界の成り立ちを説明する文章が載せられている。〈大戦争後、地上は居住不可能となり、人々は地下シェルターに逃れた。だがそれは、過酷な生き残り競争のはじまりでもあった。〉と、はじまる。この文章は、一読して、まるでＲＰＧのゲームのような世界観を思わせる。

要所を抜き出すと雰囲気も変わってしまうので、ちょっと長くなるが全文をここにあげると、こんな感じになる。

大戦争後、地上は居住不可能となり、人々は地下シェルターに逃れた。だがそれは、過酷な生き残り競争のはじまりでもあった。

多くのシェルターが地上浄化されるまでの三百年を耐えきれず、滅びていった。その中で、十万人規模の巨大シェルター《オルテシア（明日への希望の意）》は、生存に必要な知識・技術をもつ者を、大戦争前に計画的に優先居住させたことが功を奏し、生きのびることができた。

〈シェルター開放〉の時を迎え、地上に出た彼らはオルテシア共和国を建国し、温存していた旧時代の知識を武器に、他の生き残りシェルターを併合し、やがて大陸の東を支配するようになる。

一方、大陸の西には、生き残った中小シェルターの共同体であるカザール自治連邦が興る。オルテシアの傘下に入らなかったシェルターはカザール自治連邦に入り、やがてふたつの国は大陸を二分するようになっていった。

そして、開歴七一三年（シェルター開放から七一三年）、莫大なエネルギーをもたらす地下資源「ソリド・マグマ」が発見されると、二つの大国の均衡は破れる。両国はその所有権をめぐり争い、ついに戦争が勃発したのだ。

だが、共和国のはずれの荒れ地に暮らす十六歳の少年ノニには、戦争など遠い世界の話だった。ただ毎日を生きていくだけで精一杯だった。（p.6）

RPGの世界観と似ているといっても、RPGの世界観って、なんだぁという人もいるかもしれない。そこで、日本では、二〇一五年五月八日に正式オープンしたMMORPG（Massively Multiplayer Online Role-Playing Game）「黒い砂漠」の世界観を次にあげてみる。

動力の源として古代文明を築きあげた「黒い石」は一方で人工的な化学作用により古代人の精神を蝕み、文明を滅亡させたともいわれている。

資本と商業の国「カルフェオン」と、絶対王政の国「バレンシア」の間の砂漠に数多く存在している。

カルフェオンは黒い石が眠る地を「黒い砂漠」と呼び、資源を独占するため戦争を開始した。

バレンシア王国はこの戦争で多くの兵士が血を流したことから、その地を「赤い砂漠」と呼ぶようになった。

カルフェオンとバレンシアの歴史の中であなたは古代文明に隠された秘密に迫り、失われた記憶と黒い石が放つビジョンを目の当たりにするだろう。
「黒い砂漠」をめぐる 古代文明の秘められた真実に迫る旅が今始まる……。(「黒い砂漠」公式HP、「ストーリー」から引用)

『翼もつ者』と「黒い砂漠」とで、その世界観が似ているか、そうでないと思うかの判断は、読む者の感じ方にゆだねるほかはないのだが、ぼくは「似ている」と感じた。だから、これからの論も多分にそれに影響されてくる。

蛇足になるかも知れないが、ことわっておくと、この二つの作品は、エネルギー源でもあり旧時代を滅ぼしたともいう「ソリド・マグマ」と「黒い石」をめぐって二つの国の間で戦争がおこるというもので、似ているというよりは酷似している。ぼくが例として「黒い砂漠」の世界観をあげたのは、似ているということが、わかりやすいと思ったからで、ぼくが言いたいことは「黒い砂漠」という一つのゲームに似ているということではなく、ある種RPGの世界観に似ているということになる。だから、「黒い石」をめぐる「黒い砂漠」よりずっとまえにはやった「赤い石」をめぐる「レッドストーン」の世界観でもいいし、ファイナルファンタジーの世界観をもってきてもいいと考えている。

さて、「黒い砂漠」のようなゲームならば、最初の設定で、ダークナイト、レンジャー、リトルサマナー、ウイッチ、ウォーリア、バルキリーなどなど、キャラクターの職業を自由に選べたりもするのだが、さすがに紙でできた物語だから、その種の自由さは、あたりまえだが、ない。

主人公ノニは、オルテシアの旧街区の荒れ地に住む。オルテシアは特別市民と呼ばれる特権階級と、普通市民とが区別されている階級社会で、旧街区に住むノニは、普通市民からもさげすまれながら生活している。最下層ということになる。

ＲＰＧが〝旅〟を基調にしているように、これも、主人公ノニがいろいろな人々と出会い、経験を重ねるなかで成長していく物語になっている。登場人物たちの発することばが生硬でストレートすぎる感じがするのだが、これもＲＰＧの世界の中で、それぞれに与えられた役割として読んでいくと、物語が進むごとに経験値を積み重ねていく少年の成長とそこに配置されたキャラクターたちとして、読みすすめることができる。また、そこから、作者が意図した〝戦争への道を進むことなく平和を大切にしよう〟というメッセージも見えてくることになる。

冒頭をみてみよう。

「一つ、新世界の繁栄のために、身も心も国家に捧げん。
一つ、新世界に導きたもうた偉大な元首に、感謝をもって我、奉仕せん。
一つ、我が働き、オルテシア《明日への希望》の礎とならん……」（p.7）

この物語は、『オルテシア共和国　国家元首訓示』の斉唱からはじまる。まるで、「教育勅語」のようだと、ぼくは思う。というより、作者は、旧時代に日本という国がつくった「教育勅語」をストレートに意識して、冒頭に持ってきたといっていい。

これは、作者の気概ではないか。

かって旧時代の日本という国が、天皇の名の下に「教育勅語」を唱えさせ、人々を戦争にかりたてた。

多くの人々が死んでいった。自国だけでなく、当然たたかった相手の国の人々も死に、家族を失い、家を失った。その勅語を思わせる「訓示」に、作者は、少年の空を飛びたいという思いを、ストレートにぶつける。

「一つ、新世界繁栄のために、おれは空を飛びたい！」（p.9）

空を飛びたいといったノニは、教師の鉄拳をあびる。拍手喝采の出だしだ。これが、リアルな物語ならば、この状況でなぜこのようなことができるのか。なぜ思想矯正収容所にいれられることもなく、救護室の寝台にていねいに寝かせてもらったりしているのか。なぜ救護室の隣のベッドに、親友になるイアンが都合よく寝ていたのか。と、いくつも疑問が出てくるところだ。が、これも、ひとつのＲＰＧとして読めば、むしろ快調な出だしに思えてくるから、不思議だ。

その救護室で、イアンはいう。

「知っている？　昔、人には翼があって、空を飛んでいたって」（p.13）

イアンは、背を向けたノニにいう。

「えっ」「まさか！　うそだろう？」と、思わず振り向くノニがいる。

父親が生存保安部長で特別市民の子であるイアンは、ノニをさげすまないだけでなく、旧市街暮らしのノニをうらやましがる。空を飛びたいというノニに、ノニの知らない知識を教える。二人は、いっきに親友になる。

イアンの話によれば、旧時代を滅ぼした大戦争は、翼人のせいで起きた。だから、いまは翼がはえないように、胎児のころに予防接種をやっているという。それでも、翼がはえてしまった人々は、思想矯正収容所に送られ、翼を落とされるという話だ。

オルテシアでは、翼人は、悪の象徴だといっていい。

この翼人が、じつは〈悪〉ではなく〈正義〉の側にあったのではなかったのか、という風に進んでいくのが、この物語の展開でもある。

ノニとイアンは、荒れ地に残っていた図書館遺跡で、ユパンキ老人に出会う。老人は、大戦争の原因は、人々が翼を捨て始めたことにあるという。〈地上に降りた人々は、自分の周囲のことしか関心をもたなくなり、次第に翼をもつ人々を嫌悪するようになっていった。〉（p.77）という。そして、自分の利益しか考えない人間たちが戦争を起こした、と。


「大戦争の原因は、翼人のせいではない。むしろ、翼人は、戦争を止めようと奔走したという記録が見つかったのだ。つまり、翼は悪だという説は、大戦争後、翼人を排斥する勢力が造りだしたものなのではないか、という推測が出てきた。」（p.43）

『翼をもつ人々は、空高くから地上を眺め、自分の利益だけを求める危うさを知っていた。だが、今、翼人はいない。人々は自分たちの見えるところしか知らず、また知ろうとしない。己の利益だけを求め、それを害する場合は、どんな理由があろうと排撃しようとする。己の利益ばかりを追求することが、他者を害する場合があることも知らずに。
とうとう、戦争がはじまってしまった。これが世界の終わりになるかもしれない。』（p.78）

最初は悪として描かれた翼人が、正義の側にいたことが明らかにされる。ここで物語はさらなる展開を迎える。イアンは家出をして行方不明になる。図書館遺跡は生存保安部の兵士に襲われる。ユパンキ老人は連行され、図書館の本は火をつけられ焼かれてしまう。ノニは（飛ぶ。今こそ）と念じる。すると、背に翼がはえる。ノニは空に飛びたつ。これもＲＰＧらしい旅立ちだ。

ノニの旅を駆け足で追ってみよう。

空を飛ぶノニが見たのは、荒れ果てた農園と死んだような街になる。豊かだと教わったオルテシアの国がじつは貧しかったことを知る。飛び続け、疲れ果てて、落ちたところはカザール連邦のアーボン自治領スミルナ村の農夫マルカ・ロスターのところだった。

マルカ一家にやさしくしてもらったノニだったが、イアンをさがすために、ふたたびオルテシアに戻る。兵士に撃ち落とされ捕まりそうになったところを、翼人部隊長のロブス少佐に助けられる。ノニは初めて自分の居場所を見つけたように感じる。

翼人部隊の訓練生として、飛ぶことを習熟したノニは、最前線のロハに送られる。ラングレン中尉とともに、偵察そして爆弾の投下をする。が、誤爆で民家に落ちる爆弾をみて、疑問がつのる。

爆弾投下の任務を外され、裏切り者の探索を命じられる。見つけた裏切り者はイアンだった。再会したイアンは、カザール連邦の中で、けが人の治療をしていた。イアンは「カザールもオルテシアもなく、ぼくは命を守りたいんだ。」（p.169）という。しかし、翼人部隊のセレスに撃たれて殺される。ノニはイアンの遺体をもったまま、ピウラ山めがけて飛ぶ。

ノニは、ピウラ山の翼人たちに助けられる。翼人はふたつの国の戦争に関わることなく生活していた。ノニはそこで心をいやされ、自分の飛び方を知り、カバックに〈無限速度〉（p.187）での飛び方を見せてもらう。

ノニは、「おれは、翼人部隊でした。おれの飛翔で、たくさんの人を傷つけた。そのおれが、ここで黙って戦争を見ていることはできないんです」（p.193）といって、オルテシアに戻る。

戻ったオルテシアで、ノニは、ユパンキ博士と再会する。そして、博士を手伝って、上空から紙をまき、村々をまわって、真実を伝える役をはじめる。出会ったラングレン中尉らは、ノニの説得に武器を捨てる。ロブス少佐は、ソリド・マグマを使った爆弾を手に、カザール自治連邦の首都キトリの上空にいた。少佐の手から爆弾が落とされる。と、〈無限速度〉で飛んできたノニが、その爆弾をかかえて、今度ははるか高みを飛ぶ。爆弾を抱えているノニが死を覚悟したとき、突然あらわれたイアンが、爆弾をとり、微笑み、ノニの肩をつく。

気がつくと、ノニは荒れ地に倒れている。貧しい身なりの少年が「あんた……飛べるのか？」とたずねる。咳き込みながら「どうやったら、翼がはえるんだ？」と聞く少年。「飛びたいのか？」の問いに、うなずく少年。「それなら……きっと飛べる」というノニ。

羽ばたくノニの翼は透明に輝く。少年はその飛行の軌跡を、いつまでも見つめていた、というラストシーンになる。

ＲＰＧ風にいうなら、《荒れ地の旧街区↓図書館遺跡↓カザール連邦のアーボン自治領スミルナ村↓翼人部隊訓練所↓ロハ翼人部隊↓ピウラ山↓オルテシア》という旅の記録になるのだろう。

ぼくが好きなのは、ノニが最後にオルテシアに戻ることだ。戻った先に、しぶとくユパンキ老人がいて、今度はきちんとユパンキ博士と呼ばれ、ノニが博士を手伝って、空からビラをまいたり、村々をまわったりするところまで、しっかりと描ききってしまっているところがいい。どうせＲＰＧの世界ならば、最後まで冒険を貫徹するのがいい。ラストシーンは、ノニの思いが、しっかりと少年に受け継がれていることをしめしている。

と、ここまで、ぼくは、この物語をＲＰＧ風に読むことで、肯定的にあつかってきた。これからは、それでもやはり気にかかってしまういくつかの疑問について、語っていこうと思う。

そのひとつは、やはり、翼人のとらえ方についてだ。

この物語の最初では、翼人は大戦争を引き起こした者、つまり悪い者と説明される。だから、オルテシアでは胎児のうちに予防接種を受けて翼がはえないようにされたり、翼がはえた者は思想矯正収容所に連れていかれて、翼を落とされると説明されている。それが、ユパンキ老人や農夫マルカの言葉として、翼人はむしろ戦争に反対していたことが明らかにされていく。ＲＰＧの世界ならば、徐々に明らかにされてくるこの世界の謎ということで説明がつくのだろう。

しかし、散文の物語として考えたとき、この単純な二分法は、どうなのだろうか。翼人は視野が広い＝戦争に反対する正義の側という側面だけを強調するのは、むしろ危ういことだと、ぼくには思えてくる。そのような危惧を同伴しても、この物語はＲＰＧとして、主人公の〝旅〟を楽しむことができるのだが、世の中、そう一筋縄ではいかないはずだ。

この物語でも、翼人部隊というものが出てくる。街を偵察したり爆撃したりしている。最後には、ソリド・マグマを使った最終兵器を落とす翼人も、しっかり描かれている。翼人全てが視野が広く、戦争に反対しているとは限らないのだ。反対に、翼をもたない農夫マルカ一家のやさしさも、忘れてはいけないはずだ。《翼もつ者＝広い視野をもつ自由な者》という幻想も、ひとつまちがえたら、戦争への道につながり得るのではないかと、高所恐怖症で小心者のぼくは、ふと思ってしまうのだ。

二分法の世界観は、ＲＰＧの世界を旅するのならば、明快でいいのかも知れぬ。が、現実の人の世では、むしろ真実を隠しかねないものだ。翼もつ者にも、翼もたぬ者にも、同じように善と悪（戦争と平和）の狭間を揺れ動く心情があるはずだ。その心情の揺れ動きを描くことこそが散文としての文学の醍醐味ではないのかと、ぼくは思う。

もうひとつ気になったのは、熱弁を振るう教師の前で、生徒たちがみな熱に浮かされたように感動している場面だ。

「カザール自治連邦との戦いは始まったばかりだが、わがオルテシア軍の前に立ちふさがる敵などいない！　弱小シェルターの寄せ集め国家のカザール自治連邦などに、われらオルテシア軍が負けるわけがないのだ。連中から、ソリド・マグマをとりもどし、大陸に平和をもたらすのも時間の問題だろう。そのとき、悪政にあえぐカザールの貧しい民も、オルテシアの豊かな富の恩恵にあずかることができる。この戦いは、大陸の未来を明日への希望《オルテシア》へと変える、正義の戦いなのだ。」

熱に浮かされたような教師の声を、学舎生たちは目を輝かせて、吸いつくように聞いている。だが、ノニは興味がなかった。それよりも、戦争がはじまってから屑鉄の値段が上がってきたことのほうが重要だった。（p.19）

ＲＰＧの一つの役割としてとらえれば、この教師が、オルテシアの〝正義の戦争〟の意義を声高に叫ぶのも、それを聞く生徒たちが〈目を輝かせて〉いるのも、理解できる。しかし、逆に、なぜノニが、ただひとり、そのことに〈興味がなかった〉のか。それがわからない。

ノニがひとりだけ旧市街に暮らしていたことが、その理由になるのかも知れない。が、知識も制限され、国のしていることに疑問をもつとも思えない一人の少年が、全員が目を輝かせて聞いている聖戦の話に、興味をもたないでいられるものだろうかと、ぼくは考えてしまうのだ。

ＲＰＧの一場面で、その役割を果たすキャラとしておかれている教師と生徒たち、それに違和感を覚える主人公のノニという設定ならば、次の〝旅〟の道行きとして、理解できるだろう。しかし、散文の物語として読み解くならば、ノニがなぜ聖戦のアジテーションに興味をしめさなかったのか、そここそを描くべきだったのではなかったのか。多くの人々が聖戦に吸い寄せられていく中で、もし聖戦に興味を示さない者がいるとしたら、それこそが最も重要なことになるのではないかと、ぼくには思えてしまうからだ。

大多数が戦争に賛成している中で、特別の知識も持ち合わせていないものが、聖戦の話に興味がない状態でいられるということが、ぼくには信じられないのだ。だからこそ、逆に、ほんの少しでもそう考え得る可能性を託して、ぼくらは反戦平和の〝知識〟を後世に繋ごうとしているのではないのか。

もう一つの引っかかりは、〈心地よさ〉についてだ。ノニの背に翼がはえ、初めて空を飛ぶ場面になる。

ノニは、唇をぎゅっと結び、顔を上げた。
頭上には青い空。

〈飛ぶ。今こそ〉

一つの思いが生まれた。それは、ノニの中で確信に変わった。

背中がむずむずしはじめた。それは、激しいかゆみになり、痛みになった。心の奥底にあったものが、形を得て、背中から爆発しそうになっている。

バリッと音がして、痛みは心地よさに変わった。長い間、体の中に閉じ込められていたものが、今やっと解放されて自由に伸びはじめた。そんな感覚だった。

背中を見たノニは、目を見張った。

服を突き破り、自分の背からはえていたのは、透明な羽に覆われた翼だった。（p.85）

やはり、〈心地よさ〉なのかと、ぼくは思う。

この物語は、翼をつけてすぐは、飛べることの〈優越感〉（p.87）をもっていたが、その大部分は、空から見たオルテシアの貧しい景色になる。疑問と孤独のはじまりになる。〈飛翔することは、孤独との闘いでもある。独りで飛ぶ覚悟のない者は、飛翔に耐えることができない。〉というブックカバー折り返しにある言葉が、「戦争と平和」にからんだ、この物語のメインテーマになる。

しかし、ぼくは、翼が出てきたときの〈心地よさ〉の感覚を忘れることができない。初めて空を飛んだときの〈優越感〉も忘れることができない。

この〈心地よさ〉は、編み物飛行機を飛ばしたおばあさんにも、モモンガ服を着た赤んぼ大将タッチュンにも通じるものだ。失敗してしまったが「がんがらがんの雁」の太郎も空を飛んだときは〈心地よさ〉を味わっていたはずだ。風船玉に乗って入道雲退治の旅に出た太郎などは、おそらく空を飛ぶ

〈心地よさ〉を満喫したにちがいない。あのエリンも、闘蛇を屠っていく王獣リランの背に乗りながら、その圧倒的な力に、ただおそろしいだけでなく、〈心地よさ〉〈快さ〉を感じていたと語っている。

空を飛ぶ者たちの物語を見てきて、いま、ぼくが思うことは、この〈心地よさ〉は、いつも圧倒的な力といっしょにあるということだ。それは、平和のために戦っているノニも例外ではないはずだ。ふと、そんなことを思ってしまった。

山上憶良は「貧窮問答歌」の中で、世の中は憂いことが多いので空を飛びたいが飛べないといった。が、ぼくの思いとしては、たとえ地を這っていやなことが多くあったとしても、天上から俯瞰して圧倒的な力で心地よく下界を眺めて暮らすような気持ちにはなれないということになる。

空を飛ぶときは、その〈心地よさ〉に気をつけた方がいい。空を飛ぶことは、そうたやすいことではないからだ。

（『童話ノート』復刊十号 二〇一八年一月）

著者による覚書

「児童文学批評というたおやかな流れの中で」は、日本児童文学者協会の機関誌『日本児童文学』に、二〇一七年の一年間（六回）にわたって連載したものである。自分としては、「日本児童文学批評史のためのスケッチ」で書いた以降、八〇年代から現在までの流れを考えるつもりで書いた。前半の三回は編年体で記述し、後半三回は気になる問題別のかたちでまとめてみた。

「日本児童文学批評史のためのスケッチ」を載せた『児童文学批評・事始め』は児童文学評論研究会の二〇周年を企画して出版されたものである。実際の二〇周年より、刊行が七年遅れたのは、ぼくが書かなかったからである。がまん強い仲間に感謝したい。明治から現代にいたる日本の児童文学を批評史という観点からみていくというモチーフは、ぼくの学生時代からのもので、四〇年かかって、やっとかたちができたことになる。

Ⅱ、Ⅲのものは、個人誌『童話ノート』に載せたものである。

この個人誌は、『どうわＮｏｔｅ』として、一九七一年一二月から一九七五年八月まで、ガリ版刷り袋とじのかたちで、一五冊刊行された。まだ二〇歳代のことである。

七〇歳の年になり、初心にかえる気持ちで、『童話ノート』の刊行を思い立った。今回の『童話ノート』が「復刊〇号」となっているのは、そのためである。

Ⅱとしてまとめた三つは、子どものとらえ方を、貧困あるいは育児放棄という観点から追いかけてみたもので、明快な模範解答などない問題だが、これからも考え続けていきたいと思っている。

「手をつなぐ」「見つめあう」は、はじめ「ハグする、手をつなぐ、見つめあう」というかたちで、人が感動しやすい三つの仕草を考えるつもりだった。しかし、それぞれが手に余る大きさであることに気づき、別個に考えることにした。人の感動のパターンを《感動の方程式》として見ていきたいと思って書きはじめたが、むしろ「手の変幻」「目の変幻」と呼ぶべきおもしろさに気づかされたような気がしている。「ハグする」については、いまだ書けていない。

「疑問符の向こうがわへ」は、日本児童文学者協会主催の「がっぴょうけん」に提出したものが、もとになっている。批評作品を受け付けてくれる数少ない研究会として、ありがたく思っている。

「いつのまにか疑問符」の子どもたち」は、「疑問符の向こうがわへ」を書いている中で出てきたもので、がっぴょうけんのあとで、それをさらに考えてみたものになる。

「とびたちかねつ」というかたちで、山上憶良の歌を枕にして、何か書いてみたいと思ったのは、もう数十年も前になる。そのときは、空を飛ぶことへのあこがれについて書きたいという意識が強かった。今回、同じテーマで書くきっかけになったのは、上橋菜穂子『獣の奏者』の第二巻のラストが印象に残ったからである。あこがれもあるが、それ以上に空を飛ぶ＝絶大な力への危惧が、ぼくの中では大きかった。

第一巻に収めたものは、みな二〇〇〇年以降のもので、ぼくが書いたものとしては比較的最近のものになる。児童文学作品だけでなく、ときに「自分自身」や「ウチの女房」について語るのは、それが最も自分が語りたいことをあらわすのにいいと考えているからで、この本を手に取ってくれた読み手が、そのことをおもしろいと感じてくれたらいいなと、ひそかに思っている。

批評の時空のひらきかた

佐藤宗子（児童文学評論家・千葉大学教授）

細谷建治の評論活動が、ようやく、書籍としてまとめられることになった。それも、これまでの集大成たるべく全三巻として世に送るという。驚きと嘆息と、そして喜ばしさを感じる。

私が初めて細谷に出会ったのは一九七九年夏、静岡で開催された日本児童文学者協会主催の第四回「児童文学・夏のゼミナール」の、評論分科会の場である。すでに彼は、『日本児童文学』一九七二年八月号の初掲載以降、七八年までに評論十九本が掲載されるような、少壮の常連執筆者であった。同じ夏から参加するようになった児童文学評論研究会の仲間として、私は今日まで四十年ほど、彼の持論を聞いてきているわけである。この第一巻には、二十一世紀に入ってから執筆された論考、すなわち比較的新しい作物が収録されているのだが、通読して改めて感じるのは、細谷の基本的な考え方が、この間、一貫しており変化していないことである。別の言い方をすれば、細谷建治の批評の根本は、既に七〇年代に確立していたのだった。

その批評の根本とは、一方では近代以降の児童文学を歴史的な流れの中で把握し、他方では、細谷自身のいわば自分史と照らし合わせつつ評価を下すことを志向する態度である。

本書第Ⅰ部収録の「日本児童文学批評史のためのスケッチ」は今から十六年前、二〇〇二年に前述の研究会編による書籍に収録されたものだが、これまで現代の作品に対する細谷の批評しか知らなかった読者――おそらく少なからずいることと思う――の中には、意外の感を持つ人も多いのではないか。明治期を代表する児童文学者巌谷小波と、大正末期から昭和初年代にかけてのプロレタリア児童文学という、この二つの言及対象の取り合わせ、そしてそれぞれについての、造詣の深さ……。研究会仲間としては、随分昔からそれらに関する話も聞かされてきており、今更珍しくはない。細谷は当時から、専門の研究者といってよいような蔵書を誇っていた。今でこそ、一九八〇年代後半以降刊行された評論関係の復刻版もあれば、国立国会図書館蔵の資料のインターネット閲覧等も可能であり、資料調査は比較的たやすくなった。だが、細谷の若い日には、どちらの対象も、資料収集は決して容易ではなかったはずである。その二つに細谷を向かわせたもの――そこに、細谷自身の関心のあり方が影響していたと私は推測する。端的に言うなら、「演劇」と「社会」であり、「ことば」と「子ども」への関心であろう。巌谷小波は「少年文学叢書」第一冊として『こがね丸』を刊行するにあたり、「凡例」において、「少年」という「読者対象」への意識の強さを明言した。その小波は、演劇人としても知られている。プロレタリア児童文学もまた、明確な「読者対象」に向けた作品創作とその理論化から成るものであったが、その対象は「プロレタリアートの子どもたち」であり、子どもという存在を明確に社会の中で捉えることが前提となっていた。

他方の、細谷自身の自分史についてだが、本書を通読した読者には、それらを詳述する必要はあるまい。いくつかの論の中で、細谷自身がたびたび言及している。外れ者としての子ども時代の体験、大学紛争を経て社会に出た青年期、そして四十年弱に及んだ東京・江戸川区での小学校勤務の経験、その三点が、彼が児童文学に関わる際の、動かしがたい内的基準となっているように思われる。

そうした基盤の上に立つ細谷の批評には、「児童文学」で期待されがちな「ことば」や「物語」への強い警戒がみられる。法律名にまで使われるようになった「いじめ」や、アメリカの同種の学校内序列をもとに二〇〇〇年代に使われだした「スクールカースト」は、今や子どもと学校の関係を語る際に欠かせぬ用語となった感がある。しかし細谷は、そうした状況を自明のものとし、その「解消」を望ましき善とするような「物語」や「ことば」を「児童文学」の既定路線とすることに、疑問を呈する。具体的な場面、会話、描写に即しながら、もう一度立ち止まることを、常に自らに課しているようでもある。そうした細谷の論を読み進めながら、読者はおそらく、作品自体をじっくり読み直すこと、何かの評価を下すことに慎重になることに、意識が傾きだしているのを感じることができるだろう。細谷の長い題名のついた長い論は、往々にして、「だからなんだったのだろう」と、読後にはぐらかされたような戸惑いを覚えさせるきらいが無きにしも非ずといえる。むしろ、そのような読後感を抱かせるところが、彼の批評の真骨頂といってよいのではないか。

ただ、細谷の論考に対して、注意も促しておきたい。一つは、細谷なりに先行研究への言及がないわけではないが、必要な目配りが書き込まれているわけではないという点である。現在では先行研究を探す際に、CiNii（NII 学術情報ナビゲータ［サイニィ］＝論文、図書・雑誌や博士論文などの学術情報で検索できるデータベース・サービス）の検索を出発とすることが多い。もちろん、書籍として刊行されたものの収録論文までは出てこないという問題はあるにせよ、「全文検索」ができることもあり、かなり有効に使うことができる。取り上げた作品に関して、どのような論考が他にあるのかを見た上で、それらに対しても細谷が批評してくれていたなら、児童文学の流れをより幅のあるものとしてみていく契機ができたのではないだろうか。

もう一点、触れておきたいのは、既に述べたような「ことば」への関心の強い細谷が、時に首をひねらざるを得ないようなことばの選択をする点である。もちろん、論考の題名を見ていて、「ことば遊び」の感覚が活かされているのは興味深い。「「かさねちゃん」と重ね合わせ決して「希望」や「絆」／への道に…」のように、語の繰り返しやカ行の頭韻を用いるなど、内容へのよい誘いにもなっているといえよう。その反面、どうにもうまくつかめない語もある。第Ⅰ部の題名に使われている「たおやか」は、まさにそれに当たる。「姿・形がほっそりして動きがしなやか」「しとやかで上品」といった辞書に書かれた意味、「婉麗・寛雅・典麗・雅やか・優婉」といった類語を調べてみても、どうもうまくなじまない。あるいは細谷は、もう少し違う意味の何かを示したかったのではないか。第Ⅲ部で出てくる「疑問符」という語も、気になる。象徴的な使い方は気にならないが、具体的な作品に即した場面では、それは「疑問符」ではなく「疑問」だろう、と言いたくなる。（後記・私の指摘を受け、細谷は本書論考に修正を加えたと聞く。）

そうした論を執筆する時、細谷は、「ことば」の意味よりは音を、重視したのではないだろうか。細谷建治はかつて、「児童文学作品がなくても、児童文学批評は成り立つ」と言っていた。既存の作品に寄りかかるのではなく、「子ども」と「文学」の関係そのものを問い続けることをめざす――そこに「児童文学批評」が在る、ということかと考える。そうしたことを言いながら、実に多くの作品を踏まえて書き上げられた彼の批評の文章群が、この三冊の論集に編まれることで「児童文学批評史」を構築していく。三冊全体を俯瞰した際に、それがどのような流れとして読者に見えていくだろうか。その時に抱かれる思いを指し示す「ことば」を探りつつ、読み進めてもらえれば幸いである。

細谷　建治（ほそや　けんじ）

1946年群馬県生まれ。
群馬大学教育学部卒業後、東京都江戸川区の小学校に、40年ほど勤め退職、現在に至る。
日本児童文学者協会会員。日本児童文学学会会員、児童文学評論研究会会員。
個人誌『童話ノート』を刊行。
「どろぼうだぬき」で第一回船橋市文学賞、児童文学部門文学賞受賞。
編著に『資料戦後児童文学論集全三巻』（偕成社）
共著に『国語教科書攻撃と児童文学』（青木書店）
　　　『現代児童文学の可能性』（研究＝日本の児童文学4、東京書籍）
　　　『児童文学批評・事始め』（てらいんく）

◇カバーイラスト　細谷葉月「ガラパラ島の宝の地図」

てらいんくの評論

細谷建治児童文学論集　I

児童文学批評というたおやかな流れの中で

発行日	2019年6月20日　初版第一刷発行
著　者	細谷建治
装　幀	長谷川芳一
発行者	佐相美佐枝
発行所	株式会社てらいんく 〒215-0007　神奈川県川崎市麻生区向原3-14-7 TEL　044-953-1828　　FAX　044-959-1803 振替　00250-0-85472
印刷所	モリモト印刷

ISBN978-4-86261-146-8